經濟學基礎

黃方正 主編

財經錢線

前 言

　　經濟學原理,包括微觀經濟學原理和宏觀經濟學原理,是高等學校財經類專業的主修課程。它研究當代市場經濟中的各種主要經濟問題,形成了一個現代經濟學的理論體系。西方經濟學家所歸納出來的許多經濟理論揭示了市場經濟運行的一般規律和通行原則,提供瞭解決市場缺陷問題的操作思路和調控政策。這些理論是人類的共同財富。我們應當學習和借鑑西方國家先進的經濟學理論和知識,為建立和完善社會主義市場經濟體制和加快中國經濟發展服務。

　　本書廣泛參閱了國內外西方經濟學研究的最新成果,借鑑了其他的教學研究成果,其中重點參考了著名學者高鴻業、宋承先、梁小民、侯榮華
等的著作,並使用了其中部分資料及內容。在此謹向他們表示深深的敬意和誠摯的謝意!

　　由於西方經濟學理論和實際處於不斷發展之中,加之我們的理論水準有限,雖然我們力求寫出特色,但仍有許多不盡如人意的地方,我們誠懇地期待各位專家、同行以及讀者提出批評與指正。

編者

目 錄

第一章　總論 ……………………………………………………（1）
　第一節　西方經濟學的產生和發展 ……………………………（1）
　第二節　西方經濟學的研究對象 ………………………………（3）
　第三節　西方經濟學的內容和結構 ……………………………（7）
　第四節　西方經濟學的分析方法 ………………………………（10）
　第五節　學習西方經濟學的意義和應注意的問題 ……………（13）

第二章　供求與價格理論 ………………………………………（19）
　第一節　供求理論 ………………………………………………（19）
　第二節　均衡價格理論 …………………………………………（26）
　第三節　彈性理論 ………………………………………………（32）
　第四節　蛛網理論 ………………………………………………（40）

第三章　效用理論 ………………………………………………（47）
　第一節　基數效用理論 …………………………………………（47）
　第二節　序數效用理論 …………………………………………（51）
　第三節　消費者選擇 ……………………………………………（57）

第四章　生產與成本理論 ………………………………………（67）
　第一節　生產和生產函數 ………………………………………（67）
　第二節　一種變動投入的生產函數 ……………………………（71）
　第三節　兩種變動投入的生產函數 ……………………………（75）
　第四節　兩種投入要素的最優配置比例 ………………………（78）
　第五節　廠商的成本決策 ………………………………………（84）

第五章　市場結構和廠商均衡理論 ·················· (95)
　　第一節　廠商和市場的類型介紹 ·················· (95)
　　第二節　完全競爭市場的廠商均衡 ················ (99)
　　第三節　完全壟斷市場的廠商均衡 ················ (109)
　　第四節　壟斷競爭和寡頭壟斷市場的廠商均衡 ········ (115)
　　第五節　經濟博弈論概述 ······················· (122)

第六章　分配理論 ······························ (129)
　　第一節　生產要素價格的決定 ···················· (129)
　　第二節　工資理論 ···························· (132)
　　第三節　利息理論 ···························· (135)
　　第四節　地租理論 ···························· (137)
　　第五節　利潤理論 ···························· (139)
　　第六節　社會分配平等程度的衡量 ················ (141)

第七章　市場失靈與政府干預 ······················ (147)
　　第一節　市場失靈 ···························· (147)
　　第二節　政府干預 ···························· (155)
　　第三節　政府失靈論 ·························· (160)

第八章　國民收入核算理論 ························ (165)
　　第一節　宏觀經濟學概論 ······················· (165)
　　第二節　國民收入核算方法 ····················· (168)
　　第三節　國民收入核算中的其他總量 ··············· (173)

第九章　國民收入決定理論 ························ (179)
　　第一節　簡單的國民收入決定模型 ················ (179)
　　第二節　擴大的國民收入決定理論 ················ (188)

第十章　總需求—總供給模型 …… （201）
第一節　總需求曲線 …… （201）
第二節　總供給的一般說明 …… （206）
第三節　總供給曲線 …… （208）
第四節　總需求與總供給的均衡 …… （214）

第十一章　失業與通貨膨脹理論 …… （222）
第一節　失業理論 …… （222）
第二節　通貨膨脹理論 …… （229）
第三節　失業與通貨膨脹的關係 …… （233）

第十二章　經濟週期與經濟增長理論 …… （239）
第一節　經濟增長與經濟週期概論 …… （239）
第二節　經濟增長模型 …… （244）
第三節　經濟增長因素與新經濟增長理論 …… （251）

第十三章　宏觀經濟政策 …… （258）
第一節　宏觀財政政策 …… （258）
第二節　宏觀貨幣政策 …… （265）
第三節　宏觀供給管理政策 …… （270）

第十四章　開放經濟中的宏觀經濟 …… （275）
第一節　國際貿易與一國經濟 …… （275）
第二節　國際金融與一國經濟 …… （281）
第三節　開放經濟中一國經濟的調節 …… （288）

第一章　總論

【學習目標與要求】

通過系統的學習,掌握微觀經濟學理論的基本知識和基本體系;掌握現代西方經濟學的研究對象與研究方法;正確認識學習西方經濟學的意義,科學地掌握西方經濟學中反應市場經濟一般規律和現代化大生產的內在要求和理論。學習中要用科學的方法有分析地學習,對其為資本主義統治者服務的一面要加以批判。

【學習重難點】

重點:經濟資源的有限性和經濟學的產生與發展。
難點:由經濟資源的有限性推理出人類社會共有的四個基本的經濟問題。
1. 經濟學的研究對象
2. 經濟學的研究方法

第一節　西方經濟學的產生和發展

西方經濟學是指20世紀30年代以來的西方市場經濟理論。要從總體上把握西方經濟學的基本情況,必須研究資產階級經濟理論產生、發展及其演變的歷史過程。

西方市場經濟理論的歷史最早可以追溯到15世紀末期,至今已有數百年的歷史。其間可分為重商主義經濟學、古典經濟學、傳統的庸俗經濟學和現代西方經濟學四個發展階段。

一、重商主義經濟學

重商主義經濟學產生於15世紀末西歐封建制度瓦解、資本主義生產方式萌芽的時期。當時,作為資本運動首要形式的商業資本對資本主義生產方式的創立和發展起了巨大的推動作用,而當時的商人就成為新興資產階級的代表人物。為了適應商業資本家的利益和要求,便產生了資產階級經濟學的第一個流派——重商主義經濟學。重商主義經濟學是對資本主義生產方式最早的理論探討。它以流通領域為研究中心,以商業資本的運作作為考察對象,把貨幣看成是財富的唯一形態,把對外貿易看成是財富的唯一源泉。從這一基本觀念出發,主張國家必須重視發展對外貿易,主張在對外貿易中遵循多賣少買、多收入少支出的原則,保證貨幣盡可能多地流入國內和盡量少地流向國外。由於重商主義者研究經濟問題的範圍僅僅局限於流通領域,因而它還不是真正的經濟科學。隨著

資本主義生產逐漸居於統治地位，以流通領域為研究中心的重商主義就必然趨於崩潰，而為古典經濟學所取代。

二、古典經濟學

古典經濟學作為一門獨立的經濟科學，是以1776年亞當·斯密的著作《國富論》的發表為標誌的。古典經濟學作為產業資本的意識形態和代表新興資產階級利益的經濟理論體系，以反對封建主義和重商主義的姿態登上了歷史舞臺。它以研究資本主義生產和交換的規律為任務，把理論研究從流通領域轉向生產領域，明確地把經濟學規定為研究國民財富的性質及其增加原因的科學，並詳盡地論述了國民財富的性質、起源和分配等問題。由於古典經濟學產生於資本主義上升時期，因而它從發展資本主義生產的願望出發，對資本主義生產關係的內在聯繫做了初步的分析，力圖從理論上說明在資本主義制度下如何使國民財富得以增長。古典經濟學在科學上的主要功績是奠定了勞動價值論的基礎，初步揭示了資本與勞動在利益上的對立。但是，由於古典經濟學家的階級局限性，他們不可能揭示出資本主義生產方式的根本矛盾和發展規律。他們學說中的一些庸俗因素，後來成了傳統庸俗經濟學的理論依據。

三、傳統庸俗經濟學

進入19世紀以來，隨著資產階級統治地位的紛紛確立，無產階級和資產階級之間的矛盾逐步上升為社會的主要矛盾，勞資關係日益緊張，階級鬥爭日趨尖銳。經濟危機的爆發充分暴露了資本主義制度的弊端。當時的階級利害關係已不容許資產階級經濟學家科學地研究社會經濟關係，因此，他們轉而為資本主義制度進行公開的辯護。19世紀30年代成為古典經濟學和庸俗經濟學的分水嶺。馬克思寫道：「1830年，最終決定一切的危機發生了。」「法國和英國的資產階級奪得了政權。從那時起，階級鬥爭在實踐方面和理論方面採取了日益鮮明的和帶有威脅性的形式。它敲響了科學的資產階級經濟學的喪鐘。現在問題不再是這個或那個原理是否正確，而是它對資本有利還是有害，方便還是不方便，違背警章還是不違背警章。不偏不倚的研究讓位於豢養的文丐的爭鬥，公正無私的科學探討讓位於辯護士的壞心惡意。」[①]1830年以後至19世紀中期，庸俗經濟學得到了很大的發展。庸俗經濟學家雖然仍以古典經濟學的繼承人自居，但卻拋棄了「註釋」和「通俗化」的形式，而以補和修正的方式為資本主義制度進行辯護。這一時期的主要代表人物有：英國的西尼耳、約翰·穆勒，法國的巴師夏和德國的舊歷史學派等。他們的「理論」，其矛頭直接指向古典經濟學的科學成分和當時的社會主義運動，這標誌著庸俗經濟學開始完全代替古典主義經濟學而占據了統治地位。

19世紀70年代至20世紀初，庸俗經濟學得到了進一步的發展。這一時期正值資本主義從自由競爭階段向壟斷階段過渡的時代，資本主義的各種矛盾更加尖銳。加之馬克思主義政治經濟學的確立和廣泛傳播，迫使庸俗經濟學不能不另闢蹊徑為資產階級利益服務。在這種新的歷史條件下，歐美各主要資本主義國家相繼出現了以邊際效用理論為中

[①] 馬克思,恩格斯. 馬克思恩格斯全集. 第二十三卷. 北京:人民出版社,1972.

心的許多新的庸俗經濟學流派。其主要代表有德國的新歷史學派、美國的制度學派、奧地利學派、英國的劍橋學派等。這些形形色色的庸俗經濟學流派及其「理論」，一方面以其庸俗的主觀效用價值論攻擊馬克思主義政治經濟學，千方百計地掩蓋資本對勞動的剝削，力圖以階級合作來粉飾資本和勞動在利益上的對立，因而具有鮮明的辯護性；另一方面為了適應資產階級在市場競爭中追逐最大利益的需要，他們運用數學方法，就一系列有關市場經濟的需求、供給和價格決定等問題進行了系統研究，形成了一整套論證如何實現資源合理配置的微觀經濟學理論和「自由放任」的政策主張，因而具有強烈的實用性。他們的這一整套經濟理論和政策主張反應了當時資產階級的利益和要求，在不同程度上推動了社會生產力的發展。

四、現代西方經濟學

20世紀30年代以後，為了適應壟斷資產階級的需要，傳統的庸俗經濟學開始演變為現代西方經濟學。20世紀30年代爆發的席捲整個資本主義世界的經濟危機打破了市場調節的「神話」，使傳統的庸俗經濟學陷入危機之中，於是產生了凱恩斯「革命」。凱恩斯主義的出現，標誌著資產階級宏觀經濟學理論的形成，並帶來了資本主義的空前繁榮，於是資本主義各國紛紛採用，使凱恩斯理論進一步發展，其中最有代表性的是美國的新古典綜合派。第二次世界大戰後西方國家推行凱恩斯主義的結果，改變了凱恩斯主義經濟學發生作用的某些條件。自20世紀60年代末至70年代，資本主義各國出現了大量失業與通貨膨脹並存的「滯脹」局面。它標誌著凱恩斯主義失靈。於是，形成了與凱恩斯主義相抗衡的各種新自由主義流派。其主要有：以弗里德曼為主要代表的現代貨幣學派，以盧卡斯、薩特金和華萊士為代表的理性預期學派、供給學派、弗賴堡學派、公共選擇學派等。這些新自由主義的流派也不同程度地接受了政府干預的思想，這正是其不同於舊自由主義的「完全的市場調節」思想之處。

以上可以看出，現代西方經濟學是西方市場經濟理論發展中的一個歷史階段，是傳統庸俗經濟學的繼續和發展，而傳統庸俗經濟學又是從古典經濟學的庸俗因素中分離出來的政治經濟學的特殊表示形式。

第二節　西方經濟學的研究對象

西方經濟學，包括微觀經濟學和宏觀經濟學。在其產生和發展變化的數百年中，其研究對象和範圍也經歷了一個不斷演變的過程。

古典經濟學的創建者、英國經濟學家亞當·斯密（1723—1790年）在1776年出版的《國民財富的性質和原因的研究》一書中明確地把經濟學規定為研究國民財富的科學，論述了國民財富的性質、起源、生產和分配問題。庸俗經濟學的創始者、法國經濟學家薩伊（1767—1832年）在1803年出版的《政治經濟學概論》一書中把經濟學規定為一般的研究財富怎樣生產、分配和消費的科學。詹姆斯·穆勒（1773—1836年）在1821年出版的《政治經濟學綱要》一書中把經濟學規定為探討調節那些必須有人類勞動的干預才能獲

得的商品的生產和消費規律的一門科學。英國庸俗經濟學家西尼耳(1790—1864年)在1836年出版的《政治經濟學大綱》一書中把經濟學規定為討論財富的性質、生產和分配的科學,認為政治經濟學所研究的對象不是幸福而是財富,經濟學家的任務不是建議應該做什麼或不應該幹什麼,而是說明不可忽視的一般原理。此後,資產階級經濟學的一些重要代表作,如約翰‧穆勒(1806—1873年)於1848年出版的《政治經濟學原理》、奧國門格爾(1840—1921年)於1871年出版的《國民經濟學原理》、英國吉逢斯(1835—1882年)於1871年出版的《政治經濟學理論》和法國瓦爾拉(1834—1910年)於1874年出版的《純粹政治經濟學》等著作,在論及政治經濟學的對象和範圍時,都主要涉及財富的生產、交換和分配等方面。新古典學派的代表人物馬歇爾(1842—1924年)則在1890年出版的《經濟學原理》一書中認為經濟學是一門研究人類一般生活事務的學問,研究個人和社會活動中與獲取和使用物質福利必需品最密切相關的那一部分,他特別強調經濟學不僅是研究財富的學科,而且也是一門研究人的學科,應該研究一定社會中人的物質福利問題。研究經濟學的重要目的,就是對於怎樣有助於增進社會成員的物質福利問題提供科學的答案。

以上簡要介紹了從19世紀末開始至今的西方經濟學家關於經濟學研究對象和範圍的一些有代表性的觀點。儘管他們各自的觀點及其具體闡述不盡相同,但有一個共同點:他們都把經濟學研究對象和範圍概括為研究國民財富的性質,研究國民財富是怎樣形成的,以及怎樣才能使國民財富得到增長。

進入20世紀以後,由於科學技術的進步和資本主義國家社會經濟的發展變化,現代西方經濟學的研究對象比古典經濟學和傳統的庸俗經濟學也相應發生了新的發展和變化。

20世紀初,英國經濟學家羅賓斯為經濟學所下的定義是:「經濟學是一門科學,它把人類行為作為目的與可以有其他用途的稀缺資源之間的關係來研究。」①羅賓斯的這一定義強調了資源的稀缺性及其選擇問題,為西方經濟學界所普遍接受,以後有關西方經濟學的其他定義大多都體現了羅賓斯定義的基本思想。如美國出版的《國際社會科學百科全書》中給經濟學下的定義是:「經濟學是研究稀缺資源在無限而又有競爭性的用途中間配置的問題。它是一門研究人與社會尋求滿足他們的物質需求與慾望的方法的社會科學,這是因為他們所支配的東西不允許他們去滿足一切願望。」②新古典綜合學派的代表人物、美國著名經濟學家薩繆爾森在他的《經濟學》一書中概括地說:目前,經濟學家們同意一個類似下列的一般定義,即「經濟學研究人和社會如何作出最終抉擇,在使用或不使用貨幣的情況下,來使用可以有其他用途的稀缺的生產性資源在現在或將來生產各種商品,並把商品分配給社會的各個成員或集團以供消費之用。它分析改善資源配置形式所需的代價和可能得到的利益。」③

根據以上有代表性的現代西方經濟學家的基本思想及其論述,我們可以給現代西方

---

① 羅賓斯.論經濟科學的性質和意義.紐約:麥克米蘭公司,1946:16.
② A.里斯.國際社會科學百科全書.4卷.紐約:麥克米蘭公司,1968:472.
③ 薩繆爾森.經濟學.上冊.高鴻業,譯.北京:商務印書館,1979:5.

經濟學下這樣一個簡潔的定義：它是研究如何使用或配置稀缺的資源，以便最大限度地滿足人們的無限慾望的科學。

怎樣理解這個定義呢？根據西方經濟理論專著和教科書的有關論述，這個定義主要包括以下三個基本點：

1. 人的慾望具有無限性

慾望是指人為滿足自己生理和心理需要而產生的一種願望。這種願望，除了滿足衣、食、住、行等生理需要之外，還包括心理方面的需要，如受到社會的尊重、職務升遷、接受更高層次的教育等。顯然，其含義同馬克思主義政治經濟學中所講的需求概念是不同的。馬克思所講的需求指表現為一定購買力的社會需要。這種需求的數量，在一定時期內是可以計算的，因而是有限的。而西方經濟學所講的需要，則是指人們為滿足自身的各種需要而產生的一種「慾望」，這種「慾望」具有無限的趨勢，正如中國古語所講：欲壑難填、得寸進尺。

2. 社會資源的有限性

資源指生產資源或生產要素。資源具體包括下列四個要素：一是勞動，指勞動過程中人的努力，包括人的腦力和體力。二是資本，指經過人的加工用來生產商品的物品，即生產資料。三是土地，包括土地上面的森林、湖泊、河流，以及土地下面的礦藏。四是企業家才能，主要指企業家把生產要素組織起來的才能，包括經營管理才能、創新才能、冒險才能等。

現代西方經濟學認為，資源不可能取之不盡、用之不竭，哪怕資源最豐富的國家也是如此。因此，資源不論如何豐富，相對於具有無限性的人的慾望來說，總是有限的、稀缺的，不能任意滿足人的「慾望」。正是由於物質世界的有限性，人們在滿足需要的所有商品和勞務方面，就必然存在局限性。所以，他們認為，稀缺規律是不以人的意志為轉移的客觀規律。

3. 選擇的必要性

現代西方經濟學認為，正因為人的慾望的無限性與資源的有限性所產生的痛苦，才產生了宗教的「節慾」、「知足者常樂」、「清心寡慾」等以減少痛苦的各種戒條。因此，西方經濟學家主張：必須合理地分配使用資源，使之能最大限度地滿足人們的慾望。他們認為，經濟學從根本上說就是研究稀缺性以及由此而帶來的一切困難問題的學說。經濟學家所關心的應該是「稀缺資源的最佳配置」，也就是如何以最好的方式利用我們所擁有的稀缺資源。

要做到資源的最佳配置和合理使用，就必須進行正確的抉擇。如何進行抉擇呢？這就要考慮機會成本的問題。所謂機會成本，是指利用一定的資源生產某種產品所放棄的用來生產另一種產品所得到的收益。例如，對同一塊土地，是用來搞房地產、修商品房出售，還是用來開辦工廠？這裡面就有一個選擇的問題。假如辦工廠的收益為 A，開發房地產的收益為 B，那麼選擇 B 就會放棄 A，則 A 即為 B 的機會成本。不僅生產者會遇到機會成本，消費者同樣也會遇到機會成本的問題。例如，你手中有一筆錢，如用來買了電視機，就不能買音響。在電視機和音響之間就有個選擇問題。當你決定用這筆錢購買電視機的時候，就必須放棄購買音響的打算。那麼，音響的效用便是你購買電視機的機會成本。

從生產的角度來看,當其對一定數量的現有資源進行配置和使用,從而進行選擇時,必須考慮以下三個問題:一是生產什麼,生產多少;二是如何生產,用什麼辦法、方式生產;三是為誰生產。現代西方經濟理論認為,以上三個問題是一切社會的基本問題,任何社會都必須回答和解決以上三個問題。他們認為,由於解決上述三個問題的方法不同,由此就形成了不同的社會經濟制度。

西方經濟學家認為,所謂社會經濟制度是指用來調節經濟運行的機制或機構,即一個社會用什麼機制或機構來解決它所面臨的三個基本問題(生產什麼、生產多少、如何生產,為誰生產),這個機制或機構便構成社會的經濟制度。按照這一定義,可以把社會經濟制度劃分為三種不同的類型:一是市場經濟制度,指依靠市場或價格來解決社會基本問題的制度。在這種制度下,企業圍著市場轉,「生產什麼、生產多少」,「如何生產」,「為誰生產」,完全依據市場的信息來進行,市場價格就是反應供求變動的「晴雨表」,企業根據「晴雨表」所提供的各種市場信息安排生產經營活動。二是計劃經濟制度,指依靠政府計劃來解決社會基本問題的制度。在這個制度下,企業與政府的關係,是主從關係,企業只是政府機構的附屬品,一切聽從政府計劃來行事,沒有必要的獨立性和自主權。三是混合經濟制度,指由市場和政府部門的計劃來共同解決社會基本問題的制度。在這種制度下,計劃和市場都是調節經濟的手段,但起主導作用的是市場。現代西方經濟理論中的「宏觀經濟理論」就主要是研究以市場經濟為主的混合經濟制度。

【專欄知識】

大炮與黃油

經濟學家們經常愛談論「大炮與黃油」問題。「大炮」代表軍用品,是保衛一個國家的國防所必不可少的;「黃油」代表民用品,是提高一國國民生活水準所必需的。「大炮與黃油」的問題也是一個社會如何配置自己的稀缺資源的問題。

任何一個國家都希望有無限多的大炮與黃油,這就是慾望的無限性。但任何一個社會用於生產大炮與黃油的總資源是有限的,這就是社會所面臨的稀缺性。因此,任何一個社會都要決定生產多少大炮與黃油。這就是社會所面臨的選擇問題。做出選擇並不是無代價的。在資源既定的情況下,多生產一單位大炮,就少生產若干單位黃油。為多生產一單位大炮所放棄的黃油數量就是生產大炮的機會成本。「大炮與黃油」問題概括了經濟學的內容。

各個社會都要解決「大炮與黃油」的問題。納粹德國時期,希特勒叫囂「要大炮不要黃油」,實行國民經濟軍事化。第二次世界大戰後,蘇聯為了實行霸權與美國對抗,把有限的資源用於生產大炮——軍事裝備與火箭的生產等,這使人民生活水準低下,長期缺乏黃油——匈牙利科學家科而奈稱之為「缺乏經濟」。第二次世界大戰中,美國作為「民主的兵工廠」(當時美國總統羅斯福的名言),向反法西斯國家提供武器,也把相當多的資源用於生產「大炮」。大炮增加,黃油減少,因此,美國戰時對許多物品實行管制。無論出於什麼目的而更多地生產大炮,都要求經濟的集中決策——希特勒的法西斯獨裁、蘇聯的計劃經濟,或者美國的戰時經濟管制。這些體制都可以集中資源、不計成本地為達到某種目的——法西斯德國的侵略、蘇聯的霸權,以及美國的反法西斯,但代價是黃油減少,人民

生活水準下降。

在正常的經濟中,政府與市場共同決定大炮與黃油的生產,以使社會福利達到最大。整個經濟學都在解決「大炮與黃油」的問題。

第三節　西方經濟學的內容和結構

西方經濟學的內容,按照研究考察的範圍和分析方法的不同,可區分為微觀經濟學和宏觀經濟學兩個部分。這兩個部分是現代西方經濟學的兩個重要分支,而不是兩個不同的經濟學流派。

一、微觀經濟學概述

微觀經濟學以單個經濟單位的經濟行為作為考察對象。單個經濟單位包括單個的家庭、單個的廠商和單個的市場。它主要研究在價格制度的調節下,既定的生產資源總量如何被分配使用於各種不同用途的問題,即資源如何配置的問題。它所涉及的都是經濟變量的個量分析,因而又被稱為「個量經濟學」或「個體經濟學」。單個經濟變量包括:個別企業的成本、利潤、所使用的各種生產要素的數量和價格,某種商品的市場需求、供給、價格,單個家庭的消費量等。通過對這些單個經濟變量的分析,發現它們之間的相互制約關係,從而確定並爭取實現最優經濟目標。由於微觀經濟理論始終以價格分析作為核心,系統地研究單個經濟單位的經濟行為,研究價格制度如何解決「生產什麼、生產多少、如何生產和為誰生產」的問題,所以微觀經濟學又被稱為「價格理論」。

微觀經濟學的主要內容,可概括為供求理論、效用理論、生產(成本)理論、市場(廠商)理論、分配理論和福利理論六個方面,如圖1－1所示。

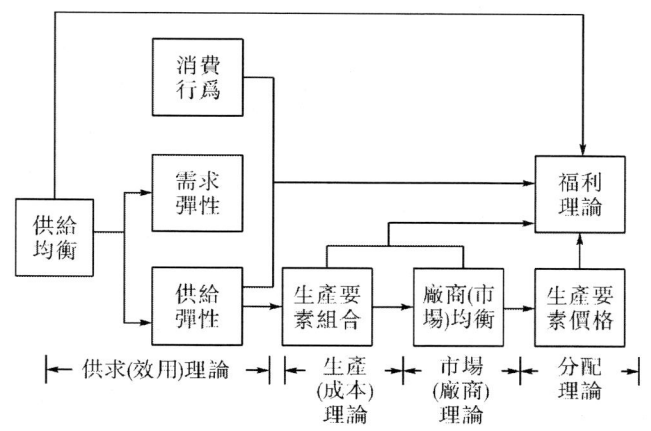

圖1－1　微觀經濟學的知識體系

從圖1－1中可以看出,供求理論主要通過需求曲線和供給曲線的分析,揭示需求與

供給的規律及價格決定的規律。效用理論進一步探討需求曲線的背後——消費者行為的一般法則,闡明居民在一定的收入水準和市場條件下,如何使用其貨幣收入,以取得最大限度的效用,從而達到最大限度的滿足。生產(成本)理論主要分析價格理論的另外一方面,即供給方面,著重分析供給的背後——生產,闡明與生產有關的一些重要的經濟規律。市場(廠商)理論著重研究在不同的市場條件下,廠商為了獲得最大利潤,根據什麼原則作出產量和價格的決策。分配理論著重研究生產要素的價格及其決定問題。除上述五個基本問題外微觀經濟學的目標是使市場均衡,即實現福利最大化——這就是福利經濟學理論,包括一般均衡、帕累托最優和市場失靈下的微觀經濟政策等。上述六大理論中,核心問題是需求、供給與價格理論中的均衡價格理論。這是因為微觀經濟理論所要解決的是資源配置問題。資源配置在西方國家中是通過價格機制來解決的。現代西方經濟理論中所流行的價格理論是需求與供給來說明價格決定的「均衡價格」理論。所以,學習微觀經濟學必須從供求理論和均衡價格理論入手。

二、宏觀經濟學概述

宏觀經濟學以整個國民經濟活動為考察對象,主要研究國民經濟活動中各個有關的經濟總量及其變化。經濟總量包括:國民生產總值、國民收入總量、總需求、總就業率、價格水準、儲蓄和投資額、經濟增長率等。由於宏觀經濟理論所涉及的是一個國家經濟總量分析,所以它又被稱為「總量經濟學」或「總體經濟學」。宏觀經濟理論所要解決的問題主要是分析失業和通貨膨脹的原因,並尋求醫治這些「病症」的對策,以達到沒有通貨膨脹的充分就業和經濟增長。

宏觀經濟學的主要內容,可概括為五個方面:一是國民收入核算理論,它主要分析國民經濟的運行,具體通過「經濟循環流動模型」的分析,說明在國民經濟運行中,國民收入怎樣才能趨於均衡。二是國民收入決定理論,主要分析影響供給與總需求平衡的各個因素,如何達到均衡的國民收入狀態,亦即總需求和總供給這兩種對立的力量達到平衡時的國民收入。三是就業與通貨膨脹理論,它主要分析失業與通貨膨脹的原因、兩者之間的關係,以及如何對兩者的矛盾進行協調。四是經濟增長理論,這是宏觀經濟理論中一個獨立的問題。它主要分析資本主義經濟穩定增長條件下的各種增長模型、導致經濟增長的因素,以及經濟增長的極限和代價。五是宏觀經濟政策,它主要分析國家如何調節經濟的問題,即「國家宏觀調控」問題,具體分析如何通過財政、貨幣、供給等政策進行宏觀調控,以解決失業、通貨膨脹和週期性波動等問題。

從對宏觀經濟學特點的分析中可以看出,宏觀經濟學的核心問題是國民收入決定理論,即以國民收入決定為核心的總量分析。所以,宏觀經濟學也稱為宏觀經濟分析。為了考察發達市場經濟國家的經濟增長和週期,常常把國民收入和就業聯繫起來進行分析,宏觀經濟學又可稱為收入和就業分析。宏觀經濟學的基本問題如圖1-2所示。

從圖1-2中可以看出,國民收入核算是研究宏觀經濟理論的出發點,國民收入決定是宏觀經濟學的核心內容,主要包括簡單的國民收入決定模型、IS-LM模型和總需求總供給模型。失業和通貨膨脹、貨幣理論和政策、財政理論和政策以及對外經濟理論和政策

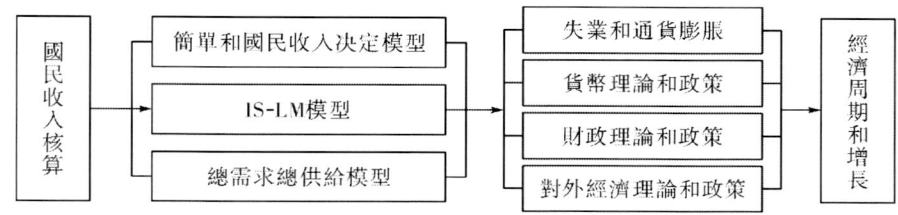

图1-2　宏觀經濟學的主要問題及相關關系

是以國民收入決定理論為根據的最重要的宏觀經濟政策。而宏觀經濟政策的最重要目標是減緩經濟波動，保持經濟增長。

雖然微觀經濟學和宏觀經濟學考察的對象、理論體系以及所要完成的任務不同，但它們作為西方經濟學的兩大組成部分，兩者是相互補充、相互依存的。微觀經濟學是宏觀經濟學的基礎，而宏觀經濟學又直接影響微觀經濟的決策，對任何一個經濟問題進行考察，既要進行微觀分析，又要進行宏觀分析，才能全面透澈的瞭解，兩者相輔相成、缺一不可。

【專欄知識】

「微觀經濟學」與「宏觀經濟學」名稱的由來

在20世紀30年代之前，並沒有「微觀經濟學」與「宏觀經濟學」的提法。

我們一般把英國古典經濟學家亞當‧斯密作為現代經濟學的奠基者，他的主要代表作是《國民財富性質和原因的研究》(簡稱《國富論》)。從斯密開始的古典經濟學既研究經濟增長、經濟週期這類我們今天稱之為宏觀經濟學的內容，又研究價格、價值、成本、收入分配這類我們稱之為微觀經濟學的內容。換言之，在經濟學形成的相當一段時間內，經濟學並沒有微觀與宏觀的區分。

從19世紀70年代的邊際革命之後，經濟學的研究從生產轉向需求，直至20世紀30年代之前，研究的中心是資源配置，即我們今天所說的微觀經濟學，這一時期的經濟學稱為新古典經濟學。到19世紀末英國經濟學家馬歇爾的《經濟學原理》出版時，今天所說的微觀經濟學體系已經基本形成，但是並沒有「微觀經濟學」這個名稱。

在凱恩斯之前，經濟學家也研究過經濟增長、經濟週期這類宏觀經濟問題。但現代宏觀經濟學是在凱恩斯1936年發表《就業、利息和貨幣通論》之後才形成的，不過提出「微觀經濟學」與「宏觀經濟學」這兩個名稱的並不是凱恩斯。凱恩斯也沒有把自己的理論體系稱為宏觀經濟學。

第一次使用「微觀經濟學」和「宏觀經濟學」這兩個名詞的是荷蘭統計局一位並不知名的經濟學家卜迪‧沃爾夫。他在1941年的一篇文章中寫道：「微觀經濟解釋所指的是一個人或家庭……的關係。宏觀經濟解釋產生於與個人或家庭組成的大集團(社會階層，民族等)……相應的關係。」沃爾夫的解釋已接近於我們今天對微觀經濟學和宏觀經濟學的理解。美國經濟學家薩繆爾森在1948年出版的《經濟學》中把這兩種理論構建在一個經濟學體系之內，這成為至今為止所有初級教科書的標準模式。

把經濟學分為微觀經濟學與宏觀經濟學是一個創舉,但過分強調這兩者之間的區分,又容易形而上學地割裂它們之間的內在聯繫。經濟學家們正在努力建立一個微觀經濟學與宏觀經濟學統一的體系。也許我們的下一代在學習經濟學時又沒有微觀與宏觀之分了。

第四節　西方經濟學的分析方法

西方經濟學採用了許多分析方法,它是西方經濟學理論體系的重要支撐。只有瞭解和掌握這些重要的分析方法,才能深刻理解西方經濟學博大精深的理論體系及其具體內容。

一、邊際分析和最優分析

1. 邊際分析

邊際分析就是對最後增加或追加一個單位自變量所引起因變量變化值的分析。如某廠商生產電視機,月產300臺,獲得利潤15萬元,則平均利潤為每臺500元;如果月產量為301臺獲利為15.06萬元,則邊際利潤即為最後增加一臺利潤為600元。可見,邊際分析是基於各種經濟變量存在函數關係為前提的,是相對於平均分析而言的。這種方法實際上是用來確定適度的變量界限的較好方法,在微觀經濟學中用得較為廣泛。

2. 最優分析

最優分析就是運用數學和現代計算工具,確定經濟運行中目標最優化的論證方法。最優化問題實際上是一種特殊的均衡問題,即有一定目標的均衡。從數學上看,最優問題就是求極值問題,包括微分極值法、線性規劃和拉格朗日法等。比如,已知總成本函數 $TC = -100 + 90Q - Q^2$,試求利潤最大的產量。根據數學原理,邊際成本 $MC = 90 - 2Q = 0$,即 $Q = 45$ 時,利潤最大。線性規劃是求在線性約束條件下的最優,即在一定的線性條件下,求線性的目標函數最大化或最小化。

二、規範分析和實證分析

1. 規範分析

規範分析是以一定的價值判斷為基礎,提出一些分析和處理問題的標準,作為決策的前提和制定政策的依據。這裡所說的價值不是指商品價值範疇,而是指經濟事物的社會價值,例如,失業和通貨膨脹具有替代關係,但當兩者並存時,是優先解決失業問題,提高赤字財政政策呢?還是先解決通脹問題,實行緊縮財政政策呢?到底政府應該怎樣做是正確合理的呢?這就是規範經濟學的問題了。規範分析有三個特點:它回答「應該是什麼」的問題,而不回答「是什麼」的問題;它分析問題沒有客觀性,而只是根據一定的價值觀念進行判斷;它分析問題所得出的結論無法通過經驗事實進行檢驗。

2. 實證分析

實證分析和規範分析相反,基本排除價值判斷,只對經濟現象、經濟行為或經濟活動

及其發展趨勢進行客觀的陳述和分析,得出一些規律性結論。例如,「最低工資立法引起了失業」、「通貨膨脹與失業具有替代關係」、「擴大政府開支和減少稅收造成財政赤字」都是實證命題。實證分析具有和規範分析完全不同的三個特點:它回答「是什麼」的問題,而不回答「應該是什麼」的問題;它分析問題具有客觀性;它分析問題所得出的結論可以通過經驗事實進行驗證。實證分析一般由定義、假設、假說和預測等相互聯繫的步驟組成。定義是指對研究變量給以質的規定性,並加以明確的界定,否則沒有特殊性和可比性。假設是指界定理論分析的條件,因為理論都是在一定條件下成立的。假說是指對若干變量之間關係的揭示或闡述,是未經證明的規律性。預測是運用假說對未來進行科學預見,以判斷假說是否存在。如果預測結果符合實際,則假說就是客觀的理論;反之,如果預測結果不符合實際或不準確,則需修改或否定假說。

3. 實證分析和規範分析的關係

實證分析和規範分析的主要差別是其對命題的正確性的判斷標準不同。實證分析和規範分析都是必要的,但實證分析更重要,因為它能客觀地分析經濟運行的規律性。兩者也有一定的聯繫,規範分析也有一定的作用,因為實證分析中也無法完全迴避價值判斷。比如西方經濟學就是在肯定資本主義制度的價值判斷條件下,研究宏觀經濟運行規律的。經濟學既是一門實證的科學,也是一門規範的科學。中國在經濟研究中應更多地採用實證分析方法,特別是應該採取數據實證分析和模型實證分析相結合的方法來探索社會主義市場經濟運行的規律性。

三、均衡分析和非均衡分析

1. 均衡分析

均衡概念是瓦爾拉斯1874年提出來的,稱為瓦爾拉斯均衡(Walrasian Equilibrium)。均衡分析是經濟學常用的一種方法,包括局部均衡和一般均衡。局部均衡是指其他條件不變,由於價格的作用,對個別商品均衡價格和均衡產量的形成過程分析,即分析商品的需求量和供給量相等時的均衡產量和均衡價格。一般均衡與局部均衡相對應,是指在市場上所有商品的供給、需求和價格相互影響的條件下,對所有商品的供求均衡狀態的分析,後來發展為用數量關係來描述或反應一般均衡狀態。凱恩斯的宏觀經濟理論是以總量均衡分析為主的經濟理論,如國民收入決定理論、經濟增長理論都可採用均衡分析方法。

2. 非均衡分析

非均衡是相對瓦爾拉斯均衡而言的,可稱為非瓦爾拉斯均衡。它是指由於價格的作用,經濟運行中不能形成供求相等的均衡價格和均衡產量,即不能形成瓦爾拉斯均衡,而只能使供求雙方在偏離瓦爾拉斯均衡的適當位置上的均衡,這是一種短期的不穩定的均衡。比如,凱恩斯主義經濟學中揭示的均衡收入就是一種非均衡狀態,因為一般來說這種均衡收入小於潛在收入,是一種小於充分就業的均衡,實際上是非均衡。一般來說,非均衡分析是從經濟系統中各種經濟力量不均衡狀態出發,聯繫歷史、社會和制度等因素,對經濟現象及變化原因進行分析的方法,它不是對均衡分析的完全否定,而是對均衡分析的深化、發展和揚棄。

3. 均衡分析和非均衡分析綜合運用

均衡分析和非均衡分析都是十分重要的分析方法，必須加以綜合運用。但從長期看非均衡分析方法日益受到重視。運用非均衡分析方法揭示經濟運行中非均衡的狀況和原因，並促使經濟從非均衡達到均衡，是極為重要的。

四、靜態分析和動態分析

1. 靜態分析

靜態分析是研究經濟變量在同一時期內的相互關係，是對經濟運行的一種短期分析。它只說明短期經濟運行情況，不能說明經濟運行的變化過程。宏觀經濟學中對一定時點上若干變量相互關係的分析就是靜態分析，如在一定假設條件下每個時期國民收入的水準取決於S(儲蓄)和I(投資)的對比狀況，即I和S相等時則有均衡國民收入，這就是靜態分析。比較靜態分析屬於另一種均衡狀態分析，它研究從一種均衡狀態到另一種均衡狀態的變化趨勢，分析經濟變量對均衡的影響，但這種分析基本上不涉及時間問題，也屬於靜態分析。

2. 動態分析

動態分析是研究經濟變量在不同時期的變動規律，是對經濟運行的一種長期分析，說明長期經濟情況並能解釋經濟運行過程及變化動因。經濟增長問題的研究就屬於動態分析方法，如凱恩斯的國民收入決定理論的動態化就是哈羅德——多馬模型。

3. 靜態分析和動態分析的區別

靜態分析和動態分析的主要區別在於，前者不考慮時間因素，而後者考慮時間因素。具體來說，靜態分析是一種橫向分析，即考慮一定時期內各種經濟變量之間的相互關係；動態分析則是一種縱向分析，是時間序列分析，即考察不同時期各種經濟變量的變動規律。當然，靜態分析和動態分析也有一定聯繫。這種聯繫表現在：靜態分析是動態分析的基礎，它為動態分析提供基礎數據，便於準確分析經濟運行規律；而動態分析則是靜態分析的發展和延伸。一般來說，先進行靜態分析，在靜態分析的基礎上進行動態分析。

五、流量分析和存量分析

1. 流量和存量

流量和存量都是變量。流量是指某一時期內經濟變量的數值，如一年內國內生產總值、一年內銀行吸收存款的數量、一年內鋼產量等。存量是指某一時點上的經濟變量，如年末的國民財富總量、年末銀行存款餘額、年末鋼材庫存等。

流量和存量的關係十分密切。一般來說，流量來自存量，流量又歸入存量之中，如一年生產的國內生產總值是年初（或上年末）各種資源存量充分利用的結果，而到年末未消耗的國民生產總值又歸入存量之中。流量和存量是互相影響的，流量增加能使存量增加，存量增加又促使流量增加。

2. 流量分析

流量分析是指對流量總量指標的投入產出變化及對其他總量指標的影響等進行分析。其中，收入流量分析是非常重要的，因為收入流量指標如國內生產總值等，反應著一個國家在一定時期內的經濟發展水準、國家經濟實力和國內生活水準狀況等，研究收入

流量的影響因素並使其不斷增長是極為重要的。

3. 存量分析

存量分析是指對存量的總量指標的影響因素、變動趨勢及對其他有關指標影響的分析。存量分析極為重要，因為許多存量指標非常重要，如國民財富、貨幣數量和存款餘額，特別是許多存量使用和分解，它是重要的政策問題。存量和流量分析常用在財富和收入關係分析上，財富和收入的關係極為密切。

六、總量分析和結構分析

1. 總量分析

總量分析是指對宏觀經濟運行總量指標的影響因素及其變動規律進行分析。如對國內生產總值、消費額、投資額、銀行貸款總額及物價水準變動規律的分析就是總量分析。總量分析實際上是一種動態分析，因為它主要研究總量指標變動規律；同時，也包括靜態分析，因為總量分析包括考察同一時期內各總量指標的相互關係，如投資額、消費額和國民生產總值的關係等。

2. 結構分析

結構分析是指對經濟系統中各組成部分及其對比關係變動規律的分析。如國民生產總值中三個產業的結構及消費和投資的結構分析、經濟增長中各因素作用的結構分析等。結構分析主要是一種靜態分析，即對一定時期內經濟系統中各組成部分變動規律的分析。如果對不同時期內經濟結構變動進行分析，則屬於動態分析。

3. 總量分析和結構分析的關係

總量分析和結構分析是相互聯繫的。總量分析側重於總量指標增長速度的考察，它側重分析經濟運行的動態過程；結構分析則側重於對一定時期經濟整體中各組成部分的研究，它側重分析經濟現象的相對靜止狀態。總量分析最重要，它需要結構分析來加以深化和補充，而結構分析要服從於總量分析的目標。為使經濟正常運行，需要對經濟運行進行全面把握。因此，在實踐中應將總量分析方法和結構分析方法有機結合起來使用。

第五節　學習西方經濟學的意義和應注意的問題

一、學習西方經濟學的意義

當前，中國的改革開放已經進入了一個新的轉折時期。在這種新的形勢下，學習現代西方經濟理論具有十分重要的現實意義。

第一，借鑑的需要。通過學習現代西方經濟理論，可以吸收和借鑑其科學的成分，促進中國現代化經濟建設。長期以來，這樣一種流行的觀念禁錮著人們的思想；現代西方經濟理論是資產階級庸俗經濟學的繼續，是為壟斷資產階級利益服務的理論，沒有什麼科學性而言。所以，多年來我們和西方經濟理論幾乎處於隔絕狀態，除了對它們進行批判之外，很少講到借鑑和參考。現在，經過改革開放三十多年的偉大實踐和人們思想觀念的深

刻轉變，越來越多的人已經認識到，現代西方經濟理論是現代市場經濟活動的產物，是西方國家發展經濟的指導思想和制定經濟政策的主要依據。在西方經濟理論和經濟政策的指導、調節下，半個多世紀以來，尤其是20世紀50年代和60年代，主要西方國家的經濟發展都呈現了明顯的增長趨勢。進入70年代以後，儘管西方各主要國家相繼出現「滯脹」局面，經濟增長率普遍下降，但是，自1983年以來，它們的經濟又開始逐漸回升，呈現出穩定增長的趨勢。這就充分表明：現代西方經濟理論及其所揭示的某些經濟發展規律是基本符合現代市場經濟運行的實際情況的，對指導西方國家的經濟實踐是卓有成效的。儘管它無助於資本主義制度擺脫必然滅亡的命運，但它為緩解資本主義經濟的矛盾和刺激社會生產力的發展所起的作用則是不容置疑的。那麼，對資產階級有用的現代西方經濟理論，對社會主義經濟建設是否也有用呢？答案應該是肯定的。因為資本主義經濟和社會主義經濟儘管有本質的區別，但也有共性：一是社會化的大生產，二是都要大力發展市場經濟。既然社會化大生產和市場經濟並不是資本主義經濟所特有的，那麼，我們完全可以捨去資本主義生產關係的特殊性，把現代西方經濟理論中關於社會化大生產和發展市場經濟的一般規律以及科學的經濟分析方法有選擇地借鑑過來，為社會主義經濟建設服務。

第二，對外交往的需要。通過學習現代西方經濟理論，可以進一步瞭解和熟悉世界經濟情況，更有效地進行對外經濟往來，促進中國經濟的繁榮。黨的十四大以後，隨著社會主義市場經濟新體制的確立和不斷完善，中國的改革開放將邁出更大的步伐，將在更大範圍內和更大規模上積極發展同包括資本主義國家在內的世界各國的經濟技術交流與合作，這就要求我們進一步瞭解世界各國的經濟狀況和運行機制，熟悉其處理業務的指導思想、具體方式及操作規程，這樣才能知己知彼，成功地實現中國經濟同世界經濟的順利接軌，在參與國際經濟大循環中取得更大的發展。從這個角度講，學習現代西方經濟理論對我們是大有好處的。

第三，發展馬克思主義經濟理論的需要。通過學習現代西方經濟理論，可以吸收其中的科學成分，把馬克思主義經濟學推向前進。眾所周知，馬克思主義經濟學說在自己的發展過程中，十分重視批判地吸收資產階級經濟學中的科學成分和積極因素。馬克思在寫《資本論》原著時，引用資產階級學者的著述就達605部之多，批判地汲取了其中許多有益的思想。即使是對古典經濟學以後的庸俗經濟學，馬克思和恩格斯也是採取科學的態度，一方面用自己的科學理論批判其庸俗錯誤之處，同時又十分注意汲取和改造其中的某些合理因素。例如，對庸俗經濟學家馬爾薩斯所鼓吹的「人口論」，馬克思和恩格斯首先對這一理論的庸俗性、反動性進行了充分的揭露和批判，同時也客觀地指出了其中的某些可取之處。正是這種實事求是的科學態度和嚴謹的治學態度，使馬克思主義經濟學說的創始人能批判地汲取前人研究中的精華，不斷充實和豐富自己的理論寶庫，從而建立起博大精深的馬克思經濟學說的理論體系。但應看到，馬克思經濟學說並不是終極真理，它還需要在實踐中不斷完善。在當代新的歷史條件下，馬克思主義經濟學不僅需要在認真總結社會主義經濟建設的實踐中不斷得到豐富和完善，而且也需要以實事求是的態度，批判地汲取現代西方經濟理論中的科學成分，用來不斷充實自己。例如，現代西方經濟理論中的貨幣理論、供給理論及其政策主張，就可以批判地借鑑過來，用以豐富社會主義的宏觀調控理論。再如，現代西方經濟理論中大量運用的數量分析方法以及許多有價

值的科學方法,如微觀經濟理論中的「邊際分析法」,把微分、積分、線性方程等融匯在經濟分析之中,向我們提供了如何把尋找「最優值」的方法應用於各種經濟問題的範例,就值得我們認真學習和借鑑。馬克思曾經講過,一種科學只有成功地運用數學時,才算達到了完善的地步。所以,我們有必要從現代西方經濟理論中取其精華,去其糟粕,把馬克思主義經濟學進一步推向前進。

二、學習西方經濟學應注意的問題

現代西方經濟理論同馬克思主義政治經濟學有著不同的思想體系、理論體系和分析方法,對於初學者,客觀上存在著一定的難度。為了能有效地學習好這門課程,在學習方法上應注意以下幾個方面的問題:

第一,應堅持用馬克思主義的立場、觀點和方法作為研究現代西方經濟理論的指南。現代西方經濟理論內容豐富,學派繁多,觀點紛紜,知識涉及面寬,庸俗性和科學因素又常常混雜在一起。面對著這樣一門對許多同志來說尚屬陌生的經濟學科,必須堅持以馬克思主義的立場、觀點和方法為指導,正如列寧所說的:「睜開眼睛來看資產階級科學,注意它,利用它,批判地對待它,不放棄自己完整的和確定的世界觀。」[1] 只有這樣,才能從總體上和實質上對現代西方經濟理論作出科學的、實事求是的分析,也才能分清現代西方經濟理論中哪些是庸俗的東西,哪些是可供我們借鑑和利用的科學成分。

第二,要從總體上把握現代西方經濟理論的整體性和系統性,切忌一知半解或斷章取義地研究和評價。現代西方經濟理論,經過數百年的產生、發展和演變,已經擁有一套比較完整的理論體系和思想體系。就其中的每一個流派而言,它都有自己的理論淵源及其發展演變過程,有其獨特的理論觀點及其政策主張。而各種不同流派及其理論觀點之間,既有明顯的不同之點,也有其相同之處。因此,對現代西方經濟理論要進行全面系統的學習和研究。例如,我們在學習微觀經濟理論時,必須全面瞭解以均衡價格理論為核心,包括供求理論、消費者行為理論、生產理論、市場理論和分配理論在內的一整套理論體系及其相互間的內在聯繫;研究宏觀經濟理論時,必須全面瞭解以國民收入決定理論為核心,包括國民經濟運行理論、就業與通貨膨脹理論、經濟增長理論、宏觀經濟政策等在內的一整套理論體系及其相互聯繫;研究某一流派或某一學說時,必須全面瞭解它產生的歷史背景、理論觀點、政策主張及其與其他流派的區別與聯繫。只有這樣,才能使我們站在應有的理論高度,對現代西方經濟理論及其流派有一個全面、深入的認識。

第三,應努力發掘和借鑑現代西方經濟理論中有價值的東西,為社會主義經濟建設和改革開放的實踐服務。學習和研究現代西方經濟理論的重要目的,在於為建設有中國特色的社會主義服務。黨的十二屆三中全會通過的《中共中央關於經濟體制改革的決定》中指出:「為了從根本上改變束縛生產力發展的經濟體制,必須認真總結中國的歷史經驗,認真研究中國經濟的實際情況和發展要求。同時必須吸收和借鑑當今世界各國包括資本主義發達國家的一切反應現代社會化生產規律的先進經營管理方法。」當前,我們國家正在建立和完善社會主義市場經濟新體制,需要汲取現代人類社會文化的優秀成果。因此,我們學習西

---

[1] 《列寧全集》第3卷,第581頁

方經濟理論,要在堅持黨的四項基本原則的前提下,注意發掘和吸收現代西方經濟理論中一切科學的因素,特別是那些關於社會化大生產和發展現代市場經濟的有關理論及其行之有效的政策主張,為我所用,為建立和完善社會主義市場經濟新體制服務。

第四,必須深入瞭解現代西方經濟理論中所使用的基本概念、基本假定和基本方法;否則,就很難把握西方經濟學家對許多理論問題和實際問題的分析,甚至還可能產生誤解。從基本概念來看,現代西方經濟理論中使用了許多馬克思主義政治經濟學中沒有的概念。例如,西方經濟學家把經濟學首先劃分為基礎經濟學和應用經濟學,基礎經濟學又劃分為實證經濟學和規範經濟學,實證經濟學又劃分為微觀經濟學和宏觀經濟學。根據這種分類,我們必須對其中每一種經濟學的具體含義有明確的瞭解,才能弄清楚現代西方經濟理論(包括微觀經濟理論和宏觀經濟理論)的基本特點,瞭解它屬於實證經濟學的範疇,但又包含規範經濟學的因素。從基本假定來看,西方經濟理論在進行經濟分析時,經常運用某些假定條件。例如,英國經濟學家馬歇爾在其《經濟學原理》一書中對供給和需求進行均衡分析時,經常使用「其他條件不變」一語,如果我們不把這種假設弄清楚,就不能正確地看到他分析的科學因素和局限性。從分析方法來看,西方經濟學家大量採用數量分析方法,對經濟活動進行數量、模型、靜態、動態以及預測相結合的分析,從而把許多複雜的經濟問題數量化,這是現代西方經濟理論的一大特色,也是值得我們學習和借鑑之處。對初涉這方面內容的讀者來說,可能會有一定的難度,但只要多下工夫,是完全可以掌握的。

【本章小結】

1. 西方經濟學是關於資源配置的科學,是研究如何將有限的資源科學合理地配置起來,以最大限度地滿足人的慾望的科學。它具體研究社會中居民、廠商、政府和其他組織如何進行選擇,以及通過選擇如何決定社會資源的使用方式。要做到資源的最佳配置,就必須進行正確的抉擇,考慮機會成本的問題。從生產的角度看,進行資源選擇時,必須考慮「生產什麼、生產多少」、「如何生產」、「為誰生產」的問題,這三個問題是一切社會的基本問題。由於解決上述三個問題的方法不同,由此形成了不同的社會經濟制度。

2. 西方經濟學的產生和發展大體上經過萌芽、形成或產生時期、發展與完善時期。其間可分為重商主義經濟學、古典經濟學、庸俗經濟學和現代西方經濟學四個發展階段。15～17世紀中葉為萌芽時期,以重商主義為代表;17世紀中葉為形成或產生時期,以古典經濟學為代表;19世紀初開始為完善和發展時期,其主要代表人物為李嘉圖、穆勒、馬歇爾、凱恩斯、弗里德曼和盧卡斯等,其中最重要的有凱恩斯、弗里德曼和理性預期學派等四次革命。

3. 微觀經濟學可稱為價格理論,其中心問題是價格問題。其包括供求理論、效用理論、生產理論、廠商(市場)理論、分配理論和福利理論(一般均衡)等。宏觀經濟學是以國民收入為核心的總量分析,其核心問題是國民收入決定,包括國民收入核算、國民收入決定模型、失業和通貨膨脹、財政政策、貨幣政策、對外經濟政策及經濟週期和增長等。

4. 西方經濟學的主要分析方法包括邊際分析和最優分析、規範分析和實證分析、均衡

分析和非均衡分析、靜態分析和動態分析、流量分析和存量分析、總量分析和結構分析等。

5. 在中國改革開放的新形勢下,學習西方經濟學具有十分重要的現實意義。

【思考題】

1. 西方經濟學的產生和發展大體經歷了哪幾個發展階段?
2. 什麼是西方經濟學?西方經濟學的研究對象是什麼?
3. 社會的基本經濟問題是什麼?
4. 社會經濟制度劃分為哪些不同的類型?
5. 微觀經濟學和宏觀經濟學包括哪些基本問題?
6. 西方經濟學有哪些分析方法,各有什麼特點?
7. 學習西方經濟學有何重要的現實意義?

【綜合案例1】

經濟學與經濟學家的良心

「經濟學是不講良心不講道德的」,這是一個著名經濟學家的著名論點。

如果「講」良心,那就不是經濟學而是道德倫理學。作為以經濟包括市場、交易為研究對象的學科,它考察的基礎或者說基本「公設」,是假定每個人、每個社會群體都是「經濟人」,即追求自身利益最大化是他們的本性。因此,它要探討人們是怎樣逐利的,從而設計一種合理的制度,鼓勵人們在發展生產力、增進社會財富的基礎上達到個人目的,而防止某些人鑽制度的空子攫取社會財富、侵占他人利益。經濟學不講道德,就像醫學醫術不講道德,只關注怎樣救死扶傷,而不問病人是勞模還是囚犯。

事實上,我們早就吃過經濟學「講道德」的大虧:緊跟著當時的政治潮流,鼓吹精神萬能,以為靠人的道德覺悟就可以超英趕美大躍進;待到烏托邦夢醒,才知市場經濟是不可逾越的歷史階段。其實,馬克思和恩格斯在他們合著的《德意志意識形態》第一卷裡就講過,「政治的理論觀念」(即政治學)應當擺脫道德,「獨立地研究政治的主張」。政治學尚且不應「講」道德,何況經濟學?

但是,經濟學家是應當「講」良心、「講」道德的——在這裡「講」不是對人「說」,也不是研究的意思,而是「憑(良心)」、「遵循(一定的道德準則)」的意思。學科(學問)與人(做人)是兩碼事,只要是人,不論你是政治家、科學家還是別的什麼「家」,都有一個怎樣立身處世的立場和態度問題。做人不講良心不講道德就是非人,是衣冠禽獸。恰如醫學醫術本身不「講」良心,但古希臘的醫師希波克拉底提出的人道主義準則即著名的「希波克拉底誓言」,卻是所有從醫人員應當奉行的道德標準。

經濟學家的良心與基本道德應當是什麼?我認為是八個字:追求真理,造福公眾。

追求真理就是要一切從實際出發,尊重事實,努力探求真理和客觀規律,道實情講真話,不弄虛作假,不察言觀色講違心的話。

造福公眾,就是秉公持正,為發展社會生產力增進全社會的福祉服務,不是為牟取個

人或某個利益集團的特殊利益而花言巧語以自己的專家身分誤導輿論和決策者。

資料來源：鄢烈山．經濟學與經濟學家的良心．http://www.sina.com.cn．根據需要有改動。

【討論題】

為什麼經濟學不講良心和道德？經濟學不講良心和道德是否是經濟學家不講良心和道德？他們的良心和道德是什麼？

【綜合案例2】

價格到底誰說了算

民航國內航空運輸價格改革方案聽證會在北京舉行。雖然此次聽證會受「非典」影響延期兩個多月，但社會對它的關注絲毫沒減。值得回味的是，中國的改革就是從價格改革入手的。問題是，為什麼改革多年，我們還停留在要政府出面為民航這樣的壟斷行業開價格聽證會的階段，而不能由市場來決定價格呢？這些年政府為了把壟斷行業推向競爭市場，做了不少工作。

最後，中國電信一分為四；民航也早就各路諸侯分治，航空公司林立。於是乎，真的競爭來了，為打折打得頭破血流。消費者得到了實惠，一片叫好；經濟學家也喜出望外：總算與市場接軌了，該來個優勝劣汰了。可這時，「婆婆」忍不住出面了──都是國有資產嘛，手心手背都是肉，為何非拼個你死我活呢！在政府的倡導下，民航各路諸侯今日歃血，明日盟誓，又是「生死合約」，又是價格聯盟，但結果總是擰不過市場法則的「大腿」，該打折還是打折，該降價還是降價，只不過「明火執仗」變成了「暗度陳倉」。結果，競爭總是深入不下去，該死的死不掉，該長的長不大，市場真的「失靈」了。

政府總「捨不得」放手讓市場來裁決價格。經濟學家常說，市場具有比任何權力更絕對的權威。1992年諾貝爾經濟學獎得主加里·貝克爾認為，國有企業應該民營化。過去十幾年來，經營不善的國企轉為民營已經成為世界潮流。美國將郵政民營化了；英國在撒切爾當政期間，就將原來由政府經營的航天、汽車、電子通信甚至鐵路移轉為民營，成效顯著。我們的民航、鐵路、電力等為什麼就不能姓「民」？為什麼不能像食品、家電、服裝等行業，取消政府管制，取消那麼多的「局」、「部」呢？

我們經濟生活中有兩種主要的經濟組織形式：市場機制和命令經濟。所謂市場機制是指這樣一種經濟組織形式，即單個消費者和企業通過市場相互發生作用，來決定經濟組織的三個中心問題：生產什麼、如何生產和為誰生產。所謂命令經濟是指這樣一個其資源的分配由政府來決定，命令個人和企業按照國家經濟計劃行事。亞當·斯密把市場機制比喻為「看不見的手」。所謂「看不見的手」，是指當每個人追求他自私自利的目標時，他好像被一隻看不見的手引導著去實現最好的公共福利。家庭和企業在市場上相互交易，其仿佛被一隻「看不見的手」所指引，引導著社會資源的合理配置。

資料來源：根據經濟學階梯教室《價格到底誰說了算》編寫。根據需要有改動。

【討論題】

到底什麼是「看不見的手」？它到底起了多大作用？

第二章 供求與價格理論

【學習目標與要求】

通過系統地學習,掌握價格理論的基本知識和基本體系;掌握需求、供給是如何決定價格的,價格機制是如何實現對資源的合理配置的;掌握彈性理論對廠商收益決策的影響及應用。

【學習重難點】

重點:影響需求、供給及價格的因素,需求量變動與需求變動的不同,需求彈性系數及對廠商的收益影響。

難點:需求彈性理論。
1. 需求和需求的變動
2. 供給和供給的變動
3. 均衡價格
4. 需求和供給的彈性理論

第一節 供求理論

一、需求與影響需求的因素

經濟分析中所使用的需求概念,是指在一定時期內和一定價格條件下,消費者願意並且能夠購買的某種商品的數量。這個概念包含以下三個要點:

第一,需求是指消費者在一定價格條件下願意購買的商品數量,而不是實際購買的商品數量。願意購買的量與實際購買的量往往並不一致。因此,現代西方經濟學常用「需求量」表示願意購買的量,用「成交量」表示實際購買的量。

第二,需求不是指一種空想或慾望,而是指「有效需求量」,也即人們不僅願意購買,而且有支付能力的需求量。如果只願意購買但無實際支付能力,那就只能是一種空想或慾望,而不是需求。

第三,需求是個流量概念,它必須用一定時間內消費者的需求量來表示。比如,某地居民每月對糧食的需求是9000萬千克、對紡織品的需求量是500萬米等。如果沒有時間的規定,需求的含義是不明確的。

微觀經濟理論認為,影響商品需求數量的因素主要有以下四個:

1. 商品自身的價格

這是影響需求量的最重要因素。在通常情況下，它與需求量成反比例關係，即某種商品的價格提高或上漲，消費者對該商品的需求量便減少或下降；反之，價格降低或下跌，消費者的需求量便增加。

2. 消費者的收入水準

在其他條件不變的情況下，收入水準與需求量成正比例關係，即消費者的收入水準越高，對商品的需求量便越大；反之，收入水準越低，對商品的需求量則越小。

3. 消費者的偏好

所謂偏好，指消費者對某種商品的特殊喜愛。例如，南方人愛吃大米，對大米的需求量就比北方人大；而北方人愛吃面粉，對面粉的需求量就比南方人大。消費者的這種偏好，主要取決於當時當地的社會風俗習慣，以及文化、氣候、廣告、宣傳等因素的影響。

4. 相關商品的價格

相關商品指與該商品有某種聯繫的其他商品，具體包括替代品和互補品。替代品是指在效用上可以互相替代的商品。如棉織品和化纖織品，都有抵禦風寒、增強美感等效用，可以相互替代。如果化纖織品的價格下降了，而棉織品的價格不變，那麼，消費者對棉織品的需求量就會相應減少。可見，替代品價格的變化與商品的需求量變化成正比。互補品指必須結合才能發揮作用的兩種商品。例如，汽車和汽油就是互補品，因為兩者必須結合起來，汽車才能啟動和行駛。如果汽油價格提高，就會引起對汽車的需求量減少。可見，互補品價格的變化與商品的需求量成反比。

可見，某種商品的需求量與影響需求量的各種因素之間存在著一種相互依存的關係，用數學的語言來說，稱為函數關係。如果把影響需求量發生變化的各因素作為自變量，把需求量作為因變量，則它們之間的函數關係為：

$$D = f(a, b, c, d, \cdots, n)$$

這就是需求函數。它表示一定時期內某種商品的需求數量與影響該商品需求數量各因素之間的函數關係。其中，D 代表消費者在一定時期內對某種商品的需求數量，$a, b, c, d, \cdots, n$ 代表影響該商品需求數量發生變化的各種因素。就是說，D 數值的大小，是由 $a, b, c, d, \cdots, n$ 的數值所決定的，並隨它們的變化而變化。

由於影響某種商品市場需求量的因素十分複雜，如果我們試圖一開始就考察所有因素同時變化時它們對市場需求量的影響，那就不可能對需求函數進行正確的分析，甚至會連一個簡單的理論都不能建立起來。因此，微觀經濟理論在需求分析中採用了科學的抽象法，即假定影響某種商品需求量的因素中只有一個變量，其餘因素都是不變的。在此假定條件下，考察該變量對市場需求的影響。然後用同樣的方法對其他變量逐個進行考察。最後綜合進行考察，分析多個因素同時變化對市場需求的影響。下面，重點研究其他因素不變時，商品本身價格的變化對商品需求量的影響。

二、需求表與需求曲線

經濟生活的大量實踐表明，在不同的價格水準下，商品的需求量會發生相應的變化。假定在一定收入水準下，土豆的需求狀況如表 2-1 所示。

表 2–1　　　　　　　　在一定收入水準下土豆的需求表

每噸價格(元)	需求量(噸)
20	110.0
40	90.0
60	77.5
80	67.5
100	62.5
120	60.5

　　這種反應商品價格與需求量之間關係的表稱為需求表，它表示在不同價格水準下商品的需求量是多少。根據需求表繪成的曲線就是需求曲線，如圖 2–1 所示。圖 2–1 中的曲線表明，消費者在不同價格水準下願意購買的土豆數量。該曲線由左上方往右下方傾斜，表明價格下降，需求量增加；相反，價格上升，需求量減少。整條曲線反應了在其他因素不變條件下需求量與價格的全部關係。

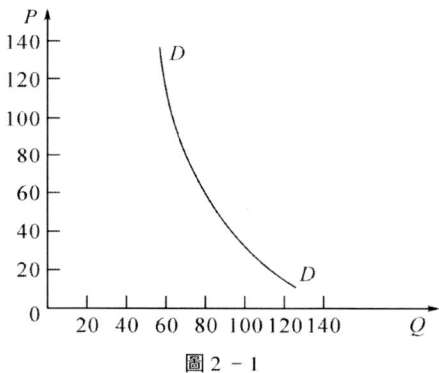

圖 2–1

三、需求定理

　　從需求表和需求曲線可以清楚地看出，在其他因素不變的條件下，價格和需求呈反方向變動的關係，即價格越低，需求量越大；價格越高，需求量越小。這種商品價格和需求量之間呈反方向變動的關係，西方經濟學家稱為需求定理。這個定理適用於除某些特殊商品之外的一切商品。

　　為什麼商品價格和需求量呈反方向變動的關係呢？其原因主要在於：

　　第一，由於一些商品之間在使用上存在著可以彼此替代的關係。當一種商品的價格相對下降時，由於它可以用來代替其他商品，消費者必然增加對這種商品的購買，使需求量上升。例如，冬天既可以用毛毯也可以用電熱褥達到保暖的目的，如果電熱褥的價格下降了，毛毯的價格即使不變，也會有更多的人去購買電熱褥，使其需求量增大，而毛毯的需求量則會相應減少。這種由於價格變化而引起某種商品與其具有替代關係的其他商品的相對價格發生變化，從而導致消費者總是多買相對價格較低的商品、少買相對價格較高商品的現象，西方經濟學家稱之為替代效應。替代效應是商品價格和需求量呈反方向

變動的重要原因之一。

第二，某種商品的價格下降，實際上意味著消費者的實際購買力增加，從而可以增加對該種商品（以及其他商品）的購買量，使需求量上升。例如，當豬肉價格下降時，實際上意味著消費者原來用於購買豬肉的既定支出的實際購買力增加，從而可多買豬肉，而原來因價格太高不買豬肉的消費者，現在也可以參加購買。所以，市場對豬肉的需求量將增加。反之，如果豬肉價格上升，將引起消費者的實際購買力下降，從而導致市場對豬肉的需求量下降。這種由於價格變化而引起消費者收入的實際購買力發生變化，從而引起消費者對該種商品購買量的變化，西方經濟學家稱之為收入效應。收入效應也是商品價格和需求量呈反方向變動的重要原因之一。

正是由於需求定理的存在，需求曲線表現為從左上方向右下方傾斜。但是，這僅是對一般商品而言的。對某些特殊商品而言，需求曲線還可能出現一些特殊的、例外的情況。例如，某些用於表示人們社會地位和身分的炫耀性消費品，如珠寶、項鏈等，往往價格越是下降，需求量越小；某些用於維持生活必需的低檔商品，如土豆、玉米等，當其價格上漲時，需求量還會增加；某些投機性的商品，如股票、債券、外匯等，當其價格發生較大幅度變動時，人們就會採取觀望的態度，需求將出現不規則的變化。西方經濟學家認為，經濟學所要研究的，主要是需求與價格變化的一般規律，即需求與價格呈反方向變動的關係。

【專欄知識】

需求定理的例外

需求定理所指的是一般商品的規律。但與一切規律一樣，需求定理也有例外。而且，這種例外還是很重要的。

一種例外是炫耀性商品。20世紀初美國經濟學家凡勃倫在《有閒階級》一書中提出了炫耀性消費的概念。炫耀性消費是用於顯示自己社會身分的消費。用於炫耀性消費的商品稱為炫耀性商品。在市場經濟社會中，金錢是人們成功的重要標誌，所以，炫耀性消費就是用高價商品來顯示自己的社會地位。貴重的首飾、豪華的轎車、高檔時裝都是有錢階級用於顯示自己社會身分的炫耀性商品。因為商品只有價高才有炫耀的作用，所以，這種商品價格下降時需求就會減少。當然就不同於我們所說的需求定理。

另外一種例外是吉芬商品。愛爾蘭經濟學家吉芬發現，在1845年愛爾蘭大災荒時，儘管馬鈴薯的價格上升，但需求量反而增加。這種商品的價格上升需求增加的現象被稱為「吉芬之謎」，具有這種特點的商品被稱為「吉芬商品」。吉芬商品都是低檔生活必需品。在遭受自然災害這種特殊時期，這種低檔生活必需品價格上升，需求也隨著增加，因為馬鈴薯的價格上升引起的收入效應大於替代效應。這就是說，正常情況下，馬鈴薯價格上升一方面引起用其他商品替代馬鈴薯（替代效應），會使馬鈴薯的需求減少；但另一方面，馬鈴薯價格上升又引起人們實際收入減少，也會使馬鈴薯需求減少。但在大災荒時，所有物品價格都上升。土豆、肉類、面粉價格都上升，馬鈴薯價格上升的替代效應並不大（如果其他東西漲幅度高於馬鈴薯，替代效應是馬鈴薯代替其他商品），但使收入減少的收入效應大，這時，人們實際收入減少，更消費不起肉類或面粉，只能用低檔的馬鈴薯充饑。這樣馬鈴薯價格上升，需求也增加。

在這兩種情況下，需求曲線是一條向右上方傾斜的線。

四、供給與影響供給的因素

供給是西方經濟理論中與需求相對稱的概念。需求就消費者而言，供給就生產者而言。所謂供給，指生產者在某一時間內、在一定價格水準上願意並且能夠出賣的商品量。其中包括新提供的物品和已有的存貨。這個概念包含以下三個要點：

第一，供給是指生產者在一定價格條件下願意出售的商品數量，它與實際的銷售數量可能是不一致的。所以，西方經濟理論使用「成交量」來表示實際的銷售量，而用「供給量」來表示願意出售的量。

第二，供給不是指一種可能性，而是指生產者在一定價格水準下願意並且能夠出售的商品量。即是說，作為供給，必須同時具備出售商品的願望和供應商品的能力這兩個條件，兩者中缺了其中任何一個條件都不能構成供給。

第三，供給與需求一樣，它也是一個流量概念，而不是存量概念，它是指在一定時期內的商品供給量，如每月、每季、每年廠商願意並能夠出售的商品量。

西方經濟學家認為，決定供給的因素主要有以下五個：

(1) 商品本身的價格。這是影響商品供給的重要因素。一般說來，商品賣價越高，生產者願意提供的商品量越大；反之，商品賣價越低，供給量越小。

(2) 相關商品的價格。一般說來，某種商品的供給量同它的替代品價格呈反方向的變動，而同它的互補品價格呈同方向的變動。例如，土地可以用來種植穀物和小麥，如果穀物價格不變而小麥價格提高，生產者將會多種小麥而少種穀物，從而減少穀物的供給量。再如，當拖拉機價格提高從而供給量增加時，柴油的供給量也會相應增加。

(3) 生產要素的價格。在商品價格不變的情況下，生產要素的價格提高，則產品成本增大，廠商的利潤減少，從而使供給量隨之減少；反之，生產要素價格下降，則成本下降，廠商利潤增大，從而使供給量相應增大。

(4) 生產技術水準。生產技術水準的高低與產品的成本、廠商的利潤存在著直接的聯繫。因此，任何一種有利於降低成本、增加利潤的技術進步都將使供給量增大。

(5) 廠商對未來價格的預期。如果廠商預測到某種商品的價格將上漲，就會增加生產，從而使供給量增大；反之，預測到該商品的價格將下跌，就會縮減生產，使供給量減少。

如果把影響供給量的所有因素作為自變量，把供給量作為因變量，則它們之間的函數關係可表示為：

$$S = f(a_1, a_2, a_3, \cdots, a_n)$$

這就是供給函數。它表示一定時期內某種商品的供給量與影響該商品供給量的各種因素之間的函數關係。其中，S 代表生產者在一定時期內對某種商品的供給量，$a_1, a_2, a_3, \cdots, a_n$ 代表影響該種商品供給量變動的各種因素。即是說，S 值的大小是由 $a_1, a_2, a_3, \cdots, a_n$ 的數值所決定，並隨它們的變化而變化。

假定某種商品的供給量只受該商品自身價格的影響，而影響該商品供給量的其他因素均不發生變化，則該商品的供給函數為：

$$S = f(p)$$

式中，S 代表該商品的供給量，p 代表該商品的價格。該函數表示：在其他條件不變時，廠商在各種不同的價格水準下願意並且能夠提供的某種商品的數量。

【專欄知識】

技術進步與電腦供給

在供給理論中，我們的分析以供給量和價格的關係為中心。但應該看到，在今天決定供給的關鍵因素是技術。電腦的供給說明了這一點。

20世紀80年代個人電腦的價格按運算次數、速度和存儲能力折算，每臺為100萬美元。儘管價格如此高昂，但供給量極少，只有少數工程師和科學家使用。如今同樣能力的個人電腦已經降至1000美元左右，價格只是當初價格的1/1000，但供給量增加了不止1萬倍。現在個人電腦的普及程度是許多科學家所未預見到的。

電腦供給的這種增加不是由於價格變動引起的，而是由於技術變動引起的。從20世紀80年代末開始，電腦行業的生產技術發生了根本性變化，集成電路技術的發展、硬件與軟件技術標準的統一、規模經濟的實現與高度專業化分工使電腦的生產成本迅速下降，而質量日益提高。這種技術變化引起電腦供給曲線向右移動，而且，移動幅度相當大。這樣，儘管價格下降，供給還是大大增加了。

技術是決定某種商品供給的決定性因素。正因為如此，經濟學家越來越關心技術進步。

五、供給表和供給曲線

供給表和供給曲線研究的是假定影響供給量的其他因素不變時，供給量同商品價格變化的關係。

根據商品價格與供給量的關係所列成的表，稱為供給表。任何商品都可以列成供給表。假定胡蘿蔔的供給表如表2-2所示。

表2-2　　　　　　　　　　胡蘿蔔供給表

價格(元/噸)	20	40	60	80	100	120
供給量(噸)	5	46	77.5	100	115	122.5

表2-2說明生產者在不同的價格水準上願意出售的胡蘿蔔數量。根據供給表所反應的供給量與商品價格之間的函數關係所繪成的幾何曲線，稱為供給曲線。如圖2-2所示：縱軸表示商品價格，橫軸表示供給量，SS 表示供給曲線。該曲線從左下方向右上方傾斜，表示價格提高，供給量增多，價格下降，則供給量減少。整條曲線反應了在其他因素不變條件下供給量與商品價格的全部關係。

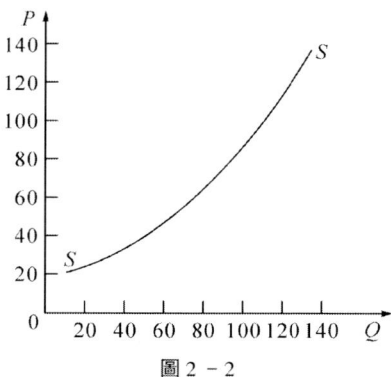

圖 2－2

六、供給定理

供給表和供給曲線清楚地表明，在影響供給的其他因素不變的條件下，供給量將隨著價格的漲落而增減，其數量與價格呈正方向變化，即商品價格上升，供給量就增多，商品價格下降，供給量就減少。西方經濟學家把一種商品的市場價格和該種商品的供給量之間存在的上述關係，稱為供給定理。這個定理適用於除某些特殊情況之外的一切商品。

為什麼商品價格與供給量呈同方向變動的關係呢？其主要原因在於：

第一，由於廠商從事生產經營的直接目的是為了獲得盡可能多的利潤，當產品成本不變、商品的市場價格下降時，標誌著利潤下降，廠商便不願提供更多的商品，因而供給量必然隨價格下降而減少；反之，生產成本不變而商品售價提高時，則意味著利潤增加，廠商自然願意提供更多的商品，所以，供給量隨價格上升而增加。

第二，由於商品的邊際生產費用（生產者每多生產一單位產量所支付的追加生產費用）一般隨產量的增加而遞增，因此，供給價格（生產者為提供一定數量的商品所願接受的最低價格）也隨商品量的增加而遞增，即產量增加，邊際費用上升，則供給價格提高。如果商品的生產量增加，商品的邊際生產費用上升，而供給價格卻不能相應提高，那麼廠商就無利可圖，自然也就不會增加產量。因此，供給量只能隨商品價格的提高而增大。

在一般情況下，供給定理是普遍適用的，即供給隨商品價格變動而呈同方向變動，供給曲線從左下方向右上方伸展。但也有例外的情況。西方經濟學家認為，經濟生活中可能出現以下幾種例外的情況：

第一，勞動力的供給。在勞動力供給的開始階段，隨著工資水準的小幅度提高，供給量將會增加，但工資水準上升到一定程度後，勞動者對貨幣的需要被認為不那麼迫切了，即使工資再上升，勞動力的供給不僅不會增加，甚至還有可能減少。因此，勞動力的供給曲線先是遞增，然後是一條垂直線，或者是一條向後彎曲的線，如圖 2－3 所示。

第二，某些稀缺商品的供給。例如珍貴文物和古董的供給，當其價格提高後，人們就會紛紛把存貨拿出售賣，從而使供給量增加，但當價格提高到一定限度時，人們會認為它們可能是最貴重的物品，就會囤積起來而不會輕易再拿到市場上去出賣。儘管其價格持續上揚，供給量反而會減少。

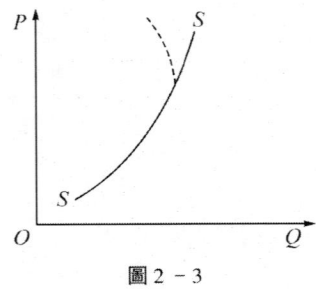

圖 2－3

　　第三，某些投機性商品的供給。例如證券、黃金市場上經常出現下述情況：小幅度升、降價，供給會按正常情況變動；一旦大幅度持續升、降價，因為心理作用人們就會採取觀望態度，待價而沽，供給量會出現不規則的變動。

　　以上第二、第三兩種情況下的供給曲線可能呈現出如下形態或其他不規則狀態，如圖 2－4 所示。

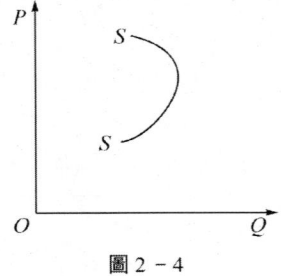

圖 2－4

　　西方經濟學家認為，經濟學所要研究的主要是一般的供給與價格變化的關係，即價格上升時，供給量增加；價格下降時，供給量減少的情況。

第二節　　均衡價格理論

一、均衡價格

　　所謂均衡價格，指需求量和供給量相一致時的市場價格。如果用圖形來表示，均衡價格就是某種商品的需求曲線與供給曲線相交時的價格，如圖 2－5 所示。

　　圖 2－5 中，OQ 表示商品數量；OP 表示價格水準；DD' 表示需求曲線；SS' 表示供給曲線；A 表示供求均衡點；OH 表示均衡產量；OR 表示實際產量，OR' 表示變動後的實際產量；HA 表示均衡價格。

　　均衡價格是經過市場供求的自發調節而形成的。假如與實際產量 OR 相應的需求價格 Rd 高於供給價格 Rs，這就意味著購買者買進實際生產量 OR 願意付的價格超過賣者提供相同產量所要求的最低賣價。這對生產者（賣者）顯然有利，必然會增加產量，使 R 點向

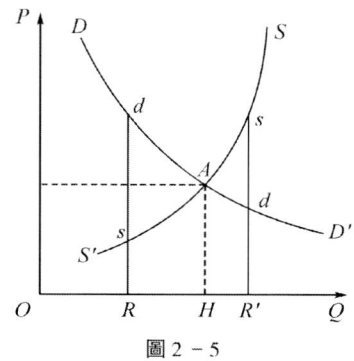

圖2－5

右方移動。反之，假設實際生產量OR向右移動為OR'時，需求價格R'd低於供給價格R's，這顯然對生產者不利而減少產量，使R'向左方移動。上述兩種情況都不能使需求和供給達到均衡。只有當產量為OH時，需求和供給才達到均衡狀態。這時，OH就是均衡產量，AH就是均衡價格。由此可見，當商品的市場價格偏離均衡價格時，就會形成需求量與供給量不相等的非均衡狀態。但由於市場價格機制的作用，當供不應求時，市場價格就上漲，供過於求時市場價格就下降，這種價格的漲落就會使上述非均衡狀態逐步消失，偏離均衡價格的市場價格也會自動地恢復到均衡點，繼續保持其均衡狀態。

【專欄知識】

誰讓廣東人吃到更多的魚？

廣東人愛吃魚，但在改革開放之前，廣東人難得吃到魚。政府嚴格控制價格，儘管價格不高，魚卻是定量供給的。

改革開放之後，廣東省放開了魚的價格。在當時供給遠遠小於需求的情況下，魚價的放開使價格大幅度上升。這時需求過大，而且，取消票證，需求又在增加，需求曲線向右方移動，而供給暫時未變。結果，魚的價格大幅度上升。

魚的價格上升使養魚成為一項有利可圖的事業，於是，許多人紛紛從事養魚事業。高價格、高利潤刺激了生產，供給增加，供給曲線向右方移動。隨著魚的供給增加，人們能吃到的魚增加了，但價格卻在下降。

廣東在放開魚價之後，經過價格大幅度上升，然後迎來吃魚方便、價格又不高的狀況。這完全是價格調節的結果。如果把價格管死了，就不會有這種結果。

廣東人吃魚的這種變化說明，價格是調節經濟活動的一只「看不見的手」。管制價格，即把「看不見的手」綁起來，經濟中就會出現供求不平衡。實現市場經濟最關鍵的一點是用價格機制調節經濟，這就要放開價格。在市場經濟中，只要價格能做到的，就讓價格去做。只有價格不起作用時，才要由政府去做。

二、需求與供給變動對均衡的影響

需求和供給的變動對均衡價格、均衡數量的變動有著重要的影響，具體表現為以下

四種情況：

（1）供給不變，需求增加，則均衡價格上升，均衡數量（產銷量）增加；反之，供給不變，需求減少，則均衡價格下降，均衡數量減少，如圖 2－6 所示。

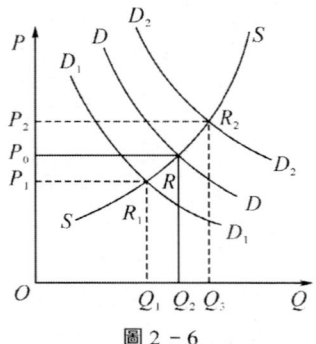

圖 2－6

圖 2－6 中，當供給曲線和需求曲線分別為 SS 和 DD 時，均衡點為 R，均衡價格為 OP_0，均衡數量為 OQ_0。現在，當供給曲線不變，而需求曲線由 DD 移動到 D_2D_2 時，意味著需求增加，這對 D_2D_2 與供給曲線 SS 相交於 R_2 決定了新的均衡價格為 OP_2，均衡數量為 OQ_2，由於 $OP_2 > OP_0$，$OQ > OQ_0$，表明供給不變的條件下，由於需求的增加，均衡價格和均衡數量都相應增加了。當供給曲線不變，而需求曲線由 DD 移動到 D_1D_1 時，意味著需求減少，這時 D_1D_1 與供給曲線 SS 相交於 R_1，決定了新的均衡價格為 OP_1，均衡數量為 OQ_1。$OP_1 < OP_0$，$OQ_1 < OQ_0$ 表明供給不變的條件下，由於需求的減少，均衡價格和均衡數量均相應減少了。

上述分析說明，在供給不變的情況下，需求的變動會引起均衡價格和均衡數量呈同方向變動。

（2）需求不變，供給增加，則均衡價格下降，均衡數量增加；反之，供給減少，則均衡價格上升，均衡數量減少，如圖 2－7 所示。

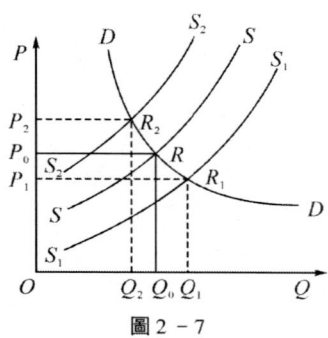

圖 2－7

圖 2－7 中，SS 和 DD 分別為原來的供給曲線和需求曲線。R 為均衡點，OP_0 為均衡價格，OQ_0 為均衡數量。現在，當需求不變，而供給曲線由 SS 移動到 S_1S_1 時，意味著供給的

增加,這時 S_1S_1 與 DD 相交於 R_1,決定了新的均衡點為 R_1,均衡價格為 OP_1,均衡數量為 OQ_1,由於 $OP_1 < OP_0$,$OQ_1 > OQ_0$,表明需求不變時,供給增加,均衡價格下降,均衡數量增加。當需求曲線不變,而供給曲線由 SS 移動到 S_2S_2 時,則意味著供給的減少,這時 S_2S_2 與 DD 相交於 R_2,決定了新的均衡價格為 OP_2,均衡數量為 OQ_2,由於 $OP_2 > OP_0$,$OQ < OQ_0$,表明由於供給的減少,均衡價格上升,均衡數量減少。

上述分析說明,在需求不變的情況下,供給的變動引起均衡價格與均衡數量呈反方向變動。

(3) 供給與需求同時增加,則均衡數量增加,但均衡價格可能上升,也可能下降,如圖 2-8 所示。

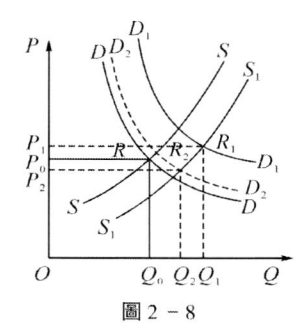

圖 2-8

圖 2-8 中,SS 和 DD 分別為原來的供給曲線和需求曲線,R 為均衡點,OP_0 為均衡價格,OQ_0 為均衡數量。現在,假定供給和需求同時增加,則供給曲線和需求曲線分別移動到 S_1S_1 和 D_1D_1,新的均衡點為 R_1,決定了新的均衡價格為 OP_1,均衡數量為 OQ_1,由於 $OP_1 > OP_0$,$OQ_1 > OQ_0$,這表明當供給與需求同時增加時,均衡價格和均衡數量都增加了。但也可能出現另一種情況,即當供給與需求同時增加時,均衡數量增加了,但均衡價格卻可能下降,或保持不變。上圖中,當供給曲線移動到 S_1S_1,而需求曲線僅移動到虛線表示的位置,兩者相交形成新的均衡點 R_2,決定了新的均衡價格為 OP_2,均衡數量為 OQ_2,由於 $OP_2 < OP_0$,$OQ_2 > OQ_0$,這表明均衡數量增加,均衡價格卻下降了。

(4) 供給與需求呈反方向變動,則均衡價格總是按需求變動的方向變動,但均衡數量可能增加,也可能減少,如圖 2-9 所示。

圖 2-9 中,SS 和 DD 分別為原來的供給曲線和需求曲線,R 為均衡點,OP_0 為均衡價格,OQ_0 為均衡數量。現在,假定供給增加,供給曲線 SS 移動到 S_1S_1,需求減少,需求曲線移動到 D_1D_1,兩者相交形成新的均衡點 R_1,決定了新的均衡價格為 OP_1,均衡數量為 OQ_1,由於 $OP_1 < OP_0$,$OQ_1 > OQ_0$,這表明均衡價格下降,均衡數量卻增加了。但也可能出現另外一種情況,即當需求減少而供給增加時,不僅均衡價格必然下降,均衡數量也可能減少。上圖中,當需求曲線移動到 D_1D_1,而供給曲線僅移動到虛線表示的位置,兩者相交於 R_2,決定了新的均衡價格為 OP_2,均衡數量為 OQ_2,由於 $OP_2 < OP_0$,$OQ_2 < OQ_0$,這表明不僅均衡價格下降,均衡數量也減少了。

從以上的分析,可以得出如下基本結論:

圖2-9

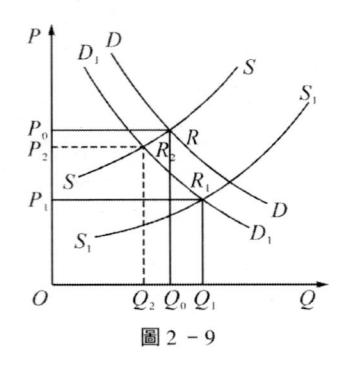

第一，供給不變時，需求的變動會引起均衡價格與均衡產量呈同方向變動，即需求增加，則均衡價格上升，均衡數量增加；需求減少，則均衡價格下降，均衡數量減少。

第二，需求不變時，供給的變動會引起均衡價格與均衡數量呈反方向變動，即供給增加，則均衡價格下降，均衡數量增加；供給減少，則均衡價格上升，均衡數量減少。

第三，供給與需求呈同方向變動，則均衡數量也總是按供給與需求的變動方向變動。但均衡價格可能上升，也可能下降。

第四，供給與需求呈反方向變動，則均衡價格總是按需求變動的方向變動。但均衡數量有可能上升，也可能下降。

西方經濟學家把上述基本結論稱之為「供求定理」。

【專欄知識】

不同歌手門票差別之謎

門票價格也就是歌手勞務的價格。在經濟學中，勞務是一種無形的物品，其定價規律與有形的物品是一樣的。

我們在現實中一定會注意到，美聲唱法歌手演唱的門票便宜——即使是大腕，如迪里拜爾，也不過180元。但通俗唱法歌手演唱的門票昂貴——像張惠妹，已達600元以上。

用演唱這種勞務中所包含的勞動量恐怕無法解釋這種差別。提供某種勞務的勞動量包括為此而用的培訓時間與提供勞務所耗的活勞動。美聲唱法是一種複雜勞動，需要長期專業培訓，演唱也頗費力。與此相比，通俗歌手的勞動要簡單一點。這就是說，同樣一場演唱會，美聲唱法包含的勞動量要大於通俗唱法。看來勞動量的差別並不能解釋票價格如此巨大的差別。

學過價格理論，你就會知道，決定不同歌手門票差別的關鍵在於需求與供給，引起這種門票差別的也在於供求。美聲唱法是陽春白雪的高雅藝術，能欣賞它的是少數音樂修養高的觀眾。通俗唱法是大眾藝術，能欣賞它的人很多，尤其是人數眾多的青少年對它愛得發狂。這就是說，當美聲唱法歌手與通俗唱法歌手相當（供給相同）時，由於通俗唱法的需求遠遠大於美聲唱法，門票就自然高多了。我們還會注意到，由於通俗歌手收入豐厚，許多人都擔當這種歌手，隨著出名通俗歌手的增加，其門票也在下降。但由於能成為「大腕」的人仍然不多，供給增加有限，而歌迷對這些大腕的需求不減，大腕的門票仍然相當

高，他們的收入依然豐厚。

說起來供求關係並不複雜，但利用它可以解釋我們在現實中觀察到的許多現象。

三、支持價格與限制價格

西方經濟學家認為，均衡價格理論可以廣泛應用於分析現實經濟問題。例如，可以用來分析政府普遍實行的支持價格和限制價格的政策及其對經濟的影響。

支持價格是政府為了保護和扶持某一行業的生產，保證生產者的收入而對該行業產品所規定的最低價格。例如，美國在20世紀30～70年代為了保護農業，使農產品價格不受市場供求力量的自發衝擊，就對農產品規定了最低下限的支持價格，使這種價格高於市場需求和供給決定的均衡價格。這一政策及其對經濟產生的影響可用圖2－10來說明。

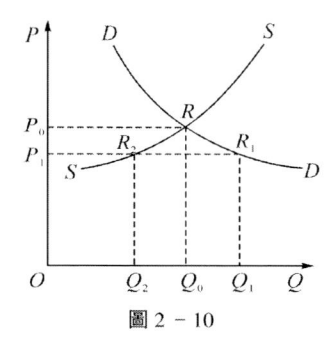

圖2－10

圖2－10中，SS和DD分別為農產品的供給曲線和需求曲線，R為均衡點，OP_0為均衡價格，OQ_0為均衡產量。OP_1是政府所規定的支持價格，它高於由市場供求所決定的均衡價格OP_0。由於政府對農產品價格的支持，使供給量由OQ_0增加到了OQ_2，但這時的市場需求量卻由OQ_0減少到OQ_1，由於$OQ_2 > OQ_1$即供給大於需求，出現產品供給過剩，其過剩部分為$OQ_2-OQ_1 = Q_1Q_2$，為了能維持支持價格，政府就應按支持價格收購過剩的產品，用於儲備、出口或援外。這種政策將會對經濟產生一些不良的影響。因為大量收購過剩產品勢必增加政府的財政負擔，政府為了減輕財政負擔，解決供給過剩的問題，必須採取相應的措施，如要求農場主減少農產品的種植面積、實行銷售配給制（政府對每個農場主規定銷售限額的制度）、提高稅率和增加稅種、擴大對外「援助」等，其結果往往收效甚微，而且加重了民眾的負擔。

限制價格是政府為了限制某些生活必需品的價格上漲而對這些產品所規定的最高價格。限制價格低於按市場需求和供給所決定的均衡價格。這一政策及其對經濟的影響可用圖2－11說明。

圖2－11中，某種產品的均衡點為R，均衡價格為OP_0，均衡數量為OQ_0。政府為了防止物價上漲，規定了該產品的限制價格為OP_1，它低於由市場供求所決定的均衡價格OP_0，這時市場的需求量為OQ_1，由於政府對價格的限制，使供給量由OQ_0減少到OQ_2，由於$OQ_1 > OQ_2$，即需求大於供給，出現產品供不應求，其不足部分為$OQ_1-OQ_2 = Q_1Q_2$，為了能維持限制價格，政府不得不採取相應的措施，通常的解決辦法是按家庭或人口實

行配給制,即通過發行配給證強制地使需求量在政府規定的最高限價上與供給量相均衡。其結果,消費者的需求仍不能得到滿足,市場上必然出現排隊搶購和黑市交易。西方經濟學家認為,這種用行政手段限制物價的辦法,只能作為一種在特殊情況下實行的權宜之計,而在通常情況下則不能作為一種長期的政策。

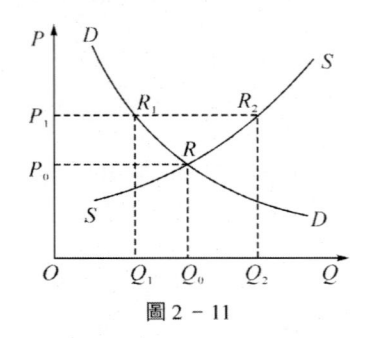

圖 2－11

【專欄知識】

5 元電影票價的衝擊

在四川成都,有關部門曾經規定電影票的價格最低不得少於 10 元。這就是我們所說的價格下限。四川峨眉電影發行放映公司在 2000 年 11 月初首先打破這種價格下限,把進口大片《完美風暴》的票價降為 5 元。此事在四川以至全國引起了激烈的爭論,成為媒體炒作的熱點。

長期以來,電影作為宣傳教育事業,其價格完全由有關部門決定,發行公司和電影院不得自己調整價格。當把價格下限定為 10 元時,電影院冷落,觀眾直線下降。觀眾人數由數年前的每年十幾億人次減少為近年來的不足 5 億人次。這就形成電影院供給過剩,80% 以上的電影院賠錢。價格下限並沒有減少供給(影院的容納觀眾能力),卻減少了需求,供給過剩就是必然的。沒人去看電影,影院當然要賠了。峨眉電影發行放映公司大膽把票價降至 5 元,觀眾人數大大增加,場場爆滿,影院也贏利。可見在這種情況下取消價格下限是有利的。

打破價格下限,由供求決定票價本來是市場經濟中正常的做法,但卻引起一些部門的反對,以至於引發爭論。這說明儘管中國實行市場經濟已經多年了,但一些人的思維方式仍然是計劃經濟的,總習慣於由政府定價。看來要真正走向市場經濟首先還要解放思想。

第三節　　彈性理論

彈性理論是供求理論的一個重要組成部分,它要說明的是價格的變動比率與需求值(或供給量)的變動比率之間的關係。

一、彈性概念的含義和分類

彈性,本來是物理學上的一個概念,西方經濟學家借用了物理學上的這一概念,把它

廣泛運用到經濟學的研究之中，例如，需求彈性、供給彈性、投資利息彈性、貨幣彈性、出口彈性等。

彈性的一般含義是什麼呢？所謂彈性，是指當經濟變量之間存在函數關係時，某一經濟變量（因變量）對另一經濟變量（自變量）的變動所作出的反應程度。設有 x、y 兩個經濟變量，x 為自變量，y 是因變量，那麼彈性的一般方程式為：

$$E = \frac{\Delta y}{y} \div \frac{\Delta x}{x}$$

上式中，$\frac{\Delta y}{y}$ 為因變量變動的百分比，$\frac{\Delta x}{x}$ 為自變量變動的百分比，E 為彈性係數。彈性係數表示彈性大小或反應程度的強弱。彈性概念的運用十分廣泛，本節主要考察需求彈性和供給彈性。

所謂需求彈性，是指商品的需求量對於影響需求的因素的變動所作出的反應程度。用公式表示即

$$需求彈性 = \frac{需求量變動的百分比}{影響需求量變動的因素變動的百分比}$$

由於影響需求變動的因素是多方面的，其中影響較大的因素主要是商品本身的價格、居民戶的平均收入和相關商品的價格，因此需求彈性一般可分為：需求的價格彈性、需求的收入彈性和需求的交叉彈性。

所謂供給彈性，是指商品的供給量對於影響供給量的因素的變動所作出的反應程度。用公式表示即

$$供給彈性 = \frac{供給變動的百分比}{影響供給量變動的因素變動的百分比}$$

由於影響供給的重要因素主要是商品本身的價格。因此，供給彈性主要是指供給的價格彈性。下面分別考察需求的價格彈性、需求的收入彈性、需求的交叉彈性和供給的價格彈性。

二、需求的價格彈性

需求的價格彈性，一般簡稱需求彈性，它是指在其他條件不變的情況下，需求量對價格變動所作出的反應程度。其反應程度的大小，用需求的價格彈性係數，即需求量變動的百分比除以價格變動的百分比來衡量：

$$需求的價格彈性係數 = \frac{需求量變動的百分比}{價格變動的百分比}$$

設 E_d 代表需求價格彈性係數，P 代表價格，ΔP 代表價格的變動量，Q 代表最初的需求量，ΔQ 代表需求的變動量，則需求彈性可由下列公式表示：

$$E_d = \frac{\Delta Q}{Q} \div \frac{\Delta P}{P} = \frac{\Delta Q}{\Delta P} \div \frac{P}{Q}$$

例如，當牛肉的價格由每千克 5 元降為 4 元，需求量由 20 千克增加到 30 千克。則牛肉的需求彈性為：

$$E_d = \frac{\Delta Q}{Q} \div \frac{\Delta P}{P} = \frac{(30-20)}{20} \div \frac{(4-5)}{5} = -2.5$$

由於價格與需求量的變動總是呈反方向變動，所以需求彈性系數應為負值。為了使需求彈性系數為正值，所以通常在公式中加一個負號，即

$$E_d = -(\frac{\Delta Q}{Q} \div \frac{\Delta P}{P}) = -(\frac{\Delta Q}{\Delta P} \cdot \frac{P}{Q})$$

需求彈性系數的絕對值可以從零到無窮大。對於不同的商品而言，需求彈性系數是不同的。西方經濟學家根據需求彈性系數的大小，把需求價格彈性分為以下五種情況：

1. 需求完全無彈性

需求完全無彈性指需求價格彈性系數等於零，即 $E_d = 0$，表示價格無論如何變化，需求量都不會發生變動，亦即完全沒有反應，如圖 2－12 所示。

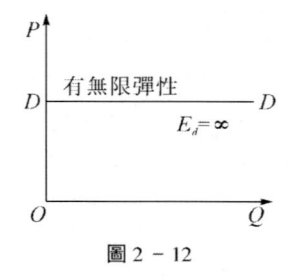

圖 2－12

圖 2－12 中，需求曲線 DD 是與橫軸垂直的一條線，表示價格無論怎樣變化，需求量都為 OQ_1，需求量對價格的變動沒有任何反應。這是一種罕見的極端情況。只有極少數商品（如特效藥、火葬費用等）的需求彈性才等於零。

2. 需求有無限彈性

需求有無限彈性指需求價格彈性系數為無窮大，即 $E_d = \infty$，表示只要商品價格已定，需求就會無限增大，如圖 2－13 所示。

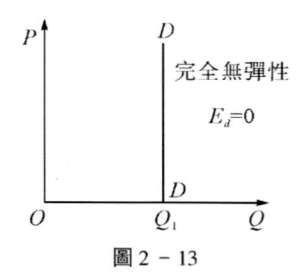

圖 2－13

圖 2－13 中，需求曲線 DD 是一條與橫軸 OQ 平行的直線。它表示：只要商品價格已定，買方就會盡量收購這種商品，不受數量限制。這種極端的情況，在現實生活中也是罕見的。如政府出於戰備需要定價收購某種戰略物資，或銀行大量收購黃金等。

3. 需求有單一彈性

需求有單一彈性指需求彈性系數等於1，即 $E_d = 1$，表示需求量變動的百分比與價格變動的百分比相同。例如，價格每上升（或下降）1%，則需求量便相應減少（或增加）1%，如圖 2－14 所示。

圖 2－14

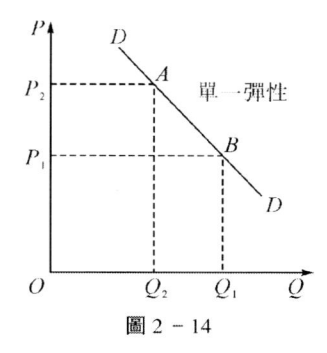

圖 2－14 中，當價格由 P_2 下降到 P_1 時，需求量由 OQ_2 增加到 OQ_1，需求量變動的百分比與價格變動的百分比相同，需求彈性係數等於 1。這種情況在現實生活中也很少見，但它可以作為有無彈性的標準。根據國外有關統計資料說明，衣服和住房接近於這種情況。

4. 需求缺乏彈性

需求缺乏彈性指需求價格彈性係數大於 0 小於 1，即 $0 < E_d < 1$，表示需求量變動的幅度小於價格變動的幅度，也就是說，需求量增加或減少的百分比小於價格下降或上升的百分比，如圖 2－15 所示。

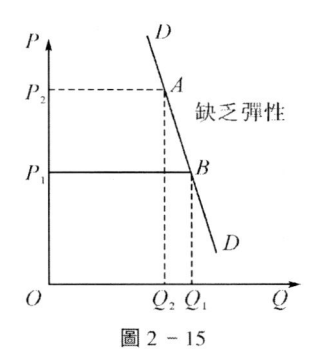

圖 2－15

圖 2－15 中，需求曲線 DD 是比較陡的，當價格由 P_2 下降到 P_1 時，需求量由 OQ_2 增加到 OQ_1，需求量變動的百分比大大小於價格變動的百分比，需求彈性係數 $0 < E_d < 1$。在現實生活中，生活必需品油、鹽、柴、米等屬於這種情況，藥品的需求彈性就更小了。說明這些東西即使價格上漲，需求量也不見得會減少多少。它的消費總量大體上是穩定的。

5. 需求富有彈性

需求富有彈性指彈性係數大於 1，即 $E_d > 1$，表示需求量變動的百分比大於價格變動的百分比。如奢侈品或高檔消費品便屬於這種情況。只要價格稍貴一點，需求量就會明顯下降，如圖 2－16 所示。

圖 2－16 中，當價格由當價格由 P_2 下降到 P_1 時，需求量由 OQ_2 增加到 OQ_1，由於 $P_2P_1/OP_2 < Q_1Q_2/OQ_2$，這說明價格變動的幅度小於需求變動的幅度。

圖 2－16

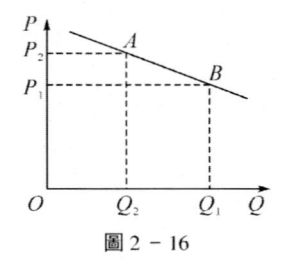

　　西方經濟學家認為，上述五種情況中，只有第 4、第 5 兩種情況，即缺乏彈性和富有彈性才是常見的和有實際意義的；第 1 種、第 2 種、第 3 種情況，即完全無彈性、有無限彈性和有單一彈性都是極特殊的情況。

　　為什麼不同的商品具有不同的需求彈性？或者說，是什麼東西決定商品的需求彈性？西方經濟學家認為，決定或影響需求價格彈性的因素主要有以下四個：一是商品的替代程度。如果某種商品可替代的程度很大，它有很多很好的替代品，則該商品的需求彈性就很大，這叫做「彈性完全充足」。如糧食就是這類商品。如果提高某種糧食的價格，就會失掉許多顧客，如果降低價格，則會發生搶購。相反，如果某種商品沒有替代品，則它的需求彈性就等於零，這叫做「完全缺乏彈性」。如「胰島素」這類藥品，對糖尿病患者就屬於這種情況。二是消費者的各種開支在其收入中的比重。消費者購買某種商品的開支在其收入中所占的比例越大，該商品的彈性就越大；反之，就越小。例如，消費者購買火柴的開支在其收入中所占的比例很微小，即使火柴漲價 100%，也不會對需求量有多大的影響。三是商品本身用途的大小。商品本身的用途越大，彈性就越小；反之，用途越小，彈性就越大。例如，生活必需品趨向於缺乏彈性；而奢侈品則趨於彈性充足。四是時間因素。如果在一個很短的時間內，消費者難以找到某種商品的替代品，那麼該商品的需求彈性就很小。相反，某種商品可以在一個很長的時間內，由消費者自由調節自己的購買行為，那麼該商品的需求彈性就大。另外，某種商品使用時間的長短，也會影響需求彈性。一般說來，耐用品的需求彈性小，而非耐用品的需求彈性大。

三、需求的收入彈性

　　需求的收入彈性，是指在其他條件不變的情況下，需求量對於消費者收入變動所作出的反應程度。其反應程度的大小，通常用收入彈性係數來表示。收入彈性係數等於需求量變動的百分比除以收入變動的百分比。用公式表示即

$$E_m = \frac{\Delta Q}{Q} \div \frac{\Delta M}{M} = \frac{\Delta Q}{\Delta M} \cdot \frac{M}{Q}$$

公式中，E_m 表示收入彈性係數，M 表示貨幣收入，Q 表示需求量，ΔQ 表示需求的變動量，ΔM 表示貨幣收入的變動量。

　　一般說來，收入增加，商品的需求量總是增加的，所以由上述公式計算出來的收入彈性係數通常為正值。但也不排除有個別物品，其收入彈性係數是負值的情況，即收入增加時，購買量卻會減少。西方經濟學家把凡是隨收入的增加，其需求量就相應增加的商品，

稱作「正常物品」。「正常物品」的彈性均為正值,但也有強弱之分,彈性系數的大小也有所不同。

根據彈性系數的大小,各種商品的需求收入彈性可分為以下四種類型:

1. 單一彈性

單一彈性即 $E_m = 1$,表示需求量的變動幅度與收入的變動幅度相等。根據《美國消費者的需求》一書所提供的對若干產品測算的需求收入彈性的資料,在美國衣服和住房的收入彈性大約為1。

2. 富有彈性

富有彈性即 $E_m > 1$,表示需求量的變動幅度大於收入的變動幅度。據西方經濟學家測算,高檔商品、奢侈品、娛樂、醫療等的收入彈性系數大於1。

3. 缺乏彈性

缺乏彈性即 $0 < E_m < 1$,表示需求量的變動幅度小於收入的變動幅度,一般來說,生活必需品屬於這種類型,如糧食的收入彈性就比較小。

4. 負彈性

負彈性即 $E_m < 0$,表示需求量的變動與收入變動呈反方向,即收入增加,需求量減少;收入減少,需求量增多。如土豆就是一例,當消費者收入較低時,可能用土豆作主食;但當其收入增加後,就可能改用大米或小麥作主食,土豆的需求量自然就會減少。過時的服裝也基本上屬於這種類型。

19世紀的德國統計學家恩格爾曾根據統計資料得出表示收入變動對需求影響的所謂「消費規律」。他認為,收入越少的家庭,其收入用於食品的支出所占的比例越大;一個國家越窮,居民的平均收入中用於食品支出的比重越大;家庭收入的增加,則使食品支出在家庭收入中所占比例下降。他還專門研究不同物品在消費者貨幣收入發生變化時需求量的反應程度,並用曲線來描繪其變化。

四、需求的交叉彈性

需求的交叉彈性指在其他條件不變的情況下,商品的需求量對於相關商品價格變動的反應程度。其反應程度的大小,用交叉彈性系數來表示。交叉彈性系數等於商品需求量變動的百分比除以相關商品價格變動的百分比。用公式表示,即

$$E_d(x,y) = \frac{\Delta Q_x}{Q_x} \div \frac{\Delta P_y}{P_y} = \frac{\Delta Q_x}{\Delta P_y} \cdot \frac{P_y}{Q_x}$$

公式中,$E_d(x,y)$ 表示 x 商品的需求交叉彈性系數,P_y 表示相關商品的價格,ΔP_y 表示 y 商品價格的變動量,Q_x 表示 x 商品的需求量,ΔQ_x 表示對 x 商品需求的變動量。

對於不同的商品關係而言,需求的交叉彈性系數是不同的。根據彈性系數的大小,各種商品的需求交叉彈性可分為以下兩種類型:

1. 正彈性

正彈性指交叉彈性系數 $E_d(x,y) > 0$。一般說來,當相關商品是「替代品」時,交叉彈性系數為正值,表現為正彈性。如牛肉或豬肉,其交叉彈性系數即為正值。這是因為在牛

肉價格不變條件下,當豬肉價格上升,豬肉的需求量會減少,而牛肉的需求量會同時增加;反之,當豬肉的價格下降,豬肉的需求量會增加,牛肉的需求量會同時減少。這就說明,當 $x、y$ 兩種商品為「替代品」時,商品 y 的價格變動會引起商品 x 的需求量呈同方向變動,交叉彈性系數 $E_d(x,y)$ 為正值。

2. 負彈性

負彈性指需求交叉彈性系數 $E_d(x,y) < 0$。一般說來,當相關商品是「互補品」時,需求交叉彈性系數為負值,表現為負彈性。如汽車與汽油便屬於這種情況。當汽油的價格上升時,汽車的需求量下降;反之,當汽油的價格下降時,汽車的需求量上升。這就說明,商品 y 價格的變動引起商品 x 的需求量呈反方向變動,所以需求交叉彈性系數 $E_d(x,y)$ 表示為負值。

五、供給彈性

供給彈性,亦即供給的價格彈性,指供給量對商品價格變動所作出的反應程度。它是用來衡量商品價格的一定比率的變動(上升或下降)所引起的供給量增加或減少的比率。供給彈性的大小通常用供給彈性系數來衡量,即

$$供給彈性系數 = \frac{供給量變動的百分比}{價格變動的百分比}$$

如果用 E_s 代表供給彈性系數,P 代表價格,ΔP 代表價格的變動量,Q 代表供給量,ΔQ 代表供給的變動量,則供給彈性可用下列公式來表示:

$$E_s = \frac{\Delta Q}{Q} \div \frac{\Delta P}{P} = \frac{\Delta Q}{\Delta P} \cdot \frac{P}{Q}$$

由於供給量 Q 和價格 P 呈同方向變動,因此,供給彈性系數 E_s 一般為正值。

根據供給彈性系數的大小,商品的供給彈性可分為以下五種類型:

1. 單一彈性

單一彈性指供給彈性系數等於1,即 $E_s = 1$,表示價格與供給量變動的百分比相等,如圖2-17所示。

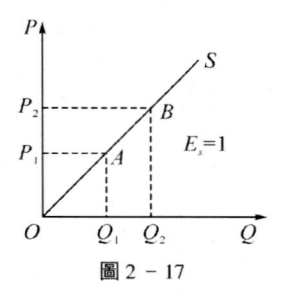

圖2-17

圖2-17中,SS 線斜率為1,供給曲線經過原點,表示供給量變動幅度與價格變動幅度相等,即 $E_s = 1$。供給量對價格變動反應的這種「同步性」,在現實生活中是極為偶然和罕見的。

2. 富於彈性

富於彈性指供給彈性系數大於1，即 $E_s > 1$，表示供給量變動的百分比大於價格變動的百分比，如圖2－18所示。

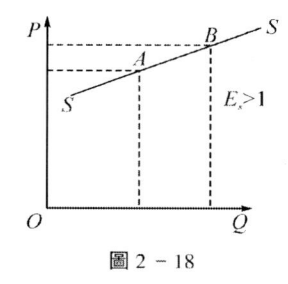

圖2－18

圖2－18中，SS線斜率較小，供給曲線較平坦，表示供給量變動幅度大於價格變動幅度，即 $E_s > 1$。一般來說，輕工業產品屬於這種情況。要增加其產量並不困難，即使要停產或轉產也較方便。這類產品的供給對價格變動的敏感度較強，富有彈性。

3. 缺乏彈性

缺乏彈性指供給彈性系數小於1，即 $E_s < 1$，表示供給量變動的百分比小於價格變動的百分比，如圖2－19所示。

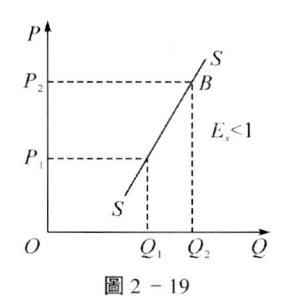

圖2－19

圖2－19中，SS線斜率較大，供給曲線較陡峭，表示供給量變動的幅度小於價格變動的幅度，即 $E_s < 1$。一般說來，重工業產品和農產品屬於這種情況。因為這些產品的生產受技術條件和自然條件的限制較大，對價格變動的敏感程度較弱，所以相對於輕工業產品來說，它們的供給彈性較小。

4. 完全無彈性

完全無彈性指供給彈性系數等於零，即 $E_s = 1$，表示無論價格如何變動，供給量也不會變動，如圖2－20所示。

圖2－20中，SS線斜率為無限大，供給曲線為垂直於橫坐標的一條直線，表示無論價格如何變動，供給量都固定不變，即 $E_s = 1$。這是一種十分罕見的情況。只有稀缺珍貴而又無法複製的古董、文物才會出現這種完全無彈性的情況。

圖 2－20

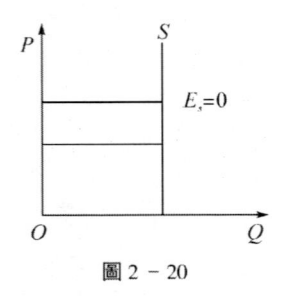

5. 有無限彈性

有無限彈性指供給彈性系數等於無窮大，即 $E_s = \infty$，表示只要價格已定，供給者可以無限制地提供產品，如圖 2－21 所示。

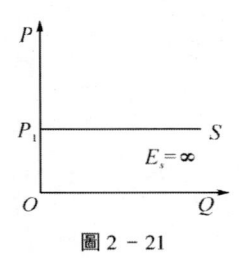

圖 2－21

圖 2－21 中，SS 線斜率為零，供給曲線是平行於橫坐標的一條水準線，表示只要價格即定於 OP_1 時，供給量就會無限增加，即 $E_s = \infty$。這也是一種罕見的情況。在西方國家，某些地區勞動力嚴重過剩，如果工資率一旦定下來，勞動力的供給就會源源不斷。另外，在經濟危機等特殊時期也會出現這種情況。

決定供給彈性大小的因素很多，主要有以下四個：一是價格變動後持續的時間長短。持續時間越短，供給彈性越小；反之，持續時間越長，供給彈性就越大。因為時間越短，廠商來不及增加廠房、機器設備，擴大生產規模，所以供給一般是缺乏彈性的。如果持續時間越長，廠商則有較充足的時間擴大生產規模，同時新的廠商也可能進入該行業。供給量就可以較大增加，所以供給是富於彈性的。二是產品調整的難易程度。一般說來，輕工行業調整產品要容易些，因而供給彈性較大；相反，農產品、重工業產品的調整要難一些，所以供給彈性較小。三是產品成本變化的程度。成本變化程度越大，供給彈性就越小；反之，就越大。四是生產技術水準高低和設備利用情況。設備利用越充分，供給彈性越小；反之，越大。生產技術水準越高，供給彈性就越大；反之，越小。

第四節　蛛網理論

一、蛛網理論的假設條件

蛛網理論（Cobweb Theorem）是用彈性理論考察價格波動對下一個週期生產的影響

及由此產生的均衡變動情況,是一種動態分析。其主要用於分析生產同期較長的農產品價格與產量的週期性波動。按照這種理論繪製出來的供求曲線圖,形狀近似蛛網,故名為「蛛網理論」。

蛛網理論必須有一系列假定條件:

(1) 假定是一種完全自由競爭的市場,$E_d = \infty$,任何廠商和消費者都不能影響產量和價格。

(2) 從開始生產到生產出產品需要一定時期,而且在這段時間內生產規模無法改變。例如,農作物從種植到收穫需要半年左右,在這期間內已種植的作物無法增加或減少。

(3) 本期產量決定本期商品價格。用 P_t 和 Q_t 分別代表本期的價格和產量,則這兩者之間的關係可用下式表示:

$$P_t = f(Q_t) \qquad (2-15)$$

(4) 商品本期的價格決定下期的產量,以 Q_{t+1} 代表下期產量,則這兩者之間的關係可用下式表示:

$$Q_{t+1} = f(P_t) \qquad (2-16)$$

根據商品需求曲線和供給曲線斜率的關係,或者商品需求彈性和供給彈性的關係,蛛網理論可分為三種均衡變動類型。

二、收斂型蛛網

當供給變動對價格變動的反應程度小於需求變動對價格變動的反應程度,即價格變動對供給的影響小於需求時,價格波動對產量的影響越來越小,價格與產量的波動越來越弱,最後自發地趨於均衡水準。這種蛛網波動稱為收斂型蛛網,如圖 2-22 所示。

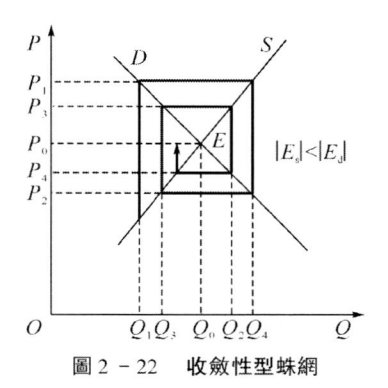

圖 2-22 收斂性型蛛網

圖 2-22 中,D 為需求曲線,S 為供給曲線,E 為均衡點,P_0 為均衡價格,Q_0 為均衡產量。用圖解說明均衡過程如下:

第一階段,由於外在原因減產,實際產量為 Q_1,小於均衡產量 Q_0,於是價格由 P_0 上升到 P_1。

第二階段,由於商品價格過高,廠商把產量增加到 Q_4,大於均衡產量 Q_0,價格跌到 P_2,低於均衡價格 P_0。

第三階段，由於價格過低，廠商減產為 Q_3，小於均衡產量 P_0，價格上升為 P_3，高於均衡價格 P_0。

第四階段，由於價格提高，產量上升為 Q_2，高於均衡產量，價格又下降為 P_4，低於均衡價格 P_0。

如此循環，如圖2-23所示，實際產量和價格波動越來越小，最後恢復到 E 點所代表的均衡狀態，可見，E 點是穩定的，這種蛛網稱為收斂型蛛網。

為更鮮明地反應收斂型蛛網的價格波動，把圖2-22中價格變動的情況，以時間為自變量畫在坐標圖上，如圖2-23所示。

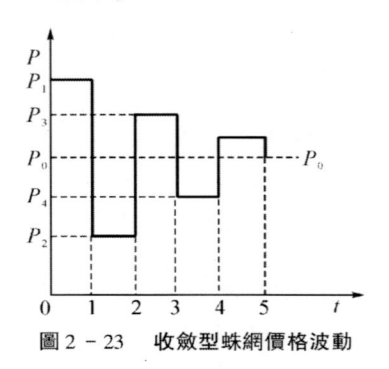

圖2-23　收斂型蛛網價格波動

圖2-23中，縱坐標為價格 P，橫坐標為時間 t，P_0 為均衡價格。價格波動越來越小，逐漸趨近於均衡價格。

三、發散型蛛網

當供給變動對價格變動的反應程度大於需求變動對價格的反應程度，即價格變動對供給的影響大於需求時，價格波動對產量的影響越來越大，價格與產量的波動越來越強，最後離均衡點越來越遠，這種蛛網波動稱為發散型蛛網，如圖2-24所示（圖中符號含義同圖2-22）。

首先用圖解法說明均衡過程如下：

第一階段，由於外在原因減產，實際產量 Q_1 小於均衡產量 Q_0，於是價格由 P_0 上升為 P_1。

第二階段，由於商品價格過高，廠商把產量增加到 Q_2，大於均衡產量 Q_0，於是價格下跌到 P_2，低於均衡價格 P_0。

第三階段，由於價格過低，於是廠商減少產量為 Q_3，小於均衡產量 Q_0，於是價格上升為 P_3，高於均衡價格 P_0。

第四階段，由於價格提高，產量上升為 Q_4，高於均衡產量，價格又開始下降。

如此循環，如圖2-24所示，實際產量和價格波動幅度越來越大，偏離均衡點 E 越來越遠，可見 E 點所代表的價格狀態是不穩定的。這種蛛網稱為發散型蛛網。

為更鮮明地反應發散型蛛網的價格波動狀況，把價格波動軌跡連接起來畫在以價格

图 2-24 發散型蛛網

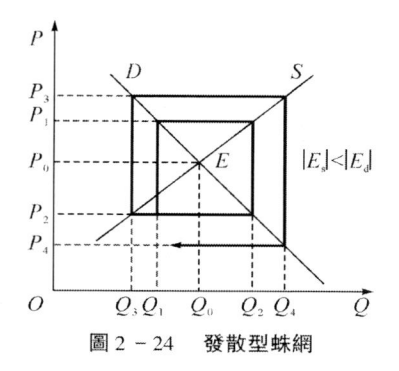

為縱坐標,以時間為橫坐標的圖形中,如圖 2-25 所示。

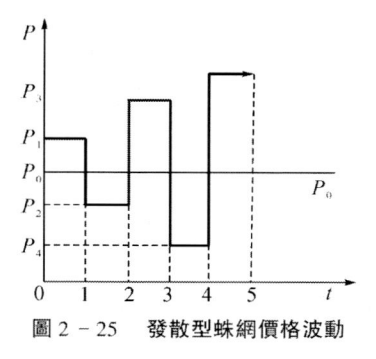

圖 2-25 發散型蛛網價格波動

價格波動越來越大,且離均衡價格越來越遠,是一種不穩定狀態。

四、封閉型蛛網

當供給變動對價格變動的反應程度與需求變動對價格變動的反應程度相等,即價格與產量的波動始終保持相同程度時,價格與產量的波動始終保持相同的程度,既不趨向均衡點,也不遠離均衡點。這種蛛網波動稱為封閉型蛛網。

用圖解法說明均衡過程,如圖 2-26 所示。

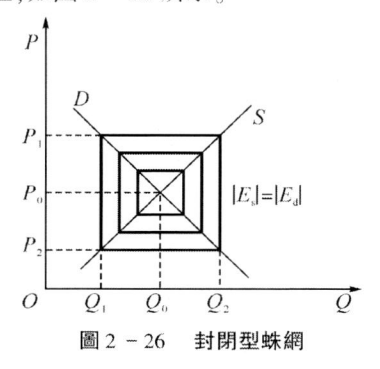

圖 2-26 封閉型蛛網

第一階段，由於外在原因，實際產量為 Q_1，低於均衡產量 Q_0，這時價格上升為 P_1，高於均衡價格 P_0。

第二階段，由於價格上升，廠商增產為 Q_2，高於均衡產量，價格下降為 P_2。

第三階段，由於價格下降，廠商又減少產量為 Q_1，價格又上升為 P_1。

如此循環，如圖 2-26 所示，價格和產量始終按同一幅度曲線均衡點上下波動，即不進一步偏離均衡點，也不逐步趨於均衡點。由於實際產量 Q_1 的不同，形成大小不同的蛛網，因此，稱為封閉型蛛網。

五、蛛網理論的應用

蛛網理論的提出，即用彈性考察價格波動對下一週期產量的影響，為彈性理論的應用提供了基本思路和方法。當蛛網理論提出後，一些經濟學家用蛛網理論解釋生豬和玉米的價格與產量的關係及其波動，提出了著名的「生豬—玉米循環」模型。這個模型指出：因為玉米是生豬的主要飼料，生豬的價格會影響到玉米的價格。當玉米價格發生變動後，又會影響下一年玉米產量，玉米產量變動後，又會影響玉米價格，玉米價格的變動，進而影響生豬的價格，生豬的價格變動又影響生豬的產量。如此等等，直至趨向一個長期的均衡，即玉米和生豬的價格和產量相對穩定下來。這是歷史上運用蛛網理論的典範。

企業可以運用蛛網理論，對市場供給和需求均衡作動態分析，以便作出正確的產量決策。如應該按上述蛛網類型作出相應對策：當商品的供求變化趨於收斂型蛛網時，企業應把產量確定在均衡點上，以防價格和產量波動；當商品的供求變化趨於發散型蛛網時，企業應準確地把握價格、產量變動趨勢的轉折時機，採取靈活對策，產量應隨價格上升或下降，而擴大或減少，以便增加收入，減少損失；當商品的供求變化趨於封閉型蛛網時，企業應根據產量價格相同幅度變動的規律，確定與之相應的產量政策。

蛛網理論確實對解釋某些生產週期較長的商品產量和價格波動的情況，有一定作用。但這個理論也有缺陷，主要是本期價格決定下期產量這個理論不很準確，因為實際價格和預期價格不相吻合。

【本章小結】

1. 需求是指個人或所有消費者在某一時間內，在一定價格條件下，對某一商品願意並有能力購買的數量，商品需求量和商品價格呈反向變化的關係稱為需求規律，可用從左向右下方傾斜的需求曲線來表示。供給是指某個廠商或全部廠商在一定時間內，在一定價格條件下，對某一商品廠商願意出售並有商品出售的數量，商品供給量和商品價格呈同方向變化的關係稱為供給定理，可用從左向右上方傾斜的曲線來表示。

均衡價格是指一種商品需求量和供給量相等、需求價格和供給價格相等的價格。當需求量大於供給量時，價格上升；當需求量小於供給量時，價格下降，這種價格變化規律稱為供求規律。

2. 價格彈性主要包括需求價格彈性(E_d)、需求收入彈性(E_M)和供給價格彈性

(E_s)，$E_d = -\dfrac{\Delta Q_d/Q_d}{\Delta P/P}$，表明商品需求量對價格變化作出的反應程度。$E_M = \dfrac{\Delta Q_d/Q_d}{\Delta M/M}$，表明商品需求量對收入變化作出的反應程度。$E_s = \dfrac{\Delta Q_s/Q_s}{\Delta P/P}$ 表明供給量對商品價格變化作出的反應程度。

3. 蛛網理論是用價格彈性理論考察價格波動對下一週期生產的影響及由此產生的均衡變動的理論，包括收斂型蛛網、發散型蛛網和封閉型蛛網三種類型。

【思考題】

1. 影響需求量和供給量的因素有哪些？
2. 為什麼商品價格和需求量呈反向變動的關係？
3. 為什麼商品價格和供給量呈同方向變動關係？
4. 均衡價格是如何形成的？
5. 供求定理的基本內容是什麼？
6. 如何運用需求的價格彈性進行商品定價決策？
7. 為什麼支持價格和限制價格並不違背均衡價格理論，而正是均衡價格理論的具體運用？

【綜合案例1】

減少香菸需求量的兩種方法

公共政策制定者常常想減少人們吸菸的數量。政策可以努力達到這一目標的方法有兩種。減少吸菸的一種方法是使香菸或其他菸草產品的需求曲線移動。公益廣告、香菸盒上有害健康的警示，以及禁止在電視上做香菸廣告，都是旨在任何一種既定價格水準時減少香菸需求量的政策。如果成功了，這些政策就使香菸的需求曲線向左移動。

減少吸菸的另一種方法是，政策制定者可以試著提高香菸的價格。例如，如果政府對香菸製造商徵稅，菸草公司就會以高價格的形式把這種稅的大部分轉嫁給消費者。較高的價格鼓勵吸菸者減少他們吸菸的數量。在這種情況下，吸菸量的減少就表現為沿著同一條需求曲線移動到價格更高而數量更少的點上。

吸菸量對價格有多大的反應呢？經濟學家試圖通過研究香菸稅變動時出現的情況來回答這個問題。他們發現，香菸價格上升10%會引起需求量減少4%。還發現青少年對香菸價格特別敏感；香菸價格上升10%使青少年的吸菸量減少12%。

資料來源：曼昆．經濟學原理．5版．梁小民，譯．北京：北京大學出版社，2009.

【討論題】

減少香菸需求量的方法是什麼？你認為中國目前哪一種方法更為有效？

【綜合案例2】

博物館門票的定價

你是一個大型藝術博物館的館長。你的財務經理告訴你,博物館缺乏資金,並建議你考慮改變門票價格以增加總收益。你將怎麼辦呢?你是要提高門票價格,還是降低門票價格?

回答取決於需求彈性。如果參觀博物館的需求是缺乏彈性的,那麼提高門票價格會增加總收益。但是,如果需求是富有彈性的,那麼提高價格就會使參觀者減少得如此之多,以至於總收益減少。在這種情況下,你應該降價,參觀者人數會增加得如此之多,以至於總收益會增加。

為了估算需求的價格彈性,你需要請教你的統計學家。他們會用歷史資料來研究門票價格變化時參觀博物館人數的逐年變動情況。或者他們用國內各種博物館參觀人數的資料來說明門票價格如何影響參觀人數。在研究這兩種資料時,經濟學家還需要考慮到影響參觀人數的其他因素——天氣、人口、藏品多少等,以便把價格因素獨立出來。最後,這種資料分析會提供一個需求價格彈性的估算,你可以用這種估算來決定你的財務問題應該做何反應。

資料來源:曼昆. 經濟學原理. 5 版. 梁小民,譯. 北京:北京大學出版社,2009.

【討論題】

旅遊景點門票價格決策的主要依據是什麼?你認為中國目前旅遊景點應採取何種價格政策?

第三章 效用理論

【學習目標與要求】

通過系統地學習,掌握消費者行為理論的基本知識和基本體系;掌握基數效和序數效用理論的基本內容和分析方法,瞭解主觀價值論的特點及應用。

【學習重難點】

重點:邊際效用遞減規律及西方經濟學的主觀價值論。
難點:消費者均衡的含義及均衡條件。
1. 基數效用論
2. 序數效用論

第一節 基數效用理論

一、效用的含義

西方消費者行為理論的基礎是邊際效用論。而要理解什麼是邊際效用,首先必須弄懂什麼是效用。

效用是指商品滿足消費者慾望的能力,或消費者在消費該商品中所感受到的滿足程度。顯然,這裡的效用,在某種意義上就是指商品的使用價值,但這裡的使用價值,卻不僅僅在於物品本身具有的滿足人們某種需要的客觀物質屬性,還依存於消費者的主觀感受和評價。

不僅如此,基數效用論還認為,效用如物體的重量、長度等一樣,是可以衡量的。消費者通過主觀心理的感受,可以準確地說出每一個商品給予他的效用數量。例如,一個麵包的效用是3個單位,一件上衣的效用是50個單位,一輛汽車的效用是10萬個單位等,正是這種用基數來計量效用的理論,被稱為基數效用論。

二、總效用和邊際效用

基數效用論認為,應該把總效用和邊際效用區分開來。總效用是指消費者在一定時間內消費一定數量的商品或勞務所得到的效用總量。用 T_u 表示總效用,其公式為:

$$T_u = f(q)$$

上式表明:總效用量 T_u 是消費量 q 的函數,它隨消費量的變化而變化。

邊際效用則是指消費者在一定時間內每增加一個單位商品或勞務的消費所帶來的總效用的增量，也可以說是每增加一個單位商品或勞務的消費所增加的滿足。用 M_u 表示邊際效用，其公式為：

$$M_u = \frac{\Delta T_u}{\Delta q}$$

式中，Δq 代表消費的增量，ΔT_u 代表總效用的增量，邊際效用 M_u 等於總效用增量對消費增量之比。

三、總效用與邊際效用的關係

總效用與邊際效用的關係如圖 3－1 所示。

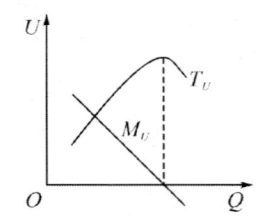

圖 3－1　總效用和邊際效用

圖 3－1 中，橫軸代表商品數量 Q，縱軸代表效用 U，T_U 代表總效用曲線，M_U 代表邊際效用曲線。從圖中可以看出如下規律：

（1）邊際效用是遞減的；
（2）邊際效用下降時，總效用增加；
（3）當邊際效用為 0 時，總效用最大；
（4）邊際效用為負時，總效用下降；
（5）消費一定商品的總效用是消費該商品的邊際效用之和。

四、消費者剩餘

消費者剩餘（Consumer Surplus）是指消費者購買商品時願意支付的最高價格和實際支付價格之差，是消費者購買商品時所得好處的總和。因為根據需求規律，消費者購買商品數量和價格呈反向變化，購買商品數量少，支付的價格高；購買商品數量多，支付的價格低，這就必然會形成消費者購買商品時願意支付價格和實際支付價格之差，如圖 3－2 所示。

圖 3－2 中，橫軸為商品數量 Q，縱軸為商品價格 P，AB 為需求曲線。如消費者購買 Q_1 商品，則商品價格為 P_1，實際支付總價格為 OP_1CQ_1。如果消費者第一次購買商品數量為 Q_2，第二次購買量為 Q_1-Q_2，則實際支付總價格為 $OP_2DQ_2 + Q_2ECQ_1$。同樣購買 Q_1 商品，按第二種購買比第一種多支付價格 P_1P_2DE，同理可證，如果對 OQ_1 商品從少到多，一個一個購買，則會比一次購買多支付價格為三角形面積 AP_1C，這就是消費者剩餘。

可以計算某一個消費者的消費者剩餘，也可以計算市場上所有消費者對某一商品或

圖 3-2　消費者剩餘

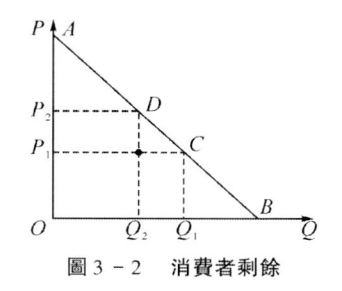

所有商品的總消費者剩餘。一般也像圖 3-2 那樣，應用需求曲線 AB 以下、價格線 P_2D 以上區域面積來表示，實際上消費者剩餘也是一種分析工具，如何用來分析公共政策變化效應，即對政策變化引起消費者剩餘和生產剩餘進行比較，以便分析公共政策變化對消費者和廠商行為的影響。

【專欄知識】

信子裙與大島茂風衣的不同命運

20 世紀 80 年代中期，日本電視連續劇《血疑》曾風靡神州大地。女主人公信子和他父親大島茂的故事感動了許多人。精明的商家從中看出了市場機遇。上海一家服裝廠推出了信子裙，北京一家服裝廠推出了大島茂風衣。但結果並不一樣，上海的廠家大獲其利，北京的廠家卻虧了。個中原因就在於不同消費者的不同行為。

消費者購買物品是為了獲得效用。消費者願意支付的價格取決於他對該物品的評價，即他感覺到的效用大小。這種效用大小又取決於不同消費者的偏好。

信子裙的消費者是少女，這個消費群體的特點是追逐時尚，偏好受時尚影響大而且多變。她們對時尚的追求要體現在消費上。因此，看了《血疑》後她們極為崇尚信子，穿信子裙就是她們表現自己這種偏好的方式。換句話說，穿信子裙使她們崇尚信子的心態得以表現，就得到了效用。而且，在她們看來，穿信子裙所帶來的效用也不是其他裙子所能代替的。已有許多裙子再多買一條信子裙並不會發生邊際效用遞減，甚至她們對時尚的信子裙的評價還高於其他裙子，因此，願意出高價買，企業就成功了。

大島茂風衣的消費者是中年男子。這個消費群體偏好較為穩定，受時尚影響較小。他們也很佩服大島茂這樣的父親，但這種佩服不會表現在模仿大島茂穿衣服上。他們甚至認為穿大島茂風衣會讓人覺得傻，不符合中年男子成熟的風度。大島茂風衣不會給他們帶來更多的效用。他們不會認為大島茂風衣與其他風衣有什麼差別。如果已經有風衣，就不會再買一件，因為這會引起邊際效用遞減。於是，他們不會買大島茂風衣，更不會為這種風衣出高價。北京的企業就只有失敗了。

不同的消費者有不同的偏好，同樣的物品給不同消費者帶來的效用也不同。這正是企業能從消費者行為理論中得到的啟示。

五、邊際效用遞減規律

基數效用論認為，邊際效用是遞減的。隨著一個人所消費的某種物品的數量增加，其

總效用雖然會增加,但物品的邊際效用隨著消費該物品數量的增加而有遞減趨勢。通俗來說,我已消費的某種商品越多,其增加單位對我的滿足越小。

例如,一個消費者在饑餓時吃麵包,第一個麵包給他的滿足最大,效用是10個單位。第二個給予他的滿足有所減少,效用是8個單位,當他吃第三個、第四個、第五個麵包的時候,他對麵包的慾望強度逐漸下降,效用依次是6、4、2個單位。當他吃第六個麵包的時候,已經沒有任何慾望,因而效用等於零。如果再吃第七個麵包,就會感到痛苦,因而產生負效用。現在將這一例子中的商品數量和效用單位的關係用表3－1來表示。

表3－1 　　　　　　　　　總效用和邊際效用表

消費商品數量 Q	總效用 T_u	邊際效用 M_u
0	0	
1	10	10
2	18	8
3	24	6
4	28	4
5	30	2
6	30	0
7	28	-2

從表3－1可以看到,總效用由前後兩個邊際效用相加而來,邊際效用則由下一個總效用減上一個總效用而得出。邊際效用隨消費商品數量增加而遞減,一般為正值,但在下降到零以後,便會出現負值。總效用一般隨消費商品數量的增加而增加,但在邊際效用等於零時,總效用不變,邊際效用為負值時,總效用就開始下降。

六、消費者均衡

基數效用論認為,消費者行為是在貨幣的邊際效用不變的條件下,通過購買時的選擇用既定的貨幣收入購買到最大效用。當消費者所購買到的各種數量的商品能使他獲得最大滿足時,他不再改變這一狀態,此時的最大滿足狀態就是消費者的均衡狀態。

當消費者用既定收入來購買一種商品時,消費者均衡的條件:買進一單位商品所獲得的邊際效用(M_u)正好等於為此而支出的貨幣所失去的效用(λP),即$M_u = \lambda P$。如果$M_u > \lambda P$,消費者就會增加購買量;如果$M_u < \lambda P$,消費者就會減少購買量,直到兩者相等。

如果消費者在收入既定的條件下,用全部收入來購買兩種商品或多種商品,消費者均衡的條件:兩種商品的邊際效用之比等於它們的價格之比;或者說,消費者用最後一個單位貨幣購買的兩種商品帶來同等的邊際效用。用公式來表示:

$$\frac{M_{ux}}{M_{uy1}} = \frac{P_x}{P_y} \text{ 或 } \frac{M_{ux}}{P_x} = \frac{M_{uy}}{P_y} \cdots = \lambda$$

式中,M_{ux}代表x商品的邊際效用,M_{uy}代表y商品的邊際效用,P_x代表x商品的價格,P_y代表y商品的價格,λ代表單位貨幣的邊際效用。此式的經濟含義亦可理解為:對消費者來說,任何一種商品的邊際效用和價格之比,都等於貨幣的邊際效用。

七、消費者均衡的限制條件

消費者均衡的限制條件，可用下式表示：

$P_1X_1 + P_2X_2 + \cdots + P_nX_n = M$

上式中，M 表示消費者的收入，P_1、$P_2\cdots P_n$ 分別代表第 1 種、第 2 種……第 n 種商品的價格，X_1、$X_2\cdots X_n$ 分別代表第 1 種、第 2 種……第 n 種商品的購買數量。

假設消費者只購買兩種商品 A 和 B，則消費者均衡條件公式和購買限制條件公式可簡化如下：

$$\frac{MU_A}{P_A} = \frac{MU_B}{P_B} = \lambda$$

$$P_A \cdot X_A + P_B \cdot X_B = M$$

【專欄知識】

「子非魚，安知魚之樂」新解

中國古代哲學家莊子與惠子在一座橋上游玩，莊子看見魚在水中自由地遊來遊去，感嘆說：「鰷（tiáo）魚出遊從容，是魚之樂也。」惠子反駁說：「子非魚，安知魚之樂？」這段對話講莊子善辯。但從現代經濟學的角度看，我們可以把這段話作為對魚兒快樂與否的判斷。

如果魚有感覺，它也要追求效用最大化。它在水中自由地遊來遊去是不得已而為之，還是在享受，只有魚自己才能判斷。效用或滿足是一種心理感覺，只有自己能作出判斷。所以，應該說惠子說得對，你又不是魚，怎麼能知道魚快樂，還是不快樂呢？

消費者行為理論強調的是從個人出發來判斷效用，正如要魚兒自己判斷自由地遊來遊去是否快樂一樣。個人的感覺是研究消費者行為的出發點。

當然，由於人的行為有共同之處，人對滿足程度的判斷表現為他的消費行為，所以，這種心理感覺仍是可以研究的，有共同的規律可探尋。這正是消費者行為理論的意義。

第二節　序數效用理論

一、序數效用

序數效用論的效用觀是建立在消費者偏好論基礎上的。基數效用理論認為效用可以用基數來計算，序數效用論則認為，效用是無法衡量和計算的。基數效用論關於效用可以衡量和邊際效用遞減兩個假設都很難成立。他們認為，消費者不能說出效用的數值，但可以說出自己對不同商品的偏好順序。消費者在選擇和購買商品時，無法知道商品有多少效用單位，但他可以知道，他對各種商品的偏好是不一樣的，因而可以用序數第一、第二、第三……來表示消費者的偏好順序和效用水準。例如，消費者可以說出對商品 x 的偏好大於 y，對 y 的偏好大於 z 等。在購買商品時，當然就會先買 x，然後買 y，最後買 z。這種用序

數來表示消費者偏好和效用水準的理論就叫序數效用論。可見,序數效用論強調相對效用,而不像基數效用理論那樣注重絕對效用。現在,西方經濟學越來越明顯地趨向於用序數效用理論來取代基數效用理論。

二、無差異曲線

無差異曲線是序數效用理論的分析工具。所謂無差異曲線,是用來表示兩種商品的各種組合給予消費者以相同滿足水準的一種曲線圖。無差異曲線不表示效用數量,只表示消費者的偏好,因此,無差異曲線也就是反應消費者偏好的偏好圖。

為了說明無差異曲線,先從無差異表開始。一個無差異表就是一個兩種商品總效用相同的各種組合表。假設一個消費者按照既定的價格購買 x 和 y 兩種商品。這兩種商品有 A、B、C、D 四種不同的組合,其中每一種組合給消費者帶來的滿足都是相同的,因此,表中每一種組合給消費者帶來的滿足都是無差異的,如表 3－2 所示。

表 3－2　　　　　　　　　無差異表

商品組合	x	y
A	1 單位	6 單位
B	2	3
C	3	2
D	4	$1\frac{1}{2}$

把表 3－2 畫在坐標圖上,以橫軸表示 x 商品的數量,縱軸表示 y 商品的數量,四種組合表現為四個點,把這些點連接起來形成的一條平滑曲線,就稱為無差異曲線。無差異曲線 U_1 表示給消費者帶來同等程度的滿足水準或效用的兩種商品的各種不同的組合軌跡,如圖 3－3 所示。

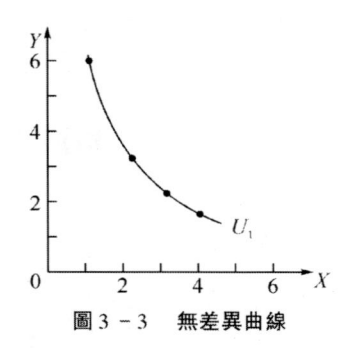

圖 3－3　無差異曲線

圖3－3中曲線的每一點都代表兩種商品的一種組合,並且每一種組合給消費者帶來的滿足水準或使用都是無差異的。因此,如果聽任消費者對曲線上的點作選擇,那麼所有的點對於他都是同樣可取的。

當然,表 3－2 的表格只是消費者可能有的無數表格中的一個,還可以根據這個消費者所感受的較高或較低的滿足程度列出相應的多種水準的無差異組合的表格,每個表格

都可用圖形表示出來而各有相應的無差異曲線圖。例如表 3－1 中的各種組合也是無差異的,但表 3－3 中的任何組合都比表 3－2 中的任何組合代表消費者得到更大的滿足。

表 3－3　　　　　　　　　　　　　　無差異表 II

商品組合	x	y
A	2 單位	7 單位
B	3	4
C	4	3
D	5	$2\frac{1}{2}$

把表 3－3 表示的內容畫在圖 3－4 上,作出了第二條無差異曲線 U_2。在理論上假設一個消費者對於兩種商品可以有無數條無差異曲線存在,我們可以作出第三條、第四條……無差異曲線,無數的無差異曲線構成了無差異曲線群,如圖 3－4 所示。

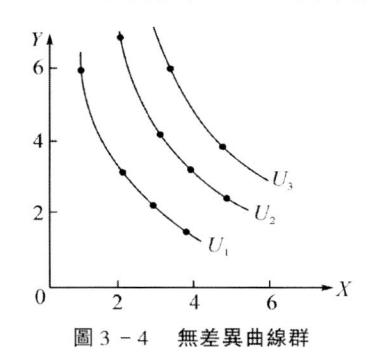

圖 3－4　無差異曲線群

通過圖 3－4 可以看出,在 U_1 右上方的兩條無差異曲線上的,兩種商品的組合在數量上都要多一些,從而給消費者帶來的滿足要大一些。因此,離原點越遠的無差異曲線所表示的滿足水準或效用越高,即 $U_3 > U_2 > U_1$。

無差異曲線具有以下特點:

第一,無差異曲線從左上方向右下方傾斜,斜率是負數。這是因為任何一條無差異曲線表示在它上面的任何一點都提供同等水準的滿足,而同等水準的滿足是由增加 x 商品數量就必須減少 y 商品的數量才能得到,或者增加 y 商品數量而同時必須減少 x 商品數量才能得到。滿足水準不變而商品組合變動,兩種商品數量就必須一漲一消,因此,無差異曲線的斜率一定是負數。

第二,任何無差異曲線不能相交。因為位置較低的無差異曲線表示較低程度的滿足,而位置較高的無差異曲線表示較高程度的滿足。如果兩條曲線相交,在相交點所代表的兩條無差異曲線對 x 和 y 商品的消費數量相同,因而具有相同的滿足水準即總效用,這顯然與 U_1 和 U_2 是代表不同的總效用相矛盾的。

第三,無差異曲線可以有許多條。在坐標圖上,實際上有許多條無差異曲線,通過每一個兩種商品組合點都可以有一條無差異曲線,每一條無差異曲線代表一種效用水準。

如圖3-4所示，除了無差異曲線U_2外，還有無差異曲線U_1和U_3等。不難看出，根據序數效用的第三個假設，離原點遠的無差異曲線效用水準高，離原點近的無差異曲線效用水準低。

三、邊際替代率

無差異曲線的斜率就是商品替代率，又稱為邊際替代率。它是指消費者為了保持同等程度的滿足，在增加一個單位商品x時所必須放棄的商品y的數量。簡單來說，就是消費者在商品組合中一種商品替代另一種商品的比率。如果用MRS表示邊際替代率，其公式為：

$$MRS_{xy} = -\frac{\Delta y}{\Delta x}$$

序數效用論認為，邊際替代率是遞減的。當消費者增加一個單位商品x的消費，相應地減少對商品y的消費後，隨著他擁有的商品x的數量增加和商品y的數量減少，他對商品x的評價逐漸降低，而對商品y的評價逐漸提高。這樣，隨著商品x的效用遞減，商品x對商品y的邊際替代率就越來越小。用數學語言表達，就意味著無差異曲線的形狀是凸向原點的，從圖3-2中可以直觀地看到邊際替代率的遞減。從A點到B點的邊際替代率是3，從B點到C點的邊際替代率是l，從C點到D點的邊際替代率是0.5。

又如，消費者有一個單位x商品和15個單位y商品，雖然他對x商品的偏好甚於y商品，因而願意放棄4個單位y商品，而增加1個單位x商品，於是，他有了2個x商品和11個y商品，雖然他對x商品的偏好仍然甚於y商品，但這時只願意放棄3個單位y而增加一個單位x。這一替代過程一直持續到他對這兩種商品的偏好相等為止。邊際替代率依次是4、3、2、1，這就是序數效用論的邊際替代率遞減規律，如表3-4所示。

表3-4　　　　　　　　　　邊際替代率及其遞減規律

商品 x	商品 y	邊際替代率 MRS_{xy}
1	15	
2	11	4
3	8	3
4	6	2
5	5	1

四、預算約束線

無差異曲線顯示消費品提供的滿足水準，但是，在商品經濟中任何滿足水準要成為現實，還取決於消費者的貨幣收入和商品的價格。在一定時期中，消費者的收入是固定的，從而作為消費部分的開支是有限度的。有限的開支能買到多少商品，還要取決於商品的價格，消費者只能在自己有限收入的約束下選擇最佳的商品組合，他要想買到更高的無差異曲線上的商品組合，要受他的預算或貨幣收入的限制。

為了分析簡便，假定一個消費者購買的只是x與y兩種商品，他每週的開支是6美元，

商品 x 的單位價格是 1.5 美元，商品 y 的單位價格為 1 美元。按照這兩種商品的價格，他可以有幾種購買方式：他可以購買 4 單位的 x 商品，也可購買 6 單位的 y 商品，還可以兩種商品都購買一些。用表 3－5 來表示。

表 3－5　　　　　　每週開支 6 美元可能購買的兩種商品的組合

x(1.5 美元)	y(1 美元)
4	0
3	$1\frac{1}{2}$
2	3
1	$4\frac{1}{2}$
0	6

把表 3－5 的各點畫在坐標圖（如圖 3－5 所示）上，可以看出：各個點都在 AB 線上。AB 線直接概括了這個消費者在支出他的 6 美元收入購買兩種商品時所能採取的全部方式。AB 線即預算約束線。

預算約束線又叫做預算線、消費可能線或價格線。它表示消費者用有限的貨幣收入能夠購買到的價格已定的兩種商品的各種可能的組合，如圖 3－5 所示。

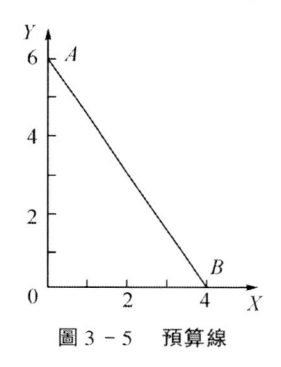

圖 3－5　預算線

在圖 3－5 中，縱軸截點 A 表示消費者每週的收入 6 美元全都用於購置商品 y，橫軸截點 B 表示全部收入用於購置商品 x，這是兩種極端的情況，連接 A、B 兩點的直線即預算線，線上每一點都表示消費者用收入可能買到的 x 和 y 兩種商品的各種組合。在 AB 線下面是未花費其全部收入的組合，在 AB 線以上則是全部收入不可能達到的購置量。

五、消費者均衡

序數效用論認為，消費者對兩種商品可以有多種組合以獲得滿足，每一種組合對消費者來說都是一樣的，它由無差異曲線表示出來。從無差異曲線的特性來看，離原點越遠消費者越能獲得最大的滿足。因此，每個消費者都有獲得更大滿足的願望，都想通過購買把心目中的無差異曲線推離原點越近越好，都想在無差異曲線圖上得到更高的無差異曲線。但是，這僅僅是消費者的主觀願望。從客觀方面來看，這種願望要受到消費者的貨幣

55

收入和商品價格的限制,這種限制由預算約束線來表示。因此,一格消費者只能在收入和價格所限制的範圍內購買到最大效用,獲得最大滿足。為此,如何把主觀願望和客觀限制結合起來,以求得在收入和價格既定條件下使消費者得到最大滿足,這正是序數效用論的消費者與均衡理論所要解決的問題。

序數效用論把無差異曲線和預算約束線這兩個分析工具結合起來,以尋求消費者最大滿足點或消費者均衡點。將圖3-4的無差異曲線和預算約束線合在一起,就可以得到序數效用論的消費者均衡點,如圖3-6所示。

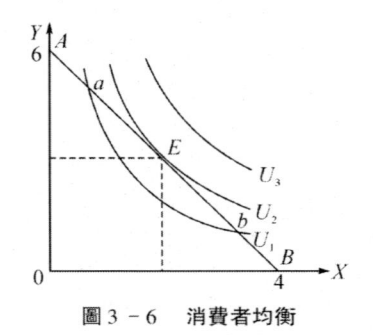

圖3-6 消費者均衡

在圖3-6中,AB線是預算約束線,U_1、U_2、U_3是三條位置越來越高的無差異曲線。對於一個預算約束線內的消費者來說,只能在無差異曲線U_1和U_2上選擇商品組合。首先看U_1:預算約束線AB與無差異曲線U_1有兩個交點a和b,這表明消費者的既定收入可以買到無差異曲線U_1上的商品組合,但這樣的購買不能給消費者帶來最大的滿足,因為U_1的位置低於U_2的無差異曲線,即U_1的滿足水準低於U_2。從數學上看,這兩個交點都不是最大值,一個消費者如果用自己的全部收入來購買a點或b點所表示的x商品和y商品的組合,顯然沒有獲得最大滿足,因為一個有理性的消費者不會作出這樣的選擇。再看U_2:AB線和U_2有一個切點E,從數學上講,這個切點是最大值。因此,只有AB線和無差異曲線U_2的切點E,才是消費者可以買到的且能給消費者帶來最大滿足的商品組合。這也就是說,如果消費者用自己的全都收入購買的是E所表示的x商品和y商品的組合,就是在他可能的收入範圍內買到了最大的效用,從而獲得最大的滿足。因此,E點是消費者均衡點或最大滿足點。當有理性的消費者經過選擇找到使他獲得最大滿足點時,只要貨幣收入、價格和偏好不發生變化,消費者就不會改變這一狀態,這就是消費者均衡狀態。

在消費者均衡點上,預算約束線的斜率正好等於無差異曲線的斜率。由於預算約束線的斜率是兩種商品價格的比率,而無差異曲線的斜率是兩種商品的邊際替代率,所以,消費者均衡的條件:兩種商品的邊際替代率等於該兩種商品的價格比率,即

$$\frac{失業人數}{失業人數 + 就業人數}$$

該公式表明,消費者在一定的收入條件下,為了得到最大效用或滿足,消費者應選擇兩種商品邊際替代率等於兩者商品價格之比的商品。這可用邊際效用遞減規律加以解釋。

前面講基數效用論的消費者均衡條件：

$$\frac{M_{ux}}{M_{uy}} = \frac{P_x}{P_y} \text{ 或 } \frac{M_{ux}}{P_x} = \frac{M_{uy}}{P_y}$$

可以看出，這兩個公式只是形式上的差別，而實質上是一樣的，因此可以寫作：

$$MRS_{xy} = \frac{\Delta y}{\Delta x} = \frac{M_{ux}}{M_{uy}} = \frac{P_x}{P_y}$$

第三節　消費者選擇

一、確定條件下的消費者選擇

以上分析的消費者均衡，是以消費者的貨幣收入和商品價格不變為條件的。而實際上，消費者的收入和商品的價格是經常變化的，收入和價格的變化會直接影響到消費者對商品或勞務的購買量。因此，我們還必須分析收入和價格的變化對消費的影響。

1. 收入變化條件下的消費者選擇

西方微觀經濟學主要通過收入 — 消費曲線來分析收入變化對消費的影響和消費者的選擇。

假設消費者偏好和商品價格不變，隨著消費者收入的變化，消費者的需求量將隨之而變化。收入增加時，消費者購買商品的預算支出增加，假設兩種商品的價格不變，在預算約束線圖（如圖3－7所示）中，就表現為預算約束線平行地向上移動，由AB移為A′B′，它表示能夠買到數量較多的商品組合；收入減少時，消費者購買商品的支出減少，在圖上表現為預算約束線平行地向下移動，預算約束線AB移為A″B″，它表示能購買到數量較少的商品組合。

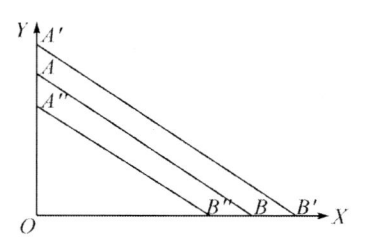

圖3－7　收入變化和預算約束線

收入的變動引起預算約束線位置的移動，而預算約束線的移動又會引起預算線和無差異曲線的切點的移動，即引起消費者均衡點的移動。在收入增加時，預算約束線向上移動，就會和一條位置較高的無差異曲線相切，這時消費者的均衡點也就移到一個較高的位置上；反之，在收入減少時，預算約束線向下移動，就會和一條位置較低的無差異曲線相切，這時消費者的均衡點也就移到一個較低的位置上。這樣一來，在收入變動的過程中，就會出現許多預算約束線，同時也會出現許多新的消費者均衡點，把所有這些消費均

衡點連接起來，就可以得到一條新的曲線。這條新的曲線被稱為收入─消費曲線，如圖3-8所示。

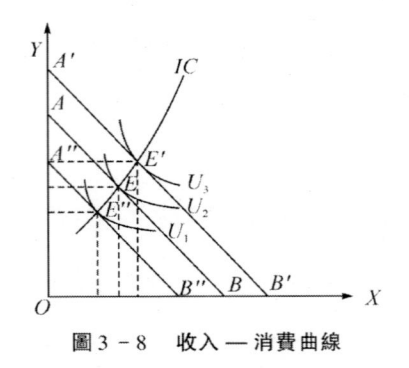

圖3-8　收入─消費曲線

收入─消費曲線表示在偏好和價格不變的情況下各種不同的收入所能買到的兩種商品的各種組合，每種組合都是消費者在既定收入下所獲得的最大滿足。它表明消費者收入變動時所引起的消費量的變動情況。

2. 價格變化條件下的消費者選擇

以上分析消費者均衡，是以價格固定不變為條件的。而事實上，在市場經濟中，價格是經常變化的，價格的上漲和下落，都會直接影響到消費者對商品和勞務的購買量。西方微觀經濟理論主要用價格─消費曲線來分析價格變化與消費之間的關係以及消費者的選擇。

假設消費者偏好和收入不變，而發生變化的只是價格，為了分析方便，再假定在兩種商品組合中，只有一種商品價格發生變化，而另一種商品價格不變。這時，消費者的需求量將隨價格的變化而變化。如果商品 y 的價格不變，商品 x 的價格下跌，預算約束線 AB 取 A 點為中心向右移動；商品 x 的價格上漲，預算約束線 AB 以 A 點為中心向左移動，如圖3-9所示。

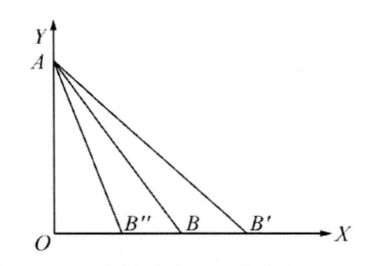

圖3-9　價格變化和預算約束線的移動

在圖3-9中，當商品 x 的價格不變時，預算約束線為 AB；當商品 x 的價格下跌時，預算約束線向上移動為 AB'；當商品 x 的價格上漲時，預算約束線向下移為 AB''。

價格的變動引起預算約束線位置的移動，而預算約束線的移動又會引起預算線與無差異曲線切點的移動，即引起消費者均衡點的移動。在價格變動過程中，會出現許多預算

約束線,同時也會出現許多新的消費均衡點,把這些消費均衡點連接起來,便得到價格 — 消費曲線,如圖3－10所示。

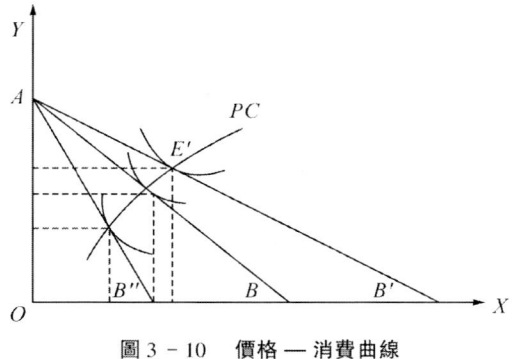

圖3－10 價格 — 消費曲線

在圖3－10中,價格 — 消費曲線表示在偏好和收入不變、y商品價格不變條件下,x商品價格的各種變化所能買到的兩種商品的各種組合,在價格 — 消費曲線上每種組合都是消費者在既定價格下所獲得的最大滿足或消費者均衡。

二、不確定條件下的消費者選擇

上面分析的是確定性條件下的消費者選擇。在現實生活中存在著許多不確定因素。不確定條件下的消費者選擇是指在充滿不確定因素的經濟活動中,消費者在面對各種風險條件下如何選擇消費選擇。

1. 風險的測度

為了從數量上考察風險,必須瞭解概率、期望值和方差等範疇。概率是指一種結果發生的可能性有多大,這種可能性是指一種後果將來發生的可能性程度,對這種後果發生可能性可有兩種解釋:一種是客觀分析,它是在對已發生事件觀察的基礎上得出的結論,是對事件發展觀察的結果。另一種是主觀分析,即這種事件以前未發生過,對其後果的可能性只能進行推測,這種推測主要是主觀判斷,當然也可能包含一些個人的相關經驗。

在概率論中,期望值和方差對測度與比較風險是極為重要的。期望值與不確定性事件有關,是在不確定性情況下,在全部影響因素作用下,所有可能結果的加權平均,權數就是每種結果的概率。如果消費者可以購買同等數量的三種A、B、C商品,三種商品的總效用分別為10、5、8,現知購買A種商品的概率為60%,購買B種商品的概率為30%,購買C種商品的概率為10%,則消費者總效用的期望值為8.3(0.6×10＋0.3×5＋0.1×8)。如果消費品總效用分別為$X_1, X_2, \cdots, X_N$,相應購買概率分別為$U_1, U_2, \cdots, U_N$,則消費者效用期望值$E(U)$可以用下式表示:

$$E(U) = U_1 X_1 + U_2 X_2 + \cdots + U_N X_N$$

其中:$U_1 + U_2 + \cdots + U_N = 1$

方差的概念比期望值稍複雜一些。簡單說,方差亦稱離差,就是實際值與期望值之間的差額。不確定事件的方差是該事件每一可能結果所取實際值與期望值之差的平方的加

權平均數，一般用 σ^2 表示，方差的平方根 σ 被稱為標準差。可以看出，若用方差或標準差測度風險，則方差或標準差越大，風險越大。

2. 消費者對風險的態度

在無風險的情況下，消費者效用取決於消費商品數量，並存在邊際效用遞減規律。在存在不確定性，即有風險的情況下，每個消費者對風險的態度是不相同的，可大體上分為三類：風險迴避者、風險愛好者和風險中立者。

（1）風險迴避者（Risk Averter）亦稱為厭惡風險者，多為消費者可能獲得的確定性收入效用大於有風險條件下的期望收入效用，或者兩者相等時，消費者偏愛確定性收入所得效用，這時消費者成為風險迴避者，如圖3－11所示。

圖3－11　風險迴避者效用曲線

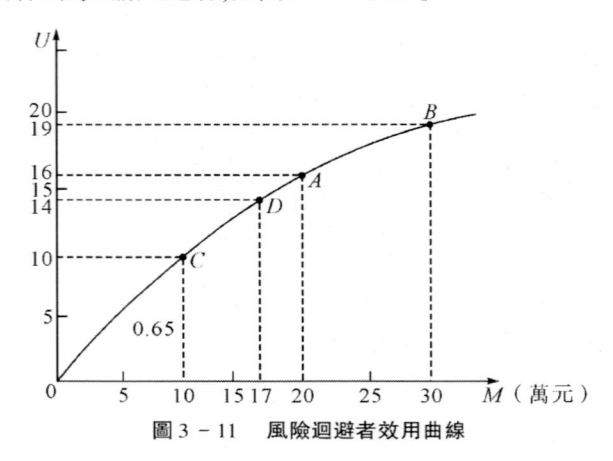

圖3－11中，橫軸代表收入 M，縱軸代表效用 U。OB 為效用曲線，其特點是效用遞減。在效用曲線 OB 上，不同的收入水準對應不同的效用水準。假定消費者有一個確定性20萬元的收入，其效用水準為16，即 A 點。如果有個概率為0.35的30萬元收入，其效用水準為19，即 B 點，以及概率為0.65的10萬元收入，其效用水準為10，即 C 點。消費者在這種風險情況下其收入期望值為17萬元（30×0.35＋10×0.65），其對應的效用水準為14，即 D 點。D 點小於 A 點，這時消費者將選擇有確定性風險的 A 點，而不會選擇有風險的 D 點，所以，這類消費者被稱為風險迴避者。

（2）風險愛好者（Risk Lover）亦稱喜歡風險者，多為消費者可能獲得的確定性收入效用小於有風險條件下期望收入的效用，或者兩者相等時，消費者偏愛風險收入所得效用。這時消費者成為風險愛好者。風險愛好者效用曲線形狀和風險迴避者效用曲線相反，如圖3－12所示。

圖3－12中，橫軸、縱軸代表含義同圖3－11，OB 為效用曲線，其特點為效用遞增。在效用曲線 OB 上，不同的收入水準對應不同的效用水準。假定消費者有一個確定性收入為20萬元，其效用水準為10，即 A 點。如果有個概率為0.3的10萬元收入，其效用水準為4，即 C 點，還有一個概率為0.7的30萬元收入，其效用水準為20，即 B 點。消費者在這種風險情況下，其收入期望值為24萬元（10×0.3＋30×0.7），其相應的效用水準為14，即 D

圖 3－12　風險愛好者效用曲線

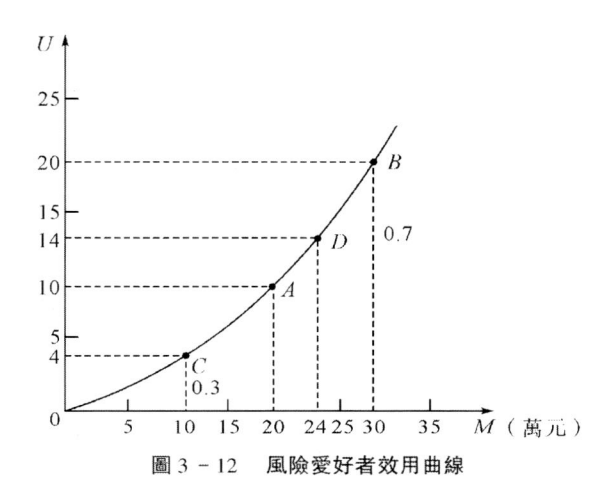

點，D 點大於 A 點，這時消費者將選擇有風險性的 D 點，而不選擇有確定性無風險的 A 點，稱此類消費者為風險愛好者。

（3）風險中立者（Risk Neuter）亦稱風險中性者，一般是消費者在無風險確定收入的效用水準和有風險條件下期望收入效用水準相等時，這時消費者為風險中立者。

3. 如何減少風險

在現實生活中，多數人在多數時間內是風險迴避者，會以各種方式迴避風險，主要有三種形式或途徑，如風險分散化、購買保險及多瞭解信息等。

（1）風險分散化，亦稱風險多樣化，是指在許多不確定的情況下，為避免風險可採取多樣化行動，以減少損失、增加收入、提高效用水準。如商店為增加銷售收入，可多經營一些品種，以免一種商品滯銷時，造成商品積壓，減少收入。

（2）保險是避免風險的最好辦法。消費者放棄一部分現在收入作為保險金，進行財產或其他保險，一旦遭遇意外，能得到補償，減少損失，不至於使消費者效用水準降低過多。

（3）獲得更多的信息。這也是減少風險的重要措施，因為消費者決策是根據準確及時的信息作出的，如信息準確及時，就能作出科學決策，增加收入，不斷提高效用水準；反之，信息不準確或不及時，據此作出決策會失誤，必然帶來極大的損失。如果情況已變化，消費者卻沒能掌握變化了的信息，不能相應改變決策，這就會帶來很多風險；如果掌握變化了的信息，相應地改變決策，就能避免風險，增加收入，保證效用水準的不斷提高。

三、消費者的多方面選擇

上兩個問題討論了消費者對商品的選擇，實際上消費者的選擇是多方面的，除選擇商品外，還有對收入與閒暇的選擇、對消費和儲蓄的選擇等。

1. 消費者對收入與閒暇的選擇

消費者對收入與閒暇的選擇，可分為兩種情況進行分析，一種以是工資率為常數，另一種是工資率不斷變動，如加班加點工資率就屬於變動工資率。這兩種分析的目標都是

實現效用的最大化,這裡只分析前者。

所謂收入和閒暇的選擇,實際上是工作(帶來收入)和閒暇的選擇。消費者對收入和閒暇的選擇,也有效用相同的無差異曲線和受時間制約的預算線。這兩條線如圖3-13和圖3-14所示。

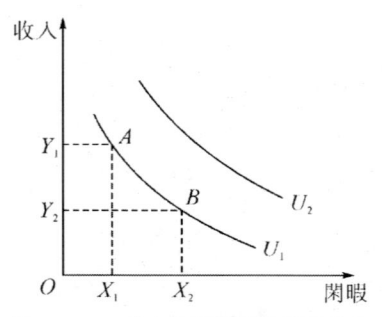

圖3-13 收入和閒暇的無差異曲線

收入和閒暇的無差異曲線,與消費者選擇商品的無差異曲線形狀相同,是一條具有負斜率的凸形曲線,對消費者來說,收入和閒暇可以互相代替。

圖3-13中,橫軸代表閒暇時間,縱軸代表收入,U_1和U_2為兩條消費者無差異曲線,U_2的效用水準高於U_1的效用水準,U_1線上A點和B點比較,A點獲得的收入比B點要高,但B點閒暇比A點要多。

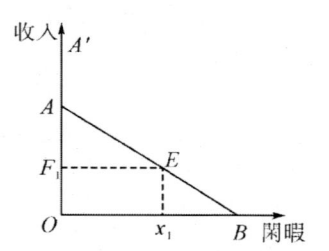

圖3-14 收入和閒暇的預算線

圖3-14中,橫軸表示時間單位,用年月日都可以,但其特點是時間單位固定,如一天為24小時,一週為7天等。OB代表消費者可利用的時間總量,沿橫坐標從O點到B點表示閒暇的增加或工作時間的減少,從B點到O點表示工作時間的增加或閒暇時間的減少。預算線AB上的E點,表示收入為OY_1,閒暇為OX_1。在工資率為常數的情況下,消費者的工資率等於AB線的斜率。

把消費者收入和閒暇的無差異曲線和預算線畫在一個坐標圖上,就可以研究消費者對收入和閒暇的最佳選擇,如圖3-15所示。

圖3-15中,坐標及符號含義同圖3-13。無差異曲線U_2和預算線AB相切,切點為E,即消費者收入和閒暇效用最大化的均衡點,這時消費者用於閒暇時間為OX_1,用於工作時間為BX_1,獲得工資X_1E等於OY_1。該均衡點表明收入為OY_1、閒暇為OX_1時,E點是

図 3-15　消費者均衡

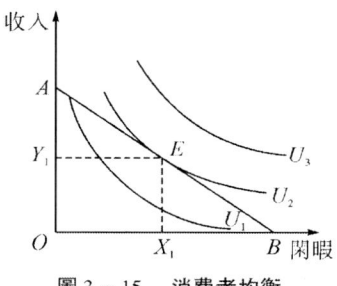

消費者效用最大化的選擇。

2. 消費者對消費和儲蓄的選擇

消費者對消費和儲蓄的選擇實際是對現在消費和未來消費的選擇。為分析簡單化，假定消費者選擇分兩個時期，兩個時期收入分別為 M_1 和 M_2，兩個時期消費分別為 C_1 和 C_2。假定消費者在第二時期結束時用完全部收入，並且在第一期和第二期之間可進行借貸消費與儲蓄，借貸利率為 R。在上述這些假定下，消費者的預算線約束可以用下式表示：

$$(1+R)C_1 + C_2 = (1+R)M_1 + M_2$$

這是用未來值表示的消費者預算約束或預算線，可整理如下：

$$C_2 = M_2 + (1+R)M_1 - (1+R)C_1$$

這就推導出二期消費函數公式，也表明二期消費 C_2 是一期收入 M_1、二期收入 M_2、一期消費 C_1 和利率 R 的函數。

消費者預算線也可以移動，如果 $M_1 - C_1 > 0$，即第一期收入大於消費，增加儲蓄，到二期時消費者收入增加，增加額為 $(M_1 - C_1)(1+R)$，這時一期預算線在橫軸上左移；反之，如果 $M_1 - C_1 < 0$ 時，表示消費者在一期收入小於消費，即借入消費，消費者在第二期要償還借款，償還額為 $(M_1 - C_1)(1+R)$。這時一期預算線在縱軸下移，如圖 3-16 所示。

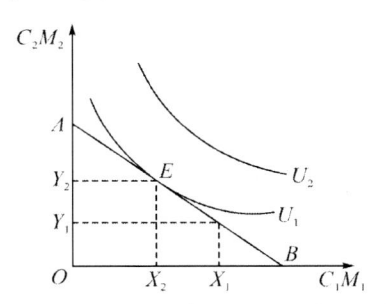

圖 3-16　消費與儲蓄的選擇

圖 3-16 中，橫軸代表一期收入 M_1 和一期消費 C_1，縱軸代表二期收入 M_2 和二期消費 C_2，U_1 和 U_2 是消費者兩條對消費和儲蓄效用相同的無差異曲線（可由消費和儲蓄的效用函數導出）。AB 為消費者預算線，無差異曲線 U_1 和預算線 AB 切點為 E，則 E 點是消費者效用最大化均衡點。假定一期收入為 X_1，二期收入為 Y_1。在 E 點表明一期消費為

OX_2，二期消費為 OY_2。很明顯，消費者在一期消費為 OX_2，收入為 OX_1，因 $OX_1 > OX_2$，一期有儲蓄為 $OX_1 - OX_2$，則二期收入為 OY_1，消費為 OY_2，因為 $OY_2 > OY_1$，二期有借入 $OY_2 - OY_1$。

如果把一期收入按貨幣時間價值方法變成二期收入，即 $C_2 = C_1(1 + R)$ 代入得到：

$$C_1 = \frac{1}{2} \times (M_1 + \frac{M_2}{1 + R})$$

上式表明，一期消費 C_1 與一期收入 M_1、二期收入 M_2 呈同方向變化，與利率 R 呈反方向變化。或者說一期收入 M_1 和二期收入 M_2 提高，都能使一期消費 C_1 增加，而利率的提高，使消費者減少一期消費 C_1 增加儲蓄，以便將來增加二期消費。

【本章小結】

1. 效用是指商品滿足人的慾望和需要的能力和程度。基數效用是指按1、2、3⋯⋯基數來衡量效用的一種方法，包括總效用和邊際效用。邊際效用是遞減的，邊際效用下降時總效用增加，邊際效用為零時，總效用最大，邊際效用為負時，總效用下降，總效用是邊際效用之和。消費者剩餘是指消費者購買商品時願意支付的最高價格和成交時的實際價格之差，是消費者多購買商品時所得好處的總和。消費者均衡的條件是消費中購買各種商品的邊際效用與價格之比相等。

2. 序數效用是指按第一、第二和第三⋯⋯順序來衡量效用的一種方法，無差異曲線是用來表示對消費者能產生同等滿足程度的兩種商品的不同數量組合。一般來說，無差異曲線是一條斜率為負的向右下方傾斜的曲線。預算線是指在消費者收入和商品價格既定條件下，消費者全部收入所能購買的各種商品數量組合。消費者均衡是指無差異曲線和預算線相切點的商品數量，即最佳購買行為點。

3. 消費者選擇的問題，包括確定性條件下的消費者選擇和不確定性條件下的消費者選擇問題。前者是指在商品價格和收入變化為已知條件下的消費者選擇，包括收入變化下的消費者選擇：收入 — 消費者曲線研究；價格變化下的消費者選擇：價格 — 消費者曲線研究以及商品名義價格變化所引起的替代效應和收入效應問題。後者是指在充滿不確定性因素條件下的消費者選擇，包括風險的測度、消費者對風險的態度及如何減少風險問題。

【思考題】

1. 總效用和邊際效用的變動規律如何？
2. 基數效用理論的消費者均衡的條件是什麼？為什麼？
3. 序數效用理論的消費者均衡的條件是什麼？為什麼？
4. 確定條件下的消費者選擇包括哪些內容？
5. 不確定條件下的消費者選擇包括哪些內容？

【綜合案例1】

「幸福方程式」與「阿Q精神」

消費的目的是為了獲得幸福。對於什麼是幸福,美國的經濟學家薩謬爾森用的「幸福方程式」來概括。這個「幸福方程式」就是:幸福＝效用／慾望,從這個方程式中我們看到慾望與幸福成反比,也就是說人的慾望越大越不幸福。但我們知道人的慾望是無限的,那麼多大的效用不也等於零嗎?因此我們在分析消費者行為理論的時候假定人的慾望是一定的。那麼我們在離開分析效用理論時,再來思考薩謬爾森提出的「幸福方程式」,真是覺得他對幸福與慾望關係的闡述太精闢了,難怪他是諾貝爾獎的獲得者。

在社會生活中對於幸福不同的人有不同的理解,政治家把實現自己的理想和報復作為最大的幸福;企業家把賺到更多的錢當成最大的幸福;教書匠把學生喜歡聽自己的課作為最大的幸福;老百姓往往把平平淡淡、衣食無憂作為最大的幸福。幸福是一種感覺,自己認為幸福就是幸福。但無論是什麼人,一般都把擁有的財富多少看成是衡量幸福的標準,一個人的慾望水準與實際水準之間的差距越大,他就越痛苦;反之,就越幸福。「幸福方程式」使我想起了「阿Q精神」。

魯迅筆下的阿Q形象,是用來批判中國老百姓的那種逆來順受的劣根性。而我們在這裡說的是人生如果一點阿Q精神都沒有,會感到不幸福,因此「阿Q精神」在一定條件下是人生獲取幸福的手段。在市場經濟發展到今天,貧富差距越來越大,如果窮人慾望過高,那只會給自己增加痛苦。倒不如用「知足常樂」,用「阿Q精神」來降低自己的慾望,使自己雖窮卻也獲得幸福自在。富人比窮人更看重財富,他會追求更富,如果得不到,他也會感到不幸福。

「知足常樂」、「適可而止」、「隨遇而安」、「退一步海闊天空」、「該阿Q時得阿Q」,這些說法有著深刻的經濟含義,我們要為自己最大化的幸福作出理性的選擇。

資料來源:梁小民．微觀經濟學縱橫談．上海:新知三聯書店,2000.

【討論題】
什麼是幸福?你認為如何才能得到最大化的幸福?

【綜合案例2】

把每一分錢都用在刀刃上

消費者均衡就是指消費者購買商品的邊際效用與貨幣的邊際效用相等。這就是說消費者的每一元錢的邊際效用和用一元錢買到的商品邊際效用相等。假定一元錢的邊際效用是5個效用單位,一件上衣的邊際效用是50個效用單位,消費者願意用10元錢購買這件上衣,因為這時的一元錢的邊際效用與用在一件上衣的一元錢邊際效用相等。此時消費者實現了消費者均衡,也可以說實現了消費(滿足)的最大化。低於或大於10元錢,都沒有實現消費者均衡。可以簡單來說在你的收入和商品價格既定的情況下,花錢最少得到的滿足最大就實現了消費者均衡。

我們前面講到商品的連續消費邊際效用遞減，其實貨幣的邊際效用也是遞減的。在收入既定的情況下，你存的貨幣越多，購買物品就越少，這時貨幣的邊際效用下降，而物品的邊際效用在增加，明智的消費者就應該把一部分貨幣用於購物，增加他的總效用；反過來，消費者則賣出商品，增加貨幣的持有，也能提高他的總效用。通俗來說，假定你有穩定的職業收入，你銀行存款有50萬元，但你非常節儉，吃、穿、住都處於溫飽水準。實際上這50萬元足以使你實現小康生活。

要想實現消費者均衡，你應該用這50萬元的一部分去購房、一部分去買一些檔次高的服裝，銀行也要有一些積蓄；相反，如果你沒有積蓄，購物慾望非常強，見到新的服裝款式，甚至借錢去買，買的服裝很多，而效用降低，如遇到一些家庭風險，而沒有一點積蓄，就會使生活陷入困境。

經濟學家的消費者均衡的理論看似難懂，其實一個理性的消費者，他的消費行為已經遵循了消費者均衡的理論。比如你在現有的收入和儲蓄下是買房還是買車，你會作出合理的選擇。你走進超市，見到琳琅滿目的物品，你會選擇你最需要的。你去買服裝肯定不會買回你已有的服裝。所以說經濟學是選擇的經濟學，而選擇就是在你資源（貨幣）有限的情況下，實現消費滿足的最大化，使每1分錢都用在刀刃上，這種就實現了消費者均衡。

資料來源：佚名. http://www.online.njtvu.com.

【討論題】

1. 常言道「富日子要當窮日子過」這種理財觀念你贊同嗎？為什麼？
2. 什麼是消費者的最佳購買行為？當你在比較富足的情況下如何實現最佳購買行為？

第四章　生產與成本理論

【學習目標與要求】

通過系統地學習，掌握價生產理論的基本知識和基本體系；掌握生產函數、邊際分格方法以及邊際報酬遞減規律，學會短期廠商均衡和長期廠商均衡的分析方法；掌握生產理論對廠商收益決策的影響及應用。

通過本章學習系統地掌握西方經濟學成本理論的基本知識和基本體系；掌握成本函數、成本分析方法以及規模報酬遞減規律，學會短期廠商均衡和長期廠商均衡的成本分析方法；掌握成本理論對廠商收益決策的影響及應用。

【學習重難點】

重點：短期廠商均衡和長期廠商均衡的分析方法。
難點：要素報酬和規模報酬遞減規律的論證與分析。

1. 生產函數
2. 短期生產函數
3. 長期生產函數
4. 規模報酬
5. 成本與成本函數
6. 短期成本
7. 長期成本

第一節　生產和生產函數

在以下實例中，我們做出一個簡單的假設：假設張太太蛋糕房的規模是固定的，而且，張太太只能通過改變工人數量來改變生產的糕點量。在短期中，這種分析是現實的。這就是說，張太太不能在一夜之間建立一家更大的工廠，但她在一兩年內可以這樣做。因此，這種分析描述了張太太短期中面臨的生產決策。

表4－1表示張太太的工廠每小時生產的蛋糕量如何取決於工人的數量。正如你在前兩欄看到的，如果工廠中沒有工人，張太太生產不出糕點；當有1個工人時，她生產50塊糕點；當有2個工人時，她生產90塊糕點，等等。

表 4-1　　　　　　　　　　生產函數：張太太的糕點房

工人數量	產量(每小時生產的糕點量)	勞動的邊際產量
0	0	
1	50	50
2	90	40
3	120	30
4	140	20
5	150	10
6	155	5

一、廠商

在西方經濟學中，生產者亦及廠商或企業，它是指能夠做出統一的生產決策的單個經濟單位。

企業的本質是什麼？或者說，企業為什麼會存在呢？一些西方經濟學家認為，企業作為生產的一種組織形式，在一定程度上是對市場的一種替代。可以設想兩種極端的情況：在一種極端的情況下，每一種生產都由一個單獨的個人來完成，如一個人製造一輛汽車。這樣，這個人就要和很多的中間產品的供應商進行交易，而且，還要和自己的產品的需求者進行交易。在這種情況下，所有的交易都通過市場在很多的個人之間進行。在另一種極端情況下，經濟中所有的生產都在一個龐大的企業內部進行，如完整的汽車在這個企業內部被生產出來，不需要通過市場進行任何的中間產品的交易。由此可見，同一筆交易，既可以通過市場的組織形式來進行，也可以通過企業的組織形式來進行。企業之所以存在，或者說，企業和市場之所以同時並存，是因為有的交易在企業內部進行成本更小，而有的交易在市場進行成本更小。

在微觀經濟學中，一般總是假定廠商的目標是追求最大的利潤。這一基本假定是理性經濟人的假定在生產理論中的具體化。在長期，一個不以利潤最大化為目標的企業終將被市場競爭所淘汰。所以，實現利潤最大化是一個企業競爭生存的基本準則。從本章第二節起，我們將具體分析生產者行為。在以下的分析中，我們使用廠商生產的目的是追求最大化利潤這一基本假定。

二、生產要素

從物質轉化角度看，生產是一個投入產出過程，投入和產出都是實物概念。企業為生產產品所需投入的各種經濟資源，叫做生產要素(Factor of Production)，主要包括：自然資源、勞動、資本和企業家才能。

【專欄知識】

生產要素稟賦理論

赫克歇爾──俄林提出了生產要素稟賦理論。這個理論被認為是比較成本學說的完整

化、現代國際分工理論的開端。它的特點是把國際分工、國際貿易與生產要素(土地、勞動力、資本)聯繫起來,提出「生產要素禀賦差異」概念,認為國際貿易、地域分工產生的原因是各國「生產要素禀賦差異」,而不是各國勞動生產率差異。這個理論的基本點:各個國家(或區域)的生產要素禀賦不同;生產要素供給不同;國際分工、國際貿易能夠更有效地利用各種生產要素。

自然資源(Natural Resources):其不僅包括了自然界的土地,也包括自然界一切可以利用的物質資源。

勞動(Labor):其指投入生產中的人力要素,是生產中一切體力和腦力的支出,包括各種形式的勞動,如直接與生產資料相結合的物質生產勞動、提供服務創造無形產品(如知識)的非物質生產勞動等。

資本(Capital):其指人類創造的用於生產的所有物品,包括實物資本和金融資本。實物資本指本身是製成品的生產要素,例如生產工具、機器設備、運輸工具等。金融資本指用來開辦企業或維持企業經營的資金。在研究生產問題時,資本都體現為貨幣表示的實物資本,因為生產理論研究的是投入產出之間的物質關係。

企業家或企業家才能(Entrepreneur):其指企業家組織勞動、資本、各種資源進行生產和創新活動,承擔市場風險。

【專欄知識】

「企業家才能」值幾何?

企業家才能,在經濟學裡是生產要素,並列於土地、勞動力、資金、技術等。企業家才能極大地產生經濟效益。一直認為企業家如果只是職業經理人的話,就應該有雙重身分,是老板也是雇員。一來,應該以企業家才能入干股,參加年終分紅;二來,應該領取工資薪水外加獎金等。

《第一財經周刊》報導了平安的董事長兼CEO馬明哲的高薪論戰。馬明哲2008年的年薪高達6616萬元。聽起來嚇人一跳,讓人咂舌吧。對於他的「天價」薪水,正反兩派觀點各異。

正派的觀點認為,近幾十年來,管理的重要性已經越來越被放在重要的位置上,但還是存在低估管理的傾向。也就是說,企業家才能沒有享受到應有的待遇。高盛的CEO勞埃德‧布蘭克的年薪有6850萬美元,這才是對有才能的公司一把手的重視。

反派的觀點則認為收入過高,並尖銳地拋出「王永慶不領工資」的提問。在如今民營經濟、金融、IT都不景氣的現實面前,6616萬元確實有點扎眼,要知道,2007年馬明哲才領1338萬元。

不管外部如何評價,馬明哲本人和平安集團卻對這個結果處之泰然。馬明哲認為自己值得擁有這個回報,因為他能夠把平安帶入500強,這也成為他的驕傲,這個笑起來憨憨的中年人毫不避諱。平安則甚至認為給馬明哲的工資有「廉價」的嫌疑,唯恐這個具有非凡創新能力和高超管理能力的英才不滿,當然前提也是馬明哲讓平安在不到20年裡,利潤翻了差不多100倍。

上述四項要素是任何生產都不可缺少的,但在不同的經濟社會其重要性又有所不

同。農業社會的核心要素是土地；工業社會的核心要素是資本；知識社會的核心要素是知識。傳統經濟學將科學技術作為外在條件，不列入生產要素。在現代生產中，科學技術業已成為決定性因素，稱為第一生產力。因此，現代經濟學日益將科學技術作為內容變量，列為最重要的生產要素。

三、生產函數

生產過程中生產要素的投入量和產品的產出量之間的關係，可以用生產函數來表示。生產函數表示在一定時期內，在技術水準不變的情況下，生產中所使用的各種生產要素的數量與所能生產的最大產量之間的關係。任何生產函數都以一定時期內的生產技術水準作為前提條件，一旦生產技術水準發生變化，原有的生產函數就會發生變化，從而形成新的生產函數。

假定 $X_1, X_2, \cdots, X_n$ 順次表示某產品生產過程中所使用的 n 種生產要素的投入數量，Q 表示所能生產的最大產量，則生產函數可以寫成以下形式：

$Q = f(X_1, X_2, \cdots, X_n)$

該生產函數表示在一定時期內在既定的生產技術水準下的生產要素組合 $(X_1, X_2, \cdots, X_n)$ 所能生產的最大產量為 Q。

在經濟學的分析中，為了簡化分析，通常假定生產中只使用勞動和資本這兩種生產要素。若以 L 表示勞動投入數量，以 K 表示資本投入數量，則生產函數可以表示為：

$Q = f(L, K)$

生產函數表示生產中的投入量和產出量之間的依存關係，這種關係普遍存在於各種生產過程之中。一家工廠必然具有一個生產函數，一家飯店也是如此，甚至一所學校或醫院同樣會存在著各自的生產函數。估算和研究生產函數，對於經濟理論研究和生產實踐都具有一定意義。

四、生產時期

微觀經濟學的生產理論可以分為短期生產理論和長期生產理論。如何區分短期生產和長期生產呢？

短期指生產者來不及調整全部生產要素的數量，至少有一種生產要素的數量是固定不變的時間週期。長期指生產者可以調整全部生產要素的數量的時間週期。相應的，在短期內，生產要素投入可以區分為不變投入和可變投入。生產者在短期內無法進行數量調整的那部分要素投入是不變要素投入，例如，機器設備、廠房等。生產者在短期內可以進行數量調整的那部分要素投入是可變要素投入，例如，勞動、原材料、燃料等。在長期，生產者可以調整全部的要素投入。例如，生產者根據企業的經營狀況，可以縮小或擴大生產規模，甚至還可以加入或退出一個行業的生產。由於在長期所有的要素投入量都是可變的，因而也就不存在可變要素投入和不變要素投入的區分。

在這裡，短期和長期的劃分是以生產者能否變動全部投入要素的數量作為標準的。對於不同的產品生產，短期和長期的界限規定是不相同的。例如，變動一個大型煉油廠的規模可能需要三年的時間，而變動一個豆腐作坊的規模可能僅需要一個月的時間。即前

者的短期和長期的劃分界限為三年,而後者僅為一個月。微觀經濟學通常以一種可變生產要素的生產函數來考察短期生產理論,以兩種可變生產要素的生產函數考察長期生產理論。

第二節　一種變動投入的生產函數

假定技術水準和其他投入要素不變,只有一種要素(L)是可變的,稱為一種變動投入生產函數,可以研究一種變動投入與其他不變投入之間的配置關係,以及這種配置對產量的影響。這種分析有助於企業選擇合理的生產區間,進行投入決策。

一、一種可變生產要素的生產函數

由生產函數 $Q = f(L, K)$ 出發,假定資本投入量是固定的,用 $\bar{K}$ 表示,勞動投入量是可變的,用 L 表示,則生產函數可以表示為:

$$Q = f(L, \bar{K}) \tag{4.1}$$

這就是通常採用的一種可變生產要素的生產函數的形式,它被稱為短期生產函數。

二、總產量、平均產量和邊際產量

短期生產函數表示 $Q = f(L, \bar{K})$ 表示:在資本投入量固定時,由勞動投入量變化所帶來的最大產量的變化。由此,我們可以得到勞動的總產量、勞動的平均產量和勞動的邊際產量這三個概念。

1. 總產量

在一定技術條件下,總產量指變動投入 L 與一定量的其他固定投入相結合所能生產的最大產量。設總產量為 TP,勞動的總產量表示為:

$$TP = f(L, \bar{K}) = q \tag{4.2}$$

2. 平均產量

在一定技術條件下,平均產量指平均每單位可變動投入所生產的產量。設平均產量為 AP,勞動的平均產量表示為:

$$AP = \frac{TP}{L} = \frac{q}{L} \tag{4.3}$$

3. 邊際產量

在一定技術條件下,邊際產量指增加單位可變動投入 L 所引起的總產量的增加量。設邊際產量為 MP,勞動邊際產量表示為:

$$MP = \frac{dTP}{dL} = \frac{dq}{dL} \tag{4.4}$$

根據以上定義及公式,可以編輯一張關於一種可變生產要素的生產函數的總產量、平均產量和邊際產量的表,如表 4 - 2 所示。

表4-2　　　　　　　　　　某企業短期成本表

勞動投入量 L	勞動的總產量 TPL	勞動的平均產量 APL	勞動的邊際產量 MPL
0	0	0	
1	3	3	3
2	8	4	5
3	12	4	4
4	15	15/4	3
5	17	17/5	2
6	17	17/6	0
7	16	16/7	−1
8	13	13/8	−3

三、邊際報酬遞減規律

由表4-2可以清楚地看到，對一種可變生產要素的生產函數來說，邊際產量表現出的先上升而最終下降的特徵。這一特徵被稱為邊際報酬遞減規律，有時也成為邊際產量遞減規模。

西方經濟學家指出，在生產中普遍存在這麼一種現象：在技術水準不變的條件下，在連續等量地把某一種可變生產要素增加到其他一種或幾種數量不變的生產要素上去的過程中，當這種可變生產要素的投入量小於某一特定值時，增加該要素投入所帶來的邊際產量是遞增的；當這種可變要素的投入量連續增加並超過這個特定值時，增加該要素投入所帶來的邊際產量是遞減的。這就是邊際報酬遞減規律。邊際報酬遞減規律是短期生產的一條基本規律。

【專欄知識】

馬爾沙斯：土地肥效遞減理論

例如，對於給定的10公頃麥田來說，在技術水準和其他投入不變的前提下，考慮使用化肥的效果。如果使用1千克化肥，那可想而知，這1千克的化肥所帶來的總產量的增加量即邊際產量是很小的，可以說是微不足道的。但隨著化肥使用量的增加，其邊際常量會逐步提高，直至達到最佳的效果即最大的邊際產量。但必須看到，若超過化肥的最佳使用量後，還繼續增加化肥使用量，就會對小麥生長帶來不利影響，化肥的邊際產量就會下降。過多的化肥甚至會燒壞莊稼，導致負的邊際產量。

邊際報酬遞減法則通常適用於至少一種投入要素固定不變的場合。在進行有關分析時，不能將勞動投入增加時的邊際報酬遞減與勞動質量的變化相混淆。例如，不能認為最先投入的勞動是高素質的，接下來再投入的勞動是低素質的，因為運用的邊際報酬遞減法則假定所有勞動投入素質是同一的。同時，邊際報酬遞減法則是在一定技術條件下產

生的,當技術條件發生變化時,同量勞動投入會產生不同的產品。

四、總產量、平均產量和邊際產量相互之間的關係

隨著可變投入的變動,總產量、平均產量、邊際產量都隨之變動,而且三種產量之間也呈現一定的規律,如圖4－1所示的生產函數的產量曲線反應了短期生產的有關產量線相互之間的關係。

在圖4－1中可以清楚地看到,由邊際報酬遞減規律決定的勞動的邊際產量 MP 曲線是先上升,並在 P_2' 點達到最高點,然後再下降。由短期生產的這一基本特徵出發,利用圖4－1從以下三個方面來分析總產量、平均產量和邊際產量相互之間的關係。

1. 邊際產量和總產量的關係

根據邊際產量的定義公式 $MP = \dfrac{\mathrm{d}TP}{\mathrm{d}L} = \dfrac{\mathrm{d}q}{\mathrm{d}L}$ 可以推知,過 TP 曲線任何一點的切點的斜率就是相應的 MP 值。例如,在圖中,當勞動投入量為 L_1 時,TP 曲線上 P_1 點的切線的斜率,就是相應的 MP 值。

由圖可知 MP 曲線與 TP 曲線之間存在著這樣的對應關係:只要邊際產量是正的,總產量總是增加的;只要邊際產量是負的,總產量總是減少的;當邊際產量為零時,總產量達最大值點。

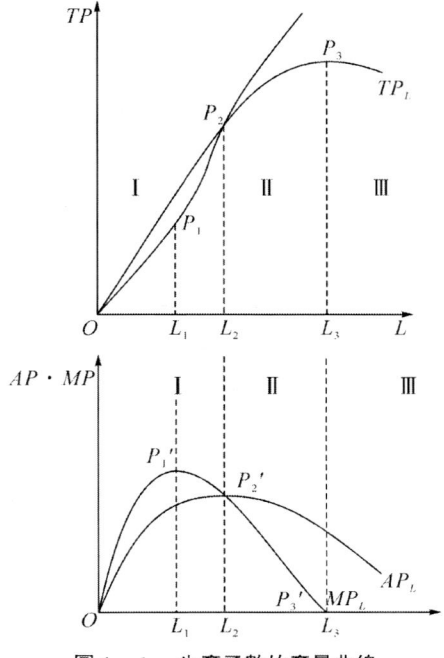

圖4－1　生產函數的產量曲線

2. 平均產量和總產量的關係

平均產量 AP 是總產量與相應的 L 投入量之比,即等於自原點 O 到總產量線上相應點

射線的斜率。由圖4－1可知，$AP_{L_1} = \frac{F_1 L_1}{OL_1}$、$AP_{L_2} = \frac{F_2 L_2}{OL_2}$、$AP_{L_3} = \frac{F_3 L_3}{OL_3}$分別代表勞動投入量為$L_1$、$L_2$和$L_3$時的平均產量，其中勞動投入量為$L_2$時為最大，這時射線$OF_2$斜率最大。可見，$AP$在勞動投入量達到點$L_2$之前，隨投入量的增加而增加，過了點$L_2$以後，隨投入量的增加而減少。

3. 邊際產量和平均產量的關係

在圖中，我們可以看到MP曲線和AP曲線之間存在這樣的關係：兩條曲線相交於AP曲線的最高點P'_2。在P'_2點以前，MP曲線高於AP曲線，MP曲線將AP曲線向上拉；在P'_2點以後，MP曲線低於AP曲線，MP曲線AP曲線向下拉。不管是上升還是下降，MP曲線的變動都快於AP曲線的變動。

五、生產三階段與生產合理區

根據短期生產的總產量曲線、平均產量曲線和邊際產量曲線之間的關係，可將短期生產劃分為三個階段，如圖4－1所示。

第Ⅰ階段（OL_2）：邊際報酬遞增階段。在這個階段內，產量曲線的特徵為：勞動的平均產量始終是上升的，且達到最大值；勞動的邊際產量上升達到最大值，而後開始下降，且勞動的邊際產量始終大於勞動的平均產量。因此該階段勞動的總產量始終是增加的。

第Ⅱ階段（$L_2 L_3$）：邊際報酬遞減階段。在這個階段內，產量曲線的特徵為：在第Ⅱ階段的起點處，勞動的平均產量曲線和勞動的邊際產量曲線相交，即勞動的平均產量達到最高點。在第Ⅱ階段的終點處，勞動的邊際產量曲線與水準軸相交，即勞動邊際產量等於零。

第Ⅲ階段（L_3以上）：邊際負報酬階段。產量曲線的特徵為：勞動的平均產量繼續下降，勞動的邊際產量降為負值，勞動的總產量也呈現下降趨勢。這說明在這一階段，可變要素的投入量相對過多，生產者減少可變要素勞動的投入量是有利的。因此，即使勞動要素是免費供給的，理性的生產者也不會增加勞動投入量，而是通過減少勞動投入量來增加總產量，以擺脫勞動的邊際產量為負值和總產量下降的局面，並退回到第Ⅱ階段。

由此可見，任何理性的生產者既不會將生產停留在第Ⅰ階段，也不會將生產擴張到第Ⅲ階段，所以，生產只能在第Ⅱ階段進行。在生產的第Ⅱ階段，生產者可以得到由第Ⅰ階段增加可變要素投入所帶來的全部好處，又可以避免將可變要素投入增加到第Ⅲ階段而帶來的不利影響。

【專欄知識】

人多未必好辦事

轉盤是某電工機械廠製造大型連續卷管機的關鍵部件，用4臺機床進行加工。開始時，用4名工人加工，一人一臺機床。由於每個人既要操作機床，又要做必要的輔助工作（如卡零件、借用工具、相互傳遞、打掃衛生等），機床的生產效率沒有得到充分發揮，結果日產產量為32件，人均產量只有8件，如表4－3所示。

表 4－3　　　　　　　　　　轉盤日產統計表

工人數	機床	TP	AP	MP
4	4	32	8.0	
5	4	41	8.2	9
6	4	54	9.0	13
7	4	63	9.0	9
8	4	71	8.9	8
9	4	75	8.3	4
10	4	75	7.5	0
11	4	70	6.4	－5

當增加一個人，有一個人做輔助工作，其他 4 個人能夠把大部分時間用在機床上，日總產量增加到 41 件，人均產量為 8.2 件，邊際產量為 9 件。在增加一個人後，就能將全部輔助工作擔當起來，充分發揮了設備的效率，日總產量又增加到 54 件，人均產量為 9 件，邊際產量為 13 件。這就是邊際報酬遞增階段，總產量以遞增的速度增加。

當增加到 7 個人時，由於新投入的第三個人沒有多少活干，總產量雖然增加到 63 件，但平均產量保持不變，邊際產量反而下降。此後，隨著投入的勞動力進一步增加，不但剩餘時間越來越多，而且互相干擾，廢品率也相應上升，結果平均產量不斷下降，邊際產量下降更快。直到總勞動力為 10 人時，總產量達到最大，平均產量從遞增到遞減，邊際產量從最大降為 0。這就是邊際報酬遞減階段，總產量以遞減的速度增加。

當勞動力增加到 10 人以上時，便人浮於事，職責不清，互相扯皮，廢品率進一步增加，導致邊際產量為負，平均產量繼續下降，總產量也開始下降。這就出現了負報酬階段。

中國有句古話：「一個和尚挑水吃，兩個和尚抬水吃，三個和尚沒水吃。」看來，的確是「人多未必好辦事」。

第三節　　兩種變動投入的生產函數

第二節討論的生產一種產品使用的生產要素中，只有一種要素可以變動，其餘要素都是固定不變的。例如，由於時間較短，廠房設備等都是固定的，廠商只能通過改變投入的勞動數量來調整其產量。本節介紹長期生產理論，以兩種可變生產要素（如勞動 L 和資本 K）的生產函數討論長期生產中可變生產要素的投入組合和產量之間的關係。其中這兩種要素可以相互替代，即既可以多用資本少用勞動，也可以多用勞動少用資本。

一、兩種可變生產要素的生產函數

在長期內，所有的生產要素的投入量都是可變的，多種可變生產要素的生產函數可以寫為：

$$Q = f(X_1, \cdots, X_n) \tag{4.5}$$

式中，Q 為產量，X_i 為第 i 種可變生產要素的投入數量。該生產函數表示：長期在技術水準不變的條件下，有 n 種可變生產要素投入量的一定組合所能生產的最大產量。

在生產理論中，為了簡化分析，通常以兩種可變生產要素的生產函數來考察長期生產問題。假定生產者使用勞動和資本兩種可變生產要素來生產一種產品，則兩種可變生產要素的長期生產函數可以寫為：

$$Q = f(L, K) \tag{4.6}$$

式中，L 為可變要素勞動的投入量，K 為可變要素資本的投入數量，Q 為產量。

二、等產量曲線

1. 等產量線的概念

等產量線是指在一定的技術條件下，生產等量產品的兩種變動投入所有可能的組合。如表 4-4 所示，假如勞動 L 和資本 K 兩種變動投入有四種組合方式，都能生產出 100 件同等數量的產品。

表 4-4 　　　　　　　　　　　生產等產品的要素組合

組合方式	勞動 L	資本 K	產量 q
A	1	7	100
B	2	4	100
C	3	2	100
D	4	1	100

根據表 4-4 中的數據，可以繪出圖 4-2。圖中的等產量曲線表明，勞動和資本這兩種要素之間可以相互替代，其結果都能生產同等數量的產品。

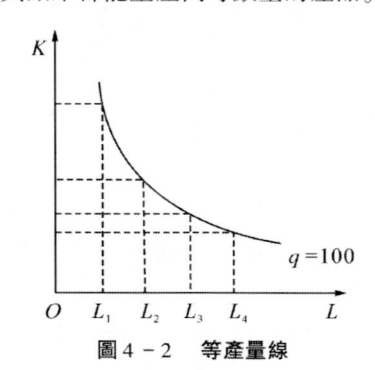

圖 4-2　等產量線

2. 等產量線的特點

等產量曲線與坐標原點的距離的大小表示產量水準的高低；離原點越近的等產量曲線代表的產量水準越低；離原點越遠的等產量曲線代表的產量水準越高。同一平面坐標上的任意兩條等產量曲線不會相交。等產量曲線是凸向原點的。

可見，等產量線相當於效用理論中的無差異曲線，並具有類似的特性。但等產量描述的是物質技術關係，可以通過實際數據加以測定。在現實企業生產中，較為普遍的是連續生產函數的等產量線。對於一個給定的生產函數，可有任意條等產量線，反應在坐標圖上的等產量線集合，稱為等產量圖。與無差異曲線類似，等產量圖也可以分為四個區域。圖4－2的等產量線屬於第Ⅱ區域，具有以下特點：

（1）距原點越遠的等產量線所代表的產量水準越高，反之則低。這是生產函數單調性的反應。

（2）在合理生產區內，等產量線斜率為負，凸向原點，其原因是邊際產量為正，且不斷遞減。

（3）同一平面坐標上的任何兩條等產量線，不能相交；否則，不符合單調性假設。

3. 等產量線的類型

根據生產要素間的替代性不同，等產量線有如下類型：

（1）連續性生產函數等產量線。它表示兩種投入要素的比例可以任意變動，產量是一個連續函數，這是等產量線的基本類型，如圖4－2所示。

（2）固定比例生產函數等產量線。它表示兩種投入要素的比例是固定不變的，要素間的替代比例為常數，產量不一定是連續函數。這種類型的等產量線有三種具體形式：

① 直角形等產量線。在一定技術條件下，如果兩種要素投入只能採用一種固定比例進行生產，完全不能互相替代，等產量線呈直角形，如圖4－3(a)所示。這種直角形等產量線的頂角代表投入要素最佳組合點。

例如，生產產量q_1，可以使用勞動L_1和資本K_1，如果資本固定在K_1，無論勞動如何增加，都不會改變產量。同樣，勞動若固定在L_1，無論資本如何增加，也不會改變產量。只有勞動和資本同時按比例增加，如組合A到組合B，才會使產量從q_1增加到q_2。顯然，單獨增加勞動或資本的邊際產量等於0。

② 直線形等產量線。在一定技術條件下，兩種投入要素之間可以完全替代，且替代比例為常數，等產量線表現為一條直線，如圖4－3(b)所示。這時，企業可以資本為主（如A點），或以勞動為主（如C點），或兩者按特點比例的任意組合（如B點）生產相同的產量。像高速公路或大橋的收費，既可以採用自動投幣，也可以人工收費。

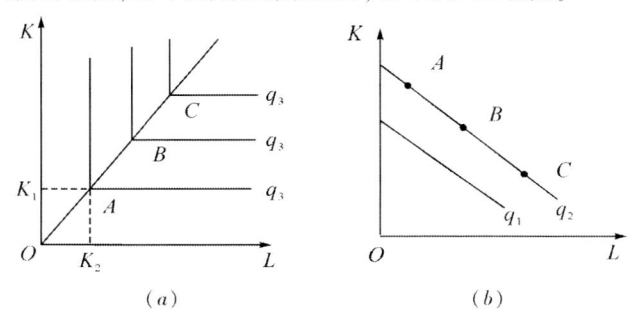

圖4－3　固定比例生產函數等產量線

三、變動投入要素之間的替代

1. 邊際技術替代率（簡稱 MRTS）

邊際技術替代率指在技術水準不變的條件下，等產量線上一種投入要素替代另一種投入要素的比例。由於技術的單調性，為維持產量不變，企業增加一種要素投入，勢必相應減少另一種要素投入。在同一條等產量線上的任意一點，勞動投入 L 對資本投入 K 的邊際技術替代率等於該點切線的斜率。以 $MRTS_{LK}$ 表示勞動替代資本的邊際技術替代率，則

$$MRTS_{LK} = -\frac{\Delta K}{\Delta L}$$
$$MRTS_{LK} = \lim_{\Delta \to 0} -\frac{\Delta K}{\Delta L} = \frac{\mathrm{d}K}{\mathrm{d}L} \qquad (4.7)$$

勞動 L 對資本 K 的邊際技術替代率，也可用兩種投入的邊際產量之比（$\frac{MP_L}{MP_K}$）來表示，即

$$MRTS_{LK} = \frac{MP_L}{MP_K} \qquad (4.8)$$

2. 邊際技術替代率遞減法則

在同一條等產量線上，以一種要素替代另一種要素的替代率具有不斷下降的必然趨勢，稱為邊際技術替代率遞減法則。

當某種投入要素 L 不斷增加時，MPL 逐漸下降，而被替代的另一種投入要素 K，則由於數量減少，MPK 不斷上升，由此導致邊際技術替代率越來越小，即

$$\frac{\mathrm{d}MRTS_{LK}}{\mathrm{d}L} < 0$$

如表 4-4 所示，當勞動投入 L_1、L_2、L_3、L_4 等量遞增時，相應的，在點 A、B、C、D 所能替代的資本 K_1、K_2、K_3、K_4 是遞減的。當產出固定在 100 時，勞動由 1 個單位增至 2 個單位，$MRTS_{LK}$ 將增至 2 個單位，$MRTS_{LK}$ 等於 3；勞動由 2 個單位增至 3 個單位，$MRTS_{LK}$ 將至 2，然後逐漸降至 1。顯然，當越來越多的勞動替代資本時，勞動的生產率不斷下降，而資本的生產率相對提高，等量勞動能夠替代的資本數量越來越少，等產量線變得越來越平坦。邊際技術替代率遞減，即等產量線上的切線斜率絕對值遞減，使等產量線從左上方向右下方傾斜，並凸向原點。

第四節　　兩種投入要素的最優配置比例

在企業投入決策受到市場約束或者資金約束時，如何進行兩種或兩種以上要素投入數量的決策，實際上是如何進行要素投入的最優組合問題；在受到資金約束時，是在成本既定的條件下如何實現產量最大化的問題，因為如果市場價格不變，總成本既定，當然產量越多，總收益越大，利潤就越大；在受到市場約束時，是在產量既定的條件下如何實現

成本最小化的問題,因為如果市場價格不變,總收益既定,當然投入越少,總成本越小,利潤就越大。

一、等成本線

在生產要素市場上,廠商對生產要素的購買支付,構成了廠商的生產成本。成本問題是追求利潤最大化的廠商必須要考慮的一個經濟問題。生產論中的等成本線是一個和效用論中的預算線非常相似的分析工具。

等成本線是在既定的成本和既定生產要素價格條件下,生產者可以購買到的兩種生產要素的各種不同數量組合的軌跡。

假定要素市場上既定的勞動價格即工資率為 w,既定的資本價格即利息率為 r,廠商既定的成本支出為 C,則成本方程為:

$$C = wL + rK \tag{4.9}$$

由成本方程可得:

$$K = -\frac{w}{r}L + \frac{C}{r} \tag{4.10}$$

根據以上式子可以得到等成本線,如圖4－4所示。由於(4.9)式的成本方程式是線性的,所以,等成本線必定是一條直線。圖中橫軸上的點表示既定的全部成本都購買勞動時的數量,縱軸上的點表示既定的全部成本都購買資本時的數量,連接這兩點的線段就是等成本線。它表示既定的全部成本所能買到勞動和資本的各種組合。

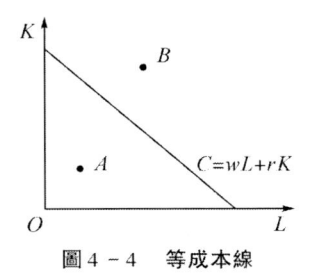

圖4－4 等成本線

在圖4－4中,等成本線以內區域中的任何一點,如 A 點,表示既定的全部成本都用來購買該點的勞動和資本的組合以後還有剩餘。等成本線以外的區域中的任何一點,如 B 點,表示用既定的全部成本購買該點的勞動和資本的組合是不夠的。唯有等成本線上的任何一點,才表示用既定的全部成本能剛好購買到的勞動和資本的組合。

在成本固定和要素價格已知的條件下,便可以得到一條等成本線。所以,任何關於成本和要素價格的變動,都會使等成本線發生變化。

二、既定產量的最低成本的要素組合

在長期,所有的生產要素的投入數量都是可變動的,任何一個理性的生產者都會選擇最優的生產要素組合進行生產。本節將把等產量曲線和等成本線結合在一起,研究生產者是如何選擇最優的生產要素組合,從而實現既定成本條件下的最大產量,或者實現

經濟學基礎

既定產量條件下的最小成本。

生產函數告訴我們，不同的方法可以生產出同一水準的產量。但是，在許多可能中，企業究竟應該使用那種方法呢？假設一家企業選擇生產 500 單位的產量，此時，其可以使用如 A、B、C 和 D 所示的四種投入組合中的一種，如表 4－5 所示。

表 4－5　　　　　　　　　生產某一產量的投入與成本

	投入組合		總成本	
	勞動 L	土地 A	$P_L = \$2\ P_A = \$3$	$P_L = \$2\ P_A = \$1$
A	1	6	20	8
B	2	3	13	7
C	3	2	12	8
D	6	1	15	13

企業在不同的生產技術之中進行的選擇取決於投入的價格。當 $P_L = 2$ 美元，$P_A = 3$ 美元時，可以看到最低成本組合為 C。說明土地價格從 3 美元降至 1 美元，會導致企業選擇更加土地集約化的 B 種組合。

將等產量線和等成本線結合在一起，我們可以決定企業的最優或最小成本的位置，如表 4－5 中最低成本能夠生產出產量 $q = 500$ 的最佳投入組合所處的點。為找到這樣的一點，只需簡單地把那條等產量線放到圖中的一組等成本線上，如圖 4－5 所示。企業總是沿著圖 4－5 中凸向原點的那條等產量線移動，只要該曲線能夠與較低的成本線相切。因此，均衡點在 C 點，即等產量線相切於最低的等成本線。在該點，等產量線的斜率正好等於等成本線的斜率，而且，這兩條曲線正好相切。

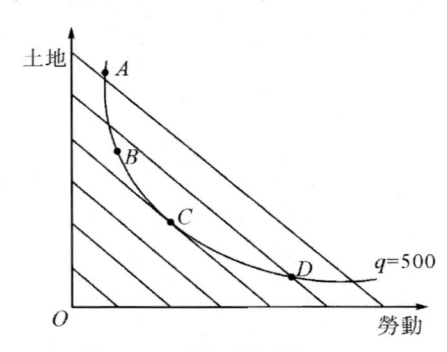

圖 4－5　最低成本的投入組合

最低成本的條件：任何兩種投入的邊際產量之比必須等於它們的要素價格之比，即等產量曲線的斜率 = 等成本線的斜率。

$$\frac{勞動的邊際產量}{土地的邊際產量} = \frac{勞動的價格}{土地的價格}$$

可以推論，多種投入要素的最優組合條件是：

$$\frac{MP_A}{P_A} = \frac{MP_B}{P_B} = \cdots = \frac{MP_N}{P_N} \tag{4.11}$$

上式可稱邊際報酬均等法則,它是邊際效用均等法則在經營決策中的應用。

【專欄知識】

用汽油還是天然氣?

假定在出租汽車上裝有汽油轉換開關,司機根據「使用最小的花費,行駛同樣里程」的原則,選擇是使用汽油還是天然氣。現在汽油的價格是每升2.19元,液化天然氣的價格是每升1.51元,每升汽油可以行駛8.33千米(100千米耗油12升),每升天然氣可以行駛6.25千米(100千米耗氣16升)。單純從價格上看,天然氣更便宜;單純從每百千米耗費量看,使用汽油更節省。但是,這都不能確定應使用汽油還是天然氣。按照生產要素投入的最優組合原理,這個問題就可以解決了。這裡,需要計算1元錢的汽油還是1元錢的天然氣行駛的里程長,也就是計算里程與價格的比值。經過計算,汽油為3.804千米/元,天然氣為4.139千米/元。所以,司機應該選擇使用天然氣。

三、要素投入最優組合的變動

在長期中,原來固定投入也將成為變動投入。這樣,企業就可以根據市場需求,選擇最優的生產規模。

擴張線也叫擴展線,是指在要素價格不變條件下,與不同總成本相對應的最優要素投入組合的軌跡。通過擴張線,可推導出企業的長期總成本曲線。

如圖4-6所示,在企業的生產函數和投入要素價格不變時,擴張線上的E_1、E_2、E_3,分別代表了不同水準的等產量線與等成本線的切點。根據擴張線的定義,它們都是企業以最低總成本生產某一產量的要素投入組合。

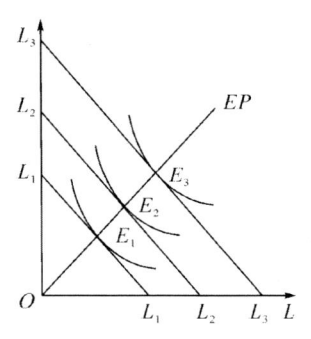

圖4-6 生產的擴展線

顯然,由於企業在長期沿著擴張線發展,要素組合最優,投入成本最低,因此比短期經營效率更高。在短期內,企業至少有一種固定的投入,這種投入的固定性,使企業在調整產量時,將支付較高的生產成本。圖4-7表示,企業初始產出為Q_1,固定投入為K_1,變動投入為L_1。當企業根據市場需求決定將產量提高到q_2時,由於資本固化在K_1,只能將

勞動由 L_1 增至 L_2，資本投入由 K_1 增至 K_2，沿著擴張線 EP 的路徑將產量由 q_1 增加到 q_2，但只支付 TC_2 的總成本。顯然，與短期經營成本相比，長期經營具有較高效率。

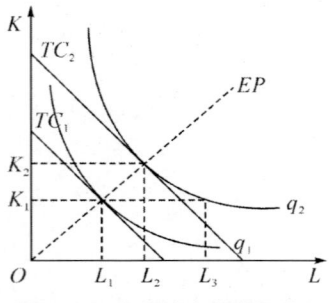

圖 4-7　短期成本與長期成本

四、規模報酬

　　規模報酬分析涉及的是企業的生產規模變化與所引起的產量變化之間的關係。企業只有在長期內才可能變動全部生產要素，進而變動生產規模，因此，企業的規模報酬分析屬於長期生產理論問題。在生產理論中，通常是以全部的生產要素都以相同的比例發生變化來定義企業的生產規模的變化。相應的，規模報酬變化是指其他條件不變的情況下，企業內部各種生產要素按相同比例變化時所帶來的產量變化。企業的規模報酬變化可以分規模遞增、規模報酬不變和規模報酬遞減三種情況。

　　1. 規模報酬遞增

　　產量增加的比例大於各種生產要素增加的比例，稱之為規模報酬遞增。例如，當全部的生產要素勞動和資本都增加 100% 時，產量的增加大於 100%。產生規模報酬遞增的主要原因是由於企業生產規模擴大所帶來的生產效率的提高。它可表現為：生產規模擴大以後，企業能夠利用更先進的技術和機器設備等生產要素，而較小規模的企業可能無法利用這樣的技術和生產要素。隨著對較多的人力和機器的使用，企業內部的生產分工能夠更合理和專業化。此外，人數較多的技術培訓和具有一定規模的生產經營管理，也都可以節省成本。

　　2. 規模報酬不變

　　產量增加的比例等於各種生產要素增加的比例，稱之為規模不變。例如，當全部生產要素勞動和資本都增加 100% 時，產量也增加 100%。一般可以預計兩個相同的工人使用兩臺相同的機器所生產的產量，是一個這樣的工人使用一臺這樣的機器所生產的產量的兩倍。這就是規模報酬不變的情況。

　　3. 規模報酬遞減

　　產量增加的比例小於各種生產要素增加的比例，稱之為規模報酬遞減。例如，當全部生產要素勞動和資本都增加 100% 時，產量的增加小於 100%。產生規模報酬遞減的主要原因是由於企業生產規模過大，使得生產的各個方面難以得到協調，從而降低了生產效率。它可以表現為企業內部合理分工的破壞，生產有效運行的障礙，獲取生產決策所需的各種信息的不易等。

以上所分析的規模報酬的三種情況可以用等產量曲線圖來表示,如圖 4－8 所示。在圖 4－8 的三張分圖中,每張分圖都有三條等產量曲線 Q_1、Q_2、Q_3 和一條由原點出發的射線形的擴展線 OR,圖中的等成本線均略去。

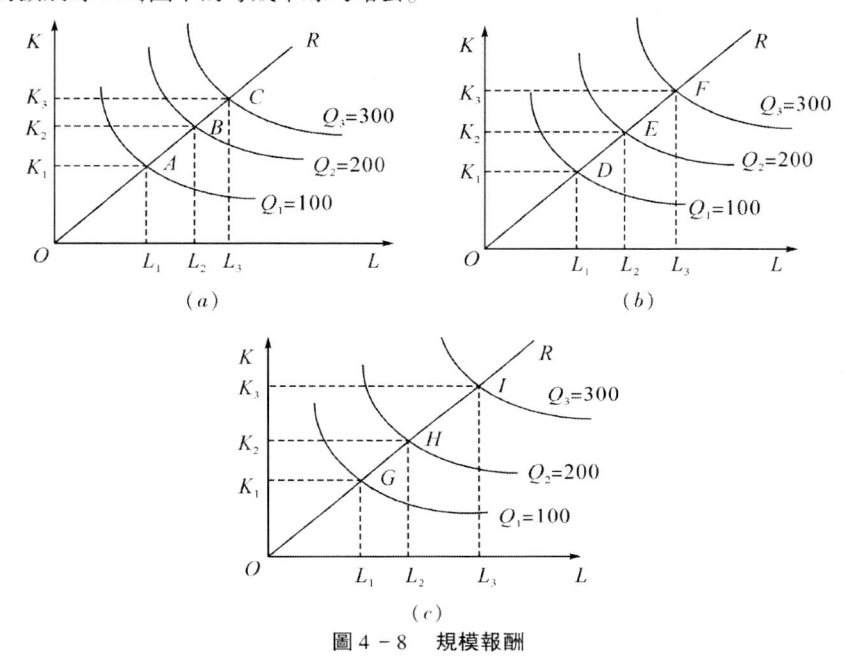

圖 4－8　規模報酬

圖(a) 表示規模報酬遞增:例如由 A 點到 B 點,兩要素的增加比例為 $\frac{L_1L_2}{OL_1} = \frac{K_1K_2}{OK_1} < 1$,而產量增加的比例為 100%,產量的增加比例大於兩要素增加的比例。在規模報酬遞增的情況下有 $OA > AB > BC$。

圖(b) 表示規模報酬不變:例如由 D 點到 E 點,兩要素增加的比例為 $\frac{L_1L_2}{OL_1} = \frac{K_1K_2}{OK_1} = 1$,產量增加的比例是 100%,產量增加的比例和兩要素增加的比例是相同的。在規模報酬不變的情況下有 $OD = DE = EF$。

圖(c) 表示規模報酬遞減:例如由 G 點到 H 點,兩要素增加的比例為 $\frac{L_1L_2}{OL_1} = \frac{K_1K_2}{OK_1} > 1$,產量增加的比例是 100%,產量增加的比例小於兩要素增加的比例。在規模報酬遞減的情況下有 $OG < GH < HI$。

【專欄知識】

大力拓展市場,實現規模經濟效應

導致規模報酬變動的主要原因是規模經濟與規模不經濟。按照規模報酬原理,當生產力彈性 $E_e > 1$ 時,生產處於規模報酬遞增階段,產量增長的速度大於投入增加的速度,規模的擴大帶來了生產效率的提高;當生產力彈性 $E_e = 1$ 時,生產處於規模報酬不變階段,產量增長的速度等於投入增加的速度,生產效率與規模大小無關;當生產力彈性 $E_e < 1$ 時,生產處於規模報酬遞減階段,產量增長的速度小於投入增加的速度,規模擴大使生產效率下降。由此可見,只要使生產力彈性大於 1,則可保持生產處於規模報酬遞增階段。就保險業的經營來說,由於大數法則起作用,加之保險業的要素投入不同於工商企業的

要素投入，只要加強管理，嚴格控制承保風險和各種成本，從而使生產力彈性大於1，保持經營處於規模報酬遞增階段，是能夠做到的。保險業的經營特點就是必須具有一定的業務規模。保險是一種規模效益型經濟，如果沒有一定的發展速度和規模，就不能實現一定的經濟效益。規模是效益的基礎，效益是規模的體現，兩者是相互影響、相互制約、相互促進的辯證關係。當然，這種規模必須是結構合理、實實在在的規模。規模上的好處對保險業來說更是顯而易見的：第一，可以實行專業化分工，提高職工的技術水準，運用先進的技術設備，提高人均工作效率；第二，可以開拓並保持產品領先地位，增強市場競爭力，降低平均賠付率，減少經營風險；第三，可以提高管理效率，節約管理費用，降低經營成本，提高經濟效益，等等。從近幾年保險企業的經營狀況看，平均利潤大約在10%～15%，且業務規模大的公司贏利狀況優於業務規模小的公司，足以說明保險業處於擴張階段，規模經濟占主導地位，規模報酬是遞增的。現在的問題是如何使這種規模報酬遞增階段逐步延長，避免規模報酬遞減即規模不經濟現象的發生。筆者以為，就人保公司來說，應著重在以下三個方面下工夫：

一是要積極拓展市場，努力追求市場佔有份額，保持業務的持續發展。大力拓展市場是實現規模經濟的先決條件。人保公司必須發揮自身優勢，在把握市場、佔領市場、鞏固市場、開發市場、爭奪市場上下工夫。要本著寸土必爭、分兵把口、各個擊破的原則，對各險種在固守陣地鞏固原有規模的同時，積極開拓新的業務領域，做到抓大不放小、抓新不忘舊，努力向市場的深度和廣度進軍，從而實現理想的業務規模。

二是要本著精簡效能的原則，合理設置機構，大力裁減冗員，提高工作效率和經濟效益。要大力強化人均概念，按人均保費、人均利潤設置責任目標考核體系，改革用工分配機制，從而保持業務增長速度大於投入增加的速度。

三是要加快電子化管理的步伐，加大信息處理、交流、監控的力度，提高網絡運行效能，增強業務電腦化的覆蓋面，從而減少管理層次和用工數量，降低各種費用成本，避免規模報酬遞減的現象。

第五節　　廠商的成本決策

在前面的生產函數分析中，我們已經揭示了廠商要素的經濟投入區間、資源合理配置的原則以及適度規模的確定。本節要從成本函數的角度，分析不同生產時期內廠商成本的變動規律和相互關係，從而揭示廠商的成本決策。

一、成本及相關概念

1. 機會成本與會計成本

機會成本是指被放棄的一定的資源被用於其他用途時所能獲得的最大收益，又稱為擇機代價或替換成本。它反應不選擇最佳方案或機會的「成本」。機會成本是由於資源的稀缺性和替代性所引起的。在經濟活動中，為獲得一定的成本所付出的代價，不僅包括經濟活動本身的資源投入，還應該包括所放棄的收益。資源的稀缺性和替代性也要求將資源優化配置，即將有限的資源使用在最有價值的地方，或者說將有限的資源使用在企業為此所付出的代價最小的地方。這樣，企業就放棄了將資源用於次優的、被放棄的其他用途可能得到的淨收入的機會。這種損失是一種機會損失，在作決策時必須考慮它。

會計成本是指會計師在帳簿上記錄下來的成本。會計成本不能用於決策，因為它是屬於歷史成本，而決策是面向未來的；此外，會計成本只反應了使用資源的實際貨幣支

出，而沒有反應企業為使用這些資源所付出的總代價。當然，會計成本也可以成為確定機會成本的基礎。

從會計成本的意義來講，凡是在當期就產生收入的支出，認為是已消耗的支出，叫做費用；而凡是在當期尚未產生收入，而以後會產生收入的支出，認為是未消耗的支出，叫做資產；而有些消耗了的支出（如出了廢品）並不能產生收入，這就被看成損失。因此，會計成本可以歸納為：

會計成本 ＝ 帳戶支出 ＝ 已消耗 ＋ 未消耗

其中：未消耗 ＝ 資產，已消耗 ＝ 產生收入（費用）＋ 不產生收入（損失）。

會計成本往往只能說明過去，不能說明將來，而且往往不能完全反應企業經營中的實際代價，還要進一步考慮機會成本。

機會成本是經濟學中具有閃光點的見解之一，涉及要素稀缺，又具有多種的用途。當它投入某一用途後就必然喪失了作為其他最佳用途的獲益，這就是將它投入該用途所付出的機會成本。

【專欄知識】

從經濟成本與機會成本角度算一筆跳槽帳

眼看到了年終，李梅又想著跳槽了。這是個心到手到、雷厲風行的女孩子，視跳槽為家常便飯。說起來，李梅的個人資本也算不錯——中山大學財經系畢業，且英語非常棒，加上靚麗的外形，這三者幫助她將這山望著那山高的奢望變為現實。於是她每天最重要的事就是研究報上的招聘啟事，如果某家公司開出的待遇較高，那她一定義無反顧地愛它沒商量。有好事者偷偷幫她算了一下，結果嚇了一跳：畢業5年來，李梅已經換過十幾家公司，最誇張的時候她一個月連跳3家，其中一次才上一天班就跟老板「拜拜」了。

李梅一直看不起那些老老實實呆在同一個單位，多年沒有挪窩打算的人，常嗤之以鼻：「每個月固定拿這麼一點工資，一年到頭能攢多少嫁妝？不如跳槽去！」

但是這幾天，李梅對年終是不是要跳槽還真的有點猶豫不決，因為有人給她算了一筆跳槽帳——假設兩個同時大學畢業的女生，一個干到退休都沒有轉換工作，一個終日遊走在私企、外企、X企之間。兩人起薪都是1500元／月，都工作到55歲退休。

經濟成本帳

不「挪窩」者：每月「三金」由單位承擔，每年平均薪資調幅約10%，熬上幾年有望升職加薪。

頻繁跳槽者：平均每年換5次工作，每次約加薪15%，但那都是在被錄用為正式員工的條件下，必須先從最低的位置干起，試用期3個月只能領一點可憐的基本生活費，另外，在此期間的「三金」自理。當然這還是在比較理想的情況下，還有很多時候會處於等待通知的收入空白期，還有很多時候不得不為單方面提前結束合約而付上一大筆違約金，還有很多時候會由於不斷更換新環境而需要更大的花費，比如重新添置工作服、重新求租離新公司更近的房子、重新「賄賂」新同事以搞好關係等。還有一點很重要——大多數單位都是以員工的任職年限作為發放年終獎金的標準，如果你永遠是個「新人」，那麼你的年終獎金肯定比別人低不止一個檔次。

結論：就全面、長期的理財規劃來看，一直轉換工作、尋求更好的待遇，也許意味著眼下可能過上更寬裕的生活，但肯定會由於不斷更換新環境而需要更大的花費。實際上，薪資收入的高低不能代表財富的多少，目前賺較少的錢不見得就不能累積財富。

機會成本帳

不「挪窩」者：在同一個崗位上做久了、經驗累積多了，就成了「元老」，熬上幾年一般會升職，且同事之間日久生「情」，彼此互相照顧，老板對老員工也總是更倚重一些，工作時心情愉快。

頻繁跳槽者：每一次跳槽基本上都得從第一線做起，不少人根本沒有耐心等到升遷時就自動「出局」，對個人經驗的累積並無幫助，且給人不安分的感覺，下一次跳槽也許就很難找到理想的工作。另外，由於不斷更換工作，每一次都得重新打造關係網，很難擁有同事兼朋友的珍貴情誼，也難以得到老板的信任。更重要的是，當韶華在跳來跳去間流失，如何面對「35歲現象」？

結論：不跳槽者的平穩生活悶是悶了點，但套用「情商」這個俗語來看，顯然比頻繁跳槽者過得快樂得多。

2. 增量成本與沉沒成本

增量成本是指企業因作出某一特定的決策而引起的全部成本的變化。如果有的成本不能因為企業的決策而發生變化(或者說，決策對於那些成本沒有影響)，那麼，那些成本就是沉沒成本。沉沒成本一旦形成就再也不能避免。運用總量成本進行決策時，應該把增量成本與增量收入作比較。在管理決策中，增量成本屬於相關成本，沉沒成本則屬於非相關成本。

3. 顯成本與隱成本

顯成本包括企業向供應其物品或勞務的對方支付現金的那些成本，退稅償付資源的實際現金流出量，即現時期的付現費用。會計上起支配作用的是外顯成本。隱成本是指那些不是現時期現金實際流出量的成本，折舊即隱成本。

二、短期成本及分類

短期總成本是短期內生產一定產品所需要的成本總和，簡稱為STC。在資本投入量不變的條件下，廠商可以通過對可變要素勞動投入量的調整來變動產量水準。也可以說，廠商可以根據不同的產量水準的要求，來確定可變要素勞動的投入量。根據這種關係，在勞動價格w和資本價格r已知的條件下，用STC代表短期總成本，則可以用下式來表示廠商的在每一產量水準上的短期總成本：

$$STC(Q) = w \times L(Q) + r \times \bar{K}$$

其中，$w \times L(Q)$為可變成本部分，$r \times \bar{K}$為不變成本部分，兩部分之和構成短期總成本。若以$\phi(Q)$表示可變成本$w \times L(Q)$，以b表示不變成本$r \times \bar{K}$，則短期總成本函數可以寫成以下的形式：$STC(Q) = \phi(Q) + b$。

可以看出，企業的短期生產函數和要素的價格共同確定了短期總成本的函數。即短期成本函數可表示為：$STC = f(Q) + a$(其中：STC代表短期總成本；a代表固定成本)。

由於生產理論可分為短期生產理論和長期生產理論,所以成本理論也分為短期成本理論和長期成本理論。但無論短期成本還是長期成本,都分為總成本、平均成本和邊際成本三部分。

1. 短期成本的分類

在短期內,廠商使用的生產要素有固定和變動之分,因而短期成本可分為不變成本和可變成本。

(1) 短期成本(SC):其是指廠商在短期內進行生產經營的開支,包括短期總成本 STC、短期平均成本 SAC、短期邊際成本 SMC 三部分。

(2) 短期總成本(STC):其是指廠商在短期內為生產一定量的產品對全部要素所支出的總成本,包括固定成本 TFC 和變動成本 TVC。計算公式為:$STC = STFC + STVC$。

(3) 短期總不變成本($STFC$):其是指廠商在短期內為生產一定量的產品對不變要素所支出的總成本。

(4) 短期總可變成本($STVC$):其是指廠商在短期內為生產一定量的產品對可變要素所支出的總成本。計算公式為:$STVC = STVC(Q)$。

(5) 短期平均總成本(SAC):其是指廠商在短期內平均每單位產品所消耗的總成本,包括短期平均固定成本 AFC 和短期平均可變成本 AVC。計算公式為:$SAC = STC/Q = SAFC + SAVC$。

(6) 短期平均不變成本($SAFC$):其是指廠商在短期內平均每單位產品所消耗的不變成本。計算公式為:$SAFC = STFC/Q$。

(7) 短期平均可變成本($SAVC$):其是指廠商在短期內平均每單位產品所消耗的可變成本。計算公式為:$SAVC = STVC/Q$。

(8) 短期邊際成本(SMC):其是指廠商在短期內每增加一單位產品生產所增加的總成本。計算公式為:$SMC = \Delta STC/\Delta Q$;$SMC = \lim \Delta STC/\Delta Q = dSTC/dQ = dSTVC/dQ$。

2. 短期成本的變動規律

根據短期總成本、短期總固定成本和短期總可變成本的相互關係作出「短期成本曲線圖」,如圖4-9所示。

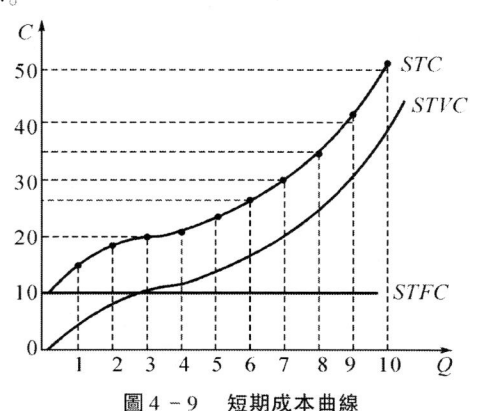

圖4-9 短期成本曲線

從圖4－9可看出：

（1）總不變成本曲線（$STFC$）是一條過縱軸10點上與產量軸平行的直線，說明總不變成本在一定的範圍內不隨產量的變化而變化。

（2）總可變成本曲線（$STVC$）是一條由原點開始向右上方延伸的曲線，說明產量為零時，總可變成本為零，且總可變成本隨產量增加而增加，這條曲線先較慢增加（平坦），後較快增加（陡峭）。

（3）短期總成本曲線（STC）是水準的總不變成本曲線和總可變成本曲線疊加而成。它的形狀與總可變成本曲線（$STVC$）完全相同，只是縱軸上加一個總不變成本10。

從各種成本曲線圖形上看，短期平均成本曲線、平均變動成本曲線和短期邊際成本曲線都是先下降而後上升的曲線，呈 U 形，如圖4－10所示，邊際成本曲線先後通過平均成本曲線和平均變動成本曲線的最低點。短期平均成本曲線呈 U 形變動是由於邊際報酬遞減規律作用的結果。

從圖4－10可看出：

（1）平均不變成本曲線（$SAFC$）是一條向右下方傾斜，逐漸向產量軸漸近的曲線。它表示平均不變成本隨著產量的增加而減少。

（2）平均可變成本曲線（$SAVC$）、平均總成本曲線（SAC）和短期邊際成本曲線（SMC）都呈「U」形，隨著產量的增加，它們都有先下降後上升的趨勢，這三條曲線都有各自的一個最低點。

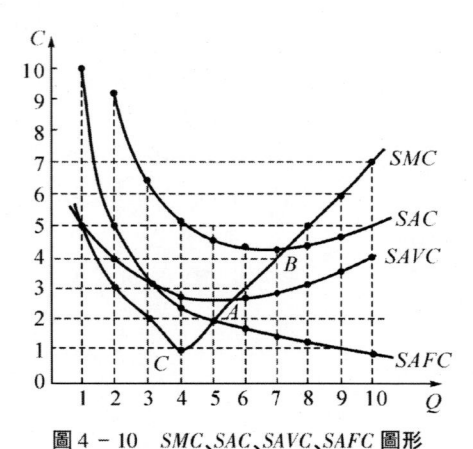

圖4－10　SMC、SAC、$SAVC$、$SAFC$ 圖形

（3）短期邊際成本曲線 SMC 與短期平均可變成本曲線 $SAVC$ 的最低點 B 相交。在 B 點的左側，$SMC < SAVC$，$SAVC$ 下降；在 B 點的右側，$SMC > SAVC$，$SAVC$ 上升。

（4）短期邊際成本曲線 SMC 與短期平均成本曲線 SAC 的最低點 C 相交。在 C 點的左側，$SMC < SAC$，SAC 下降；在 C 點的右側，$SMC > SAC$，SAC 上升。

三、長期成本及其分類

1. 長期總成本

長期總成本是指在長期中，廠商生產一定量產品所投入的總成本。長期總成本是從原點出發的，如圖4－11所示。

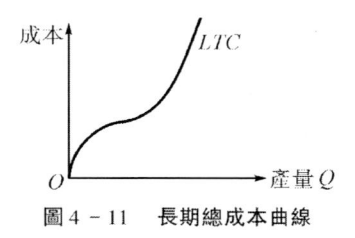

圖4－11　長期總成本曲線

2. 長期平均成本

長期平均成本曲線是由短期平均成本曲線描繪出來的。由於市場的需求是不斷變化的，企業也應根據市場的變化，適時調整自己的生產規模，這就決定了企業需要調整其固定資產的投入，此時企業的經營決策因此由短期變成了長期。

下面分析長期成本曲線的形狀。從理論上講，長期是由無數個短期組成。我們只以三個較典型的生產規模為例：小規模生產、適度規模生產和大規模生產。根據規模經濟規律，三條相應的短期平均成本曲線如圖4－12所示。

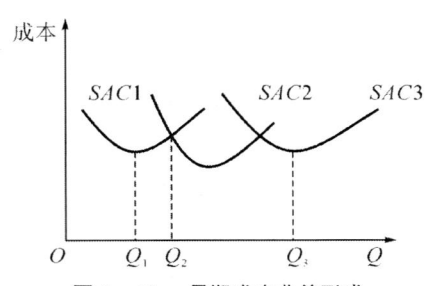

圖4－12　長期成本曲線形成

當市場需求量為Q_1時，應選擇小規模生產，平均成本為C_1，是最低的。

當市場的需求量為Q_2時，則小規模生產或者適度規模生產均可，平均成本均為C_2。那麼到底選擇哪一種規模生產，則應該結合市場的銷售前景來確定。當市場前景看好時，選擇適度規模生產，否則選擇小規模生產。

當市場需求量為Q_3時，選擇大規模生產，此時成本最小。

由此可見，在長期中，進行生產的成本變化趨勢如圖4－12中實線所描述的形狀，即由短期成本曲線交點以下部分組成的連接。也就是說，在長期中，企業不會按短期平均成本曲線交點以上的部分生產，這是由於企業生產的目的是實現成本最小化或者利潤最大化，因此企業必須選擇按短期平均成本曲線交點以下部分進行生產。於是，長期平均成本曲線就是短期平均成本曲線交點以下部分的連接。

但是，我們以上只選擇了三種生產規模，而實際上在長期中有許多種生產規模，從理論上講，生產規模具有無限可分性，即有無數條短期平均成本曲線。於是長期平均成本曲線就是所有可能的短期平均成本曲線交點以下部分的連接。

由於上例只有三種生產規模，因此短期成本曲線交點以下部分為一段曲線，當有無數條短期成本曲線時，其交點以下部分縮小為一個點，這些點的軌跡就是長期成本曲線。因此長期成本曲線將所有短期成本曲線交點以下部分連接起來，把所有的短期成本曲線包在其中，所以又稱「包絡線」，如圖4-13所示。

需要說明的是，這種「包絡線」在大多數情況下都不是短期成本曲線最低點的連接。這是因為規模經濟有遞增、不變和遞減三個階段，所有的短期成本曲線不會都處於同一條水準線上，因此這條「包絡線」不可能成為所有短期成本曲線最低點的連接。

在大多數情況下，兩者的關係如下：

在規模經濟遞增階段，長期成本曲線與短期成本曲線相切於短期成本曲線的左端（在規模經濟遞增階段，規模經濟還沒有充分顯示時，擴大生產規模可以降低成本，也就是說，在 SAC_1 未達到最佳生產狀態時，企業就選擇了較大的生產規模，而此較大的生產規模的平均成本較低）。

在規模經濟不變階段，長期成本曲線與短期成本曲線相切於短期成本曲線的最低點。

在規模經濟遞減階段，長期成本曲線與短期成本曲線相切於短期成本曲線的右端。

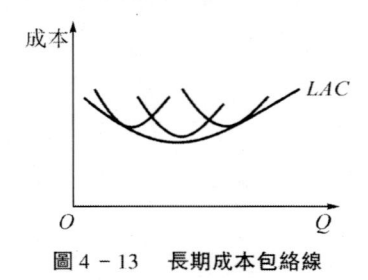

圖4-13　長期成本包絡線

3. 長期邊際成本和長期平均成本

長期邊際成本是指在長期中增加一單位產品所增加的成本。長期邊際成本也是先下降後上升的。它與長期平均成本曲線相交於長期平均成本曲線的最低點。在 LAC 的最低點，SAC、SMC、LAC、LMC 相交於一點，如圖4-14所示。

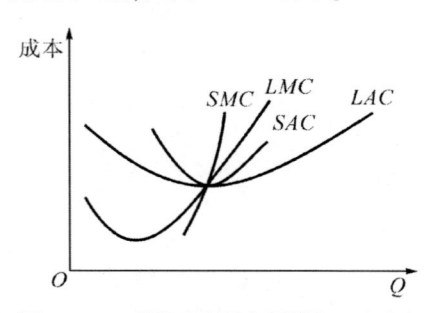

圖4-14　長期邊際成本和長期平均成本

四、短期成本與長期成本之間的關係

1. 短期總成本曲線與長期總成本曲線的關係

短期總成本曲線不從原點出發,而是從變動成本出發,隨著產量的變動而變動,是一條從變動成本出發的向右上方傾斜的曲線。它表明產量為零時,總成本也不為零,總成本最小也等於固定成本。長期總成本曲線是從原點出發的向右上方傾斜的曲線,它隨著產量的增加而增加,產量為零,總成本也為零。

長期總成本是生產擴張線上各點所表示的總成本。長期總成本曲線表示長期中與每一特定產量對應的最低成本點的軌跡。它由無數條短期總成本曲線與之相切,是短期總成本曲線的包絡線。

2. 短期平均成本曲線與長期平均成本曲線的關係

長期平均成本曲線是無數條短期平均成本曲線與之相切的切點的軌跡,是所有短期平均成本曲線的包絡線。長期平均成本曲線上的每一點都表示生產相應產量水準的最低平均成本。

短期平均成本曲線與長期平均成本曲線都是一條先下降而後上升的 U 形曲線。所不同的是短期平均成本曲線無論是下降還是上升都比較陡峭,而長期平均成本曲線無論是下降還是上升都比較平坦;短期平均成本曲線是由邊際報酬遞減規律決定的,而長期平均成本曲線是由規模經濟決定的。

3. 短期邊際成本曲線與長期邊際成本曲線的關係

長期邊際成本是廠商長期內每增加一單位產量所增加的總成本量,它也是由短期邊際成本曲線推出的,所不同的是長期邊際成本曲線不是短期邊際成本曲線的包絡線,長期邊際成本曲線比短期邊際成本曲線要平坦。

短期邊際成本曲線與長期邊際成本曲線也是一條先下降而後上升的 U 形曲線。

【本章小結】

1. 生產者或廠商是指能夠作出統一的生產決策的個體經濟單位。廠商進行生產所追求的目標是利潤最大化。其生產可以分為短期生產和長期生產,短期是指在生產中廠商至少有一種生產要素來不及調整的時期;長期是指在生產中廠商對於所有的生產要素都可以進行調整的時期。相應的,我們分別以短期生產理論和長期生產理論來討論短期生產和長期生產的基本特徵。

2. 短期生產的基本規律是邊際報酬遞減原理。該規律強調:在任何一種產品的短期生產中,在其他條件不變的前提下,任何一種可變要素的邊際產量必然會從遞增階段發展為遞減階段。也就是說,任何一種可變要素的短期邊際產量曲線呈現出先上升後下降的倒 U 形特徵。由短期邊際產量曲線的特徵可以推導出短期總產量曲線與短期平均產量曲線。短期生產可分為三個階段,廠商生產的合理區間是第二階段。

3. 長期生產理論的主要分析工具是等產量曲線和等成本線。等產量曲線表示在技術

水準不變的條件下生產同一產量的兩種生產要素投入量的所有不同組合。等產量曲線的斜率可以用邊際技術替代率表示，邊際技術替代率是遞減的。等成本線是在生產成本和要素價格給定的條件下，生產者可以購買到兩種生產要素的各種不同組合的軌跡。等成本線的斜率可以用兩要素的價格之比來表示。

4. 在長期生產中，廠商無論是實現既定成本下的最大產量，還是實現既定產量下的最小成本，生產的均衡點都發生在等產量線和等成本線的相切點。在切點上，等產量曲線和等成本線的斜率相等，即兩要素的邊際技術替代率等於兩要素的價格之比。

5. 規模報酬屬於長期生產的概念。規模報酬遞增、規模報酬不變和規模報酬遞減分別指長期生產中全部生產要素增加的比例小於、等於或大於它所導致的產量增加的比例。在企業擴大規模的長期生產過程中，一般會先後經歷規模報酬遞增、規模報酬不變和規模報酬遞減這三個階段。

【思考題】

1. 為什麼說擴展線上的任何一點都是生產者均衡點？
2. 一個企業主在考慮雇用一個工人時在勞動的平均產量和邊際產量中，他更關注哪一個？
3. 應用最恰當的微觀經濟學理論論述國有企業減員增效的意義。
4. 分析判斷「如果生產函數具有規模報酬不變的特徵，那麼，要素在生產上邊際替代率不變」。

【綜合案例】

贈報的免費午餐

經濟學上有一句話「天下沒有免費的午餐」，是說要想得到什麼就必須付出一定的其他東西。應該說，天下沒有免費的午餐可以解釋許多行為和現象，但是尚不存在金科玉律，任何概括都有例外。本文所說的贈報行為或許便是一例。

每年的 12 月份，各大報刊都作了大量的廣告，以期留住老客戶，吸引新客戶。在今年的元旦伊始，筆者到收發室拿報紙，看到這樣一則通知，本地的一家晚報向各個班贈送一個月的報紙，並且可以在以後進行續訂。筆者當初沒有注意，商家總要贈送一些使用品嘛，報社的這種行為當然也是可以理解的。不過令人奇怪的是，一個月以後，這種贈送行為仍然在進行，筆者就有了疑惑。

從訂報者如一個班來說，在元旦這幾天如果要訂一份報紙的話，那麼就會選擇用較少的錢來訂閱較多的報紙，也可以稱之為追求閱讀福利的最大化。那麼，被贈閱的這個班就會訂閱其他報紙，其閱讀福利肯定會比訂閱那份贈閱的報紙要多。報社的贈閱行為豈不是相當非理性？其直接後果是驅逐了其中一部分本來會訂閱該報紙的客戶，大部分報刊是不會贈閱的。

但從成本收益的角度來分析，報社的這種贈閱行為卻可能是符合成本收益的。

從短期分析看，報社的成本不一定會因為贈報而增加，辦過報紙的人應該很清楚，報紙是存在規模經濟的典型產品，發行量達到一定數量，報社所花的成本最低。況且報紙這種產品，其產品的邊際成本是很低的。對報社來講，如果今年的訂閱量比上一年增加，那麼報社應該增加印數，如果今年的訂閱量比上一年有少量降低，那麼報社可以按上一年的訂閱量印刷，因為報社形成的生產要素可以不去調整，而減少要素的投入來達到減少產量的做法可能會導致成本的提高。因為報社原有的工作人員、運作程序等就需要進行調整，而只是把多餘的報紙送出去，所以這種贈送根本就不會增加成本。況且在受贈的客戶中，有一部分會訂閱該報刊，因為他們可以用11個月的錢來看12個月的報紙。這對報社來說，也會增加這後來訂閱該報刊的小部分收益。更為重要的是，報社的這種贈閱行為有如公益行為，擴大了該報刊的知名度，這也是一種收益，而且比金錢的收益更加重要。

從長期分析看，一份報紙是可以形成偏好的，讀者基本上不會因為報社的贈閱行為而改變對該報的偏好程度。事實上，一個讀者既然可以在文化支出上訂一份報刊，那麼他也不會因為可能享受那點贈閱而改變偏好，所以他們基本上不會在乎這種贈閱行為。即使讀者對那點贈閱有心，他也不可能獲得該額外閱讀福利，因為報社處於信息有利的一面，讀者既不知道在哪一年要進行贈閱，也不知道報社在哪一年要進行贈閱，也不知道贈閱的對象是誰。筆者看來，學校的班級受贈的概率較高，但學校的班級也不會這樣去總結規律，或者說等到總結規律時已經畢業了。因此，贈閱行為的信息和主動權都掌握在報社手中，報社不會因為贈報而減少客戶。從長期分析來看，報社的長期贈閱仍然可以理解，不知道這份報紙還會不會繼續贈閱下去，這有待於實踐來檢驗。

從以上的分析中可以看出，贈報的行為表面上是驅逐訂閱客戶的，但實質上符合成本收益的分析，報社這一生產者是追求利潤最大化的。對受贈的客戶來說，他們因為報社在追求利潤最大化的行為而享受到了免費的午餐。

企業的行為取決於其目標。在現實中，企業可能有各種目標，但是，如同消費者行為理論中假定一個理性消費者是以效用最大化為目標一樣，在分析企業行為時，從企業在社會經濟活動中所起的作用和承擔的經濟責任出發，微觀經濟學假定廠商是以利潤最大化為目標的。利潤最大化就是要獲得最大可能的利潤。它是稀缺性的直接結果，是為了稀缺資源得到最好的使用。所以，使稀缺資源得到最好使用與追求利潤最大化是同一回事。

在現實中，企業可能還有其他目標，如銷售量最大化、為社會謀福利等。但利潤最大化仍不失為一個合理的假設。就絕大多數企業而言，利潤最大化是基本目標。因此，利潤最大化是基本目標。因此，利潤最大化目標符合現實。

以利潤最大化作為追求目標，有利於企業實現資源的有效配置。所謂資源的有效配置，也就是在產量既定的條件下實現成本盡可能的小，或在成本既定的條件下達到產量盡可能的大。企業把利潤最大化作為追求目標，其直接結果能夠達到微觀層次上的資源有效配置，進而也給宏觀層次上的資源的有效利用提供了基礎條件。從這點上講，追求利潤最大化是企業的理性行為。

本案例分析了報社作為生產廠商的贈報行為，通過生動形象的例子闡述了報社是如何追求利潤最大化的目標的，看似非理性，實則理性，可以引發我們對生活中很多類似的

現象進行思考。

資料來源：呂明曉．贈報的免費午餐．經濟學消息報，2002－5－31(2).

【討論題】

如何按生產理論和廠商目標理論來分析企業贈送行為後的根本動機？

第五章　市場結構和廠商均衡理論

【學習目標與要求】

　　瞭解市場經濟下廠商如何根據利潤最大化原則確定產量，由此進一步說明供給曲線；掌握不同市場結構是如何劃分的，劃分的依據是什麼；掌握完全競爭廠商短期均衡的幾種情況及短期曲線和長期均衡的實現，能結合實際對完全競爭市場的經濟效率作出評價；掌握不同市場中廠商需求曲線、收益曲線的區別，長期均衡產量的確定有何特點、條件、相同點與不同點，進一步論證其市場效率的差異；瞭解有關博弈理論的知識，能結合現實，對完全壟斷和寡頭壟斷企業的經營行為與定價特點有較深入的認識和分析，以及理解政府限制壟斷、鼓勵競爭的政策。

【學習重難點】

　　重點：完全競爭市場的特點，短期廠商均衡和長期廠商均衡的區別。運用廠商均衡理論推出供給曲線。完全壟斷市場的特點，壟斷廠商均衡的特點。壟斷廠商的總收益、邊際收益、價格、產量、需求彈性之間的關係，壟斷廠商的三級價格歧視。壟斷競爭和寡頭完全壟斷市場的特點，短期廠商均衡和長期廠商均衡的區別。

　　難點：不同市場經濟效率的分析。
1. 完全競爭市場的特點
2. 完全競爭市場的瞬時均衡和短期均衡
3. 完全競爭市場的長期均衡
4. 完全壟斷市場概述
5. 壟斷企業的短期均衡
6. 壟斷企業的長期均衡
7. 壟斷競爭市場中價格和產量的決定
8. 寡頭壟斷市場中價格和產量的決定

第一節　廠商和市場的類型介紹

一、市場類型

　　市場可以有多種劃分標準。在微觀經濟學中，劃分市場類型的標準是商品的供求態勢。它具體體現在商品市場競爭的強與弱。而影響市場競爭程度的具體因素主要有以下

95

四點：
(1) 市場上廠商的數目；
(2) 廠商之間各自提供的產品的差別程度；
(3) 單個廠商對市場價格控制的程度；
(4) 廠商進入或退出一個行業的易難程度。
關於這四個類型的市場和相應的廠商的區分及其特點如表 5-1 所示。

表 5-1　　　　　　　　　市場和廠商類型的劃分和特徵

類型	廠商數目	產品差別	價格控制	進出行業難易程度	接近市場情況
完全競爭	很多	完全無差別	沒有	很容易	一些農產品
壟斷競爭	很多	有差別	有一些	比較容易	香菸、糖果
寡頭	幾個	有差別或無差別	相當程度	比較困難	鋼鐵、汽車
壟斷	一個	唯一的產品，沒有接近的替代產品	很大程度，但經常受到管制	很困難，幾乎不可能	公用事業，如水、電

二、完全競爭市場的含義與特徵

完全競爭（Perfect Competition）又稱為純粹競爭。完全競爭市場是指競爭充分而不受任何阻礙和干擾的一種市場結構。完全競爭市場必須具備以下條件：

(1) 市場上有大量的賣者和買者。作為眾多參與市場經濟活動的經濟單位的個別廠商或個別消費者，單個的銷售量和購買量都只占很小的市場份額，其供應能力或購買能力對整個市場來說是微不足道的。這樣，無論賣方還是買方都無法左右市場價格，或者說單個經濟單位將不把價格作為決策變量，他們是價格接受者。顯然，在交換者眾多的市場上，若某廠商要價過高，顧客可以從別的廠商購買商品和勞務；同樣，如果某顧客壓價太低，廠商可以拒絕出售給顧客而不怕沒有別的顧客光臨。

(2) 參與經濟活動的廠商出售的產品具有同質性。這裡的產品同質不僅指商品之間的質量、性能等無差別，還包括在銷售條件、裝潢等方面是相同的。因為產品是相同的，對於購買商品的消費者來說哪一個廠商生產的產品並不重要，他們沒有理由偏愛某一廠商的產品，也不會為得到某一廠商的產品而必須支付更高的價格。同樣對於廠商來說，沒有任何一家廠商擁有市場優勢，他們將以可能的市場價格出售自己產品。

(3) 廠商可以無成本地進入或退出一個行業，即所有的資源都可以在各行業之間自由流動。勞動可以隨時從一個崗位轉移到另一個崗位，或從一個地區轉移到另一個地區；資本可以自由地進入或撤出某一行業。資源的自由流動使得廠商總是能夠及時地向獲利的行業運動，及時退出虧損的行業，這樣，效率較高的企業可以吸引大量的投入，缺乏效率的企業會被市場淘汰。資源的流動是促使市場實現均衡的重要條件。

(4) 參與市場活動的經濟主體具有完全信息。市場中的每一個賣者和買者都掌握與

自己決策、與市場交易相關的全部信息,這一條件保證了消費者不可能以較高的價格購買,生產者也不可能以高於現行價格出賣,每一個經濟行為主體都可以根據所掌握的完全信息,確定自己最優購買量或最優生產量,從而獲得最大的經濟利益。

顯然,理論分析上所假設的完全競爭市場的條件是非常嚴格的,在現實的經濟中沒有一個市場真正具有以上四個條件,通常只是將某些農產品市場看成是比較接近的完全競爭市場類型。但是完全競爭市場作為一個理想經濟模型,有助於我們瞭解經濟活動和資源配置的一些基本原理,解釋或預測現實經濟中廠商和消費者的行為。

三、完全壟斷市場的含義與特徵

完全壟斷又稱為獨占、賣方壟斷或純粹壟斷,與完全競爭市場結構相反,完全壟斷市場結構是指一家廠商控制了某種產品全部供給的市場結構。在完全壟斷市場上,具有以下特徵:

(1) 廠商數目唯一,一家廠商控制了某種產品的全部供給。
(2) 完全壟斷企業是市場價格的制定者。
(3) 完全壟斷企業的產品不存在任何相近的替代品。
(4) 其他任何廠商進入該行業都極為困難或不可能,要素資源難以流動。

完全壟斷市場和完全競爭市場一樣,都只是一種理論假定,是對實際中某些產品的一種抽象,現實中絕大多數產品都具有不同程度的替代性。

完全壟斷是如何形成的呢?壟斷廠商之所以能夠成為某種產品的唯一供給者,是由於該廠商控制了這種產品的供給,使其他廠商不能進入該市場並生產同種產品。導致壟斷的原因一般有以下幾方面:

第一,對資源的獨家控制。如果一家廠商控制了用於生產某種產品的全部資源或基本資源的供給,其他廠商就不能生產這種產品,從而該廠商就可能成為一個壟斷者。

第二,規模經濟的要求形成自然壟斷。如果某種商品的生產具有十分明顯的規模經濟性,需要大量固定資產投資,規模報酬遞增階段要持續到一個很高的產量水準,此時,大規模生產可以使成本大大降低。那麼由一個大廠商供給全部市場需求的平均成本最低,兩個或兩個以上的廠商供給該產品就難以獲得利潤。這種情況下,該廠商就形成自然壟斷。許多公用行業,如電力供應、煤氣供應、地鐵等是典型的自然壟斷行業。

第三,擁有專利權。專利權是政府和法律允許的一種壟斷形式。專利權是為促進發明創造、發展新產品和新技術,而以法律的形式賦予發明人的一種權利。專利權禁止其他人生產某種產品或使用某項技術,除非得到發明人的許可。一家廠商可能因為擁有專利權而成為某種商品的壟斷者。不過專利權帶來的壟斷地位是暫時的,因為專利權有法律時效。

第四,政府特許權。某些情況下,政府通過頒發執照的方式限制進入某一行業的人數,如大城市出租車駕駛執照等。很多情況下,一家廠商可能獲得政府的特權,而成為某種產品的唯一供給者,如郵政、公用事業等。執照特權使某行業內現有廠商免受競爭,從而具有壟斷的特點。作為政府給予企業特許權的前提,企業同意政府對其經營活動進行管理和控制。

四、壟斷競爭市場的含義與特徵

壟斷競爭是一種介於完全競爭和完全壟斷之間的市場組織形式，在這種市場中，既存在著激烈的競爭，又具有壟斷的因素。

作為壟斷競爭的市場應具有如下基本的特徵：

1. 市場中存在著較多數目的廠商，彼此之間存在著較為激烈的競爭

由於每個廠商都認為自己的產量在整個市場中只佔有一個很小的比例，因而廠商會認為自己改變產量和價格，不會招致其競爭對手們相應行動的報復。

2. 廠商所生產的產品是有差別的，或稱「異質商品」

至於產品差別是指同一產品在價格、外觀、性能、質量、構造、顏色、包裝、形象、品牌、服務及商標廣告等方面的差別以及以消費者想像為基礎的虛幻的差別。由於存在著這些差別，使得產品成了帶有自身特點的「唯一」產品了，也使得消費者有了選擇的必然，使得廠商對自己獨特產品的生產銷售量和價格具有控制力，即具有一定的壟斷能力，而壟斷能力的大小則取決於它的產品區別於其他廠商的程度。產品差別程度越大，壟斷程度越高。

3. 廠商進入或退出該行業都比較容易，資源流動性較強

壟斷競爭市場是常見的一種市場結構，如肥皂、洗髮水、毛巾、服裝、布匹等日用品市場，餐館、旅館、商店等服務業市場，牛奶、火腿等食品類市場，書籍、藥品等市場大都屬於此類。

五、寡頭壟斷市場的含義與特徵

1. 定義

寡頭市場是指少數幾個廠商控制整個市場的產品的生產和銷售的這樣一種市場組織。

2. 寡頭行業的分類

（1）如果寡頭行業每個廠商所生產的產品是同質的，例如，鋼鐵、水泥、銅等產品生產的寡頭，則稱為純粹寡頭行業（Pure Oligopoly）。

（2）如果寡頭行業每個廠商所生產的產品是有差別的，例如汽車、電腦產品生產的寡頭，則稱為差別寡頭行業（Differentiated Oligopoly）。

3. 寡頭市場的特徵

與完全競爭、完全壟斷、壟斷競爭市場上廠商的一個重要差別是寡頭間行為相互不獨立。在完全競爭、完全壟斷、壟斷競爭三種市場上廠商的行為是相互獨立的，每個廠商在作決策時都無須考慮其他廠商會作出什麼反應。由於寡頭市場上少數幾個廠商生產一個產業的全部或絕大部分產量，因此每一個廠商的行為都會對該市場發生舉足輕重的影響。一個廠商通過產品降價或新模式產品的推出而擴大自己產品的市場，就會使得對其他寡頭產品需求量下降。因為一個廠商的行為會對本產業整個產品市場發生舉足輕重的影響，所以一個廠商採取某種對策擴大自己的產量，會遇到其對手的反對策行為。廠商之間的競爭行為是不確定的。一個廠商通過降價來擴大自己的市場份額可能會導致對手如

法炮製。一個寡頭通過廣告戰爭奪市場，也會引起對手用相同手法來遏制它的行為。寡頭之間也可能不是通過競爭而是通過合作的方式共同謀取好處的。

六、廠商實現利潤最大化及均衡條件

1. 利潤最大化的必要條件

我們知道，利潤等於總收益減總成本，即

$$\pi(Q) = R(Q) - C(Q)$$

其中π為利潤，R為總收益，C為總成本。成本包括顯成本與隱成本。由於收益與成本都是產出的函數，即$R = R(Q)$，$C = C(Q)$，所以利潤也是產出的函數，即$\pi = \pi(Q)$。就$\pi(Q) = R(Q) - C(Q)$式的利潤函數對產出求一階導數，並令該導數值等於0，可以得到利潤最大化的必要條件。由

$$\frac{d\pi}{dq} = \frac{dR}{dq} - \frac{dC}{dq} = 0$$

得到$MR = MC$。其中$MR = dR/dq$，為某產量點的邊際收益；$MC = dc/dq$，為某產量點的邊際成本，即廠商達到利潤最大化的必要條件是生產推進到邊際成本等於邊際收益的產量點。

2. 對於利潤最大化必要條件$MR = MC$的理解

在$MR = MC$的均衡點上，廠商可能是盈餘的，也可能是虧損的。如果是贏利的，這時的利潤就是相對最大利潤；如果是虧損的，這時的虧損就是相對最小虧損。不管是盈還是虧，在$MR = MC$點上，廠商都處在收益曲線和成本曲線所能產生的最好的結果之中。

3. 利潤最大化的充分條件

可以看出，當產量達到q時，廠商獲得最大化利潤。該點滿足利潤最大化的必要條件。在該產量點，總成本曲線切線的斜率(dC/dq)等於總收益曲線切線的斜率(dR/dq)，也即是$MR = MC$。但是僅僅滿足利潤最大化的必要條件並不能保證廠商獲得最大化利潤。所以除了給出利潤最大化的必要條件外，我們還要給出利潤最大化的充分條件。利潤最大化的充分條件是在某產量點上的二階導數小於零，即$\frac{d\pi^2}{dq^2} < 0$。

第二節　完全競爭市場的廠商均衡

一、完全競爭廠商的需求曲線和收益曲線

(一) 需求曲線

在任何一個商品市場中，市場需求是針對市場上所有廠商組成的行業而言的，消費者對整個行業所生產的商品的需求稱為行業所面臨的需求，相應的需求曲線稱為行業所面臨的需求曲線，也就是市場的需求曲線，它一般是一條從左上方向右下方傾斜的曲線。圖5-1(a)中的D曲線就是一條完全競爭市場的需求曲線，是向右下方傾斜的。

消費者對行業中的單個廠商所生產的商品的需求量,稱為廠商所面臨的需求量,相應的需求曲線稱為廠商所面臨的需求曲線,簡稱為廠商的需求曲線。在完全競爭條件下,廠商所面臨的需求曲線是一條由既定的市場均衡價格出發的水準線。圖 5-1(b) 中的 d 曲線就是一條完全競爭廠商的需求曲線,是一條與橫軸平行的水準線。

(a) 完全競爭市場的需求曲線　　(b) 完全競爭廠商的需求曲線

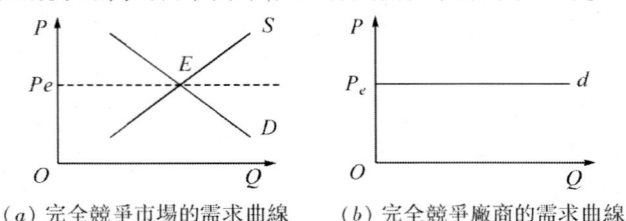

圖 5-1　完全競爭市場和完全競爭廠商的需求曲線

圖 (b) 中的廠商的需求曲線 d 是相對於圖 (a) 中的市場需求曲線和市場供給曲線共同作用所決定的均衡價格 P_e 而言的。如果市場的供給曲線或需求曲線的位置發生移動,就會形成新的市場均衡價格,相應的,在圖 (b) 中便會形成另一條從新的均衡價格水準出發的呈水準線形狀的廠商的需求曲線。

(二) 收益曲線

廠商收益就是廠商的銷售收入。廠商的收益可以分為總收益、平均收益和邊際收益。

總收益 TR 指廠商按一定價格出售一定量產品時所獲得的全部收入,即價格與銷售量的乘積,以 P 表示商品的市場價格,以 Q 表示銷售量,則有:

$$TR(Q) = P \times Q$$

由於完全競爭市場的一個基本特徵是單個廠商無法通過改變銷售量來影響市場價格;相反,廠商每銷售一單位的商品都接受相同的價格,也就是說廠商只能被動地接受價格。這樣隨著廠商銷售量的增加,它的總收益是不斷增加的。但由於商品的單位市場價格是固定不變的,所以總收益曲線是一條從原點出發的斜率不變的直線。

平均收益指廠商出售一定數量商品,每單位商品所得到的收入,也是平均每單位商品的賣價。它等於總收益與銷售量之比。由於完全競爭市場廠商只能按既定價格出售,因此平均收益也等於商品的單位價格,即

$$AR(Q) = \frac{TR(Q)}{Q} = \frac{P \cdot Q}{Q} = P$$

邊際收益指廠商增加一單位產品銷售所獲得的收入增量。商品價格為既定時,邊際收益就是每單位商品的賣價,即

$$MR = \frac{\Delta TR}{\Delta Q}$$

可見在完全競爭市場廠商的平均收益與邊際收益相等,且都等於既定的價格,或者說在任何銷售量水準上都有:

$$AR = MR = P$$

相應可以繪出完全競爭廠商的收益曲線,如圖 5-2 所示。

$(d)AR=MR=P$

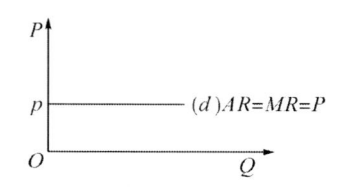

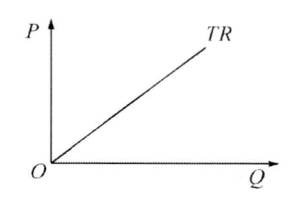

TR

圖5－2　完全競爭廠商平均收益與邊際收益曲線

圖5－2中橫軸表示廠商的銷售量或所面臨的需求量，縱軸表示商品的價格。圖中的收益曲線具有如下特徵：完全競爭廠商的平均收益 AR 曲線、邊際收益 MR 曲線與需求曲線 d 是重合的，是從既定價格出發的平行於橫軸的一條水準線。這正是因為對於完全競爭廠商來說，在既定的市場價格下，任何銷售量上都有 $AR = MR = P$，而完全競爭廠商所面臨的需求曲線就是一條由既定的市場價格水準出發的水準線；同時，也由於每一銷售量上的邊際收益值是相應的總收益曲線的斜率，且邊際收益是不變的，等於既定的市場價格，所以決定了總收益曲線是斜率不變的直線。

二、完全競爭廠商的短期均衡

（一）完全競爭廠商短期均衡產量的決定

當廠商的生產水準保持不變，既不擴大也不縮小時，廠商達到並處於均衡狀態。在短期裡，不僅產品的市場價格是既定的，而且生產中的不變要素投入量是無法改變的，或者說廠商只能通過變動可變要素的投入量來調整產量，從而通過對產量的調整來實現 $MR = MC$ 的利潤最大化均衡條件。在完全競爭的市場中，市場供給和需求相互作用形成的產品價格，可能高於、等於、低於廠商的平均成本，因此在短期內，廠商出售產品就有可能處於贏利、盈虧平衡或虧損等不同狀態。完全競爭廠商短期均衡時的盈虧狀態可以用圖5－3來說明。

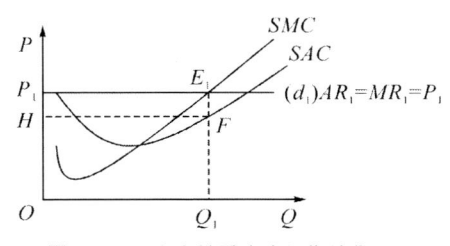

圖5－3　完全競爭廠商短期均衡(a)

圖5－3中各圖的成本曲線表示了廠商短期內既定的生產規模，從分析中可以看到，完全競爭廠商短期均衡的基本條件滿足 $MR = MC$ 的原則，但不同的市場價格水準將直接影響既定規模下的廠商短期均衡的盈虧狀況。

第一，價格或平均收益大於平均總成本，即 $P = AR > SAC$，廠商處於贏利狀態。

當市場價格較高，達到 P_1 時，廠商面臨的需求曲線為 d_1，為獲取最大利潤，廠商根據

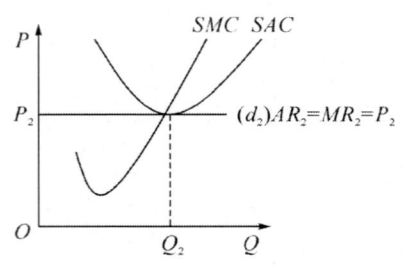

圖 5-3　完全競爭廠商短期均衡(b)

$MR = SMC$ 的利潤最大化原則,把產量確定在 Q_1 上,SMC 曲線與 MR_1 曲線的交點 E_1 即為廠商的短期均衡點。這時平均收益為 OP_1,平均總成本為 Q_1F,單位產品獲得的利潤為 E_1F,總收益為 $OQ_1 \times OP_1$,總成本為 $OQ_1 \times Q_1F$,利潤總量為 $OQ_1 \times E_1F$,即為圖 5-3(a) 中矩形 HP_1E_1F 的面積。如果產量超過 OQ_1 以後,$MC > P_1$,增加產量會降低總利潤;若產量小於 OQ_1,增加產量都能增加總利潤;只有使產量確定在 OQ_1,$MR = P = SMC$,總利潤達到最大。

第二,價格或平均收益等於平均總成本,即 $P = AR = SAC$,廠商的經濟利潤恰好為零,處於盈虧平衡狀態。

當市場價格為 P_2 時,廠商面臨的需求曲線為 d_2,這條需求曲線剛好切於短期平均總成本曲線 SAC 的最低點,同時短期邊際成本 SMC 曲線也通過此點,SMC 曲線與 MR_2 曲線的交點 E_2 就是均衡點,相應的均衡產量確定在 Q_2。在 Q_2 產量上,平均收益等於平均成本,總收益也等於總成本,如圖 5-3(b) 中矩形 $OP_2E_2Q_2$ 面積,此時廠商的經濟利潤為零,但實現了全部的正常利潤。由於在該點上,廠商既無經濟利潤,又無虧損,所以也把 SMC 與 SAC 的交點稱為「盈虧平衡點」或「收支相抵點」。

第三,價格或平均收益小於平均總成本,但仍大於平均可變成本,即 $AVC < AR < SAC$,廠商虧損,在存在沉沒成本時,廠商還應繼續生產。

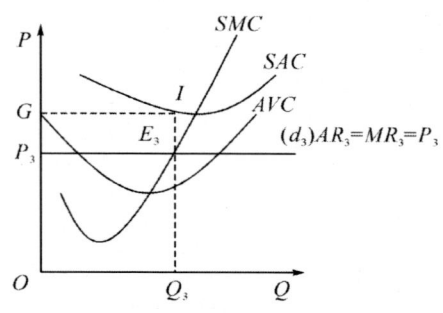

圖 5-3　完全競爭廠商短期均衡(c)

當市場價格為 P_3 時,廠商的平均總成本已經高於產品的市場價格,整個平均總成本曲線 SAC 處於價格 P_3 線之上,出現了虧損。為使虧損達到最小,產量由 SMC 曲線和 MR_3 曲線的相交的均衡點 E_3 決定,在 Q_3 的均衡產量上,平均收益為 OP_3,平均總成本為 OG,

總成本與總收益的差額構成廠商的總虧損量,如圖5-3(c)中矩形P_3GIE_3面積。不過平均可變成本小於平均收益。廠商在這種情況下,應立即停止生產,還是應繼續進行生產?取決於是否存在沉沒成本。沉沒成本是指一旦停止生產,已投入的不能再收回的成本。這裡我們假定廠商的某些不變成本或許全部不變成本是沉沒成本,則當價格或平均收益介於平均總成本和平均可變成本之間時,雖然出現虧損,廠商仍會繼續生產,因為此時廠商獲得的全部收益,不僅能夠彌補全部的可變成本,還能夠收回一部分固定成本,即廠商繼續生產所獲得的收益超過繼續生產所增加的成本。當然,如果某廠商一旦停止生產,成本就會變為零,並且所有的不變成本都可以收回,也就是說廠商沒有沉沒成本,那麼只要價格降到平均總成本水準以下,廠商就會停止生產。

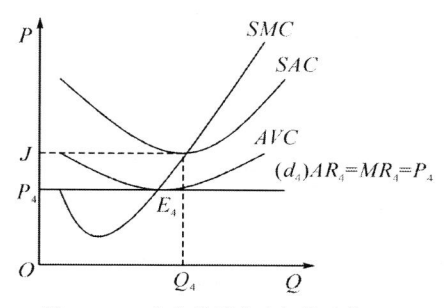

圖5-3 完全競爭廠商短期均衡(d)

第四,價格或平均收益等於平均可變成本,即$P = AR = AVC$,廠商處於虧損狀態,且處於生產與停產的臨界點。

當價格為P_4時,廠商面臨的需求曲線為d_4,此線恰好切於平均可變成本AVC曲線的最低點,SMC曲線也交於該點。根據$MR_4 = SMC$的利潤最大化原則,這個點就是廠商短期均衡點E_4,決定的均衡產量為Q_4。在Q_4產量上,平均收益小於平均總成本,必然是虧損的。同時平均收益僅等於平均可變成本,這意味著廠商進行生產所獲得的收益,只能彌補可變成本,而不能收回任何的不變成本,生產與不生產對廠商來說結果是一樣的。所以,SMC曲線與SVC曲線的交點是廠商生產與不生產的臨界點,也稱為「停止營業點」或「關閉點」,如圖5-3(d)所示。

第五,價格或平均收益小於平均可變成本,即$AR < AVC$,廠商處於虧損狀態,且停止生產。

當價格進一步下降至P_5時,廠商面臨的需求曲線為d_5,MR_5曲線與SMC曲線相交之點為短期均衡點E_5,相對應的產量為Q_5。在這一產量上,平均收益已小於平均可變成本,意味著廠商若繼續生產的話,所獲得的收益連可變成本都收不回來,更談不上收回固定成本了,所以廠商停止生產。

上述分析表明,完全競爭廠商短期均衡的條件:

短期內,在完全競爭的市場條件下,無論市場價格怎樣變化,由於廠商不能根據市場需求情況來調整全部生產要素,廠商只能按$AR \geq AVC$、$SMC = MR$原則來調整自己的產量點。企業應該將生產點推進到邊際成本與邊際收益相等的點。

即可得出：$AR \geq AVC$、$SMC = MR$。

也就是我們在上面所說的企業的最佳產量點 Q_1、Q_2、Q_3、Q_4、Q_5；在上述的最佳產量點上，廠商或者可以獲得最大利潤，或者可以利潤為零，或者可以蒙受最小虧損。

(二) 完全競爭廠商的短期供給曲線

前面的論證已經表明使利潤最大化的產量是由邊際收益等於邊際成本決定的，而在完全競爭市場上，廠商的產量並不會影響價格，它面對的需求是水準的，因此廠商多出售一單位產品所增加的收益就等於價格，即廠商的邊際收益等於價格。於是廠商利潤最大化的產量也決定於如下條件：

$$P = SMC(Q)$$

該式表明，完全競爭廠商為了獲得短期最大利潤，應該把最優產量確定在使得商品的價格和邊際成本相等的水準上。就是說在每一個短期均衡點上，廠商的產量與價格之間都存在著一種對應的關係。在圖5-3中可以看到，根據 $P = SMC(Q)$ 或 $MR = SMC(Q)$ 的短期均衡條件，當商品市場價格為 P_1 時，廠商所選擇的最優產量為 Q_1，當商品市場價格為 P_2 時，廠商所選擇的最優產量為 Q_2，等等。由於每一個商品價格水準都是市場給定的，所以，在短期均衡點上商品價格與廠商的最優產量之間的對應關係可以明確地表示為以下的函數關係：

$$Q_s = f(P)$$

其中 P 表示商品的市場價格，Q_s 表示廠商的最優產量或供給量。

同時，在圖5-4中還可以看到，根據 $P = SMC(Q)$ 或 $MR = SMC(Q)$ 的短期均衡條件，商品的價格和廠商的最優產量的組合點或均衡點 E_1、E_2、E_3、E_4 都出現在廠商的邊際成本 SMC 曲線上。若進一步嚴格來說，商品價格與廠商願意提供的產量的組合點，並非出現在全部的邊際成本曲線上。我們知道，邊際成本曲線穿過平均可變成本的最低點，價格低於這一點，廠商關閉，產量為零；價格超過這一點，產量與價格的關係由邊際成本曲線所決定。既然是通過邊際成本曲線來確定廠商在該價格下的產量，因此邊際成本曲線反應了產量與市場價格之間的關係。

基於以上分析，可以得到如下結論：完全競爭廠商的短期供給曲線，就是完全競爭廠商的短期邊際成本 SMC 曲線上等於和高於平均可變成本 AVC 曲線最低點的部分。毫無疑問，完全競爭廠商的短期供給曲線是向右上方傾斜的。圖5-4中實線部分所示即為完全競爭廠商短期供給曲線。

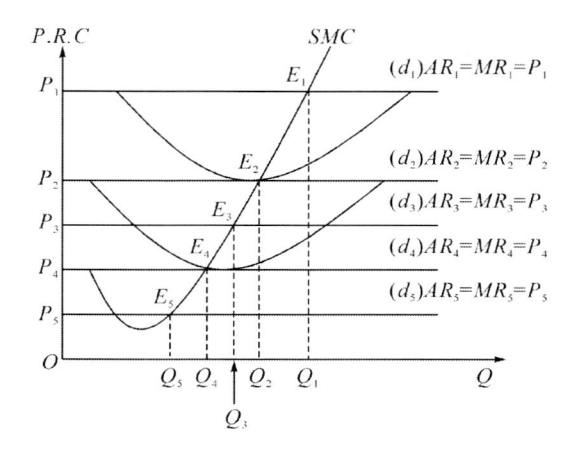

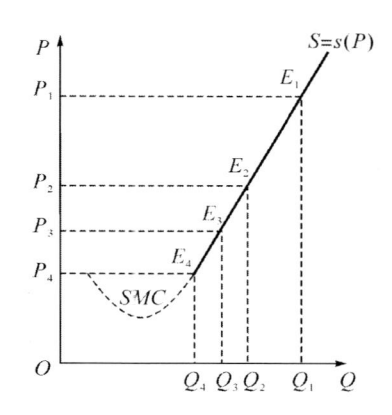

圖 5－4　完全競爭廠商短期供給曲線

　　完全競爭廠商短期供給函數說明了廠商的產量是如何隨著價格變化而變化，但是只有作為價格接受者的廠商其產量才隨著價格變化而變化。廠商若是價格設定者，則價格和產量都是廠商的決策變量。這時，問「給定某一價格，企業將生產多少」是沒有意義的。因此只有價格接受者才有供給函數。

　　從對完全競爭廠商短期供給曲線的推導過程中，可以清楚地看到供給曲線背後的生產者追求最大利潤的經濟行為。供給曲線不僅僅是表示在其他條件不變的條件下，生產者在每一價格水準願意而且能夠提供的產品的數量，更重要的是，其表示生產者所提供的產品數量是在既定價格水準下能夠給他帶來最大利潤或最小虧損的產品數量。

(三) 生產者剩餘

1. 生產者剩餘的概述

　　生產者剩餘指廠商在提供一定數量的某種產品時實際接受的總價格或總支付與願意接受的最小總價格或總支付之間的差額。已知廠商從事生產或經營，總是要追求利潤最大化，而保證利潤最大化的條件就是要使 $MR = MC$，只要 $MR > MC$，廠商就是有利的，由於在完全競爭市場裡，$MR = P$，因此只要價格 P 高於邊際成本 MC，廠商進行生產，就可以得到生產者剩餘。此時廠商實際接受的總價格或總支付就是價格線以下的總收益，而廠商願意接受的最小總價格或總支付便是邊際成本線以下的總邊際成本。用圖形來表示，則價格直線和邊際成本曲線所圍成的面積即為生產者剩餘。如圖 5－5(a) 中陰影部分的面積。

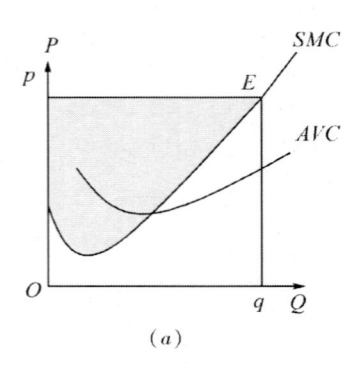

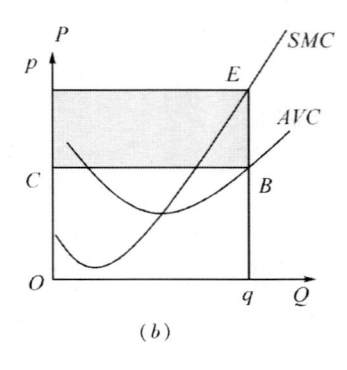

圖 5－5　生產者剩餘

在短期裡，生產者剩餘還可以用廠商的總收益與總可變成本的差額來衡量。因為在短期裡，廠商的固定成本是無法改變的，總邊際成本必然等於總可變成本。當產量為1時，可變成本即是邊際成本，即 $VC(1) = MC(1)$；當產量為2時，$VC(2) = MC(1) + MC(2)$；以此類推，$VC(Q) = MC(1) + MC(2) + \cdots + MC(Q)$。表明可變成本可以用邊際成本曲線與橫軸之間的面積來表示。此外在短期裡廠商無論生產還是不生產，固定成本都是要支付的，實際上只要價格高於可變成本，廠商生產就是有利的。這時繼續生產不僅能收回全部的可變成本，還能夠補償一部分固定成本，可以減少損失，若廠商不生產，將損失全部的固定成本。所以圖5－5(b)中陰影矩形 CPEB 的面積便是生產者剩餘，它等於總收益減去總可變成本。

在以後的內容中我們將會看到，生產者剩餘，與消費者剩餘這兩個概念結合在一起，是分析經濟效率和社會福利的十分有用的工具。

2. 生產者剩餘表示方法

（1）幾何圖形表示法。可用廠商供給曲線以上、市場價格線以下的面積表示，如圖 5－5。

（2）解析式表示法。令反需求函數 $P^d = f(Q)$，價格為 P_0 時的生產者需求量為 Q_0，則生產者剩餘為：

$$PS = [(OP_0 - OH) \cdot OQ + OP_0 \cdot OQ_0] - \int_0^{Q_0} f(Q) \mathrm{d}Q$$

三、完全競爭廠商的長期均衡

(一) 完全競爭廠商的長期均衡與短期均衡不同

（1）從廠商均衡的角度來分析，短期與長期的含義在於：在短期內，廠商的規模和廠商的數目都是不變的(因為時間過短，廠商來不及調整規模，新廠商也來不及加入該行業)，而在長期內，不僅廠商的規模可以調整，而且廠商的數目也是可以增減的。

（2）在完全競爭市場價格給定的條件下，廠商在長期生產中對全部要素的可以表現為兩個方面：一方面表現為對最優生產規模的選擇，另一方面表現為進入或退出一個行業的選擇。

（3）在短期的情況下，只要廠商出售產品的平均收益大於平均變動成本就可以開工生產。長期廠商則不能這樣做。長期內廠商必須使得自己所出售的產品的平均收益能夠彌補平均總成本，即平均變動成本加平均固定成本。如果長期調整也不能改變企業的虧損狀態，則企業應該退出該行業，而轉入那些其平均收益可以彌補其平均成本的行業生產。

(二) 完全競爭廠商的長期均衡

在長期裡，完全競爭廠商的所有要素都是可變的，廠商通過對全部生產要素的調整，來實現最大利潤的原則。完全競爭廠商在長期中對生產要素的調整表現為兩方面：一是廠商自身對最優生產規模的調整；二是廠商進入或退出一個行業即廠商數目的調整。

1. 完全競爭廠商自身對最優生產規模的調整

在短期裡，如果廠商能夠獲得利潤，它會進一步加以調整，以得到更多的利潤。從圖 5-6 可以看到，假定產品的市場價格為 P_0，且既定不變，短期裡廠商已擁有的生產規模為 SAC_1 曲線和 SMC_1 曲線，在短期裡廠商生產規模給定，只能在既定的生產規模下進行生產，根據利潤最大化均衡條件，廠商選擇的最優產量為 Q_1，所獲得的利潤為圖中 P_0E_1GF 面積。但是，在長期裡，廠商會調整生產規模，假設廠商將生產規模調整為 SAC_2 曲線和 SMC_2 曲線所代表的最優生產規模進行生產，按照 $MR = LMC$ 的利潤最大化原則，相應的最優產量達到 Q_2，此時廠商獲得的利潤增大為圖中 P_0E_2IH 所示的面積。很顯然，在長期內，廠商通過對生產規模的調整，能夠獲得比在短期所能獲得的更大的利潤。

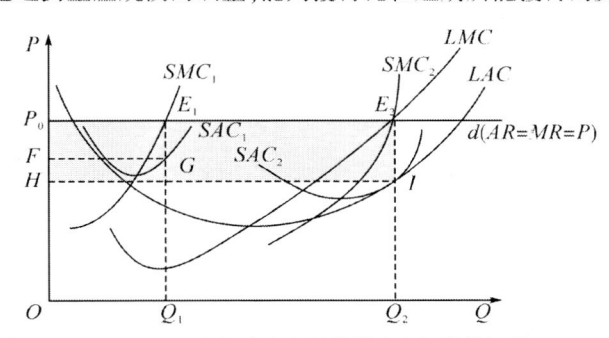

圖 5-6 長期內廠商對最優生產規模的調整

不過，這裡是假定產品的市場價格始終不變。但實際上，如果市場需求不變的話，各個廠商自身都調整規模，即使廠商數量沒有變化，整個行業的產量也會相應的發生變化，隨著整個市場供給量的增加，往往會引起價格下降。

2. 行業中廠商數目的調整

分析完全競爭廠商在長期中進入或退出一個行業即廠商數量的調整及對單個廠商利潤的影響。

前面已經指出，在完全競爭市場，要素可以在不同部門之間自由流動，或者說廠商可以自由進入或退出一個行業。實際上生產要素總是會流向能獲得更大利潤的行業，也總是會從虧損的行業退出，正是由於行業之間生產要素的自由流動或廠商的自由進出，導

致了完全競爭廠商長期均衡時的經濟利潤為零。具體來看，如果當某一行業開始時的產品價格較高為 P_1，廠商根據利潤最大化均衡條件，將選擇最優生產規模進行生產，如圖 5-7 中的 Q_1 產量。此時廠商獲得了利潤，這會吸引一部分廠商進入該行業中。隨著行業內廠商數量的增加，市場上的產品供給就會增加，在市場需求相對穩定的情況下，市場價格就會不斷下降，單個廠商的利潤隨之逐步減少，廠商也將隨著價格的變化進一步調整生產規模。只有當市場價格水準下降到使單個廠商的利潤減少為零時，新廠商的進入才會停止，至此廠商的生產規模調整至 Q_2 產量上。

相反，如果市場價格較低為 P_3，廠商根據 $MR = MC$ 的條件，相應的最優生產規模選擇在 Q_3 產量上。此時，廠商是虧損的，這會使得行業內原有廠商中的一部分退出該行業的生產，隨著行業內廠商數量的逐步減少，市場上產品的供給就會減少，若市場需求相對穩定，產品的市場價格就會上升，單個廠商的利潤又會隨之逐步增加。只有當市場價格水準上升到使單個廠商的虧損消失即利潤為零時，廠商的退出才會停止。總之，不論是新廠商的加入，還是原有廠商的退出，最終這種調整將使市場價格達到等於長期平均成本最低點的水準，如圖 5-7 中的價格水準 P_2。在這一水準，行業中的每個廠商既無利潤，也無虧損，但都實現了正常利潤小，實現了長期均衡。

圖 5-7　廠商進入或退出行業

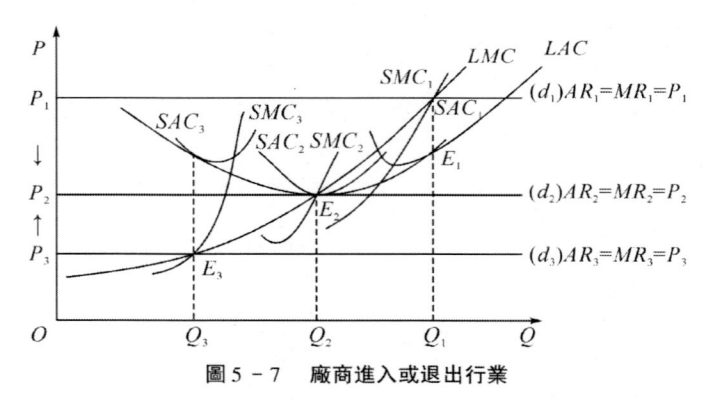

圖 5-7 中 E_2 點是完全競爭廠商的長期均衡點。在這個長期均衡點上，LAC 曲線達到最低點，代表最優生產規模的 SAC_2 曲線相切於該點，相應的 SMC_2 曲線和 LMC 曲線都從該點通過，廠商面對的需求曲線與 LAC 曲線相切於這一點。總而言之，完全競爭廠商的長期均衡出現在 LAC 曲線的最低點。此時不僅生產的平均成本降到長期平均成本的最低點，而且商品的價格也等於最低的長期平均成本。

因此，我們得到完全競爭廠商的長期均衡條件為：
$$MR = LMC = SMC = LAC = SAC = AR = P$$
此時單個廠商的利潤等於零。

在理解長期均衡時，我們要注意兩點：

（1）長期均衡點 E 就是收支相等點。這時，成本與收益相等。廠商所能獲得的只是作為生產要素之一的企業家才能的報酬——利潤。

（2）長期均衡點就是平均成本與邊際成本相等點，即 $MR = AR = P$，也就是這兩曲線

相交時,平均成本一定處於最低點。這也就說明了在完全競爭條件下,可以實現成本最小化,從而也就是經濟效率最高。

第三節　完全壟斷市場的廠商均衡

一、完全壟斷廠商的需求曲線和收益曲線

1. 需求曲線(d)

完全壟斷條件下,市場上只有一家企業,企業和行業合二為一,企業就是行業。因此壟斷廠商所面臨的需求曲線就是整個市場的需求曲線,這是壟斷廠商的重要特徵。壟斷廠商的需求曲線向右下方傾斜,斜率為負,銷售量與價格成反比關係。因此,完全壟斷廠商是價格的制定者,可以通過減少銷售量來提高市場價格,在其產量水準較高時,市場價格也隨之下降。這一點與完全競爭市場上廠商是價格的接受者不同。

知道了完全壟斷廠商的需求曲線,就可以分析壟斷廠商的收益曲線。

2. 收益曲線(R)

首先看平均收益。由於完全壟斷廠商的 P 與 Q 之間成反比關係,因此,壟斷廠商的總收益 $TR = P(Q) \cdot Q$,由 AR 定義可知,此時:

$$AR = \frac{TR}{Q} = P(Q)$$

即廠商的平均收益曲線與需求曲線重合。

其次看總收益。由於 AR 曲線向右下方傾斜,說明 AR 呈遞減趨勢,根據邊際量與平均量的關係,可知 MR 曲線在 AR 曲線的下方。假定壟斷廠商的需求曲線是線性的,則可確定 MR 的函數形式,進而確定 MR 曲線的位置。具體分析如下:

設壟斷廠商的總需求函數形式為:

$$P = a - b \cdot Q$$

式中,a、b 為常數,a、$b > 0$,則壟斷廠商的總收益和邊際收益函數分別為:

$$TR(Q) = P \cdot Q = (a - b \cdot Q) \cdot Q = a \cdot Q - b \cdot Q^2$$

$$MR(Q) = \frac{\mathrm{d}TR(Q)}{\mathrm{d}Q} = a - 2bQ$$

根據 MR 的函數形式即可得 MR 曲線,MR 曲線的斜率為 $-2b$,在縱坐標軸上的截距與需求曲線相同,在橫軸上的截距是需求曲線在橫軸上截距的一半。

壟斷廠商的邊際收益不僅與價格相關,還與需求彈性相關。設需求函數為:

$$P = P(Q)$$

則:

$$TR(Q) = P(Q) \cdot Q = P\left(1 + \frac{Q \cdot \mathrm{d}P}{P \cdot \mathrm{d}Q}\right) \qquad MR(Q) = \frac{\mathrm{d}TR(Q)}{\mathrm{d}Q} = P + Q \cdot \frac{\mathrm{d}P}{\mathrm{d}Q}$$

即:

$$MR = P\left(1 - \frac{1}{e_d}\right)$$

式中，e_d 為需求價格彈性。

從上式可以看出：

當需求富有彈性時，即 $e_d > 1$ 時，$MR > 1$，富有彈性的需求曲線意味著產量的增加將使總收益增加；當需求缺乏彈性時，即 $e_d < 1$ 時，$MR < 1$，缺乏彈性的需求曲線意味著產量的增加將使總收益減少；當需求具有單位彈性時，即 $e_d = 1$ 時，$Mri = 1$，此時壟斷廠商的總收益達到最大。

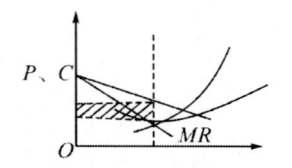

二、完全壟斷廠商的短期均衡

1. 壟斷廠商的短期均衡背景
（1）假定壟斷者所面臨的市場需求曲線是線性的。
（2）短期固定投入不變，廠商只能通過調整變動投入而調整產量與價格。
（3）實現利潤最大化原則下價格與最優產量點的決定。

2. 壟斷廠商的短期均衡過程

壟斷廠商可以通過調整產量和價格來實現利潤最大化，與完全競爭市場類似。壟斷廠商利潤最大化時的產量也是由需求狀況和成本狀況共同決定的。其利潤最大化條件為 $MR = MC$，這也是壟斷廠商短期均衡的條件。在短期裡，壟斷廠商由於各種原因，如既定規模成本過高，或面對的市場需求較小等，可能導致短期裡盈虧平衡甚至虧損，不一定總是獲得壟斷利潤。所以壟斷廠商的短期均衡有三種情況：獲得超額利潤、獲得正常利潤和蒙受損失。

（1）獲得超額利潤時的短期均衡。圖 5-8 反應了壟斷廠商獲得超額利潤時的短期均衡狀態。

運用邊際收益——邊際成本分析法，壟斷廠商按照 $MR = MC$ 的原則確定產量水準 Q_1，與 Q_1 產量水準對應的價格可由需求曲線得到為 P_1，對應的成本由 AC 曲線得到為 C_1，顯然 $P_1 > C_1$，廠商存在超額利潤。超額利潤為矩形 P_1C_1BA 的面積。

從圖 5-8 中看，在 Q_1 產量水準上，$MR = MC$，所以 Q_1 是壟斷廠商利潤最大化時的均衡產量。

圖 5-8　壟斷廠商的短期均衡

（2）獲得正常利潤的短期均衡。如圖 5-9 所示，此時按照 $MR = MC$ 確定的產量水準在 Q_2，這一產量水準與需求曲線的交點正好是 AC 曲線與需求曲線 D 的切點，因此在這一產量水準上 P 與 C 相等，即平均收益等於平均成本，因而壟斷廠商的 TR 等於 TC，廠商的

經濟利潤為零,只獲得正常利潤。

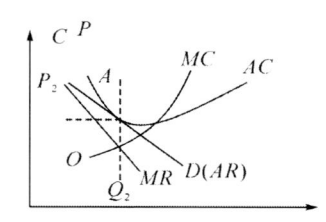

圖5－9 壟斷廠商獲得超額利潤的短期均衡

(3) 壟斷廠商虧損時的短期均衡。壟斷廠商雖然可以通過控制產量和價格獲得利潤,但並不意味著總能獲得利潤,壟斷廠商也可能發生虧損。這種情況可能是由於既定生產規模的生產成本過高,也可能是由於面臨的市場需求過小。圖5－10反應壟斷廠商虧損時的短期均衡。

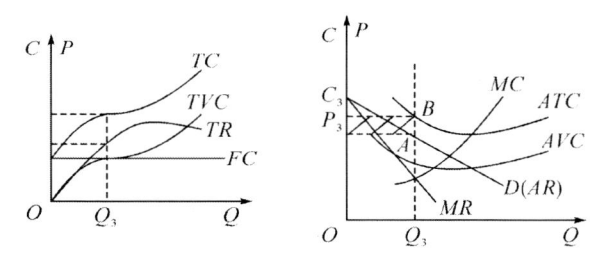

圖5－10 壟斷廠商獲得正常利潤的短期均衡

按照 $MR = MC$ 的原則確定的產量水準在 Q_3 的水準上,從需求曲線得到與這一產量水準相對應的價格為 P_3,從 AC 曲線上得到相應的總成本為 C_3,從圖5－10中可看出 $P_3 < C_3$,即平均收益小於平均成本,廠商蒙受損失,但這時的損失額是最小的,等於矩形 P_3ABC_3 的面積。此時 $P_3 > AVC$,因此,壟斷廠商繼續進行生產,所獲得的總收益在補償了全部可變成本的基礎上,最大限度地補償了部分固定成本。如果 $P_3 < AVC$,廠商將會停止生產。

3. 壟斷廠商的短期均衡條件

從以上三種情況可以看出,壟斷廠商短期均衡的條件是:

$MR = SMC \qquad AR \geq AVC$

在短期均衡點上,壟斷廠商可能獲得最大利潤,也可能是形成最小虧損。

三、完全壟斷廠商的長期均衡

1. 壟斷廠商的長期均衡含義

由於壟斷產業只有一家廠商經營該產業的全部產品,不存在第二家企業,所以,即使壟斷者存在超額利潤(經濟利潤),在長期也不可能像完全競爭產業那樣通過廠商間的競爭消除超額利潤。因此壟斷者的長期均衡是指壟斷者在長期、自己進行調整而達到的利

潤最大化的均衡。

2. 壟斷廠商在長期內對於生產的調整結果

（1）短期內是虧損的，長期內也不能扭虧，於是退出生產；

（2）短期內是虧損的，長期內通過對於最優生產規模的選擇，扭虧為盈；

（3）短期內是盈利的，長期內通過對於最優生產規模的選擇，改小盈為大盈。

3. 長期壟斷者調整遵循的兩個原則

一是使得出售產品的平均收益至少可以彌補平均成本，即 $LAR = LAC$；

二是使長期邊際成本等於邊際收益，即 $LMC = LMR$。

4. 壟斷廠商長期均衡的過程

完全壟斷條件下，長期中不會有新的廠商進入該市場。壟斷廠商可以通過生產規模調整來實現長期利潤最大化。完全壟斷市場長期均衡形成過程中不存在廠商數量的調整，因而壟斷行業的長期均衡並不以利潤消失為標誌。如果壟斷廠商短期內獲得利潤，長期內只要需求狀況不發生變化，廠商仍然可以獲得利潤。

壟斷廠商短期有三種狀態。因此，廠商的調整過程分別從這三種狀態開始，其調整過程非常類似，本書以第一種情況為例分析壟斷廠商長期均衡的形成過程，如圖 5 - 11 所示。

假定壟斷廠商目前的生產規模為 SAC_1、SMC_1 表示的生產規模，在 $SMC_1 = MR$ 所確定的產量水準 Q_1 上，壟斷廠商實現了短期的利潤最大化。其利潤為矩形 HP_1AB 所表示的面積。

但是從長期看，這並不是最優的生產規模。由於長期中其他廠商不能進入，壟斷廠商可以通過規模調整實現更大的利潤。壟斷廠商將會把產量調整到 $MR = LMC = SMC$ 所確定的產量 Q_2 水準上，此時對應的生產規模為 SAC_2 和 SMC_2 所表示的生產規模。對應的總利潤為矩形 IP_2FG 所表示的面積，此時的總利潤大於短期內所獲得的總利潤。

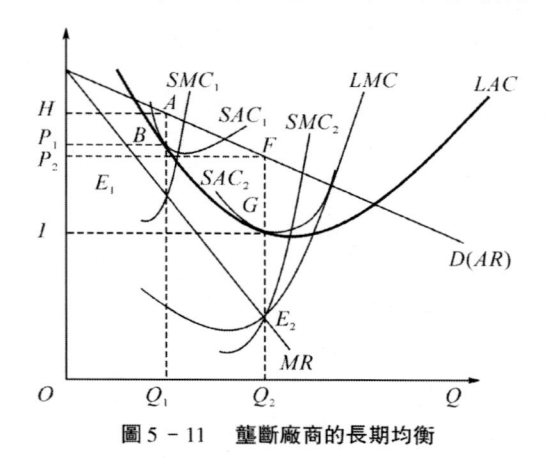

圖 5 - 11　壟斷廠商的長期均衡

5. 壟斷廠商的長期均衡條件

從圖 5 - 11 中可以看出，在 Q_2 產量水準上，MR 曲線、LMC 曲線、SMC 曲線交於一點，

這表明廠商利潤最大化的條件是 $MR = MC$，不僅在短期得到滿足，而且在長期也得到滿足，所以壟斷廠商的長期均衡條件是：

$MR = LMC = SMC$

$TR > TC$ 或 $AC > AC$，當這一條件滿足時，$SAC = LAC$，即圖形中 SMC_2 和 LMC 的交點對應 LAC 上的點，也就是相應的 SAC 與 LAC 的切點。

四、完全壟斷廠商的價格歧視

由於壟斷這一得天獨厚的條件，廠商便會在追求利潤最大化的動機之下作出一些違規之舉。例如進行價格歧視。

1. 定義

價格歧視是指同一廠商在同一時間對同一產品向不同的購買者索取兩種或兩種以上的價格，或者對銷售對不同購買者的同一產品在成本不同時索取相同的價格。

2. 壟斷廠商實行價格歧視必須具備的兩個條件

一是不同市場之間可以有效地分離。否則消費者將在價格低的市場購買商品，或者把低價購進的商品在價格更高的市場上重新出售，從而使價格歧視難以維持。

二是被分隔開的多個市場上需求彈性不同。只有在這種情況下，壟斷者根據不同的需求彈性對同一商品索取不同的價格，方能獲得多於索取相同價格時的利潤；否則，最佳策略是對同一商品收取相同價格。

一般來說價格歧視分為三類：一級價格歧視、二級價格歧視和三級價格歧視。

（1）一級價格歧視，又稱完全價格歧視，是指廠商根據消費者願意為每單位商品付出的最高價格而為每單位產品制定不同的銷售價格。從消費者行為理論已知，需求曲線反應了消費者對每一單位商品願意並且能夠支付的最高價格。如果廠商已知消費者的需求曲線，即已知消費者對每一單位產品願意並且能夠支付的最高價格，廠商就可以按此價格逐個制定商品價格，如圖 5－12 所示。

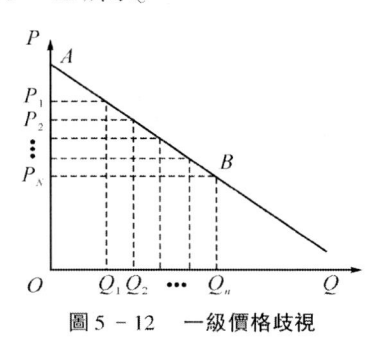

圖 5－12　一級價格歧視

如圖 5－12 所示，第一單位商品消費者願意支付的最高價格為 P_1，廠商就按 P_1 價格出售，第二單位商品，消費者願意支付的最高價格為 P_2，廠商就按 P_2 的價格出售，以此類推，直至廠商銷售完全部的商品。這是一種理想的極端情況。假定廠商生產的平均成本為 P_N，則此時廠商的利潤為 $P_N AB$，而通常情況下，廠商按單一價格 P_N 銷售，利潤為零。可見

實行一級價格定價後,廠商的利潤增加了三角形 $P_N AB$ 的面積。由消費者理論知,這部分面積正好是消費者剩餘,因此,實行一級價格歧視的廠商實際上是將所有消費者剩餘榨光,轉化為了生產者的壟斷利潤。

(2) 二級價格歧視是指壟斷廠商根據不同的購買量和消費者確定的價格。日常生活中,二級價格歧視比較普遍,如電力公司實行的分段定價等。二級價格歧視主要適用於那些容易度量和記錄的勞務,如煤氣、電力、水、電話通信等的出售,如圖 5-13 所示。

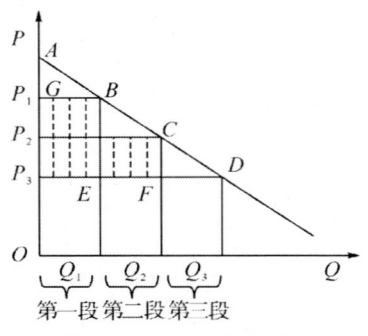

圖 5-13 二級價格歧視

假定消費者對電力公司產品的需求曲線為 D,當消費者的耗電量低於 Q_1 時,公司按 P_1 價格向消費者收費;當耗電量達到 Q_2 時,增加消費的部分 $Q_1 Q_2$ 按 P_2 價格收費;當耗電量達到 Q_3 時,按超過 Q_2 的部分 $Q_2 Q_3$ 以更低的價格 P_3 收費。從圖中可見,二級價格歧視與一級價格歧視不同,對不同的數量制定不同價格。假設壟斷廠商的平均成本為 P_3,則銷售量為 $P_2 Q_3$ 時,廠商的收益為圖中陰影部分 $FCGBP_1 P_3$ 的面積。當按同一價格,例如 P_3 價格銷售 Q_3 產量時利潤為零。而陰影部分面積屬消費者剩餘的一部分,在二級價格歧視下,廠商將這部分消費者剩餘轉化成了壟斷利潤。

(3) 三級價格歧視是指壟斷廠商對同一種產品在不同的市場上(或對不同的消費者群體)收取不同的價格。實際中的例子很多,如同一種產品,國內市場和國際市場價格不一樣,黃金時間和非黃金的廣告費不一樣等。

三級價格歧視下資源配置效率的分析比較複雜。本書對最簡單的、兩個子市場的情況進行分析,所得結論,很容易推廣到多個市場的情況,如圖 5-14 所示。

假定廠商的規模報酬不變,則邊際成本 MC 曲線為一水準線。假定 A 市場的需求彈性較小,需求曲線較陡峭;B 市場的需求彈性較大,需求曲線較平坦。按照利潤最大化原則,當 $MR = MC$ 時廠商利潤最大。由此得出,A 市場的產量為 Q_A,價格為 P_A;B 市場的產量為 Q_B,價格為 P_B。由圖中可以看出 $P_A > P_B$,這說明廠商可以根據不同的市場需求狀況制定不同的價格,即對需求彈性較小的市場索取較高價格,對需求彈性較大的市場制定較低的價格。這一結論適用於複雜三級價格歧視情況。證明過程如下:

根據前面推導,市場 A 有:

$$MR_1 = P_1 \left(1 - \frac{1}{e_{d1}}\right)$$

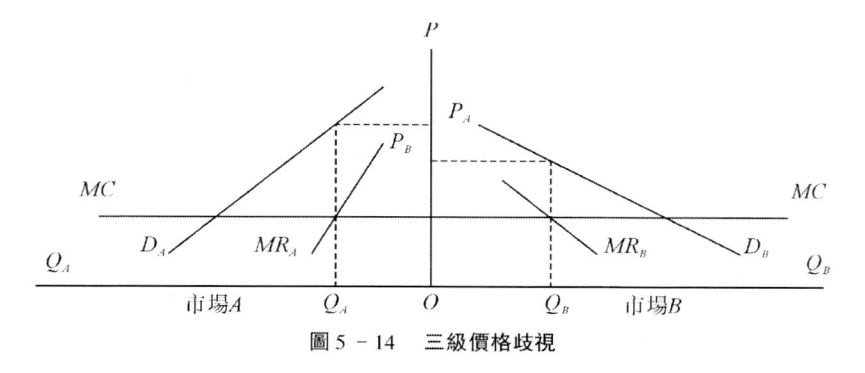

圖 5－14　三級價格歧視

市場 B 有：

$$MR_2 = P_2\left(1 - \frac{1}{e_{d2}}\right)$$

壟斷廠商在兩個市場上的邊際收益應相等，即 $MR_1 = MR_2$；否則，廠商將會把產品從邊際收益小的市場調整到邊際收益大的市場銷售以獲取更大的利潤。則有：

$$P_1\left(1 - \frac{1}{e_{d1}}\right) = P_2\left(1 - \frac{1}{e_{d2}}\right)$$

整理得：$\dfrac{P_1}{P_2} = \dfrac{1 - \dfrac{1}{e_{d2}}}{1 - \dfrac{1}{e_{d1}}}$

該式說明實行三級價格歧視時，應在需求價格彈性小的市場上提高價格，而在需求價格彈性大的市場上降低價格。

第四節　壟斷競爭和寡頭壟斷市場的廠商均衡

一、壟斷競爭市場的廠商均衡

(一) 壟斷競爭廠商的需求和收益

1. 需求曲線

由於壟斷競爭廠商生產的是有差別的產品，因而對該產品都具有一定的壟斷能力，與完全競爭的廠商只是被動地接受市場的價格不同，壟斷競爭廠商對價格有一定的影響力。比如，廠商如果將它的產品價格提高一定的數額，則習慣於消費該物品的消費者可能不會放棄該物品的消費，該產品的需求不會大幅度下降。但若廠商大幅度提價的話，由於存在著大量的替代品，消費者就可能捨棄這種偏好，轉而購買該商品的替代品。因此，壟斷競爭廠商所面臨的需求曲線相對於完全競爭廠商而言要更陡一些（即更缺乏彈性），而相對於壟斷廠商來講需求曲線要更緩，即更富有彈性。

由於在壟斷競爭行業中廠商生產的產品都是有差別的替代品，因而市場對某一廠商

產品的需求不僅取決於該廠商的價格——產量決策，而且取決於其他廠商對該廠商的價格——產量決策是否採取對應的措施。比如一個廠商採取降價行動，如果其他廠商不降價，則該廠商的需求量可能上升很多，但如其他廠商也採取降價措施，則該廠商的需求量不會增加很多。這樣在分析壟斷競爭廠商的需求曲線時，就要分兩種情況進行討論。

(1) d 曲線。表示：在壟斷競爭生產集團中的單個廠商改變產品價格，而其他廠商的產品價格保持不變時，該廠商的產品價格與銷售量之間的對應關係。因為在市場中有大量的企業存在，因而單個廠商會認為自己的行動不會引起其他廠商的反應，於是它便認為自己可以像壟斷廠商那樣，獨自決定價格。這樣，單個廠商在主觀上就有一條斜率較小的需求曲線，稱為主觀需求曲線（以 2000 年空調市場為例，海信降價，但其他企業不降價）。

(2) D 曲線。表示：在壟斷競爭生產集團中的單個廠商改變產品價格，而其他所有廠商也使產品價格發生相同變化時，該廠商的產品價格和銷售量之間的關係。在現實中，一個壟斷競爭廠商降低價格時，其他廠商為了保持自己的市場，勢必也會跟著降價，該廠商因而會失去一部分顧客，需求量的上升不會如廠商想像的那麼多，因而還存在著另外一條需求曲線，稱之為客觀需求曲線或比例需求曲線。

在圖 5-15 中，壟斷競爭廠商的主觀需求曲線為 d_1，廠商最初的產量為 Q_1，最初的價格為 P_1，因而位於主觀需求曲線上的 A 點。當該廠商將產品的價格由 P_1 下調至 P_2 後，按照其主觀需求曲線 d_1，廠商預期其銷售量將提高至 Q_2。但是，由於該廠商降價時，其他廠商也將採取同樣的措施，以維護自己的市場佔有率，因此，該廠商的銷售量實際只有 Q_3，即介於 Q_1 和 Q_2 之間，廠商實際只能移動到 B 點。當廠商意識到這點之後，廠商的主觀需求曲線就會做出相應的調整，改為通過 B 點的 d_2。相反，如果廠商將它的價格由 P_1 提高至 P_3，廠商按照主觀需求曲線 d_1 會預期自己的需求量將降低至 Q_4，但由於其他廠商也同樣採取提價措施，該廠商需求量的下降並不像預期的那麼多，實際的需求量為 Q_5，即廠商實際移動到 C 點，廠商的主觀需求曲線也將隨之調整至通過 C 點的 d_3。根據客觀需求曲線的定義，連接 A、B、C 三點的曲線 D 即是客觀需求曲線。

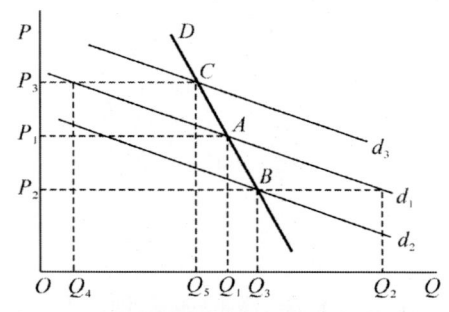

圖 5-15 壟斷競爭廠商所面臨的需求曲線

(3) d 曲線與 D 曲線的關係。

① 當所有廠商同樣調整價格時，整個市場價格的變化會使單個壟斷競爭廠商 d 曲線沿著 D 曲線上下移動。

② d 曲線表示單個改變價格時預期的產量，而 D 曲線表示單個廠商在每一價格水準

實際面臨的市場需求量或銷售量,所以 d 曲線與 D 曲線相交,意味著壟斷競爭市場的供求平衡狀態。

③客觀需求曲線 D,更缺乏彈性,所以更陡峭一些,主觀需求曲線彈性較大,較平坦些。

2. 收益曲線

由於廠商的平均收益 AR 總是等於該銷售量的價格 P,因此平均收益曲線就是廠商的需求曲線。需求曲線向右下方傾斜,則平均收益曲線也是向右下方傾斜的,且兩線重合。平均收益遞減,則邊際收益必定也是遞減的,並且小於平均收益。所以與壟斷廠商類似,壟斷競爭廠商的邊際收益(MR)曲線也是位於平均收益 AR 曲線之下且較 AR 曲線更為陡峭。

(二)壟斷競爭廠商的短期均衡

壟斷競爭廠商在短期內會通過調整它的產量和價格來實現它的利潤最大化目標。

如圖5-16所示,SMC 是代表性廠商的邊際成本曲線,d_1 是廠商的主觀需求曲線,D 是廠商的客觀需求曲線。假定廠商一開始處於 A 點,此時產量是 Q_0,價格為 P_0。廠商為了實現利潤最大化,會按照 $MR_1 = MC$ 的原則來調整其價格和產量,即沿著主觀需求曲線調整至 B 點,此時價格是 P_1,產量為 Q_1。由於在行業中的其他廠商也面臨著相同的情況,每個廠商都在假定其他廠商不改變產量和價格的條件下根據自己的利潤最大化原則降低了價格。於是,當其他廠商都降低了自己產品的價格時,代表性廠商實際的需求量不能增加到 Q_1,而只能是 Q_0 和 Q_1 之間的一點 C,需求量只有 Q_2。廠商的主觀需求曲線也要修正到通過 C 點的 d_2,邊際收益曲線也相應調整至 MR_2。這樣該廠商在 P_1 的價格下無法實現最大利潤,必須進一步做出調整。按照廠商利潤最大化的條件 $MR_2 = MC$,廠商將會把價格進一步降低至 P_2,廠商預期自己的需求量將會增加至 Q_3。但是由於其他廠商採取同樣的行動,該廠商的需求量實際只能沿客觀需求曲線增加到 Q_4,廠商在 P_2 價格下仍無法實現最大利潤。依此次類推,廠商的價格還需做出進一步的調整,其主觀需求曲線也將沿客觀需求曲線不斷移動。

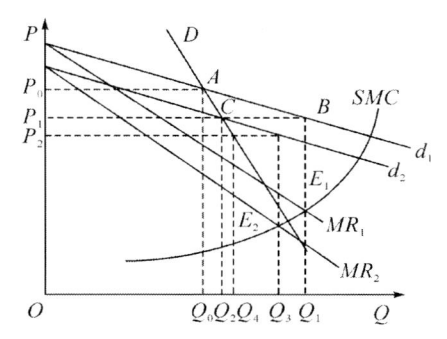

圖5-16 壟斷競爭廠商在短期內的生產調整過程

上述調整過程實際是一個「試錯」的過程,這一「試錯」過程不斷進行,一直持續到實現短期均衡狀態為止。如圖5-17所示,廠商實現短期均衡時,必須滿足如下條件:①廠

商的產量 Q_E 符合 $MR = MC$ 的原則，廠商實現了利潤最大化，因而廠商沒有動力改變目前的狀態。②廠商此時的產量和價格決策恰位於主觀需求曲線與客觀需求曲線的交點 H，亦即廠商按自己能夠感覺到的主觀需求曲線所做出的價格產量決策恰好與其他廠商也做出同樣調整的價格產量決策相一致。

壟斷競爭廠商實現短期均衡時的利潤如圖 5－17 中陰影部分所示。當然，與壟斷廠商、完全競爭廠商一樣，壟斷競爭廠商也可能獲得經濟利潤，也可能是經濟利潤為零，甚至是虧損，經濟利潤為負。這主要取決於廠商所面臨的需求曲線與其平均成本曲線的位置，如果廠商的平均成本曲線位於需求曲線之上，也就是說，廠商的平均成本太高或者需求太低，則廠商在短期內無論如何調整其價格和產量，都無法擺脫虧損的命運。

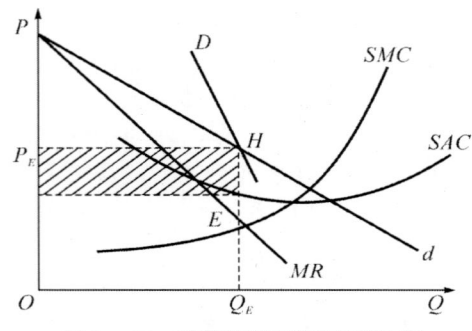

圖 5－17 壟斷競爭廠商的短期均衡

(三) 壟斷競爭廠商的長期均衡

在長期內，壟斷競爭廠商可以通過擴大或縮小其生產規模來與其他企業進行競爭，也可以根據自己能否獲得經濟利潤來選擇是進入還是退出一個行業。

假設壟斷競爭廠商在短期內能夠獲得經濟利潤，在長期內所有的廠商都會擴大生產規模，也會有新的廠商進入該行業進行生產，在市場總的需求沒有大的改變的情況下，代表性廠商的市場份額將減少，雖然主觀需求曲線不變，但客觀需求曲線將向左下方移動，從而廠商的產品實際需求量低於利潤最大化的產量。廠商為了實現長期均衡必須降低其價格而提高其產量來適應這種變化，從而主觀需求曲線和客觀需求曲線都會向左下方移動。這一過程會一直持續到行業內沒有新的廠商進入，也沒有企業願意擴大生產規模為止，此時廠商的利潤為零。

廠商實現長期均衡時的所處狀態如圖 5－18 所示。在長期均衡時，廠商的主觀需求曲線 d 與長期平均成本曲線 LAC 相切於 E 點，客觀需求曲線也與 d 和 LAC 曲線相交於 E 點，此時廠商的均衡產量為 Q_E，滿足廠商利潤最大化的要求 $MR = LMC = SMC$。而此時的 $P = AR = LAC$，所以廠商的利潤為零。

如果考慮行業內廠商虧損，廠商退出行業或者減少產量的過程，與上述的分析過程類似，只不過兩條需求曲線的移動方向相反而已，最終均衡的結果都是主觀需求曲線與 LAC 曲線相切，利潤為零。

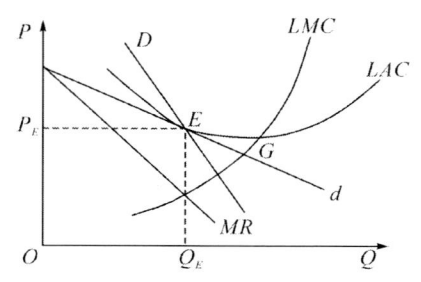

圖 5-18 壟斷競爭企業的長期均衡

從長期均衡的條件看，壟斷競爭廠商與完全競爭廠商相同，但實際上卻存在著很大不同，其差別在於：

其一，完全競爭廠商 D、AR、MR 曲線三線合一，切為平行線。壟斷競爭廠商 D、AR、重合，且向右下方傾斜，並且 $MR < AR$。

其二，完全競爭下長期均衡時的產量其平均成本處於最低點。壟斷競爭下長期均衡時的產量其平均成本高於最低點。

其三，完全競爭下長期均衡時價格低於壟斷競爭下的均衡價格，且 $P = MC$。壟斷競爭下長期均衡時價格較高，$P > MC$。

其四，完全競爭下長期均衡的產量高於壟斷競爭時的均衡產量。

二、寡頭壟斷市場的廠商均衡

對寡頭行為作出的假定不同，模型的結論也就不同。有多少關於競爭對手反應方式的假定，就有多少寡頭廠商的模型，就可以得到多少不同的結果。因此，在西方經濟學中，目前還沒有找到一個寡頭市場模型，可以對寡頭市場的價格和產量的決定作出一般的理論總結。本節我們介紹幾種常見的模型。

(一) 古諾模型

古諾模型(Cournot model)由法國經濟學家吉諾(Augustin Cournot)1838 年首先提出。

1. 古諾模型的假設條件

(1) 一個產業只有兩個寡頭廠商，每個寡頭生產和銷售相同的產品，他們的生產成本為零，並追求利潤最大化。

(2) 兩個寡頭同時作出產量決策，即寡頭間進行的是產量競爭而非價格競爭，產品的價格依賴於兩者所生產的產品總量。

(3) 雙方無勾結行為。

(4) 每個生產者都把對方的產出水準視為既定，並依此確定自己的產量。

(5) 假定邊際成本是常數。

2. 古諾模型的產量和價格的決定

第一輪，A 廠商面臨 D 曲線，將產量定為市場總容量的 1/2，將價格定為 OP_1，從而實

現了最大的利潤;然後,B 廠商進入市場,也按同樣的方式行動,生產他所面臨的市場容量的 1/2,此時價格下降為 OP_2。

第二輪,為了實現最大的利潤,A 廠商將產量定為自己所面臨的市場容量的 1/2,B 廠商也生產自己所面臨的市場容量的 1/2,於是 A 廠商的產量略有減少,B 廠商的產量略有增加。

在這樣輪復一輪的過程中,A 廠商的產量會逐漸減少,B 廠商的產量會逐漸增加,最後,達到 A、B 兩個廠商的產量都相等的均衡狀態為止。在均衡狀態中,A、B 兩個廠商的產量都為市場總容量的 1/3,即每個廠商的產量為 $1/3OQ$,行業的總產量為 $2/3OQ$。

3. 古諾模型的推廣

古諾模型的推廣如圖 5-19 所示。令寡頭廠商的數量為 m,則可以得到一般的結論如下:

每個寡頭廠商的均衡產量 = 市場總容量$\cdot 1/m + 1$

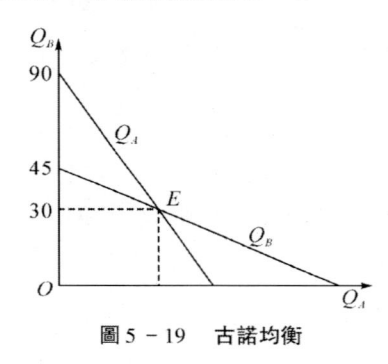

圖 5-19　古諾均衡

行業的均衡總產量 = 市場總容量$\cdot m/m + 1$

4. 古諾模型也可以用建立寡頭廠商的反應函數的方法來說明

反應函數定義:寡頭 1 的反應函數記為 $Q_1^*(Q_2)$,定義為在寡頭 1 對寡頭 2 的產出水準作出各種推測的情況下,寡頭 1 所能達到的利潤最大化的產量。

給出市場線性需求的反函數為: $P = 1500 - Q$。

給出寡頭廠商 A(或 B) 的利潤函數為: $\pi_A = TR_A - TC_A$; $\pi_B = TR_B - TC_B$。

對寡頭廠商 A(或 B) 的利潤函數為: $\pi_A = TR_A - TC_A$; $\pi_B = TR_B - TC_B$ 分別求一階導數,並令各自的一階導數為零;可導出 Q_A、Q_B 的值。

(二) 斯威齊模型

斯威齊模型是美國經濟學家保羅·斯威齊於 20 世紀 30 年代所建立的。由於寡頭廠商之間價格戰的結果往往是兩敗俱傷,競爭的雙方利潤都趨向於零,所以在寡頭壟斷市場上,產品的價格往往比較穩定,廠商比較喜歡採用非價格競爭方式,即便採用價格戰的方式也是非常慎重的。寡頭廠商不願輕易地變動產品價格,價格能夠維持一種比較穩定的狀態的情況,被稱之為價格剛性。斯威齊模型就是解釋在寡頭壟斷市場上出現的這種價格剛性現象。

斯威齊首先假定：當一個寡頭廠商降低價格的時候，其他廠商會跟著降價；當一個寡頭廠商提高價格的時候，其他廠商會保持價格不變。做這樣的假定的原因是，當一個廠商降低它的產品的價格的時候，其他廠商如果不跟著降價，那麼其他廠商的市場份額就會減少，從而產量下降，利潤下跌；而當一個寡頭廠商提高它的產品價格的時候，如果其他廠商價格保持不變，那麼提價的廠商的一部分市場份額將會自動被其他廠商瓜分，從而其他廠商的產量會上升，利潤會增加。所以需求曲線呈現彎折的形狀，稱為彎折的需求曲線。

斯威齊模型的具體形式如圖5－20所示。假定廠商原來處於 A 點，即產量為 Q_1，價格為 P_1。按照斯威齊的假定，廠商提價的時候，其他廠商價格不變，因而廠商的需求量將會下降很多，即產品富有彈性，相當於圖中 AE 段的需求曲線；當廠商降價的時候，其他廠商的價格也下降，因而廠商的需求量不會增加很多，從而產品是缺乏彈性的，相當於圖中 AD 段。與需求曲線相對應的邊際收益曲線也標在圖5－20中，可以看出，在 H 點與 N 點之間，邊際收益曲線有一個較大的落差。如果廠商的邊際成本為 MC_2 所代表，廠商的產量和價格分別將是 Q_1 和 P_1；如果廠商邊際成本提高至 MC_1，廠商的產量和價格仍然是 Q_1 和 P_1；如果廠商的邊際成本降低到 MC_3，廠商的利潤最大化的產量和價格仍然不變。由此可見，廠商的成本即使在一個很大的範圍內發生變動，只要是在 H 和 N 之間，廠商的產量和價格仍將保持穩定。

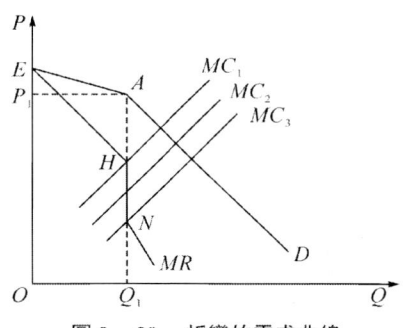

圖5－20 折彎的需求曲線

雖然斯威齊模型有助於說明寡頭市場的價格剛性現象，但也有很多的經濟學家提出了批評意見。這些批評主要集中在兩點：第一，如果按照斯威齊模型，寡頭市場應該具有比壟斷市場更為剛性的價格，但是實證的結論與此正好相反；第二，斯威齊模型只是解釋了價格一旦形成，則不易發生變動，但這個價格是如何形成的，卻沒有給出說明。

1. 基本假設條件

如果一個寡頭廠商提高價格，行業中其他寡頭廠商都不會跟著提高自己的價格，因而提價廠商的銷售量減少是很多的。

如果一個寡頭廠商降低價格，行業中其他寡頭廠商會將價格下降到相同的水準，以避免銷售份額的減少，因而該寡頭廠商的銷售量的增加是很有限的。

2. 產量與價格的決定

（1）提價，則價格、產量由 DB 段決定；

(2)降價,則價格產量由 BD 決定。

利用間斷的邊際收益曲線,可以解釋價格剛性現象:只要邊際成本 SMC 曲線的位置變動不超出邊際收益的垂直間斷範圍,寡頭廠商的均衡價格和均衡數量都不會發生變化。

第五節　經濟博弈論概述

在前面的章節中,我們看到廠商無論是進行價格決策還是產量決策,都必須考慮競爭對手的反應。這與此前所考察的廠商行為有著明顯的不同。當在決策過程中必須考慮其行為對競爭對手的影響以及競爭對手的反應時,我們實際上就進入了博弈論分析的領域。

博弈論就是對上述互動情形的研究。在這些情形中,有多個行為主體參與行動,他們的活動共同決定每個參與人所獲得的獎勵或懲罰。顧名思義,博弈論的一個直接的也是最初的應用就是現實中諸如打撲克和下棋之類的游戲。但博弈論從一開始就廣泛涉及人類行為中有關決策的相互作用或互動決策的各個方面,包括戰爭和政治活動。近年來,博弈論本身已得到豐富和發展。如今,博弈論已是廠商經濟決策分析的必備工具,這也是對上一章寡頭行為分析的繼續和深入。

一、博弈論的基本知識

博弈論(Game Theory),有時也稱為對策論,或者賽局理論,是研究具有鬥爭或競爭性質現象的理論和方法,它是應用數學的一個分支,既是現代數學的一個新分支,也是運籌學的一個重要學科。目前在生物學、經濟學、國際關係學、計算機科學、政治學、軍事戰略和其他很多學科都有廣泛的應用。主要研究公式化了的激勵結構(游戲或者博弈)間的相互作用,是研究具有鬥爭或競爭性質現象的數學理論和方法,也是運籌學的一個重要學科。

博弈論考慮游戲中的個體的預測行為和實際行為,並研究它們的優化策略。表面上不同的相互作用可能表現出相似的激勵結構(Incentive Structure),所以他們是同一個游戲的特例。其中一個有名有趣的應用例子是囚徒困境悖論(Prisoner's Dilemma)。

具有競爭或對抗性質的行為成為博弈行為。在這類行為中,參加鬥爭或競爭的各方各自具有不同的目標或利益。為了達到各自的目標和利益,各方必須考慮對手的各種可能的行動方案,並力圖選取對自己最為有利或最為合理的方案。比如日常生活中的下棋、打牌等。博弈論就是研究博弈行為中鬥爭各方是否存在著最合理的行為方案,以及如何找到這個合理的行為方案的數學理論和方法。

生物學家使用博弈理論來理解和預測進化論的某些結果。例如:John Maynard Smith 和 George R. Price 在 1973 年發表於 Nature 上的論文中提出的「Evolutionarily Stable Strategy」的這個概念就是使用了博弈理論;還可以參見演化博弈理論(Evolutionary Game Theory)和行為生態學(Behavioral Ecology)。

博弈論也應用於數學的其他分支,如概率、統計和線性規劃等。

二、博弈的分類

1. 博弈的分類根據不同的基準也有不同的分類

一般認為,博弈主要可以分為合作博弈和非合作博弈。合作博弈和非合作博弈的區別在於相互發生作用的當事人之間有沒有一個具有約束力的協議,如果有,就是合作博弈;如果沒有,就是非合作博弈。

2. 按照行為的時間序列性博弈論進一步分為靜態博弈、動態博弈兩類

靜態博弈是指在博弈中,參與人同時選擇或雖非同時選擇但後行動者並不知道先行動者採取了什麼具體行動。

動態博弈是指在博弈中,參與人的行動有先後順序,且後行動者能夠觀察到先行動者所選擇的行動。通俗的理解:「囚徒困境」就是同時決策的,屬於靜態博弈;而棋牌類游戲等決策或行動有先後次序的,屬於動態博弈。

3. 按照參與人對其他參與人的瞭解程度分為完全信息博弈和不完全信息博弈

完全博弈是指在博弈過程中,每一位參與人對其他參與人的特徵、策略空間及收益函數有準確的信息。

不完全信息博弈是指如果參與人對其他參與人的特徵、策略空間及收益函數信息瞭解得不夠準確或者不是對所有參與人的特徵、策略空間及收益函數都有準確的信息,在這種情況下進行的博弈就是不完全信息博弈。

目前經濟學家們現在所談的博弈論一般是指非合作博弈,由於合作博弈論比非合作博弈論複雜,在理論上的成熟度遠遠不如非合作博弈論。非合作博弈又分為:完全信息靜態博弈、完全信息動態博弈、不完全信息靜態博弈、不完全信息動態博弈。與上述四種博弈相對應的均衡概念為:納什均衡(Nash Equilibrium)、子博弈精煉納什均衡(Subgame Perfect Nash Equilibrium)、貝葉斯納什均衡(Bayesian Nash Equilibrium)、精煉貝葉斯納什均衡(Perfect Bayesian Nash Equilibrium)。

博弈論還有很多分類,比如:以博弈進行的次數或者持續長短可以分為有限博弈和無限博弈;以表現形式也可以分為一般型(戰略型)或者展開型,等等。

三、囚徒困境博弈

在博弈論中,含有占優戰略均衡的一個著名例子是由塔克給出的「囚徒困境」(Prisoner's Dilemma)博弈模型。該模型用一種特別的方式為我們講述了一個警察與小偷的故事。假設有兩個小偷 A 和 B 聯合犯事、私入民宅被警察抓住。警方將兩人分別置於不同的兩個房間內進行審訊,對每一個犯罪嫌疑人,警方給出的政策是:如果一個犯罪嫌疑人坦白了罪行,交出了贓物,於是證據確鑿,兩人都被判有罪。如果另一個犯罪嫌疑人也作了坦白,則兩人各被判刑 8 年;如果另一個犯罪嫌疑人沒有坦白而是抵賴,則以妨礙公務罪(因已有證據表明其有罪)再加刑 2 年,而坦白者有功被減刑 8 年,立即釋放。如果兩人都抵賴,則警方因證據不足不能判兩人的偷竊罪,但可以私入民宅的罪名將兩人各判入獄 1 年。表 5－2 給出了這個博弈的支付矩陣。

表 5－2　　　　　　　　　　囚徒困境博弈(Prisoner's dilemma)

	B 坦白	B 抵賴
A 坦白	−8, −8	0, −10
A 抵賴	−10, 0	−1, −1

我們來看看這個博弈可預測的均衡是什麼。對 A 來說，儘管他不知道 B 作何選擇，但他知道無論 B 選擇什麼，他選擇「坦白」總是最優的。顯然，根據對稱性，B 也會選擇「坦白」，結果是兩人都被判刑 8 年。但是，倘若他們都選擇「抵賴」，每人只被判刑 1 年。在表 5－2 中的四種行動選擇組合中，(抵賴, 抵賴) 是帕累托最優的，因為偏離這個行動選擇組合的任何其他行動選擇組合都至少會使一個人的境況變差。不難看出，「坦白」是任一犯罪嫌疑人的占優戰略，而 (坦白, 坦白) 是一個占優戰略均衡。

要瞭解納什的貢獻，首先要知道什麼是非合作博弈問題。現在幾乎所有的博弈論教科書上都會講「囚犯的兩難處境」的例子，每本書上的例子都大同小異。

博弈論畢竟是數學，更確切來說是運籌學的一個分支，談經論道自然少不了數學語言，外行人看來只是一大堆數學公式。好在博弈論關心的是日常經濟生活問題，所以不能不食人間煙火。其實這一理論是從棋弈、撲克和戰爭等帶有競賽、對抗和決策性質的問題中借用的術語，聽上去有點玄奧，實際上卻具有重要現實意義。博弈論大師看經濟社會問題猶如棋局，常常寓深刻道理於游戲之中。所以，多從我們日常生活中的凡人小事入手，以我們身邊的故事做例子，娓娓道來，並不乏味。

話說有一天，一位富翁在家中被殺，財物被盜。警方在此案的偵破過程中，抓到兩個犯罪嫌疑人，斯卡爾菲絲和那庫爾斯，並從他們的住處搜出被害人家中丟失的財物。但是，他們矢口否認曾殺過人，辯稱是先發現富翁被殺，然後只是順手牽羊偷了點兒東西。於是警方將兩人隔離，分別關在不同的房間進行審訊。由地方檢察官分別和每個人單獨談話。

檢察官說：「由於你們的偷盜罪已有確鑿的證據，所以可以判你們 1 年刑期。但是，我可以和你做個交易。如果你單獨坦白殺人的罪行，我只判你 3 個月的監禁，但你的同伙要被判 10 年刑。如果你拒不坦白，而被同伙檢舉，那麼你就將被判 10 年刑，他只判 3 個月的監禁。但是，如果你們兩人都坦白交代，那麼，你們都要被判 5 年刑。」斯卡爾菲絲和那庫爾斯該怎麼辦呢？他們面臨著兩難的選擇 —— 坦白或抵賴。顯然最好的策略是雙方都抵賴，結果是大家都只被判 1 年。但是由於兩人處於隔離的情況下無法串供。所以，按照亞當·斯密的理論，每一個人都是從利己的目的出發，他們選擇坦白交代是最佳策略。因為坦白交代可以期望得到很短的監禁——3 個月，但前提是同伙抵賴，顯然要比自己抵賴要坐 10 年牢好。這種策略是損人利己的策略。不僅如此，坦白還有更多的好處。如果對方坦白了而自己抵賴了，那自己就得坐 10 年牢。太不划算了！因此，在這種情況下還是應該選擇坦白交代，即使兩人同時坦白，至多也只判 5 年，總比被判 10 年好吧。所以，兩人合理的選擇是坦白，原本對雙方都有利的策略 (抵賴) 和結局 (被判 1 年刑) 就不會出現。

這樣兩人都選擇坦白的策略以及因此被判 5 年的結局被稱為「納什均衡」，也叫非合

作均衡。因為，每一方在選擇策略時都沒有「共謀」（串供），他們只是選擇對自己最有利的策略，而不考慮社會福利或任何其他對手的利益。也就是說，這種策略組合由所有局中人（也稱當事人、參與者）的最佳策略組合構成，沒有人會主動改變自己的策略以便使自己獲得更大利益。「囚徒的兩難選擇」有著廣泛而深刻的意義。個人理性與集體理性的衝突，各人追求利己行為而導致的最終結局是一個「納什均衡」，也是對所有人都不利的結局。他們兩人都是在坦白與抵賴策略上首先想到自己，這樣他們必然要服長的刑期。只有當他們都首先替對方著想時，或者相互合謀（串供）時，才可以得到最短時間的監禁結果。「納什均衡」首先對亞當·斯密的「看不見的手」的原理提出挑戰。按照斯密的理論，在市場經濟中，每一個人都從利己的目的出發，而最終全社會達到利他的效果。

不妨讓我們重溫一下這位經濟學聖人在《國富論》中的名言:「通過追求（個人的）自身利益，他常常會比其實際上想做的那樣更有效地促進社會利益。」從「納什均衡」我們引出了「看不見的手」的原理的一個悖論:從利己目的出發，結果損人不利己，既不利己也不利他。兩個囚徒的命運就是如此。從這個意義上說，「納什均衡」提出的悖論實際上動搖了西方經濟學的基石。因此，從「納什均衡」中我們還可以悟出一條真理:合作是有利的「利己策略」。但它必須符合以下黃金律:按照你願意別人對你的方式來對別人，但只有他們也按同樣方式行事才行。也就是中國人說的「己所不欲勿施於人」。但前提是人所不欲勿施於我。其次，「納什均衡」是一種非合作博弈均衡，在現實中非合作的情況要比合作情況普遍。所以「納什均衡」是對馮·諾依曼和摩根斯特恩的合作博弈理論的重大發展，甚至可以說是一場革命。

從「納什均衡」的普遍意義中我們可以深刻領悟司空見慣的經濟、社會、政治、國防、管理和日常生活中的博弈現象。我們將列舉出許多類似於「囚徒的兩難處境」這樣的例子，如價格戰、軍備競賽、污染等。一般的博弈問題由三個要素所構成:即局中人（Players）又稱當事人、參與者、策略等的集合，策略（Strategies）集合以及每一對局中人所做的選擇和贏得（Payoffs）集合。其中所謂贏得是指如果一個特定的策略關係被選擇，每一局中人所得到的效用。所有的博弈問題都會遇到這三個要素。

【專欄知識】

博弈論的現實應用

1. 價格戰博弈

現在我們經常會遇到各種各樣的家電價格大戰、彩電大戰、冰箱大戰、空調大戰、微波爐大戰……這些大戰的受益者首先是消費者。每當看到一種家電產品的價格大戰，百姓都會「沒事兒偷著樂」。在這裡，我們可以解釋廠家價格大戰的結局也是一個「納什均衡」，而且價格戰的結果是誰都沒錢賺。因為博弈雙方的利潤正好是零。競爭的結果是穩定的，即是一個「納什均衡」。這個結果可能對消費者是有利的，但對廠商而言是災難性的。所以，價格戰對廠商而言意味著自殺。從這個案例中我們可以引申出兩個問題:一是競爭削價的結果或「納什均衡」可能導致一個有效率的零利潤結局。二是如果不採取價格戰，作為一種敵對博弈論（Vivalry Game）其結果會如何呢?每一個企業，都會考慮採取正常價格策略，還是採取高價格策略形成壟斷價格，並盡力獲取壟斷利潤。如果壟斷可以形

成,則博弈雙方的共同利潤最大。這種情況就是壟斷經營所做的,通常會抬高價格。另一個極端的情況是廠商用正常的價格,雙方都可以獲得利潤。從這一點,我們又引出一條基本準則:「把你自己的戰略建立在假定對手會按其最佳利益行動的基礎上。」事實上,完全競爭的均衡就是「納什均衡」或「非合作博弈均衡」。在這種狀態下,每一個廠商或消費者都是按照所有的別人已定的價格來進行決策。在這種均衡中,每一企業要使利潤最大化,消費者要使效用最大化,結果導致了零利潤,也就是說價格等於邊際成本。在完全競爭的情況下,非合作行為導致了社會所期望的經濟效率狀態。如果廠商採取合作行動並決定轉向壟斷價格,那麼社會的經濟效率就會遭到破壞。這就是為什麼世界貿易組織(WTO)和各國政府要加強反壟斷的意義所在。

2. 污染博弈

假如市場經濟中存在著污染,但政府並沒有管制的環境,企業為了追求利潤的最大化,寧願以犧牲環境為代價,也絕不會主動增加環保設備投資。按照看不見的手的原理,所有企業都會從利己的目的出發,採取不顧環境的策略,從而進入「納什均衡」狀態。如果一個企業從利他的目的出發,投資治理污染,而其他企業仍然不顧環境污染,那麼這個企業的生產成本就會增加,價格就要提高,它的產品就沒有競爭力,甚至企業還要破產。這是一個「看不見的手的有效的完全競爭機制」失敗的例證。直到20世紀90年代中期,中國鄉鎮企業的盲目發展造成嚴重污染的情況就是如此。只有在政府加強污染管制時,企業才會採取低污染的策略組合。企業在這種情況下,獲得與高污染同樣的利潤,但環境將更好。

3. 貿易戰博弈論

這個問題對於剛剛加入世界貿易組織(WTO)的中國而言尤為重要。任何一個國家在國際貿易中都面臨著保持貿易自由與實行貿易保護主義的兩難選擇。貿易自由與壁壘問題,也是一個「納什均衡」,這個均衡是貿易雙方採取不合作博弈的策略,結果使雙方因貿易戰受到損害。X國試圖對Y國進行進口貿易限制,比如提高關稅,則Y國必然會進行反擊,也提高關稅,結果誰也沒有撈到好處。反之,如X和Y能達成合作性均衡,即從互惠互利的原則出發,雙方都減少關稅限制,結果大家都從貿易自由中獲得了最大利益,而且全球貿易的總收益也增加了。

【本章小結】

在本章中,西方學者通過對完全競爭廠商和行業的短期和長期均衡的分析,推導出完全競爭廠商和行業的短期供給曲線以及行業的長期供給曲線,說明了完全競爭市場的價格和產量的決定。在此基礎上,強調了完全競爭市場能以最低的成本進行生產來使消費者得到最大的滿足。此外,西方學者考察了壟斷、寡頭和壟斷競爭這三種非完全競爭市場的產量和價格的決定,並進一步結合完全競爭市場,對不同市場組織下的經濟效益進行了比較。

【思考題】

1. 用圖說明完全競爭廠商短期均衡的形成及其條件。
2. 為什麼完全競爭廠商的短期供給曲線是 SMC 曲線上等於或高於 AVC 曲線最低點的部分？
3. 用圖說明完全競爭廠商長期均衡的形成及其條件。
4. 用圖說明壟斷廠商短期和長期均衡的形成及其條件。
5. 試述古諾模型的主要內容和結論。
6. 彎折的需求曲線模型是如何解釋寡頭市場上的價格剛性現象的？

【綜合案例】

農村春聯市場：完全競爭的縮影

去年臨近春節，筆者有機會對某村農貿市場的春聯銷售進行了調查，該農貿市場主要供應周圍7個村5000多農戶的日用品需求。貼春聯是中國民間的一大傳統，春節臨近，春聯市場紅紅火火，而在農村，此種風味更濃。

在該春聯市場中，需求者有5000多農戶，供給者為70多家零售商，市場中存在許多買者和賣者；供應商的進貨渠道大致相同，且產品的差異性很小，產品具有高度同質性（春聯所用紙張、製作工藝相同，區別僅在於春聯所書寫內容的不同）；供給者進入退出沒有限制；農民購買春聯時的習慣是逐個詢價，最終決定購買，信息充分；供應商的零售價格水準相近，提價的話基本上銷售量為零，降價會引起利潤損失。原來，中國有著豐富文化內涵的春聯，其銷售市場結構竟是一個高度近似的完全競爭市場。

供應商在銷售產品的過程中，都不願意單方面降價。春聯是農村過年的必需品，購買春聯的支出在購買年貨的支中只占很小的比例，因此其需求彈性較小。某些供應商為增加銷售量，擴大利潤而採取的低於同行價格的競爭方法，反而會使消費者認為其所經營的產品存在瑕疵（例如：上年庫存、產品質量存在問題等），從而不願買。

該農村集貿市場條件簡陋，春聯商品習慣性席地擺放，大部分供應商都將春聯放入透明的塑料袋中以防塵保持產品質量，而少部分供應商則更願意損失少部分產品暴露於陽光下、寒風中，以此展示產品。因此就產生了產品之間的鮮明對照。暴露在陽光下的春聯更鮮豔，更能吸引消費者目光、刺激購買慾望，在同等價格下，該供應商銷量必定高於其他同行。由此可見，在價格競爭達到極限時，價格外的行銷競爭對企業利潤的貢獻不可小視。

在商品種類上，例如「金雞滿架」一類小條幅，批發價為0.03元／副，零售價為0.3元／副；小號春聯批發價為0.36元／副，零售價為0.50元／副。因小條幅在春聯中最為便宜且為春聯中的必需品，統一價格保持5～6年不變，因此消費者不對此討價還價。小條幅春聯共7類，消費者平均購買量為3～4類，總利潤可達1.08元，並且人工成本較低。而小號春聯相對價格較高，在春聯支出中占比重較大，討價還價較易發生；由此，價格降低

和浪費的時間成本會造成較大利潤損失,對小號春聯需求量較大的顧客也不過購買 7～8 副,總利潤至多 1.12 元。因此,我們不難明白浙江的小小紐扣風靡全國、使一大批人致富的原因;也提醒我們,在落後地區發展勞動密集、技術水準低、生產成本低的小商品生產不失為一種快速而行之有效的致富方法。

春聯市場是一個特殊的市場,時間性很強,僅在年前存在 10 天左右,供應商只有一次批發購進貨物的機會。供應商對於該年購入貨物的數量主要基於上年銷售量和對新進入者的預期分析。如果供應商總體預期正確,則該春聯市場總體商品供應量與需求量大致相同,則價格相對穩定。一旦出現供應商總體預期偏差,價格機制就會發揮巨大的作用,將會出現暴利或者虧損。

綜上可見,小小的農村春聯市場竟是完全競爭市場的縮影與體現,橫跨經濟與管理兩大學科。這也就不難明白經濟學家為何總愛將問題簡化研究,就像克魯格曼在《蕭條經濟學的迴歸》一書中,總喜歡以簡單的保姆公司為例得出解決經濟問題的辦法,這也許真的有效。

就案例中所提到農村春聯市場來看,從春聯產品的同質性、廠商進入與退出市場沒有障礙、買賣雙方的數量很多以及信息的充分說明春聯市場接近於一個完全競爭的市場。這種競爭的充分性主要來源於產品的同質性即產品之間的完全替代,而廠商的無數個保證單個廠商不能控制產品的價格,在模型中要求參與者數量是無數個,他們的經濟行為對價格沒有影響。在現實中,儘管廠商和消費者的數量很大,但總是有限的,也就不能滿足個體行為對價格沒有影響的條件。從信息的充分與對稱性來看,忽略了獲取信息是有成本的,人們對與信息的搜尋與獲取也是建立在成本與收益的比較之上而做出決策,在現實中人們往往根據經驗來做出產品相關性質的判斷,所以在一些外觀形狀、顏色等較容易判斷的低級產品上容易產生接近於完全競爭性質的市場,而在一些個體化的、對產品和服務需要更多信息的高級產品以及需要相關制度安排來保證交易的順利進行的產品和勞務就不太容易形成接近於完全競爭性質的市場。在自由進出市場上,政府扮演一個非常重要的角色,我們似乎可以從政府是不是促進廠商之間,不論是國有企業還是私有企業的充分競爭來判斷政府的社會價值是不是從效率出發,如果人為規定某個領域不能讓某幾類性質廠商進入,那麼可以肯定一點,那就是政府一定有經濟效率之外的考慮即並沒有完全從經濟效率的角度來促進社會經濟的發展。

資料來源:楊曉東. 農村春聯市場:完全競爭的縮影. 經濟學消息報,2004－6－25.
【討論題】
如何按完全競爭市場的基本條件來分析農村春聯市場?

第六章　分配理論

【學習目標與要求】

通過系統地學習,掌握的生產要素價格與收入分配基本知識和基本體系。掌握生產要素價格與收入分配理論的基本內容和分析方法,瞭解的生產要素價格決定特點及應用。

【學習重難點】

重點:廠商的利潤最大化原則 $MR = MC$ 在要素市場是如何轉變為 $MRP = MFC$。
難點:不同市場類型下的生產要素市場的價格決定。
1. 生產要素的需求
2. 生產要素的供給和價格決定
3. 貧富差別

第一節　生產要素價格的決定

19 世紀末,由馬歇爾提出的「四位一體」公式:勞動——工資、資本——利息、土地——地租、企業家才能——利潤,概括了現代西方經濟學分配理論的中心和研究基礎。勞動、資本、土地、企業家才能各種生產要素根據各自在生產中所作的貢獻獲得相應的報酬,其報酬就是各生產要素的價格。因此,分配理論主要解決的是生產要素的價格決定問題。而生產要素的價格決定與產品的價格決定一樣,是由供求關係決定的。

分析生產要素的價格決定,應該從生產要素的需求與供給兩方面進行考察。由於要素市場和產品市場都存在完全競爭和非完全競爭兩種情況,所以在不同的市場結構中對生產要素的需求不同,會導致生產要素的價格決定不同。本節僅分析要素市場和產品市場均是完全競爭情況下的生產要素價格的決定。

一、生產要素的需求

(一) 生產要素需求的性質

1. 生產要素的需求是一種派生的需求

消費者購買產品是為了直接滿足自己的需要,而生產者對生產要素的需求並不是為了直接滿足自己的需要,而是為了生產出消費者所需要的產品,實現利潤最大化。也就是

說,生產者對生產要素的需求,是由消費者對產品的直接需求派生或引致出來的,是一種派生需求或引致需求。例如:消費者需要麵包,這就引致麵包生產者購買原材料、勞動力、機器設備等生產要素進行生產。

2. 生產要素的需求是一種聯合的需求或相互依存的需求

任何產品都不可能僅靠一種生產要素就能生產出來,生產需要多種要素的結合,並且各要素之間具有替代性或互補性。如果只增加一種生產要素而不增加另一種生產要素,就會出現邊際收益遞減現象。

(二)影響生產要素需求變動的主要因素

(1)市場對產品的需求和產品的價格。一般而言,市場對某種產品的需求越大,該產品的價格越高,則對生產這種產品所需要的生產要素的需求就越大;反之,則結果相反。

(2)生產技術狀況。如果生產技術是資本密集型的,則對資本的需求大;如果生產技術是勞動密集型的,則對勞動的需求大。同時,生產技術構成發生變化時,也會對生產要素需求產生替代影響或互補影響。

(3)生產要素價格。生產要素的價格會影響生產者的成本和利潤。由於各生產要素之間具有一定的替代性,生產者一般會用價格低的生產要素代替價格高的生產要素。

(4)產品市場結構和生產要素市場結構的影響,即是完全競爭還是非完全競爭的市場結構。

(5)一家生產者對生產要素的需求與整個行業對生產要素需求的關係。

二、生產要素的供給

生產要素從供給方面看,包括三大類:自然資源、資本品、勞動。在經濟分析中,一般認為土地、礦藏之類的自然資源的供給是固定不變的;資本品類生產要素的供給,同其他商品的供給一樣,價格上漲,供給增加,反之結果相反;而對於非物質的人的勞動的供給,又不同於前兩種生產要素的供給,當其價格達到一定水準後,其供給反而隨價格的上漲而減少,其供給曲線是一條向後彎的線。

三、完全競爭條件下生產要素價格的決定

(一)生產要素的邊際生產力

邊際生產力(MP)是指在其他條件不變的情況下,增加一單位某種生產要素所增加的產量或收益。如果以實物來表示生產要素的邊際生產力,則稱為邊際物質產品(MPP)。如果以貨幣來表示生產要素的邊際生產力,則稱為邊際收益產品(MRP),即投入的邊際要素所能增加的總收益數量,也就是邊際物質產品所能獲得的邊際收益。用公式表示即 $MRP = MPP \times MR$,MR 表示邊際收益。如果以邊際要素所生產的產品市場價格來表示生產要素的邊際生產力,則稱為邊際產品價值(VMP),$VMP = MPP \times P$。

在完全競爭市場條件下,生產者銷售的產品價格 P 等於平均收益,也等於邊際收益,即 $P = MR$,因此有:$MRP = VMP$。

(二) 生產要素的需求曲線與供給曲線

1. 生產要素的需求曲線

為了簡便，這裡假設其他生產要素不變，只有勞動一種可變要素，且只分析單個生產者的均衡。在完全競爭市場條件下，對單個生產者來說，價格是不變的，等於邊際收益。可見，生產者對生產要素的需求取決於生產要素的邊際收益。由於邊際收益遞減規律的作用，在其他條件不變的情況下，要素的邊際物質產品隨著生產要素的增加而遞減，從而要素的邊際收益產品或邊際產品價值遞減，邊際生產力曲線是一條向右下方傾斜的線，這條曲線也是生產要素需求曲線，如圖6－1所示。

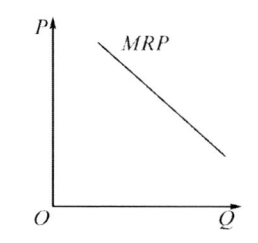

圖6－1　生產要素的需求曲線

2. 生產要素的供給曲線

由於在完全競爭市場條件下，單個生產者只是價格的接受者，因此，生產要素的供給曲線是一條和橫軸平行的直線。同時由於要素價格固定不變，則平均要素成本(AFC)等於邊際要素成本(MFC)等於要素價格，即$AFC = MFC = W_0$，如圖6－2所示。

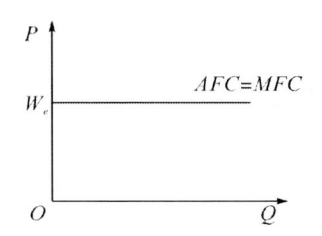

圖6－2　生產要素的供給曲線

(三) 生產要素的均衡價格與使用量的決定

在完全競爭市場條件下，生產要素的均衡價格與使用量由要素的需求和供給共同決定。生產者要實現利潤最大化就必須滿足$MRP = MFC$。如圖6－3所示，生產要素的需求曲線即邊際收益產品曲線MRP或邊際產品價值曲線VMP，與生產要素的供給曲線即邊際成本曲線MFC相交於E點，此時的價格W_0和要素的使用量Q_0即在完全競爭市場條件下生產要素的均衡價格和使用量。

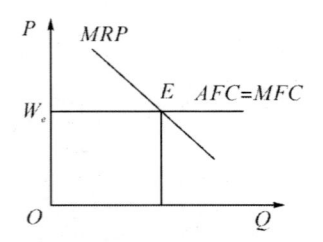

圖 6-3　生產要素的均衡價格與使用量的決定

第二節　工資理論

工資是勞動者提供勞務後所得到的報酬，也就是勞動這種生產要素的價格。在實際支付中，工資可以從不同的角度進行分類。從計算方式上分，有按勞動時間長短支付的計時工資與按勞動成果和質量支付的計件工資；從支付手段上分，有以貨幣支付的貨幣工資與以實物支付的實物工資；從購買力上分，有按貨幣單位衡量的名義工資與按實際購買力衡量的實際工資。本節將分別討論完全競爭市場上和非完全競爭市場上貨幣工資的決定和變動。

一、完全競爭市場上工資的決定

在完全競爭市場上，工資的決定完全由勞動的供求關係決定，也就是勞動的需求與供給均衡時的價格。

（一）勞動的需求

生產者對勞動的需求主要取決於勞動的邊際生產力，勞動的邊際生產力是遞減的。生產者在購買勞動時要使勞動的邊際成本（即工資）等於勞動的邊際產品。當勞動的邊際產品大於工資，生產者就會增加對勞動的需求；反之，則減少。因此，勞動的需求曲線是一條向右下方傾斜的曲線，表明勞動的需求量與工資成反向變動。

（二）勞動的供給

勞動的供給主要取決於勞動的實際成本和心理成本。實際成本即維持勞動者個人和家庭生活所必需的生活資料費以及勞動者的教育、勞動技能培訓等費用。因為勞動，勞動者犧牲了休閒娛樂和享受的時間和精力，這會給勞動者造成心理上的負效用，為了補償這種負效用需要給勞動者支付工資，即是勞動的心理成本。但是，當貨幣收入不足以補償這種負效用時，勞動就會減少。

一般而言，工資增加勞動會增加，但當工資增加到一定程度後，再增加工資，勞動不但不會增加還會減少。這正是由於勞動的心理成本的存在，工資增加到一定程度後，貨幣的邊際效用遞減，不足以抵消心理上的負效用。因此，勞動的供給曲線是一條先向右上方後向左上方彎曲的曲線，表明在一定工資水準上，勞動的供給與工資成同向變動，當工資

達到一定水準之後,勞動的供給與工資成反向變動。

(三) 工資的決定

在完全競爭市場上工資的決定由對勞動的需求與勞動的供給決定。如圖 6-4 所示,勞動的需求曲線 D_L 與勞動的供給曲線 S_L 相交於點 E,決定了工資 W_e,需要的勞動量 L_e,此時的工資 W_e 即為均衡時的勞動價格。當勞動的需求大於供給時,工資就上漲;反之,工資就下降。

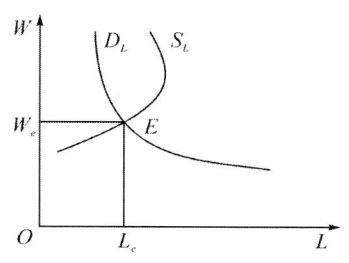

圖 6-4　完全競爭市場上的工資決定

二、非完全競爭市場上工資的決定

非完全競爭市場包括兩種情況,一是生產者對勞動購買的壟斷;二是勞動者組成工會對勞動供給的壟斷。經濟學中,工會被認為是一種能對勞動的供給和工資的決定產生重要影響的組織。工會對工資的影響和干預主要通過以下三種方式:

(一) 增加對勞動的需求

在勞動供給不變的條件下,工會可以採取措施通過增加市場對產品的需求來增加對勞動的需求,從而達到提高工資的目的。例如要求政府鼓勵出口限制進口、實行貿易保護主義等。如圖 6-5 所示,原來的勞動需求曲線 D_0 與供給曲線 S 相交於 E_0,決定了工資水準為 W_0,勞動使用量 L_0。工會採取措施增加對勞動的需求後,需求曲線 D_0 移動到 D_1,與 S 線交於 E_1,從而使工資水準提高到 W_1,同時使勞動使用量增加到 L_1。可見,增加對勞動的需求不僅可以提高工資水準,而且能提高就業水準。

(二) 減少對勞動的供給

在勞動的需求不變的條件下,工會同樣可以採取措施通過減少對勞動的供給來提高工資水準,只是這種方法會減少就業。如圖 6-6 所示,原來的勞動供給曲線 S_0 與需求曲線 D_L 相交於 E_0,決定了工資水準為 W_0,就業量為 L_0。工會採取措施使勞動的供給減少,受雇的勞動者數量由 L_0 減少到 L_1,供給曲線 S_0 向左移動到 S_1,與 D_L 交於 E_1,決定了新的工資水準 W_1。可見這種方法雖然使工資水準由 W_0 提高到 W_1,但是卻使就業水準由 L_0 降低到 L_1 了。

工會減少對勞動的供給主要採用的方法有:限制非工會會員受雇、禁止使用童工、限制移民、縮短工作時間、通過政府立法強制提前退休等。

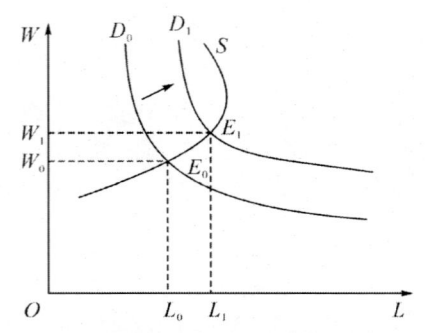

圖 6－5　增加對勞動的需求時的工資決定

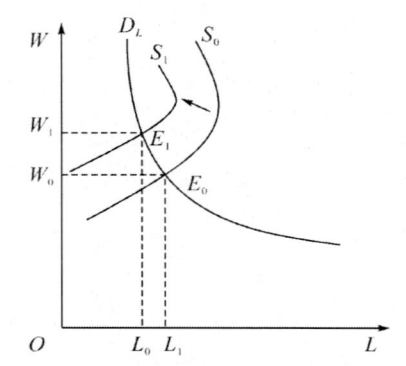

圖 6－6　減少對勞動的供給時的工資決定

(三) 最低工資法

工會可以通過一些活動迫使政府通過立法形式確定最低工資水準以保護勞動者的利益,這樣即使在勞動的供給大於需求時,也能使工資維持在一定水準。如圖 6－7 所示,勞動的需求曲線 D_L 與供給曲線 S_L 交於點 E_0,決定的工資水準為 W_0,對勞動的需求為 L_0。而最低工資法規定的最低工資水準為 $W_1 > W_0$,由於勞動的價格較高,生產者對勞動的需求下降為 L_1,但反應在供給曲線上的勞動供給量為 $L_2 > L_1$,說明在這種情況下,存在失業,失業人數為 L_2L_1。

三、影響工會作用的限制條件

雖然工會可以通過以上三種方式影響工資的決定,但其作用也會收到一些條件的限制。

(一) 對勞動需求影響的受限條件

1. 產品需求的彈性

勞動的需求取決於消費者對產品的需求,如果某種產品的需求彈性較大,則增加工資會使該產品的價格上升,從而造成市場對該產品的需求減少,那麼要求增加工資的難

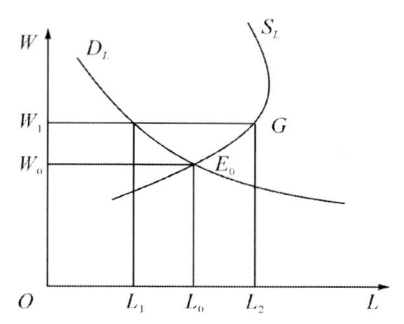

圖 6-7 制定最低工資法的工資水準

度就會較大；反之，則結果相反。

2. 勞動在總成本中所占的比例

如果勞動在總成本中所占的比例較大，增加工資會引起總成本增加較多，那麼工會提高工資的要求就不容易實現；相反，如果勞動在總成本中所占的比例較小，那麼工會提高工資的要求比較容易實現。

3. 勞動的可替代性

如果勞動不容易被其他生產要素替代，較容易提高工資；如果勞動較容易被其他生產要素替代，則工資提高就有限。

(二) 對勞動供給影響的受限條件

1. 工會控制的人數

工會控制的工人人數越多，壟斷程度越高，對工資的影響程度就越大；反之，則結果相反。

2. 工人的流動性

如果工人的流動性大，某一行業或地區可以從其他來源獲得工人，則該行業或地區工人提高工資的要求就不容易實現；反之，則較容易實現。

3. 工會的基金

如果工會的經濟力量較強，能夠保障工人罷工期間的生活，則提高工資的要求比較容易實現；反之，則不容易實現。

在勞動市場上同時還存在生產者的賣方壟斷，當生產者的壟斷程度較高時，就會盡量將工資壓低到勞動的邊際生產力之下。但從長期來看，仍然是勞動的供求狀況在起決定性作用，這是決定工資的關鍵因素。

第三節　利息理論

一、利息的產生

利息是資本這種生產要素的價格，即資本家投入資本參與了生產而獲得的報酬。在

西方經濟學中對利息的產生有以下三種解釋：一是由於未來是難以預測的，人們對物品未來效用的評價總是小於現在的效用，所以大多偏好於現期消費，即現在多增加一單位消費所帶來的邊際效用大於將來多增加一單位消費所帶來的邊際效用。利息可以說是人們放棄了貨幣的現期消費將其作為資本而獲得的補償。二是迂迴生產理論認為，先生產出生產資料，然後再用這些生產資料生產出消費品，這種迂迴生產提高了生產效率，而迂迴生產的實現必需有資本的投入。這種由於資本而提高的生產效率就是資本的淨生產力，資本的淨生產力就是利息產生的根源。三是貨幣有給人們帶來希望的效用，而把貨幣作為資本借出後就意味著失去了這種效用，因此需要用利息作為補償。

二、利息率的決定

利息與工資不同，不是以貨幣的絕對量來表示，而是用利息率來表示。利息率是利息在每一單位時間內在貨幣資本中所占的比重。例如貨幣資本為 20,000 元，利息為 1 年 1000 元，則利息率為 5%，或稱年利息為 5%。利息率由資本的需求與供給決定，即資本供求的均衡價格決定利息率。

(一) 資本的需求

對資本的需求主要來自於生產者進行投資，以實現利潤最大化。投資是否可行，取決於利潤率與利息率之間的差額。如果利潤率比利息率越高，純利潤越大，則生產者越願意投資，對資本的需求也就越大；反之純利潤越小，生產者就越不願意投資，對資本的需求也就越小。因此，在利潤率不變的情況下，利息率與投資呈反向變動，即生產者對資本的需求與利息率的高低呈反向變動，資本的需求曲線是一條向右下方傾斜的曲線。

(二) 資本的供給

資本的供給主要來源於人們的儲蓄，人們儲蓄放棄了現期消費是為了獲得利息作為補償。如果利息率越高，人們越願意增加儲蓄，資本的供給越多；反之，則結果相反。可見，資本的供給量是與利息率同向變動的，資本的供給曲線是一條向右上方傾斜的曲線。

(三) 均衡利息率的決定

均衡利息率是由資本的供給和需求共同決定的，反應在圖 6-8 中，即資本的需求曲線 D 與資本的供給曲線 S 的交點 E 所決定的利息率 I_0，此時的資本均衡供給量為 K_0。

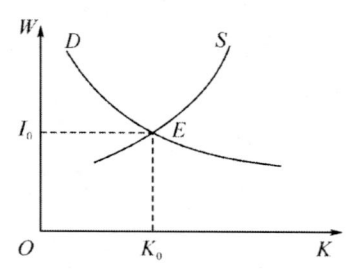

圖 6-8 均衡利息率的決定

這裡所提到的由資本供求關係決定的利息一般稱為「純利息」，反應的是資本的淨生產力。在資本市場上，債權人對債務人收取的利息中還包括了由於借貸風險所產生的利息(如不能按期償還的風險、通貨膨脹導致的貨幣貶值風險等)，這種包括了風險收入的利息稱為借貸利息，它與純利息在量上是有差別的。

三、利息在經濟生活中的作用

利息是資本的價格，通過利息率的調節作用實現了資本市場的均衡。當資本供大於求，利息率上升，資本供給增加；當資本供不應求，利息率下降，資本需求增加。從利息率的這種調節作用中可以看出，利息在現實經濟生活中發揮著重要作用。

首先，可以鼓勵人們多儲蓄少消費，從而增加投資。其次，可以促使資本得到更有效的利用。在利息率既定的情況下，人們會合理投資，使資本發揮其最大效用，產生高利潤，同時由於利息的存在，企業會更節約、有效的利用資本，提高資本利用率。再次，利息可以從一定程度上抑制通貨膨脹。在通貨膨脹出現時，提高利息率可以抑制人們對可貸資金的需求，刺激可貸資金的供給，從而抑制通貨膨脹。最後，由於利息率是連接財政、貨幣、外匯等政策的槓桿，所以政府可以通過調節利息率來運行宏觀經濟政策。

第四節　　地租理論

地租是土地這種生產要素的價格，土地所有者提供土地，以地租作為報酬。地租理論中的土地包括礦山、油田、土壤、水域等生產中使用的一切自然資源。地租的產生在於土地資源本身具有生產力，並且具有數量有限、不能再生、不能移動、質量不同的特點。地租的產生和歸屬是兩個不同的問題。地租產生於以上原因，是普遍存在的，但地租的歸屬是與土地所有制性質相聯繫的。在私有制社會，地租歸土地所有者所有，在國有制社會，地租歸國家所有。

一、地租的決定

與工資和利息一樣，地租由土地的需求與供給決定。同樣，土地的需求取決於土地的邊際生產力，土地的邊際生產力是遞減的，因此，土地的需求曲線是一條向右下方傾斜的曲線。而由於土地是一種不可再生的自然資源，就整個社會而言，土地存量是基本不變的，所以土地的供給是固定不變的，土地的供給曲線是一條垂直於橫軸的直線。

土地市場均衡時，地租的決定以及地租的發展趨勢可以用圖6－9來說明。橫軸代表土地量，縱軸代表地租，S線為土地的供給曲線，D_0為土地的需求曲線，兩線交於點E_0，決定地租為R_0。隨著社會經濟的發展，對土地的需求不斷增加，D_0線向右移動，假設到D_1，但土地的供給不變，仍為S，D_1與S交於E_1，決定新的地租$R_1 > R_0$，表明隨著對土地需求的增加，地租有不斷上漲的趨勢。

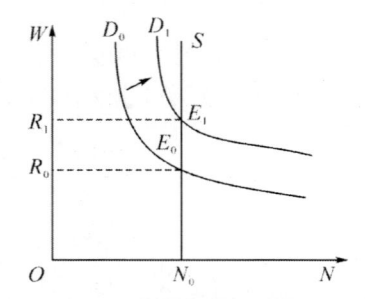

圖 6-9 土地市場均衡時地租的決定

二、級差地租的形成與決定

以上所分析的土地市場均衡時的地租屬於絕對地租,是假定所有的土地是同質的,沒有考慮土地的肥沃程度和地理位置差異,但實際上,土地肥沃程度和地理位置的差別相當大,對地租的形成有著非常重要的影響,從而形成了級差地租。

表 6-1 中反應的是在其他生產要素相同、生產成本相同、農產品市場價格相同的情況下,五塊肥沃程度不同的土地 A、B、C、D、E 的總產值不同,從而形成不同的級差地租。A、B、C 三塊肥沃程度不同的土地分別產生了 400、200、100 的級差地租,土地 D 總產值＝總成本,沒有地租,稱為邊際土地,而土地 E 的收益無法彌補成本,不會被利用。

表 6-1　　　　　　　　　級差地租的形成與決定

土地	產量	價格	總產值	生產成本	級差地租
A	300	2	600	200	400
B	200	2	400	200	200
C	150	2	300	200	100
D	100	2	200	200	0
E	80	2	160	200	-40

隨著經濟社會發展,農產品價格上漲,級差地租也會隨之上升,如表 6-2 所示。當農產品價格上漲到 2.5 時,A、B、C 三塊土地由於總產值增加,級差地租相應的增加為 550、300、175,D 塊土地也隨之產生了 50 的級差地租,E 土地變成可以利用的邊際土地。可見,隨著經濟發展,級差地租也在增加。

表 6-2　　　　　　　　　經濟發展後級差地租的變化

土地	產量	價格	總產值	生產成本	級差地租
A	300	2.5	750	200	550
B	200	2.5	500	200	300
C	150	2.5	375	200	175

表6-2(續)

土地	產量	價格	總產值	生產成本	級差地租
D	100	2.5	250	200	50
E	80	2.5	200	200	0

三、準地租與經濟租

(一) 準地租

準地租又稱為準租金或準租，是指固定資產在短期內所得到的收入。在短期內，固定資產和土地的供給類似，是固定不變的，只要產品的銷售價格能夠彌補平均可變成本，就可以利用這些固定資產進行生產。而產品價格彌補其平均可變成本之後的餘額就是這些固定資產的收入。這種收入和地租性質類似，因此英國經濟學家馬歇爾將其稱為「準地租」。尤其注意的是，準地租只在短期內存在。從長期來看，由於生產者可以調整生產要素，所以固定資產也是可變的，與土地的供給不一樣，因此在長期內不會有準地租存在。

(二) 經濟租

經濟租是指生產要素所有者得到的實際收入高於他所希望得到的收入，其超過部分就是經濟租。經濟租也稱為「生產者剩餘」，類似於消費者剩餘，但與消費者剩餘不同的是它是實際存在的，而消費者剩餘只是一種心理上的感覺。經濟租與準地租的不同之處在於它在長期內也存在。例如，市場上有A、B兩類工人，A類工人的素質較高，所要求的工資為每天60元，B類工人的素質較低，要求的工資為每天40元。如果某項工作，A、B兩類工人都能勝任，在雇傭工人時廠商肯定首選B類工人，但當B類工人不夠時也不得不雇傭A類工人。假定某廠商需要200名工人，他就必須雇傭A、B兩類工人。這時，廠商必須按A類工人的要求支付每個工人每天60元的工資，這樣，B類工人同樣得到每人每天60元的工資，其中超出他們所期望的20元就是經濟租，其他生產要素所有者也可以得到這種經濟租。

第五節　利潤理論

一、正常利潤

經濟學中將利潤分為正常利潤和超額利潤，這兩種利潤的性質和來源是不同的。正常利潤是企業家才能這種生產要素的報酬，即企業家才能的價格，其性質和工資一樣，也是由企業家才能的需求與供給所決定。

在市場上，對企業家才能的需求是很大的，它是將勞動、資本以及土地結合起來生產出更多更好產品的決定性因素，是決定一個企業生產經營好壞的關鍵。然而，並非每個人都具有企業家的天賦，有膽識、有才能、受過良好教育同時擁有豐富實踐經驗的人畢竟是

少數,因此企業家才能的供給是很少的。這樣,需求過剩、供給稀缺決定了企業家才能的價格——正常利潤很高。所以說,正常利潤是一種特殊的工資,正是由於雖然其性質和工資一樣,但就數額上來講卻遠遠高於一般勞動所得的工資。

正常利潤是一種隱含成本,包括在成本之中,收支相抵就獲得了正常利潤。在完全競爭條件下,利潤最大化實際上就是獲得正常利潤。

二、超額利潤

超額利潤是總收益減去全部成本之後的那部分利潤,即超過正常利潤的那部分利潤,也稱為「經濟利潤」、「純利潤」、「淨利潤」。在完全競爭條件和靜態社會中,不存在超額利潤,只有在非完全競爭市場和動態社會中,才會產生超額利潤。西方經濟學中對超額利潤的來源解釋為創新、風險和壟斷的結果。

(一) 創新利潤

按照熊彼特的觀點,創新包括:第一,引進一種新的產品;第二,引進一種新的生產方法;第三,開闢一個新的市場;第四,獲得一種原料的新來源;第五,採用一種新的組織形式。也就是說,創新是企業家對生產要素實行新的組合,從而提高生產效率、降低成本、提高產品質量、提高產量和銷售量、提高企業競爭力,進而產生超額利潤。創新一定會給企業帶來超額利潤,它符合社會發展的要求。一個社會需要不斷創新才能進步,創新是社會技術進步的動力,所以因為創新而獲得的超額利潤是對有遠見、有膽識的企業家的獎勵,是正當的,是一個社會進步必須付出的代價。

(二) 風險利潤

風險是從事某項事業時失敗的可能性。由於未來是難以預測的,企業家很難準確預計市場供求關係的變動、經濟週期的變動、企業內部組織管理可能出現的問題、政局變動、政策改變、自然災害等,因而風險是普遍存在的。既然存在失敗的可能,就應該給企業家支付保險金作為冒風險的補償。另外,社會的進步需要一些人去冒風險從事一些事業,例如開發新技術、新行業或地區、試製新產品等,因此也需要以超額利潤的形式給予這些甘冒風險的人作為報酬。可見,由於冒風險而得到的超額利潤也是一種合理的報酬。

(三) 壟斷利潤

由壟斷而產生的超額利潤稱為壟斷利潤。壟斷包括賣方壟斷和買方壟斷。賣方壟斷也稱為專賣,是指對某種產品或生產要素銷售權的壟斷。壟斷者通過提高銷售價格,以損害消費者或生產要素購買者的利益而獲得超額利潤。買方壟斷也稱為專買,是指對某種產品或生產要素購買權的壟斷。壟斷者通過壓低收購價格以損害生產者或生產要素供給者的利益而獲得超額利潤。

由於壟斷所產生的超額利潤是壟斷者憑藉其壟斷地位,利用壟斷價格,對消費者、生產者或生產要素供給者的剝削,是少數人對整個社會的剝削,最後導致社會福利的損失,是不合理、不正當的,應該予以限制。壟斷利潤也是市場競爭不完全的結果。

三、利潤在經濟生活中的作用

經濟學家認為，利潤是推動社會進步的動力，在經濟生活中有其重要作用。第一，作為企業家才能報酬的正常利潤，可以促使企業家更好的組織經營生產管理，提高經濟效率；第二，創新有利於社會技術進步，創新利潤能鼓勵企業家不斷大膽創新，推動社會發展；第三，風險利潤可以鼓勵企業家勇於承擔風險，從事有利於社會經濟發展的風險事業；第四，利潤能使企業按照社會需要進行生產，有效利用資源，努力降低成本，從而使企業在整體上符合社會的利益；第五，利潤可以引導投資，使資本與資源的配置符合社會發展的需要。

第六節　　社會分配平等程度的衡量

以上各節我們討論了各生產要素的價格決定，即是分析了個人收入的分配問題。從整個社會的角度來看，收入分配是否平等？應該用一種什麼標準進行衡量？目前國際上通用的一個衡量社會收入分配平等程度的指標是洛倫茨曲線和基尼系數。

一、洛倫茨曲線

洛倫茨曲線是美國統計學家洛倫茨提出來的，反應社會收入分配或財產分配平等程度的一條曲線。它是將社會各階層人口在總人口中所占的比重與他們的收入在社會總收入中所占比重進行比較，從而衡量一個社會或國家的收入分配是否平等。

如果將一個社會總人口，按其收入由低到高分為10個等級，每個等級人口均占總人口的10％，然後根據他們在社會總收入中所占的比重如表6－3所示。

表6－3　　　　　　　　　社會收入分配平等程度資料

人口等級	占總人口百分比（％）	合計（％）	占總收入百分比（％）	合計（％）
1	10	10	2	2
2	10	20	3.5	5.5
3	10	30	4.5	10
4	10	40	5.5	15.5
5	10	50	6.5	22
6	10	60	7.5	29.5
7	10	70	9	38.5
8	10	80	11.5	50
9	10	90	15.5	65.5
10	10	100	34.5	100

從表6-3中可以看出，這個社會最貧困的10%的人口收入僅占社會總收入的2%，而最富裕的10%的人口收入在社會總收入中占了34.5%，也就是說，1/10的人口占了社會總收入的1/3還多。顯然，這個社會的收入分配是不平等的。

根據表6-3可以畫出相應的洛倫茨曲線，如圖6-10所示，橫軸代表人口百分比，縱軸代表收入百分比。對角線OY上的L點表示22%的人得到22%的收入，M點表示50%的人得到50%的收入，N點表示80%的人得到80%的收入。可見，這條線上的點表明收入分配絕對平等，OY線稱為收入分配絕對平等線。弧線$OBCDY$線上的B點表示22%的人得到8%的收入，C點表示50%的人得到22%的收入，D點表示80%的人得到50%的收入。可見，洛倫茨曲線越是向下方彎曲，表示收入的分配越不平等，最後達到極限，成為折線OPY，表示收入分配絕對不平等。折線OPY線稱為收入分配絕對不平等線。

在實際社會中，洛倫茨曲線都不會是直線OY和折線OPY兩種情況。因為任何一個社會中，即使最貧窮的人也會有一定的收入，最富裕的人也不會佔有社會全部收入，因此實際的洛倫茨曲線是一條向右下方彎曲的線，介於直線OY和折線OPY之間。如果實際的洛倫茨曲線越接近於直線OY，表明這個社會的收入分配越平等；如果實際的洛倫茨曲線越接近於折線OPY，則表明這個社會的收入分配越不平等。

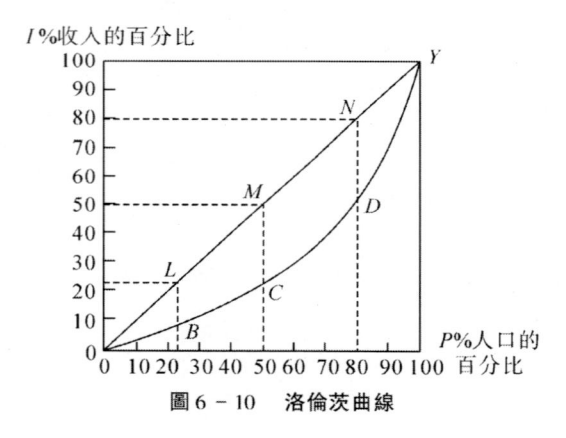

圖6-10　洛倫茨曲線

二、基尼系數

根據洛倫茨曲線可以計算出反應社會收入平等程度的一個國際通用指標，即基尼系數。將實際的洛倫茨曲線與收入絕對平等線之間的面積用A表示，實際的洛倫茨曲線與收入絕對不平等線之間的面積用B表示，如圖6-11所示。則基尼系數G的計算公式為：

$$G = \frac{A}{A+B}$$

當$A=0$時，$G=0$，洛倫茨曲線就是直線OY，收入分配絕對平等；當$B=0$時，$G=1$，洛倫茨曲線就是折線OPY，收入分配絕對不平等。由於直線OY和折線OPY都是兩種極端，實際的基尼系數應該在0～1之間，即$0<G<1$。基尼系數越小，收入分配越平等；基尼系數越大，收入分配越不平等。

圖 6－11　基尼系數

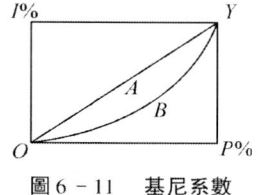

國際上通常認為：

$G < 0.2$，社會收入分配絕對平均；

$0.2 < G < 0.3$，社會收入分配基本平均；

$0.3 < G < 0.4$，社會收入分配基本合理；

$0.4 < G < 0.5$，社會收入分配差距較大；

$G > 0.5$，社會收入分配差距懸殊。

運用洛倫茨曲線和基尼系數可以對世界各國的收入分配平等程度進行比較。根據各國的統計資料，可以在一張圖中畫出各國的洛倫茨曲線，然後根據曲線的彎曲程度以及其對應基尼系數比較各國收入分配的平等狀況。運用洛倫茨曲線和基尼系數也可以對政府收入、稅收等政策的實施後果進行檢驗。通常是將某項政策實施前後的洛倫茨曲線畫在同一張圖中，觀察曲線的彎曲程度或者計算其基尼系數，比較政策實施前後社會收入分配平等程度的變化，以此來檢驗政策是否可行。因此，作為一種分析工具，運用洛倫茨曲線和基尼系數對社會收入分配平等程度進行衡量是非常有用的。

三、平等與效率

經濟學家認為，評判收入分配有三種標準：貢獻標準、需要標準、平等標準。貢獻標準即按照社會成員所作貢獻分配國民收入。這也就是我們在前面討論過的，按照生產要素的價格進行分配。這一標準強調的是個人的能力和效率，但由於每個人的能力、機遇不同，在實際運用此標準時會引起收入分配的不平等。需要標準即按照社會成員的生活需要進行國民收入的分配。該標準強調了平等，但忽視了效率。平等標準即按照公平原則對社會成員進行國民收入的分配。這一標準同樣只強調了平等而忽視了效率。有利於經濟效率則會不利於平等，有利於平等則會有損於經濟效率，這也就是經濟學中所謂的平等與效率的矛盾。

收入分配平等可以用三種標準來衡量。一是勞動貢獻分配率，即勞動收入在國民收入中所占的比重；二是洛倫茨曲線與基尼系數；三是工資差異率。收入分配平等時勞動收入在國民收入中所占比重較大，洛倫茨曲線更接近於收入絕對平等線，基尼系數小，工資差異率低。

按貢獻來進行國民收入的分配，有利於激發社會成員的，鼓勵他們充分發揮自己的能力，在競爭中取勝，從而提高經濟效率。因此，一般來說，市場經濟注重的是效率優先，在一定範圍和程度內兼顧公平。

在市場經濟中，以效率優先的原則進行收入分配，但是由於每個人的能力、資產、機

遇存在很大差別,因此出現收入差距懸殊甚至貧富兩極分化的可能性是存在的。為防止收入差距懸殊和貧富兩極對立,保證社會的穩定,通常需要政府實施相應政策對社會收入分配進行調節,主要的收入政策包括稅收政策和社會福利政策。稅收政策主要是運用個人所得稅來進行調節,同時還附有遺產稅、消費稅、贈與稅、財產稅等。社會福利政策包括:實行各種形式的社會保障和社會保險;實行最低生活保障;對貧困者進行培訓和提供就業機會;醫療保險與醫療援助;教育資助;改善住房條件;鼓勵發展社會慈善事業等。除此之外,還通過勞動立法保護對收入分配進行調節,例如立法規定最低工資水準、改善工作條件和環境等。

【本章小結】

1. 分配理論也稱為生產要素價格決定理論,主要解決為誰生產的問題,即研究生產出來的產品怎樣在各要素所有者之間進行分配的問題。各生產要素供給者根據自己在生產中所作的貢獻獲取報酬,勞動者獲得工資,資本供給者獲得利息,土地供給者獲得地租,企業家獲得利潤。

2. 對生產要素的需求是一種派生的需求或引致的需求,源於消費者對產品的需求,它也是一種聯合的、相互依存的需求。生產要素的需求要受到市場對產品的需求、產品的價格、生產技術狀況、生產要素價格、產品市場結構以及生產要素市場結構等因素的影響。

3. 在其他條件不變的情況下,增加一單位某種生產要素所增加的產量或收益,就是該生產要素的邊際生產力(MP)。以實物表示的生產要素邊際生產力稱為邊際物質產品(MPP);以貨幣表示的生產要素邊際生產力稱為邊際收益產品(MRP);以邊際要素所生產的產品市場價格表示的生產要素邊際生產力稱為邊際產品價值(VMP)。在完全競爭市場條件下,$MRP = VMP$。邊際生產力曲線是一條向右下方傾斜的線,與生產要素需求曲線重合。

4. 生產要素的需求和供給決定了生產要素的價格和使用量。勞動的需求和供給決定了勞動力市場均衡時的工資水準,但在非完全競爭市場條件下,工會的存在會對工資的決定產生影響。資本的需求和供給決定了資本市場均衡時的利息率,利息率對資本市場具有調節作用。土地的需求和供給決定了土地市場均衡時的地租,隨著經濟的發展,對土地的需求不斷增加,而土地的供給不變,導致地租有不斷上升的趨勢;由於土地肥沃程度、地理位置等差異,形成了級差地租,級差地租也有不斷上升的趨勢。

5. 固定資產在短期內所得到的收入,稱為「準地租」;生產要素所有者得到的實際收入高於他所希望得到的收入,稱為「經濟租」。準地租只在短期內存在,經濟租在長期內也存在。

6. 利潤包括正常利潤和超額利潤。正常利潤是企業家才能的價格,是一種特殊的工資。超額利潤包括創新利潤、風險利潤、壟斷利潤,前兩種超額利潤是合理的,最後一種超額利潤是不正當的,是市場競爭不完全的結果。

7. 國際上通常用洛倫茲曲線和基尼系數來衡量社會收入分配平等程度。洛倫茲曲線越向右下方彎曲，社會收入分配越不平等；越接近直線 OY，社會收入分配越平等。基尼系數介於 0～1 之間，基尼系數越小，社會收入分配越平等；基尼系數越大，社會收入分配越不平等。

【思考題】

1. 簡述生產要素需求的性質以及影響生產要素需求變動的主要因素。
2. 說明勞動的供給曲線為什麼是一條先向右上方後向左上方彎曲的曲線。
3. 簡述利息在經濟生活中的作用。
4. 舉例說明級差地租的形成與決定。
5. 簡述超額利潤的種類及來源，以及它們是否合理，為什麼？
6. 什麼是洛倫茲曲線和基尼系數？它們有何用途？
7. 假如有兩個社區，在一個社區中，10 個家庭每家有 1000 元收入，10 個家庭每家有 200 元收入；在另一個社區，10 個家庭每家有 2000 元收入，10 個家庭每家有 220 元收入。請問：①哪個社區收入分配更不平等？哪個社區貧困問題可能更嚴重？②你喜歡哪一種收入分配？不喜歡哪一種收入分配？為什麼？

【綜合案例】

農村勞動力流動和上海市勞動力市場

隨著中國工業現代化進程的不斷發展，農村勞動生產率的普遍提高，以及戶籍制度的逐漸鬆動，農村剩餘勞動力大量湧入大城市的現象已經司空見慣。根據上海市歷次流動人口調查資料統計，進入上海市的外來勞動力 1983 年只有 3 萬多人，到 20 世紀 80 年代中期就超過了 50 萬人，1993 年則突破 210 萬人，平均年增長率達到 46%。而同期上海市人口增長率緩慢，1983—1993 年上海市常住人口年均增長率僅 0.81%。我們可以通過有關數據來考察上海市自身勞動力資源的利用情況。第三次人口普查中，勞動力資源占常住人口的比重約為 66.6%，第四次人口普查中該比例約為 63.9%，變化不大，所以可以認為，在這段時間內，上海市本地的勞動力資源已經得到了較充分的利用。

再來看看上海市勞動力就業情況的變化。1983—1993 年間，上海市總體就業水準年均增長率約為 2.46%，遠遠高於上海市本身常住人口及相應的勞動力資源的增長速度。如果我們把觀察的尺度再調得細一點，不難發現，1983—1988 年，上海市總體就業水準年均增長約 1.93%，而 1988—1993 年間，相應的增長速度約為 2.57%。同時，有資料顯示，1983—1988 年，上海市外來勞動力增加了 50 萬，1988—1993 年，則增加了 125 萬。根據以上的數據，我們不難得出這樣的結論，從改革開放初到 1993 年，大量外來勞動力的進入成為上海市勞動力供給總量擴大的主要源泉。

不僅如此，進一步的改革還把原本存在於國有企業的「隱性失業」問題顯性化。據統計，截至 1996 年年底，上海市累計下崗人員已達 109 萬人。這樣一來，200 萬外來勞動力的

湧入和100萬上海市下崗職工轉崗之間的並存和衝突，形成了上海市勞動力市場的新特點。

在原有的城鄉二元就業結構下，城鄉勞動力所從事的工種並不相同。外來勞動力能獲得的工作種類比較集中，一般多是苦累臟險，本地人不願意幹的，以及對技術水準要求比較低的簡單重複型工作。本地勞動力和外來勞動力的工資水準也有較大差距。如果把勞動力的不同勞動生產率和本地正式合同工的各種保障福利津貼計算在內，雇傭相同條件的本地勞動力和外來勞動力的成本之比達到5∶1。

市場機制的發展和完善必然要衝破二元勞動力市場的制度界限。很顯然，外來勞動力的「質量──工資」比高於上海市本地勞動力的。這樣，隨著企業逐漸擁有用工自主權，市場競爭機制逐漸完善，企業就一定會按照邊際成本等於邊際收益的準則來決策是否雇傭一個勞動力。從而企業將更傾向於雇傭外來勞動力，這一點是不言而喻的。

在這場競爭中，處於更加不利地位的則是超過百萬的下崗職工，他們不得不加入到勞動力市場中去，和外來勞動力一起競爭有限的就業機會。他們中的大多數人年齡處於36～45歲，而女性職工的比例高達68.9%，絕大多數人只有初中以下的文化程度。相比之下，外來勞動力年富力強，年齡大多在30歲以下，並且以男性為主，文化程度也相對較高，能吃苦，願意接受較低的工資報酬，服從企業的用工安排，這無疑比下崗職工更有吸引力，在第二產業尤其如此。

面對現實，清醒的上海人也作出了理智的決定，在他們以前不屑一顧的餐飲業、零售業等第三產業中，我們可以看到很多下崗工人以餐廳服務員、超市營業員或社區服務人員的身分出現，甚至一些苦累臟險的崗位中也出現了上海人。

可以看出，隨著原有嚴格身分等級隔絕體制的逐漸消除，上海本地勞動力的期望工資水準將逐漸和外來勞動力的相接近，二元市場結構將逐漸被打破，從而有可能在中國首先形成城鄉相通的統一勞動力市場。在此，我們也看到了供求規律、市場競爭的強大威力。隨著改革的進一步深入，不符合市場規律的事情將會得到糾正。

資料來源：根據相關統計資料編寫。

【討論題】

農村勞動力流動的主要因素有哪些？對中國經濟有哪些重要的影響？

第七章　市場失靈與政府干預

【學習目標與要求】

熟悉市場失靈的含義；掌握公共物品的分類；掌握外部性的種類，以及壟斷和信息不對稱所引起的市場失靈；理解政府干預的理由及方式；掌握政府近年來加強干預的根本動因；瞭解導致政府干預失效的因素，以及這些失效因素對政府干預帶來的影響。

【學習重難點】

市場失靈的原因的分析，說明市場失靈與帕累托最優間的關係。
1. 壟斷和反壟斷政策
2. 外部影響
3. 公共物品
4. 不完全信息
5. 公共選擇

第一節　市場失靈

一、市場失靈的含義

完全競爭的市場是在一系列理想下的假設條件下才能使整個經濟達到一般均衡，並最終使資源配置達到帕累托最優狀態。當代西方經濟學家也不得不承認：作為他們分析的出發點和前提的這種完全競爭的市場模式在現代經濟生活中並不存在。比如：買賣雙方都是市場價格的接受者，所有商品都是同質的，所有生產要素可以完全自由流動，買賣雙方都具有完全的市場信息等，這些假定前提在現實的資本主義經濟中都並不存在。正因為現實的市場存在諸多不完備性，因此，市場經濟在許多方面都不能調節資源的有效機制配置，市場機制不能真正地發揮作用，甚至還會導致某些不利於社會公平的負效果，這種情況被稱為「市場失靈」。

市場失靈最早是由美國經濟學家弗朗西斯・M. 巴托1958年在《市場失靈的剖析》中提出的。西方經濟學認為生產市場失靈主要有四種基本情形，即公共產品、外部性、壟斷和不對稱信息等。由於現實中所有的市場都不是完備的，信息總是不完全的、道德風險和逆向選擇問題對於所有的市場來說是各有特點的，因此經濟中的市場失靈問題是普遍存在的。

二、公共物品

1. 公共物品的含義

公共物品(Public Goods)是指私人不願意或無能力生產而由政府提供的具有非排他性和非競爭性的物品。例如：一個國家的國防、警務、公共衛生、道路、廣播電視等都屬於公共物品。公共物品是與私人物品相對應的概念，一種物品要成為公共物品，必須具備以下特性：① 非排他性。公共物品的非排他性是指無論是否付費，任何人都無法排除他人對該產品的消費。之所以會出現免費消費，是因為要麼技術上不允許，要麼由於收費的成本太大而放棄收費。例如一個國家的國防一經設立，就無法因為某人對國防力量沒有貢獻而將他排除與國防保護之外。② 非競爭性。公共物品的非競爭性是指任何人對某一物品的消費，都不會給他人對該產品的消費造成影響。即人們無法排斥別人對同一物品的共同享用，也不會由於自己的加入而減少他人對該公共物品享用的質量與數量。例如，夜間走路，我享用路燈的照明，你也同樣享用路燈的照明，我對路燈的消費絲毫不減少你從路燈照明得到的效用。③ 不可分割性。公共物品的不可分割性是指公共物品的供給與消費不是只限於某一部分人或利益集團，而是面向所有人的；公共物品也不能分成細小的部分，只能作為一個整體被大家享用。例如一個國家的國防、警務、消防、公共衛生等都不能再分割成細小的部分，只能作為一個整體被人們使用。

2. 公共物品的分類

根據公共物品所具有的非排他性和非競爭性的不同程度，公共物品可以分成純公共物品和準公共物品兩類。

(1) 純公共物品。純公共物品(Pure Public Goods)是指同時具有非排他性和非競爭性的產品，如國防、外交、天氣預報等。純公共物品必以不擁擠為前提，否則隨著消費者數量的增加會影響他人的消費，從而影響公共物品的性質。如節日期間，免費的露天廣場就會由於擁擠而具有競爭性。

(2) 準公共物品。準公共物品(Quasi Public Goods)是指具有不完全排他性和競爭性的產品。準公共物品又分為兩類：一類是具有非競爭性和排他性的物品，稱為俱樂部物品，如有線電視、社區綠化等；一類是具有非排他性和競爭性的物品，稱為公共資源，如公海中的魚類資源、擁擠的免費道路等。

與公共物品相對物品是私人物品(Private Goods)，它是指既具有排他性又具有競爭性的產品，如家具、自行車等。由此，我們可將物品的分類用表 7-1 來表示。

表 7-1　　　　　　　　　　　　物品的分類

	非排他性	排他性
競爭性	公共資源	私人物品
非競爭性	純公共物品	俱樂部物品

3. 公共物品導致市場失靈

公共物品本身所具有的特性，使得任何私人部門都不願意或不能充分提供。因此，其

產量會低於合理的水準，即達不到帕累托最優狀態下的產量水準，由此會造成社會福利的減少和資源的浪費。此時，市場機制在公共物品的提供上不能較好地發揮作用，導致市場失靈。

（1）公共物品的非排他性導致市場失靈。由於公共物品具有非排他性，非排他性使得任何購買公共物品的人都不能獨自佔有該產品所能提供的全部效用或收益，都不能阻止別人去無償的享用該產品。因此，儘管公共物品的社會潛在收益大於它給單個購買者帶來的收益，但潛在的購買者在做出支付決策時並不會將他人的潛在收益考慮在內，公共產品的提供者就要獨自承擔提供該物品的全部成本。這樣一來，任何人都想無償地去享用別人提供的公共物品，繼而出現搭便車行為。所謂「搭便車」就是雖然參與了公共物品消費，但卻不願意支付公共物品的生產成本，完全依賴他人對公共物品生產成本的現象。一旦搭便車者的增多，就會使得公共物品的提供者減少或幾乎沒有，最終導致資源配置效率的低下，造成市場失靈。例如，你在公寓的樓梯上安裝了一盞路燈，其他上上下下的人統統借光，他們從路燈上得到的好處，並沒有因為不付費而有絲毫的減少。既然不用付費就同樣能享用公共物品，那何必要自己掏腰包購買呢？如果大家都想搭別人的便車，期待他人購買公共物品，結果便沒有公共物品。這就是居民區樓道裡常常是一團漆黑的原因。因此公共物品的非排他性特徵使得由市場提供公共物品帶來了嚴重的問題：即使某種公共物品帶給人們的利益要大於生產成本，私人市場也不會提供這種物品。

（2）公共物品的非競爭性導致市場失靈。公共物品具有非競爭性，一旦公共物品被供應了，多一人享用的邊際成本為0，這時多一個消費者享用，其他人的效用並沒有減少，這是帕累托改進。例如，當行人和車輛的數量沒有超過一條公路的設計能力時，每一增加一輛車通過，就是一個帕累托改進。從效率的角度來看，應該讓所有的車輛和行人都免費享用公共物品。以任何方式限制一部分人享用公共物品都會造成效率的損失。但是消費者都想搭便車，那又如何支付公共物品的生產成本呢？市場機制的驅動之一就是利潤，如果連生產成本都無法收回，企業是不會提供公共物品的。

既然公共物品的固有特徵使得市場機制在公共物品的有效配置顯得無能為力，那麼由政府或公共部門開支安排，並根據社會福利原則來分配公共物品，就成為解決「搭便車」問題的唯一途徑了。這也就是為什麼公共產品通常要由政府來提供的原因。需要指出的是：政府提供公共物品，不等於政府生產公共物品。公共物品的生產並沒有特殊性，因此政府提供的公共物品可以由私人企業來生產，比如在西方國家，國防設備和裝置是由政府向私人企業訂購的。

三、外部性

1. 外部性的含義

外部性（Externality）是指經濟活動的當事人對其他人所造成的無法通過價格體系反應的影響。當市場交易對交易雙方以外的第三者產生影響，並且這種影響又不能反應為市場價格時，就會出現外部性。外部性是一方對另一方的非市場影響。這裡所說的「非市場性」的影響是指一種活動所產生的成本或利益無法通過市場價格反應出來的，而是無意識強加於他人的，施加這種成本或利益的人並沒有為此付出代價或得到收益。例如，周

圍人吸菸會給你帶來危害,但你卻不能要求賠償;當你欣賞到鄰居家陽臺的鮮花時,會有一種美的享受,但卻無需付費。這些都是外部性的表現。

2. 外部性的種類

根據外部性對他人福利造成的影響,可以將其分為正外部性和負外部性;根據外部性發生的領域,可以將其分為生產外部性和消費外部性。

(1) 生產正外部性。當某個廠商的生產經營活動給其他廠商或別人產生有利的影響,即帶來收益時,生產正外部性就產生了。這種情況會使生產者從其活動中得到的私人利益小於該活動帶來的社會利益。例如,在你公司接受過業務培訓的職工跳槽到其他單位,此時,你公司的行為就給其他單位提供了技術更高的勞動力,有利於該單位的生產,但卻不能從該單位索要培訓費用。

(2) 消費正外部性。當某個消費者的行為給他人產生有利的影響,即帶來收益時,產生消費正外部性,即消費者從其消費活動所獲得的利益,小於該活動所產生的社會利益。例如,某人進行了肝炎疫苗接種,不但可使自己不患肝炎,並且由於減少了肝炎傳染源而使他人感染此病的概率大大降低,有利於他人身體健康。

(3) 生產負外部性。當某個廠商的生產經營活動給其他廠商或別人產生不利的影響,即帶來損失時,會產生生產負外部性,此時,生產者會使為其行為承擔的成本小於社會成本。例如,上位於火車站、飛機場附近的居民沒有因為這些交通工具的噪音而得到補償。

(4) 消費負外部性。當某個消費者的行為給他人產生不利的影響,即給他人造成損失或不利影響時,產生消費負外部性,即消費者為其消費活動所支付的成本小於該活動所產生的社會成本。例如,私人轎車方便了個人的出行,但汽車尾氣的排放會污染環境,損害他人的身體健康。

外部性的以上分類可以用表7-2來表示。

表7-2 外部性的分類

分類標準		發生領域	
^^		生產	消費
對他人影響	收益	生產正外部性	消費正外部性
^^	損失	生產負外部性	消費負外部性

3. 外部性導致市場失靈

由於外部經濟效應的存在導致經濟活動給外部人帶來的後果由於沒有得到市場的承認,當事人不必承擔外部負的外部經濟影響造成的損失,也無法從正的外部經濟影響中得到報酬,該經濟活動的私人成本(或私人收益)與社會成本(或社會收益)便不一致,市場培植資源的效率將因此而降低,從而導致市場失靈。

下面結合一個關於政府治理污染的例子來認識外部性和市場失靈之間的管理關係。

在政府不對污染進行管理的前提下,對於完全競爭的造紙廠行業,廠商的私人成本僅包括原料、勞動、資本、管理等費用,而對社會來說,除此之外還包括生產過程中被排放的污水對社會造成的損失——污染成本,即造紙廠的生產給社會帶來了負的外部經濟效

應，此時的私人成本與社會成本便不一致。但在市場經濟中，經濟生活的決策基於私人成本與私人收益的比較，因此，所有造紙廠商的邊際成本曲線水準相加就構成了紙張市場的供給曲線(圖中的 MC_r)，它與市場需求虛線 D 相交於 F 點，市場機制決定的產量是 Q_F。但對社會來說，伴隨著每一單位的產量都將承受外部成本，假設外部邊際成本曲線為 MEC，則生產紙張的社會邊際成本曲線將是 $MC_s(MCS = MCR_r + MEC)$，社會的最優均衡產量應為 Q_E。

可見存在負外部經濟影響的時候，市場均衡與最優社會均衡相比，產量過多。同樣道理，雖然污水處理的使用可以減少污染，淨化環境。但使用污水處理設備的廠商從中得到的私人邊際成本要小於社會邊際收益，也就是說該設備的使用給社會帶來了正的外部經濟影響。在市場經濟中，經濟活動的決策基於私人成本和私人收益，使用設備廠商的邊際收益曲線水準相加就構成了市場需求曲線 D(如圖 7-1 所示)，它與市場設備供給曲線 S 相交於 F，市場機制決定的產量是 Q_F。

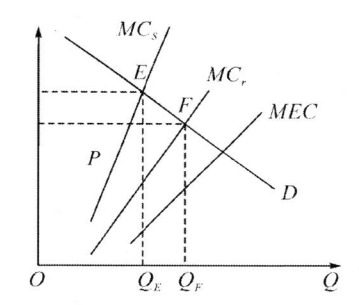

圖 7-1　負外部經濟性引起市場供給過度

而對社會來說，伴隨著每一單位設備的使用都將享受外部收益，假設外部邊際收益曲線為 MEB，則設備的社會邊際曲線是 $D_s(D_s = D + MEB)$，社會的最優均衡產量應為 Q_E。可見，在存在外部經濟效應時，市場均衡與最優社會均衡相比，產量過低，如圖 7-2 所示。

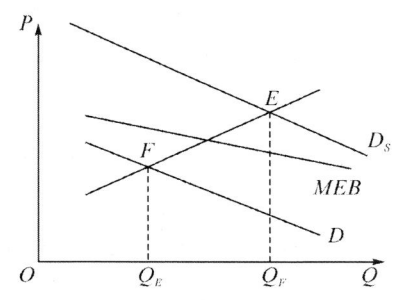

圖 7-2　正外部經濟性引起市場供給不足

外部經濟效應的存在使市場最優決策偏離了社會最優決策，從而帶來了資源配置效率低下和社會福利的降低，產生市場失靈。

在完全競爭的市場中,當存在只增加社會福利而不增加個人收益的正外部性時,企業和個人的產量可能會低於社會最優產量;而當存在只增加社會成本而不增加個人成本的負外部性時,企業和個人的產量可能會超過社會最優產量。因此,外部性的存在,使私人的邊際成本或邊際收益與社會的邊際成本或邊際收益發生背離,所以,當個人作出決策時,為了實現個人利益最大化,會忽略其行為帶給他人或企業的效益或成本,從而使競爭的結果變得沒有效率,資源的配置達不到最優水準,最終導致整個社會福利的下降。

四、壟斷

壟斷是指整個行業中只有唯一一個廠商的市場組織。壟斷是市場不完善的表現,壟斷市場是一個產量較低而價格較高的市場。它的存在,不僅造成資源浪費和市場效率低下,而且使社會福利減少。

1. 壟斷造成市場效率低下

在壟斷市場條件下,壟斷廠商為實現自身利益最大化,也會像競爭廠商一樣努力使生產定在邊際收益等於邊際成本的點上,但與競爭企業不同的是,壟斷市場的價格不是等於而是大於邊際收益,因此,他最終會選擇在價格大於邊際成本的點上組織生產。壟斷廠商不需被動地接受市場價格、降低成本,而可以在既定的成本水準之上加入壟斷利潤形成壟斷價格。所以,壟斷市場的價格比競爭市場高,產量比競爭市場低。

這樣,一方面,導致廠商喪失了降低成本、提高效率的動力;另一方面,抬高的壟斷定價成為市場價格,扭曲了正常的成本價格關係,對市場資源配置產生誤導,造成一種供不應求的假象,導致更多的資源流向該行業。

2. 壟斷造成社會福利損失

壟斷對社會福利造成損失主要表現為使消費者剩餘大大減少。消費者剩餘是指消費者願意為某種商品或服務支付的最高價格與他實際支付的價格之差,如圖7-3所示。

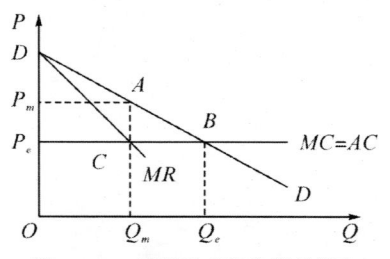

圖7-3 壟斷造成社會福利損失

在圖7-3中,Q代表產量,P代表價格,D是需求曲線,MR是邊際收益曲線。在完全競爭條件下,高於均衡價格P_e的價格反應的效用水準就是消費者剩餘,即圖中ΔDBP_e部分。在壟斷條件下,高於壟斷價格P_m的價格反應的效用水準就是消費者剩餘,即圖中ΔDAP_m部分。顯然,前者大於後者,兩者之差即$AP_m P_e B$部分,其中$ACP_e P_m$部分為壟斷利潤,ΔABC部分就是社會福利損失,即壟斷產量限制對社會造成的損失。

3. 壟斷造成尋租

尋租（Rent-Seeking）通常指那些通過公共權力參與市場經濟從而謀取非法收益的非生產性活動。在壟斷市場條件下，壟斷廠商為獲取壟斷利潤，就必須保持其壟斷地位，為此而付出的花費和開支就是尋租成本。如向政府遊說或賄賂立法者、採取合法手段規避政府的管制以及進行反壟斷調查等發生的費用都屬於尋租成本。由於尋租成本未用於生產性經營活動，因此會造成社會資源的浪費和社會福利水準的降低。

五、信息不對稱

1. 信息不對稱的含義及原因

完全競爭市場上能夠實現帕雷托最優狀態的一個重要假定就是完全信息，即市場交易雙方對交易產品具有充分的信息。然而，在現實生活中，人們對信息的掌握是不完全的，而這種不完全又往往表現為信息的不對稱。信息不對稱（Asymmetric Information）是指參與經濟活動的當事人擁有不同信息的狀況，即有些人擁有比其他人更多的相關信息。例如，商品的賣方要比買方掌握更多的關於產品質量和數量等方面的信息。

信息不對稱的產生是多種因素造成的。首先，獲取信息需要成本。其次，由於人們認識能力的局限性和差異性使其不可能掌握全部的信息。此外，充分佔有信息的一方會為了自身利益而對對方隱藏信息。

2. 逆向選擇

逆向選擇（Adverse Section）是指市場的一方不能察知市場另一方的商品的類型或質量時，市場中大量的劣貨會排擠好貨並最終占領市場的過程。逆向選擇最經典的例子是二手車市場。在該市場上，既有質量較好的二手車也有質量很差的二手車，但只有賣者掌握車的質量信息，而賣者對其缺乏瞭解。因此，在該市場上，雙方的信息是不對稱的。購買者此時的出價會介於質量較好的二手車價格與質量很差的二手車價格之間。這樣一來，質量較好的二手車，質量高於價格，車主會不願進入或退出此市場；而質量很差的二手車，價格高於質量，車主願意進入或留在此市場，最終導致該市場上的車都是質量較差的二手車。但是，當購買者知道他要買到的車是質量較差的二手車時，他會降低自己的出價，這又會使得比質量最差的二手車稍好一些的二手車退出市場，最後質量最差的二手車佔據了整個市場。

3. 道德風險

道德風險（Moral Hazard）指的是人們享有自己行為的收益，而將成本轉嫁給別人，從而造成他人損失的可能性。即從事經濟活動的人在最大限度地增加自身效用的同時做出不利於他人的行動。舉個在保險市場發生道德風險的例子，對於有車族來說，在他們購買保險之前，都會十分在意自己汽車的安全問題，他們會採取非常嚴密的防盜措施，如雇用保安巡邏或將車放在上鎖的車庫裡。但如果保險公司表示願意為他們的汽車投保，賠償額較低時，他們依然會比較注意做好防盜措施，因為一旦汽車丟失，他們要承擔大部分損失；當賠償額較高時，他們可能會較少地關注汽車安全問題，因為此時大部分損失要由保險公司承擔；當保險公司完全賠償額時，他們可能會根本不再關心汽車的安全問題，也不再採取任何的防範措施，因為此時汽車失盜他們將得到全額賠付，自己幾乎沒有損失，

而採取安全措施除了給他帶來費用之外幾乎沒有任何收益。

經濟生活中的信息不對稱,使逆向選擇和道德風險問題普遍存在,這一方面造成了交易市場的嚴重萎縮,另一方面導致社會資源的極大浪費,影響了資源的配置效率。

4. 委託代理問題

經濟學上的委託─代理關係泛指任何一種設計非對稱信息的交易,交易中有信息優勢的一方稱為代理人,信息劣勢的一方稱為委託人,當委託人受雇傭代理人來代表委託人完成某些指定的任務時,代理人可能不以委託人所請求的方式行為,而且委託人不能直接監督代理人的問題,這就是「委託─代理問題」。委託─代理關係在經濟生活中廣泛存在,例如,我們經常委託律師來代理自己的相關事務。委託代理問題實際上有三個重要特徵:第一,委託人利益的實現取決於代理人的行為;第二委託人的目標不同於代理人的目標;第三有關代理人行為的信息是不對稱的。代理人的信息明顯要多於委託人的信息,代理人的行為不易直接被委託人所觀察到。

以一個企業中的企業所有者與企業雇員為例。企業所有者的利益實現取決於所有雇員的工作努力程度,但是,由於企業主和雇員之間目標不同,並且雙方掌握的信息又不對稱,於是就產生了委託─代理問題,企業所有者就是委託人,企業的雇員包括經理和工人都是代理人。首先,企業所有者的目標是利潤最大化,但這很可能並非就是代理人的目標,代理人都有可能追求自己的工作收入最大化。其次,委託─代理過程不可監督。如果雇員的努力程度是可以觀察和監督的,則企業所有者可以採取一些措施制裁雇員的不努力行為。可事實上不管是工人還是經理,其努力的程度都是難以觀察到的,而且其監督成本也必然很大。企業所有者不可能時時監督雇員的行為,即使能做到這一點,也不可能知道他們是否百分之百的努力工作了。由此可推斷,委託─代理問題中代理人可能由於追求自己的目標,而以犧牲委託人的利益為代價,導致不能達到委託人最優化目標。委託─代理問題在企業中的存在不僅使企業蒙受利潤損失,也會造成社會資源配置的效率受損。

解決委託─代理問題的關鍵是激勵。委託人需要確定某種適當的激勵促使代理人採取某中適當的行為,從而避免資源的浪費,這需要企業所有者在支付生產要素的報酬上做出某些改進,如可通過建立績效評定薪酬制、訂立利潤分享合約等,使經營者與所有者休戚與共。

【專欄知識】

「搭便車者」一詞的由來

「搭便車者」一詞的英文是「free rider」,它來源於美國西部城市道奇城的一個故事。當時,美國西部到處是牧場,大多數人以放牧為生。在牧場露天圈養的大量馬匹對一部分人產生了誘惑,於是出現了以偷盜馬匹為業的盜馬賊。在道奇城這個城市,盜馬賊十分猖獗。為避免自己的馬匹被盜,牧場主就聯合組織了一支護馬隊伍,每個牧場主都必須派人參加護馬隊伍並支付一定的費用。但是,不久就有一部分牧場主退出了護馬隊,因為他們發現,即使自己不參加,只要護馬隊存在,他就可以免費享受別的牧場主給他帶來的好處。這種個別退出的人就成了「free rider」(自由騎手)。後來,幾乎所有人都想通過自己

退出護馬隊伍來占集體的便宜。於是，護馬隊解散了，盜馬賊又猖獗起來。後來，人們把這種為得到一種收益但避開為此支付成本的行為成為「搭便車」，這樣的人稱為「搭便車者」。

資料來源：樊綱．市場機制與經濟效率．上海：上海三聯書店，1995．

第二節　政府干預

一、政府干預的範圍

市場經濟形成和發展的歷史進程不僅向人民結實了市場失靈的種種可能性，而且也提醒人們應當注意避免造成政府失靈。實踐證明，現代市場經濟運行既離不開市場調節，也離不開正度作用；既需要「看得見的手」，也需要「看不見的手」。政府干預的作用絕不是要弱化市場作用，更不是要取代市場作用，而是為市場的有效運行創造良好的外部秩序。政府干預能否維護和促進市場機制的有效運行，取決於干預的範圍、方式和力度，也就是政府干預機制與市場機制的具體結合。因此，市場是經濟運行和資源配置的基礎，維護市場經濟應該形成內在的合乎邏輯的統一。市場調節過強，政府調節過弱，可能導致經濟很混亂；政府調節過強，市場調節過弱，又可能導致經濟被管得過多、控制太死。在社會經濟運行中，我們必須找到兩者之間的作用邊界及結合方式。

劃分市場調節與政府調節的範圍，實際上就是劃定政府干預的範圍。凡是市場機制能夠有效調節的領域，政府可以放任不管；凡是市場調節不好或者調節不了的領域，政府要對其結果進行干預、糾正或直接調節。調節活動是一系列預測、決策、執行、檢查、監督行為的綜合，是信息的收集、存儲、加工、輸出、反饋過程，政府調節需要相應的機制、系統和人員，支付一定的人力、物力、財力。所有這些構成了政府成本，是社會財富的耗費。另外，政府調節可以改善經濟運行狀態，增長社會總產出，這是政府調節的收益。只有在調節收益大於成本時，政府的作用才是必要的；否則，就是多餘甚至是有害的。從調節成本角度看，政府調節的範圍不存在一個剛性不變的邊界，而是一個具有高度彈性的模糊集合。國民經濟調空當局需要根據不同的情況選擇，以取得最佳效益。這就需要政府決策者具有駕馭社會經濟的能力、知識和技藝。

二、政府干預的方式

失靈的存在，說明政府干預的必要。在充分發揮市場機制這只「看得見的手」在資源配置中的基礎作用的同時，還要輔之以政府干預這只「看不見的手」的作用。市場調節與政府干預、自由競爭與宏觀調控，緊密相連、相互交織、缺一不可。如政府可以保護和維護市場，通過宏觀調控糾正市場缺陷，彌補市場的不完全性。既然政府干預的理由在於市場失靈的存在，因此市場失靈的領域就決定了政府經濟職能的範圍和內容。

市場失靈是公共物品、外部性和壟斷、信息不對稱等不同因素共同作用的結果。因此，政府在實施干預時，必須根據市場失靈的原因有針對性地採取政策和措施，最大限度

地解決資源配置效率問題。

1. 針對公共物品原因導致的市場失靈的政府干預方式

（1）政府在如何確定某一公共物品是否值得提供以及提供多少時，往往採用成本 — 利益分析的方法。首先估算提供某一公共物品的成本及獲得的收益，然後將兩者加以比較，最後根據結果確定該公共物品是否值得提供。如果有幾個可供選擇的公共物品，則分別比較各自的成本與收益，最後選擇提供社會淨收益較大的公共物品。

（2）具體來說，政府往往通過以下方式提供公共物品：一是由政府直接經營企業並生產公共物品。二是政府與私人部門簽訂合同，共同提供公共物品。三是政府以授權、許可的形式委託私人部門提供公共物品。四是政府對私人部門提供補貼，鼓勵其提供公共物品。

2. 針對外部性原因導致的市場失靈的政府干預方式

（1）稅收與補貼。英國經濟學家庇古（Pigou）在20世紀20年代提出了這樣一個法則：如果要達到社會總福利的極大化，任何經濟活動的邊際社會收益與邊際社會成本必須相等。因此，通過對造成外部不經濟的經濟活動，使用水手；對造成外部經濟的經濟活動，給予補貼的辦法來解決外部影響。

然而，儘管庇古的稅收方案在理論上能解決外部性問題，但是在實際操作上比較困難。政府要確定最優產量的稅收，就必須確切知道邊際外部成本，而這種信息對於政府是很難得到的。但是，只要稅收不是太高以致超過邊際污染成本，稅收就能促進完全競爭的產量接近社會最優產量。

我們以教育為例。受教育者能從教育中得到私人利益：如何得到較好的工作，較豐厚的工資，享受比較好文化生活等等。但教育所產生的利益並不局限於受教育者本人。在一個教育程度高的社會裡，民主氣氛比較好，犯罪和暴力較少。這些都是教育的外部影響，在有正的外部影響的情況下，市場配置將導致產生或消費的不足。因而幾乎所有國家的政府都對教育實施某種程度的優惠政策，政府採用公立學校和免費教育的方式，或對私立學校給予非營利機構的免稅權利，還給予學生獎學金、助學金或無息貸款、低息貸款，以降低學生求學或學校辦學的比較成本，使教育水準提高到社會所需要的水準。

（2）實行「內部化」政策。一個企業對另一企業可能產生正外部性或負外部性，但當政府將兩個企業進行合併，在合併後的一個企業內部核算成本與收益時，就消除了外部性影響，即使其「內部化」了。一個企業的生產影響到另一個企業，如果是正的外部影響，則一個企業的生產就會低於社會最優水準；反之，如果是負的外部影響，則第一個企業的生產就會超過社會最優水準。但是，如果把這兩個企業合併為一個企業，則此時的外部影響就被內部化了。以造紙和養魚為例，造紙會給養魚帶來負的外部影響，但如果兩者屬於一個公司，那麼造紙廠給養魚場所增加的成本仍然是該公司的內部成本，合併似外部影響內部化，合併企業的成本與收益就等於社會成本和收益，資源配置可以達到帕累托最優。

（3）界定產權。美國經濟學家科斯（Coase）認為外部性之所以產生效率問題，就是因為產權界定不明確。產權不清晰，就無法確定究竟誰應該為外部性承擔後果，比如，你的辦公室有人吸菸而影響了你的健康，到底是他因吸菸而應該賠償你的損失呢？還是應該

付錢求他到辦公室外去吸菸?換句話說,是你有權利享受室內的清潔空氣,還是他有權在辦公室自由吸菸?

科斯認為只要產權是明確界定了的,並且交易成本為零或很小,則產權無論劃歸哪一方,交易雙方的資源交易都可以使資源獲得同樣的有效配置。這就是著名的科斯定理。

我們以一個例子來說明以上的定理。假定一個造紙廠排出的污水污染了下游的 5 個漁場,每個漁場由此損失 75 元,5 個漁場共造成 375 元的損失。再假定有兩個解決辦法,一是花 150 元給化工廠安裝一個污水處理設備,二是給每個漁場買一臺價值 50 的小型淨水器,總共需要 250 元。

如果產權被界定在造紙廠一方,即造紙廠有排污的權利,漁場又想擁有清潔水源,那麼他們就會進行商議,5 家漁場共同出錢賄賂造紙廠安裝一個價值 150 元的設備,花 150 元的代價避免 375 元的損失,這對漁場是合算的。

如果產權被界定在漁場一方,即漁場有不受污染的權利,那麼,處理污染的問題就要由造紙廠來進行了。造紙廠在兩種方案中選擇的結果是出 150 元安裝一個設備比給漁場安裝淨水器損失要小,也就是說,造紙廠也必然選擇一個方案。

這就告訴我們,解決外部影響問題不一定需要政府干預,只要產權界定明確,市場會自動進行合理的解決,在這個過程中,政府只需要承擔明確產權的責任。有效的運用國家權力保護產權是市場正常交易的基礎,政府在此要做一個裁判而不是一個場上的隊員。

(4) 運用行政措施。當採用經濟措施和法律措施都難以糾正由於外部性造成的資源配置低效問題時,政府可以採取直接的行政干預、強制性管制措施或推行強制性標準以及採取限制措施對資源配置進行安排或處置。例如政府可以從行政上向生產者提供有關產量最優組合的信息,調整電力和石化等重污染工業佈局,嚴格限制企業廠址的選擇等等。政府還可以通過指導和勸說的手段來進行這種調節。日本在 20 世紀 70 年代以前的環境政策對於超出環保包準的企業並不急於罰款或限令停產,而是有主管部門加以裁決,對所管轄企業依不同情況給予「命令」、「要求」、「希望」、「警告」、「建議」以及「獎勵」的權限,限制很少。唯一的條件是受指導者必須在指導者的管轄範圍內,並所有的指導不與法律產生矛盾。這種行政指導甚至被看成是使得日本成功地躋身於世界工業強國的重要原因之一。在公共資源領域,政府還可以建立制度框架來進行管理。國家強行建立限制捕魚區、規定漁網每平方米的孔數、孔徑大小和其他限制措施,以便減緩這些公共資源的過度使用和無效率廠現象。在美國,石油資源可以歸個人所有,但政府擁有對其實施包括分配制度、管理制度甚至在生產過程中使用何種資源及設施在內的干預權限。在私人消費領域和一些公共場合中,政府也可以通過頒布禁令和規則,降低外部性造成的影響,使資源浪費達到最小。

3. 針對壟斷原因導致的市場失靈的政府干預方式

(1) 制定反壟斷法。例如,美國在 1890—1950 年,曾先後制定並頒布實施了謝爾曼法(1890 年)、克萊頓法(1914 年)、聯邦貿易委員會法(1914 年)、羅賓遜 — 帕特曼法(1936年)、惠特 — 李法(1938 年)、塞勒 — 凱弗維爾法(1950年)等反托拉斯法。這些法律可以起到削弱或分解壟斷企業,防止壟斷產生的目的。

對一般性的壟斷,政府應制定與實施遏制壟斷的反托拉斯政策,以避免或減少壟斷。

美國的汽車工業、鋼鐵工業、飛機製造工業、化學工業、制鋁工業等都屬於壟斷市場。這些市場大部分供給都被少數幾個廠商所控制，屬於寡頭市場。限制和干預壟斷的辦法主要是頒布反托拉斯法。美國是最早頒布反托拉斯法的國家，1890—1950年，美國國會通過了一系列的法案和修正案，反對壟斷行為。反托拉斯法的基本精神是通過限制壟斷廠商來促進有效競爭，被認為是最全面的經濟自由憲章。

美國的反壟斷法律的基本框架主要由以下三個部分組成：

① 謝爾曼法(the Sherman Act)。1890年通過的謝爾曼法成為美國反托拉斯法的基石。謝爾曼法第一條限制任何「企圖限制貿易」的合同，聯合與共謀。第二條則禁止壟斷和任何意在壟斷的勾結。

② 克萊頓法(the Clayton Act)。通過克萊頓法是為了澄清和強化謝爾曼法。該法禁止連鎖董事會，還禁止通過收購競爭對手公司的普通股票進行兼併。這些行動本身並不一定違法，但是當這些行動實際上明顯減少競爭時，它們就違法。

③ 聯邦貿易委員會法(FTCA)。1914年成立了聯邦貿易委員會，以禁止「不公平的競爭手段」和向那些違背競爭的兼併行為發出警告。1938年，聯邦貿易委員會還被授權禁止欺騙性的不真實廣告。反壟斷法對維護自由競爭起著積極作用。薩繆爾森指出：謝爾曼法和克萊頓法以及大多數反托拉斯法對我們制度中競爭制度的改善作出了重大貢獻。

（2）公共管制。政府對壟斷的管制主要是政府對壟斷價格進行管制並進而影響到價格。價格管制就是使管制之下的壟斷廠商制定的價格等於邊際成本。這樣可以將壟斷造成的社會福利損失減少到最低限度，以實現資源的優化配置。公共管制有兩類：一是對自然壟斷行業的管制，另一類是對非壟斷行業的官職管制。

① 對自然壟斷行業的管制。所謂自然壟斷，是一種自然條件，它恰好使市場只能容納一個最適度規模的公司。自然壟斷的基本特徵：一是固定資產投資巨大；二是呈現規模報酬遞增。鐵路、航空、郵電、煤氣、供電等公用事業大多數具有自然壟斷的特徵。

對於自然壟斷部門，如果政府準予自由進入，雖然可以加強市場競爭，但是由於市場需求限制，企業難以取得規模經營效果，巨大的固定投資可能被浪費。因此，對於這一類部門，政府採用管制的方法來抑制壟斷行為，其中最主要是價格管制。政府應該通過制定合理的收費標準，以便能消除不合理的壟斷利潤，又能提高資源配置效率。

② 對完全壟斷廠商的稅收調節。對完全壟斷廠商的稅收調節大致分為從量稅和一次總付稅兩種形式。所謂從量稅是指對廠商所產生的每一單位產品，徵收某一固定數量的稅收，稅收數量隨產量變動而變動。對完全壟斷廠商徵收從量稅會使完全壟斷廠商的一部分或全部超額利潤消失。所謂一次總付稅是指一次性徵收的稅，例如營業執照說。與徵收從量稅不同，如果對完全壟斷廠商恰當的徵收一次總付稅，既不會改變均衡價格，也不會改變均衡產量，而且能夠完全消除完全壟斷廠商的超額利潤。

4. 針對信息不對稱原因導致的市場失靈的政府干預方式

（1）解決逆向選擇問題的措施。要解決非對稱信息所引起的逆向選擇，不掌握信息的一方，如銀行、保險公司，以一定的成本搜尋信息以改善自己在交易重點的信息劣勢，這叫做篩選。比如保險公司要求投保人填寫開車人的年齡、婚姻狀況、何時取得駕照，一般來說，年齡大些、有家室的、駕齡長的出事故的可能性小。保險公司還可以查看開車人以

往的事故記錄。類似的,在醫療保險業務裡,通常要對申請人進行健康檢查。招聘也有各種篩選標準手段,最簡單的是看文憑,雇主在無法直接確定雇員能力的條件下,只能以教育為篩選標準。招聘單位還可以通過考試或試用期來區別、發現雇員能力。在信貸市場中我們看到許多金融機構都建立客戶的信用檔案,對客戶進行評級,將不同信用登記的借款人區分開來。

處於信息劣勢的一方還可以設計一種機制,誘導處於信息優勢的一方透露各自隱藏信息,讓他們自己「對號入座」,這種自我選擇也可以運用到篩選過程中,這就是「信息甄別」。例如保險合同裡常有抵扣一款,即損失發生後,投保人承擔部分損失,抵扣越大、保險費越低;抵扣越小、保險費越高。這樣做的原理是,風險高的人由於出事故的概率高,他們會選擇自己承擔損失比例小、保費高的合約;相反出,事故概率低的投保人寧願選擇抵扣大、保費低的合約。這樣保險公司就成功地將風險高和風險低的投保人篩選出來了。

(2) 解決道德風險問題的措施。防止滋生道德風險,很多行業實行不同形式的抵押制度,比如:一是預付保證金,二是訂立合同,三是樹立品牌聲譽,四是效率工資。在交易或合同執行過程中,一方發現有詐欺或不適當行為,則抵押物歸收押方所有。比如在信貸市場,金融機構要求借款人提供擔保或者是抵押,這樣,一旦借款人違約,金融機構就可以利用擔保品或抵押來彌補損失。在建築市場,承包方通常要交一筆押金,若竣工工期、建築質量等未能按照合同實現,則抵押方就放棄這筆押金。但低壓制度存在兩個問題:一是抵押金太高,超出抵押方支付能力,使抵押制度難以實施;而抵押金太少,違約的成本太低,又起不到相應的約束作用。二是收押方也會發生道德風險,例如竣工後,收押方對工程質量吹毛求疵,千方百計侵吞抵押金。

另外,處於信息劣勢一方加強信息優勢一方的監督,以防範道德風險。董事會監督總經理,總經理監督部門經理,部門經理監督車間主任……強化監督通常會提高成本,比如增加監工數量可以減少工人偷懶的機會,但也會同時提高企業的人工成本。另外,越是複雜的交易活動,對其監督也就越難。例如對普通工人,生產的產品數量多、次品少,一般就能確定其工作能力和努力的程度。但是對總經理是否勤奮工作,即使你每天都盯著他工作,也很難判斷其工作用心與努力的程度,他可能看起來整天都忙忙碌碌,但一事無成,如果用利潤考核總經理也不太適合,影響利潤的因素很多,經理可以找出很多理由來推卸自己的責任,並且如果以利潤為考核的關鍵指標,那麼經理很可能會為了追求短期利益而損害公司的長期利益。

對付道德風險的另一種方法是提供激勵,激勵機制可以看成是委託人和代理人之間的一個合同。依據不同的交易環境,委託人和代理人可以是股東、經理和員工、原告或被告和律師、保險公司和被保險人等。通過激勵使得當事人的預期報酬和他本身的行為或決策聯繫起來,以誘導出適當的行為。例如對於經理的報酬,除固定工資以外,相當一部分是和利潤掛鉤,有的還和將來的股票價值掛鉤。這些報酬制度都是為了使經理和股東的利益一致,從而誘導經理採取雙方都有利的行為。

【專欄知識】

為什麼黃牛沒有絕種？

歷史上，許多動物都遭到了滅絕的威脅。即使現在，像大象這種動物也面臨著這樣的境況，偷獵者為了得到象牙而進行瘋狂捕殺。但並不是所有有價值的動物都面臨這種威脅。例如，黃牛作為人們的一種有價值的食物來源，卻沒有人擔心它會由於人們對牛肉的大量需求而絕種。

為什麼象牙的商業價值威脅到大象，而牛肉的商業價值卻成了黃牛的護身符呢？這就涉及產權的界定問題。因為野生大象沒有確定的產權，而黃牛屬於私人所有。任何人都可以捕殺大象獲取經濟利益，而且誰捕殺的多，誰獲取的經濟利益大。而黃牛生活在私人所有的牧場上，每個農場主都會盡最大努力來維持自己牧場上的牛群，因為它能從這種努力中得到收益。

政府試圖用兩種方法解決大象的問題。如肯尼亞、坦桑尼亞、烏干達等非洲國家把捕殺大象並出售象牙作為一種違法行為，但由於法律實施難度較大，收效甚微，大象種群仍在繼續減少。而同在非洲，納米比亞以及津巴布韋等國家則允許捕殺大象，但只能捕殺自己土地上作為自己財產的大象，結果大象開始增加了。由於私有產權和利潤動機在起作用，非洲大象或許會像黃牛一樣擺脫滅頂之災。

第三節　政府失靈論

當市場失靈時，政府在公共部門中所起的作用十分明顯。但是不是政府對經濟的干預總能發揮有效作用呢？答案是否定的。政府的作用是彌補市場的缺陷，使干預後的社會福利得到改進，然而政府調節機制也存在內在的缺陷，政府干預也並非萬能，同樣也會出現政府失靈。政府失靈主要有兩種表現：一是干預過度，即超出了所需要的範圍和力度。這種干預不僅不能彌補市場功能的不足；相反，還限制了市場機制的作用的正常發揮，引起經濟關係的扭曲，降低了資源配置的效率。二是政府干預無效，即干預的範圍和力度不夠，或干預的目的和方式的選擇不合理。這種干預不足以維持市場運行機制和合理需要，不能使市場的功能按照干預所設定的目標發揮正確的作用，也必然會導致政府失靈。

一、政府失靈的原因

總的來說，導致政府干預失效的因素主要有以下五個：

1. 政府利益取向的非中性，使政府干預並非必然

政府干預的一個前提條件是它應該作為社會公共利益的化身對市場運行進行公正無私的調控，公共選擇學派把政府官員視作亞當·斯密所說的「經濟人」這一假設，固然有失之偏頗之處，但現實中的政府的確不總是那麼高尚。在現實生活中的政府，無論是政府官員還是政府機構都有各自的行為目標，致使政府干預的公正性與超脫性並非必然。政府機構謀求內部私利而非公共利益的所謂「內在效應」(Interalities) 現象在資本主義

國家的「金元」政治中有著淋漓盡致的表現。在社會主義國家，同樣在理論上不能完全排除政府機構的「內在效應」可能性，在實踐中，政府機構也會發展一些脫離公共職能的規則和標準，用以謀求內部私利而非公共利益，如追求政府規模最大化，少數政府官員的腐敗行為等。政府部門這種追求私利的「內在效應」必然極大地影響政府干預下的資源配置的優化，如同外在效應成為市場失靈的一個原因一樣，「內在效應」則是政府失靈的一個重要根源。

2. 公共決策的失誤

政府是代表公眾進行公共決策的政治機構，然而，公共決策作為非市場決策有著不同於市場決策的特點，市場決策是以個人為決策主題的，以私人商品為決策對象，通過競爭性的市場來實現；而公共決策是一忘記體作為決策主題，以公共物品作為決策對象，通過按照某種政治次序運行的政治市場來實現，也就是公共選擇。因此，相對於市場決策，公共決策是一個牽涉面廣、制約因素多的十分複雜的過程，使得政府難以制定並實施這種合理的公共決策，導致公共決策失誤。另外，正確的決策必須以充分可靠的市場信息為依據，但這種信息是在無數分散的個體行為之間發生和傳遞的，政府很難完全佔有。另外，由於現代社會化市場經濟活動的複雜性和多變性，增加了政府對信息的全面掌握和分析處理的難度，正確的決策必須要求決策者具備很高的素質。政府進行宏觀調控，必須基於對市場運行狀況的準確判斷，制定調控政策，採取必要手段，這在實踐中是有相當難度的。即使判斷準確，政策工具選擇和搭配適當，干預力度也很難確定。而干預不足與干預過度，均會造成「政府失靈」。而現實中的政府官員很多並不具備上述決策素質和能力，這必然影響政府干預的效率和效果。政府干預的不足或干預過度，均會造成政府失靈，影響政府干預的效果和效率。

3. 政府機構工作的低效率

公共選擇理論認為，政府干預的壟斷性使政府處於某些需要的公共物品的壟斷供給者的地位，這決定了只有政府才擁有從外部對市場進行整體運行干預或調控的職能和權利。這種沒有競爭的壟斷極易使政府喪失對效率、效益追求的內部動力和外部壓力。政府為彌補市場失靈而直接干預的那些投資大、收益低且數量少的公共物品，其供給一般是以非價格為特徵的，即政府不能通過明確的價格交換從供給對象那裡直接收取費用，而主要是靠財政支出維持其生產和經營，很難精確測定其成本。因此，政府官員缺乏降低成本提高效益的直接利益驅動，他們不去追求成本最小化，而是追求規模最大化以增加自己的升遷機會和擴大自己的權力範圍，造成社會資源的浪費，並且人浮於事、效率低下。另外，從理論上講，政府官員應該在公民代表的監督下工作，但是由於信息不充分，使這種監督失去了效力，結果監督者可能受被監督者操控，從而是被監督者為實現自身利益最大化的政策得以實施。

4. 政府部門的迅速擴張

政府要承擔對市場經濟活動的干預職能，如組織公共物品、消除外部性，對收入和財富進行再分配、維持社會經濟秩序等，自然需要履行這一職能的相應機構和人員。政府就其本性而言有一種天然的和內在的擴大趨勢，以謀求行為空間最大化。政府的這種內在擴張性與社會對公共物品日益增長的需求相互契合，極易導致政府干預職能擴展和強化

及其機構和人員的增長,由此造成越來越大的預算和財政赤字,成為政府干預的昂貴成本且龐大的官僚機構相互掣肘,使政府效能低下,政府部門這種為謀求私利而非公共利益的內部效應,就如同外部效應會造成市場失靈一樣,也會造成政府失靈。

5. 尋租活動

尋租就是為了獲得政府特許而壟斷性地使用某種市場緊缺資源,或其他方面的政府庇護,所尋求的政府對現有干預政策的改變,從而按照自己的意願進行生產,或防止他人對這類活動的侵犯。這裡的租金是指支付給要素所有者的報酬中,超過要素在任何可替代用途上所能得到的按一部分,如企業通過合法特別是非法的形式向政府爭取優惠特惠,通過尋求政府對現有干預政策的改變而獲得政府特許或其他政治庇護,壟斷性地使用某種市場緊缺物資等。尋租分為「政治尋租」和「抽租」,前者是指政府官員利用行政干預的辦法來增私人企業的利潤,誘使私人企業向他們行賄,作為得到這種租金的條件;後者指政府官員故意提出某項會使私人企業利益受損的政策作為威脅,迫使私人企業割捨一部分既得利益,與政府官員們分享。尋租的主要危害在於「不僅使生產經營者提高經濟效率的動力消失,而且還極易導致整個經濟的資源大量地耗費於尋租活動,並且通過賄賂和宗派活動增大經濟中的交易費用」,它阻止了更有效的生產方式的實施,使本可以用於生產性活動的資源浪費在對社會無益的非生產性活動中。尋租還會導致政府官員的行為扭曲,他們會為了特殊利益而爭奪權利,從而成為政府干預失靈的一個重要根源。

二、避免政府失靈的建議

正因為政府的干預存在著上述缺陷,所以讓政府干預成為替代市場的主導力量,其結果只能導致「政府失靈」。用「失靈的政府」去干預「失靈的市場」必然是敗上加敗,使失靈的市場進一步失靈。但客觀存在的市場失靈又需要政府的積極干預,「守夜人」似的「消極」政府同樣無補於市場失靈,同樣會造成政府失靈。因此,政府不干預或干預乏力與政府干預過度均在摒棄之列。現實而合理的政府與市場間的關係應是在保證市場對資源配置起基礎性作用的前提下,以政府的干預之長彌補市場調節之短,同時又以市場調節之長來克服政府干預之短,從而實現市場調節和政府干預兩種機制最優組合,即經濟學家所推崇的「凸性組合」。為此,就需要政府從最大限度地消除導致政府失靈的根源入手,針對政府失靈的兩個方面,採取切實措施,在克服和矯正市場失靈的同時,更要防止和糾正政府失靈。為了避免政府失靈,公共選擇理論有如下建議:

1. 應該實現公共決策的法制化

公共觀眾理論強調憲制改革,注重憲法、法律規則的建設,尤其是公共決策法規的改革。只有重視公共決策的法制化,將公共政策的制定和執行納入法制化的軌道,優化公共政策的制定和執行系統,完善決策體制和規則、程序,才能提高政策指定和執行的質量,從而使政策方案更合理,減少和避免決策失誤。

2. 在政府機構內部形成競爭機制

只要打破公共物品供給的壟斷,在政府機構內建立起競爭機制,就可以消除政府效率的最大障礙。例如,可以設置兩個或以上的機構來提供相同的公共物品或服務,使他們之間形成競爭可以提高效率;或者將某些公共物品的生產承包給私人企業。

3. 對政府的稅收和支出加以約束

政府活動的支出依賴於稅收。因此，對政府的稅收和支出加以約束，從根本上限制了政府的行為框架，抑制了政府機構的過度增加和膨脹。

4. 對政府的權利範圍加以約束

尋租行為的產生完全產生於政府的過度干預，即政府權力的過度擴張。事實上，只要政府行為僅限於保護產權以確保私人之間合同的實施，市場機制這只「看不見的手」將能保證市場出現的任何租金都會隨著各類競爭性企業的加入和消失。

【專欄知識】

詹姆斯‧布坎南(James Buchanan) 與公共選擇理論

布坎南1919年10月2日生於美國田納西州的穆爾弗里鮑爾。他1940年畢業於中田納西州師範學院，獲理學學士學位，並在田納西大學完成了一年的研究生課程，1941年獲文學碩士學位。1948年，他在芝加哥大學獲得哲學博士學位。

傳統經濟理論主要是關於消費者和企業家如何做出關於商品購買、工作選擇、生產及投資決策的，而布坎南則相應的建了公共部門的決策理論，被稱作「新政治經濟學」或「公共選擇」理論。布坎南的主要貢獻在於，他將經濟學中個人間相互交換的概念移植到了政治決策的領域中。於是，政治過程便成為一種旨在達到互利的合作手段。但政治秩序的形成要求人們接受一套規則、一種憲法。這反過來又強調了規則形成的極端重要性和憲法改革的可能性。布坎南認為，勸導政治家或試圖影響特定問題的結局常常是徒勞的，事情結局在很大程度上是由規則體系決定的。

【本章小結】

市場失靈是指由於市場價格機制在某些領域、場合不能或不能完全有效發揮作用而導致社會資源無法得到最有效配置的情況。本章分別論述導致市場失靈的四個主要因素：公共物品、外部性、壟斷和信息不對稱，並分別指出提出了相應的對策。在這些措施中有的是依靠市場來解決，有的則需要政府對之進行調節。政府干預是市場失靈產生以後的必然選擇，其主要措施有：直接經營企業並生產公共物品、稅收與補貼、制定反壟斷法、實行公共管制、規定企業對產品提供質量保證等。政府對經濟的干預並不總能發揮有效作用，即會出現「政府失靈」。導致政府干預失效的因素主要有政府干預的公正性並非必然、公共決策的失誤、政府機構工作的低效率、政府部門的迅速擴張、尋租活動。

【思考題】

1. 針對市場失靈，政府主要採取哪些主要方式？
2. 在干預市場行為，政府的職能範圍主要體現在哪些方面？
3. 避免政府失靈有哪些主要建議？

【綜合案例】

「炒煤團」現象

2006年,關於溫州「炒煤團」之報導不時見諸報端。這些長篇累牘但又淺嘗輒止的文章,揭開了一個個黑洞洞的井口,而其內裡究竟何如,卻也依然深不見底。

這是一個雖反常但必然的局面。

即使是在最基本事實的掌握上,有說法稱溫州煤商控制了山西省60%的中小煤礦,煤炭年產量8000萬噸,占山西省煤炭年總產量的1/5,全國的1/20;而浙江、溫州兩級經濟技術協作辦公室及浙江富興電力燃料公司共同完成的調研報告則顯示,在山西投資興辦煤礦的溫州民營煤礦年產量只有2000多萬噸。無須細數,類似這樣各執一詞的說辭比比皆是。從根本上說,在煤炭採掘這類官商不分、令出多門、利益糾纏難分難解的領域中,信息的傳達往往是失真的,基於信息的判斷往往是片面的,由此判斷而形成的規制往往是低效的。

譬如說,生死攸關於「炒煤團」命運的政策主張主要有兩條:其一,以山西長治為典型的,以安全生產、環境保護為由頭的大規模整治清剿行動;其二,浙江省政府近日發布2006年「一號文件」,明確規定凡是法律法規沒有明確禁入的行業和領域,非公資本都可以進入。乍看之下,兩者不僅不矛盾,而且足可相互配套,但在實際運行中,其間的空白點又是如此之多,以至於溫州資本跨省投資這一再平常不過的現象,必須再次面臨巨大的不確定性。

網不舉則目不張。根據已有的較無爭議的資料,我們對「炒煤團」的關注最後落腳在以下兩點:

首先,從「炒房團」到「炒車團」再到「炒煤團」,急於尋求利益回報的溫州資本一次次站到了公眾評判的風口浪尖,就某種程度而言,這種罔顧公共利益而一味見縫就鑽的取向,也確實顯著表現為市場失靈之痼疾。而問題則在於,就在溫州炒家四處遊走的背後,顯然存在著對於民營資本過於嚴格乃至歧視性的投融資限制。出於資本逐利的天性,倘若政府不能對其實行有效的疏導、引導,則必然陷於被動的、事後的、四處撲火式的疲於應對中,更難談得上合理運用民營資本服務於經濟體效率提升的長遠大計了。

其次,不同於「炒房」、「炒車」、「炒煤」所進入的領域是高度管制下的,仰仗的手段是非炒賣型的,面臨的調控手段是非市場化的,它所帶出的對於制度缺陷的拷問更深刻地烙有轉軌中的中國特色。眼下,對於溫州「炒煤團」的指責很容易集中到安全生產、環境保護等正義公理上來。但是,「炒煤團」的迅速強大暗示出地方政府給予了強大的保護。這種保護讓「炒煤團」獲利豐厚,但以犧牲其他人的利益為代價。很難想像,在這個充滿不確定因素、尋租求租現象難以杜絕的市場中,新的經營者、監管者能夠自覺契合於社會利益的最大化。

【討論題】

1. 請用本章知識分析「炒煤團」現象的背後凸顯的經濟學問題是什麼?
2. 從經濟學角度看,為了遏止「炒煤團」現象,應該採取什麼怎樣的措施?
3. 你認為要達到帕累托最優即實現資源的最優配置,是讓市場機制自發起作用,還是採取政府干預的形式?

第八章　國民收入核算理論

【學習目標與要求】

通過系統地學習，系統地掌握國民收入核算理論和基本體系；掌握兩部門、三部門、四部門經濟國民收入循環模型和恒等關係式，即收入——支出模型；掌握國民收入核算的兩種基本方法和應用。

【學習重難點】

重點：講授國民收入核算體系和國民收入核算的兩種基本方法。

難點：三部門、四部門經濟國民收入循環模型和恒等關係式。

1. 國民收入核算的基本方法：國民收入流量循環模型、用收入法和支出法核算 GDP、五個重要的經濟總量概念。
2. 國民收入核算中的恒等關係：兩部門、三部門和四部門中的儲蓄．投資恒等式。
3. 價格指數：名義 GDP 和實際 GDP、價格指數、失業的計量、奧肯定律。

第一節　宏觀經濟學概論

一、宏觀經濟學的研究對象

宏觀經濟學以整個國民經濟活動作為考察對象，其核心理論是國民收入決定理論。要從總體上把握整個國民經濟活動，分析研究國民經濟運行情況，就必須有一套定義和計量總產出或總收入的方法，這套方法就是通常所說的國民收入核算體系。經濟學已經建立了一整套相對科學、系統和合理的國民收入核算體系，目前世界上絕大多數國家均採用 1993 年經聯合國修訂的《國民經濟核算體系》。

（一）宏觀經濟學的研究對象

宏觀經濟學的研究對象是一個國家的國民經濟整體，包括國民經濟運行方式、運行狀況、運行規律以及政府實施宏觀經濟政策對國民經濟運行的影響和調節。通過對影響宏觀經濟運行情況的各種經濟變量的決定及其變動規律的分析和研究，瞭解一國經濟運行狀況和發展趨勢，同時為政府調控國民經濟運行提供分析工具和決策依據，以實現一國經濟資源的充分利用。

(二) 宏觀經濟問題研究的歷史考察

從宏觀角度研究經濟問題由來已久。問題的研究可以追溯到古典經濟學。從17世紀中期到19世紀60年代,一些古典經濟學家對宏觀經濟問題進行了一些局部的分析和研究。如威廉·配第在歷史上第一次估算了國民收入的數量,亞當·斯密提出了與現代經濟學中的「國民生產總值」十分相近的「國民財富」概念,布阿吉爾貝爾對國民財富的來源作了分析,薩伊的「生產三要素理論」實際上成為現代國民收入核算理論與研究方法的出發點;魁奈的《經濟表》對社會總資本再生產與流通的分析,實際上是把經濟中的許多變量歸結為總收入、總消費、總投資等經濟總量,從而成為古典經濟學宏觀分析的典範;配第、斯密、休謨、李嘉圖、洛克等古典經濟學家還對貨幣的交易作用、貨幣數量、利率等有關問題進行了分析;此外,古典經濟學對國家防務、救助貧困等方面的職能也做過分析,對財政政策進行了分析和論述。

19世紀70年代至20世紀30年代,新古典經濟學建立起了古典宏觀經濟模型。古典宏觀經濟模型分析了整個經濟中產量、就業、消費、儲蓄、利率、工資等經濟總量的決定,其中,瑞典學派對儲蓄與投資不一致問題的分析涉及整個國民經濟的總量分析。這個時期,許多經濟學家分析研究了屬於宏觀經濟範疇的國民收入核算、經濟週期、經濟政策實踐等內容。可見,在20世紀30年代現代宏觀經濟學理論體系產生以前,西方經濟學家就對宏觀經濟問題進行了或多或少的分析和研究,並取得了一些成果。

儘管對宏觀經濟問題的分析研究由來已久,但20世紀30年代以前的宏觀經濟分析僅僅局限於對宏觀經濟領域某些問題的局部分析或零散研究,沒有將整個國民經濟作為一個有機整體,從總體上分析研究國民經濟的運行及其規律。真正將國民經濟作為一個整體對宏觀經濟問題進行全面系統分析並建立起完整的宏觀經濟理論體系的是英國經濟學家約翰·梅納德·凱恩斯。

(三) 現代宏觀經濟學理論體系的建立與發展

1936年,英國經濟學家約翰·梅納德·凱恩斯出版了《就業、利息與貨幣通論》,該著作的出版成為現代宏觀經濟學理論體系形成的標誌。凱恩斯之前的古典經濟學和新古典經濟對宏觀經濟問題的研究是支離破碎的,沒有形成一個完整的宏觀經濟理論體系。到了20世紀30年代,凱恩斯在對1929—1933年資本主義世界經濟危機進行深入分析的基礎上,寫作並於1936年出版了《就業、利息與貨幣通論》(以下簡稱《通論》)。《通論》的出版,標誌著現代宏觀經濟學理論體系的初步建立。在《通論》中,凱恩斯否定了傳統經濟學關於自由市場經濟可以自動實現並維持均衡的理論,認為沒有政府干預的市場經濟不可避免地會發生經濟危機和失業,由此強調政府干預經濟的必要性,並提出國家干預經濟的政策主張。此後,凱恩斯的追隨者如哈羅德、希克斯、漢森、莫迪利安尼、索洛、奧肯等人進一步發展了凱恩斯的宏觀經濟理論。希克斯提出了產品市場和貨幣市場的一般均衡模型即IS-LM模型,哈羅德和多馬建立了經濟增長模型,托賓發展了凱恩斯的貨幣理論。此外,在消費函數、投資函數、總供給理論、通貨膨脹理論、開放經濟理論、宏觀經濟計量模型、宏觀經濟政策等方面,宏觀經濟理論都得到了發展。

進入20世紀70年代,西方國家發生經濟「滯脹」。經濟「滯脹」現象的出現,使凱恩斯

主義經濟理論面臨巨大挑戰。面對經濟停滯與通貨膨脹並存的嚴重局面，凱恩斯主義無法對這一新的經濟現象作出理論上的解釋，也找不到解決問題的有效辦法。在這種情況下，以凱恩斯主義反對者面目出現的貨幣主義、理性預期學派、供給學派等所謂的新自由主義經濟學理論應運而生。新自由主義經濟學家大力抨擊凱恩斯主義的政府干預理論，極力主張恢復自由放任、自由競爭的市場經濟，反對國家干預經濟。隨後，現代宏觀經濟學中的另一學派——新凱恩斯主義重新對凱恩斯主義進行瞭解釋，並不斷吸收經濟自由主義的合理部分。這樣，隨著各國與世界經濟的變化與發展，在新保守主義與新凱恩斯主義的爭論中，宏觀經濟學在貨幣理論、經濟週期理論、經濟增長理論等方面取得許多重要的進展，處於不斷發展的過程之中。

二、宏觀經濟學的基本內容

（一）宏觀經濟學的基本內容

以整個國民經濟活動為研究對象的宏觀經濟學，主要包括五個方面的基本內容。

一是國民收入決定理論。國民收入是衡量一個經濟社會國民經濟狀況的基本指標。國民收入決定理論從總供給與總需求的關係來分析國民收入決定因素、國民收入決定過程、國民收入量的多少及其變動規律。

二是通貨膨脹與失業理論。在市場經濟條件下，通貨膨脹與失業伴隨著一個國家的經濟發展，市場經濟國家都會出現通貨膨脹與失業問題，一些宏觀經濟理論的建立與發展與通貨膨脹和失業相關。通貨膨脹與失業理論就是分別研究通貨膨脹與失業的性質、分類、原因及其對策措施等問題。

三是經濟增長與經濟週期理論。一個國家的經濟增長往往會發生變動，出現正增長、零增長甚至負增長。經濟增長理論就是要研究經濟增長的影響因素或源泉、經濟增長過程和結果以及經濟增長的長期趨勢。經濟週期理論則是通過對有關經濟波動統計資料的分析，分析研究經濟週期的特點、形成原因、影響和後果，研究政府反經濟週期的對策措施，以實現經濟的長期、穩定、均衡增長。

四是開放經濟理論。在開放經濟條件下，國與國之間存在著密切的經濟聯繫，一個國家的經濟運行狀況都會受到世界經濟運行狀況的影響，一國經濟運行狀況也會影響他國經濟和世界經濟。開放經濟理論就是在世界經濟的框架範圍內研究國民收入的決定、通貨膨脹與失業、經濟增長與經濟週期等問題，進而說明一個國家如何運用經濟政策對國民收入進行調整。

五是宏觀經濟政策。經濟理論是制定經濟政策的基礎和依據，經濟政策則是經濟理論的運用與實踐。宏觀經濟政策理論就是在國民收入決定理論、通貨膨脹與失業理論等宏觀經濟理論的基礎上，研究政府宏觀經濟政策的目標、政策工具、政策機制、政策效果等內容。

在對宏觀經濟問題的分析研究中，西方宏觀經濟理論並沒有形成一個內容上完整、邏輯上一致、方法上統一的體系，而是多種宏觀經濟理論並存。對於上述宏觀經濟理論，各個經濟學流派具有不同的觀點；對具體宏觀經濟問題的分析，各個經濟學流派所運用

的方法不盡相同；對解決國民經濟運行中出現的各種問題，各個經濟學流派的政策主張也不相同，有的甚至相互對立。

(二) 宏觀經濟學的中心內容

宏觀經濟學的中心內容是國民收入決定與就業分析。國民收入的決定問題是分析其他宏觀經濟問題的基礎，或者說其他宏觀經濟問題都是運用國民收入決定理論來加以分析、解釋，因此，國民收入決定理論是宏觀經濟學的中心內容；同時，就業狀況是隨著國民收入變化而變化，與國民收入水準相聯繫的就業量的變化也反應在經濟週期、經濟增長乃至政府的經濟政策等方面，因此，宏觀經濟學也就以國民收入決定與就業分析為中心內容。以國民收入決定與就業分析為中心進行宏觀經濟分析，在凱恩斯主義經濟理論中表現得尤其充分。凱恩斯主義宏觀經濟理論認為，由消費、投資、政府購買、淨出口組成的社會總需求如果小於整個經濟社會所能提供的商品總供給，將會導致社會生產下降，國民收入減少，失業增多；相反，社會總需求大於社會總供給，就會發生通貨膨脹，社會生產水準上升，國民收入增多，就業增加。

三、宏觀經濟學的研究方法

宏觀經濟學的基本研究方法是總量分析方法。經濟總量是指反應國民經濟整體運行狀況的經濟變量。經濟總量包括兩類：一類是個量之和，如國民收入、總消費、總投資、總儲蓄、總供給、總需求、財政盈餘與赤字等。當然，這類總量中有的總量並非是個量的簡單相加，而是根據需要、運用數學或統計學中的各種方法所得出的總量。另一類經濟總量是平均量，比如價格總水準、失業率、利率、經濟增長率等。總量分析方法是研究經濟總量的決定、變動及其相互關係以及以此為基礎說明國民經濟運行狀況和宏觀經濟政策選擇的方法。另外，宏觀經濟學的研究方法還有短期與長期分析方法，靜態、比較靜態與動態分析方法，均衡分析方法，邊際分析方法等。需要說明的是，在宏觀經濟分析中，運用這些方法時涉及的經濟變量大多是經濟總量。

第二節　　國民收入核算方法

一、國內生產總值的含義

國民收入核算體系中的核心指標是國內生產總值。國內生產總值(Gross Domestic Product，簡稱 GDP) 是指一國或一個地區在一定時期內運用生產要素所生產的全部最終產品(包括有形產品和勞務) 的市場價值。

在核算國民收入時，計入 GDP 的產品必須是最終產品。最終產品是指為了最終使用或消費，而不是為了轉售或進一步加工製造而購買的商品和勞務。只計算最終產品的市場價值是為了避免重複計算，如在計算在 GDP 時，計算了最終產品汽車的價格就不能再計入配套廠所生產的作為中間產品的汽車零配件如發動機、輪胎、坐椅等的價格。對汽車而言，發動機、輪胎、坐椅等零部件都屬於中間產品。中間產品是參加最終產品生產過程

的各廠商在生產的各個階段所生產的產品,是為相互交換而不是為最終使用或消費而生產的產品。中間產品的價格作為作為最終產品價格的組成部分,在計算最終產品價格時已經計入 GDP,若再單獨計算就會重複計算。

理解國內生產總值這個概念應該注意以下幾點:

(1) GDP 是一個市場價值概念。市場價值是產品或勞務的數量與價格的乘積。由於 GDP 是一國或一個地區一定時期內所生產的最終產品的市場價值,所以 GDP 的數值不僅要受計算期產量變動的影響,也要受計算期價格水準變動的影響。

(2) GDP 只測定最終產品的價值,中間產品的價值不計入 GDP。最終產品是指在一定時期內生產出來直接供人們消費的產品,中間產品是指生產出來後作為下一道生產程序投入品的產品。在實際經濟中,某些產品既可以作為最終產品,也可以作為中間產品,例如煤炭在用作燃料發電時是中間產品,而用做人們生活中的燃料時是最終產品。這樣,在計算 GDP 時究竟把哪一部分煤炭算成最終產品、哪一部分煤炭算成中間產品就成為一個問題。為了解決這個問題,在實際計算中往往採用增值法,即只計算產品生產過程中各生產階段所增加的價值。

(3) GDP 一般以一年為統計核算期。就是說,某國的 GDP 只能包括當生產出來的產品和勞務的價值,不能包括以前年度生產出來的產品和勞務的價值。按此規則,出售以前年度生產的存貨所得收入就不能計入當年的 GDP。

(4) GDP 是一個地域概念。GDP 是指一年內在一個國家國境內在所生產的全部最終產品的市場價值,而不管國境內的生產要素是不是本國的。它主要側重於衡量一國本土所具備的生產能力。

(5) GDP 只衡量市場活動所產生的價值。人們生產的產品和勞務可以分二種:一是為市場交換而生產的產品和勞務;二是用於自己消費的自給性產品和勞務。自給性產品和勞務因為不用於市場交換,沒有價格,所以不能計入 GDP。如家政公司的家政工作人員替別人打掃房屋時獲得的收入要計入 GDP,而家庭主婦清掃自家房屋時卻沒有收入,其勞務價值也就無法反應到 GDP 中。

【專欄知識】

理性看待中國 GDP 躋身世界「四強」

改革開放近 30 年來,中國宏觀經濟形勢日趨佳境。尤其是 1996 年底中國宏觀經濟成功實現「軟著陸」以來的十年間,中國經濟走過了一段持續「高增長、低物價」的輝煌歷程,從而使中國經濟徹底擺脫了十年前「大起大落」的週期性波動特徵。2006 年,中國 GDP 更是大增 10.7%,GDP 總量首次突破 20 萬億元大關。中國宏觀經濟的這一發展情勢令人樂觀、令人振奮,因此,有的媒體甚至喊出了「超德趕日」的口號。

確實,從總量上看,中國 GDP 在 2005 年就已超過了英、法、意三國。但是,我們應該看到,德、英、法、意各國僅有幾千萬人口,日本也只有 1 億多人口,在國土面積上,這些國家也只能算是「小國」,然而,它們卻是真正的「經濟強國」,其人均 GDP 高達 3 萬~5 萬美元。相反,我們是一個擁有 13 億人口、960 萬平方公里的大國,即便在人民幣升值(或稱人民幣重估)及近十年經濟持續快速增長的有利條件下,中國 2006 年的人均 GDP 也不過

2000美元左右。

眾所周知,美、日及西歐這些發達國家是最早完成工業化進程的國家,現在它們已經率先邁入了以信息產業和高科技產業為主導的新經濟時代。其主要標誌有兩個:一是GDP結構與勞動力結構的先進性;二是在生產效率、節約能耗、環境保護、社會保障等方面的績效。

中國是一個發展中的經濟大國,但不是經濟強國。雖然中國GDP總量已位居全球第4,但人均GDP卻仍處於全球第100位前後,居倒數水準。這一客觀的經濟發展現實,意味著目前中國產業結構水準與西方發達國家仍然存在較大的差距。

中國勞動力就業結構與GDP結構呈明顯的「非對稱」特徵。目前,中國約有近一半的勞動力還在從事傳統而低效的農業生產,他們正在為中國13億人口的吃飯問題勞碌、奔波,但他們所創造的增加值僅占GDP的15%左右。也就是說,接近一半的勞動力僅創造了15%左右的GDP,這是農業低效的真實「寫照」。

與此同時,中國第二產業GDP比重接近50%,但它所吸納的勞動力卻僅占勞動力總數的20%左右。這又是一種畸形的「不對稱」:20%的勞動力創造了近50%的GDP!究竟是工業「產值」虛高,抑或是工業生產效率太高?我看這種現象應該叫「產值工業化」。

按理而論,高度工業化必然會推進全面的城市化,而城市化的必然結果便是第三產業的高度發達。然而,中國第三產業產值在GDP中的比重僅為1/3多一點,第三產業勞動力占勞動力總數的比重也只有30%左右。這足以證明中國工業化更多地表現為「產值工業化」,因為它並未有效地推進城市化進程與第三產業的良性互動。

過去,中國工業走過的基本上是一條搶資源、拼人力、比污染的粗放式數量擴張型道路,因此,出現了工業產值虛高或「產值工業化」的現象,其必然結果是城鄉分割、兩極分化,從而不能有效地推進城鄉經濟一體化進程,更無法推動第三產業的壯大與發展。

從長遠來看,中國龐大的農業勞動力數量和「三農」問題仍將是困擾中國經濟增長方式有效轉變的最大難題。儘管我們的工業GDP比重曾高達50%以上,但事實上我們仍是一個農業人口大國,這便是矛盾的癥結所在。同時,節能降耗和環境保護任務仍然十分艱鉅。

為此,我們的國家和政府已經出抬一系列產業政策並採取相關措施,大力解決現實生活中存在的上述問題。在這一大背景、大前提下,20萬億元GDP總量的有效突破,標誌著中國經濟將在新世紀起點上躍上一個新的平臺。我們將會更加注重經濟增長質量,大力發展用高科技武裝的、無污染的第三產業,並將第三產業作為巨大的勞動力蓄水池,擴大第三產業對勞動力的吸納容量,進一步做大第三產業,從而有力拉動中國產業結構的升級換代,有效推動城市化進程與城鄉一體化發展,並促進和諧社會、經濟繁榮的可持續發展。

二、國內生產總值的核算方法

為了分析的方便,我們先建立一個兩部門經濟的收入和支出循環流動模型,以引申出國民收入核算的基本恒等關係。在兩部門經濟中,假定只有居民戶和廠商兩個部門。居民戶是全部生產要素的所有者,也是最終產品和服務的唯一購買者;廠商是全部生產要

素的購買者,也是最終產品和服務的唯一生產者;同時省略去儲蓄、投資、折舊、政府收支、進出口等經濟因素。在上述假定下,經濟中構成了圖8-1所表示的「投入—產出」和「收入—產出」關係。

在圖8-1中,廠商所需要的生產要素——勞動、資本、土地和企業家才能來自居民,廠商購買生產要素並向居民支付要素服務的報酬,這些報酬構成一個經濟體的全部收入,也就是國民收入。因此,在這個經濟體中,廠商全部產出的價值就等於居民戶掙得的全部收入,即「投入 = 產出」和「收入 = 產出」。

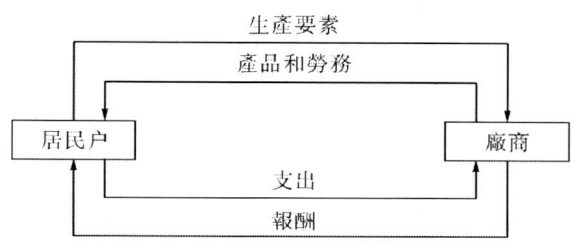

圖8-1 國內生產總值的核算

國內生產總值的核算方法有三種,即支出法、收入法和生產法,常用的是支出法和收入法。下面分別對這三種方法予以介紹。

(一) 支出法

用支出法(Expenditure Approach)核算GDP,就是通過核算在一定時期內整個社會購買最終產品的總支出即最終產品的總售價來計量GDP。誰是最終產品的使用者呢?在現實生活中,產品和勞務的最後使用包括四個部分:私人消費、私人國內投資、政府購買和淨出口。相應的,購買最終產品的支出也就分為四類,即私人消費支出、私人國內投資支出、政府購買支出和淨出口。

私人消費支出(C)包括購買耐用品、非耐用品、勞務等的支出。耐用消費品包括家庭轎車、家用電器等商品,但居民用於住宅的支出不包括在耐用消費品支出範圍內。非耐用消費品包括食物、衣服等商品。勞務包括醫療服務、教育培訓、旅遊、理髮等。

私人國內投資(I)包括固定資產投資和存貨投資。固定資產投資是指居民購買用於生產的新生產的建築和耐用生產設備的市場價值總額加上居民購買的新建住房的市場價值。存貨投資是指廠商持有的存貨價值的變動。

政府購買支出(G)是指各級政府部門對商品和勞務的購買支出,主要包括政府在軍事設施和物資方面的支出和政府雇員的薪金支出等。需要強調的是,並不是所有的政府支出都要記入GDP。因為政府有一類政府支出屬於無償的轉移支付,如社會保障支出、社會救濟和社會撫恤支出等,這種支出是政府單方面的支出,並沒有相應的產品或勞務的交換發生,因而這類政府支出不能記入GDP。

淨出口($X-M$)是一國出口產品和勞務的價值減去進口產品和勞務價值的差額,它反應的是國外對本國產品和勞務的淨購買情況。對於一個國家來說,淨出口數值既可以為正值,也可以為負值。

把上述四個項目加總求和，即可得到用支出法計算國內生產總值的公式：

$$GDP = C + I + G + (X - M)$$

(二) 收入法

收入法(Income Approach)是指通過計算一定時期內整個社會所有生產要素獲得的收入來核算國內生產總值。嚴格說來，最終產品市場價值除了生產要素收入構成的成本，還有間接稅、折舊、公司未分配利潤等內容，因此，用收入法核算的國內生產總值應包括以下一些項目：

(1) 工資、利息和租金等生產要素的報酬。工資包括所有對工作的酬金、津貼和福利費，也包括工資收入者必須繳納的所得稅及社會保險稅。在這裡，利息是指人們為企業所提供的貨幣資金獲得的利息收入，如銀行存款利息、企業債券利息等，但政府公債利息及消費信貸利息不包括在內。租金包括出租土地、房屋等所獲得的收入及專利、版權等收入。

(2) 非公司業主收入。非公司業主收入包括醫生、律師、農民和小店舖主等的收入。非公司業主使用自有資金並且自我雇用，其工資、利息、利潤、租金經常混在一起，他們的收入作為非公司企業主收入計入國內生產總值。

(3) 公司稅前利潤。公司稅前利潤包括公司所得稅、社會保險稅、股東紅利及公司未分配利潤等。

(4) 企業轉移支付及企業間接稅。企業轉移支付及企業間接稅雖然不是生產要素創造的收入，但要通過產品價格轉嫁給購買者，故應該視為成本。企業轉移支付包括對非營利組織的社會慈善捐款和消費者呆帳，企業間接稅包括貨物稅或銷售稅、週轉稅等。

(5) 資本折舊。資本折舊雖不是要素收入，但包括在總投資中，應該計入國內生產總值。

把上述五個部分加起來，就得到用收入法計算國內生產總值的公式：

GDP = 工資 + 利息 + 利潤 + 租金 + 間接稅和企業轉移支付 + 折舊

從理論上說，用收入法核算出來的國內生產總值和用支出法核算出來的國內生產總值應該是相等的，但是實際核算當中常有誤差，因而實際計算時要加上一個統計誤差。

【專欄知識】

綠色 GDP

人類的經濟活動包括兩方面的活動。一方面在為社會創造著財富，即所謂「正面效應」，另一方面又在以種種形式和手段對社會生產力的發展起著阻礙作用，即所謂「負面效應」。這種負面效應集中表現在兩個方面：其一是無休止地向生態環境索取資源，使生態資源從絕對量上逐年減少；其二是人類通過各種生產活動向生態環境排泄廢棄物或砍伐資源，使生態環境從質量上日益惡化。現行的國民經濟核算制度只反應了經濟活動的正面效應而沒有反應其負面效應，因此是不完整的、有局限性的，不符合可持續發展戰略的要求。

改革現行的國民經濟核算體系，需要對環境資源的消耗、損耗進行核算。從現行 GDP

中扣除環境資源成本和對環境資源的保護服務費用，其計算結果可稱之為「綠色 GDP」。綠色 GDP 這個指標，實質上代表了國民經濟增長的淨正效應。綠色 GDP 占 GDP 的比例越高，表明國民經濟增長的正面效應越高，負面效應越低，反之則相反。北京市哲學社會科學「九五」重點課題——「以 EPD 為核心指標的國民經濟核算體系研究」中對北京市 1997 年綠色 GDP 進行核算的結果表明，該年北京市按生產法計算的綠色 GDP 占 GDP 的 74.94%，按支出法計算的綠色 GDP 占 GDP 的 75.75%。

第三節　國民收入核算中的其他總量

一、國民收入核算中的五個基本總量及其相互關係

在國民收入核算體系中，除了國內生產總值可以反應一國國民收入以外，還有國民生產總值、國內生產淨值、國民生產淨值、國民收入（狹義）、個人收入以及個人可支配收入等相關概念，這些概念和國內生產總值、國民生產總值一起統稱為國民收入。

國民生產總值（GNP），是指一個國家或地區在一定時期內本國生產要素所生產的全部最終產品（有形產品和勞務）的市場價值。

國內生產淨值（NDP），是指一國國境以內在一年內創造出來的淨增加值。GDP 是一個國家一年內全部最終產品的市場價值，最終產品的價值既包括了當年新增加的產值，也包括生產過程的資本消耗即折舊的價值，GDP 減去折舊即為國內生產淨值。

國民生產淨值（NNP），它同國內生產淨值一樣，是指一國國民在一年內創造出來的淨增加值，是國民生產總值扣除折舊後的價值。

國民收入（NI），這裡的國民收入是指狹義的國民收入，是一國生產要素所有者在一定時期內提供要素服務所獲報酬的總和，即工資、利息、租金和利潤的總和。從國民生產淨值中扣除企業間接稅和企業轉移支付再加上政府補助金就得到狹義的國民收入。企業間接稅和企業轉移支付是計入了產品價格的，但它們並不代表生產要素創造的價值或者說收入，因此計算狹義國民收入時必須扣除。相反，政府給企業的補助金不計入產品的價格，但作為生產要素收入，在計算狹義國民收入時應當加上。

個人收入（PI），是指個人實際得到的收入。國民收入還不是個人收入，一方面國民收入中有三個主要項目不會成為個人收入，這就是公司未分配利潤、公司所得稅和社會保險稅；另一方面政府轉移支付（包括公債利息）雖然不屬於國民收入（生產要素報酬），卻會成為個人收入，因此，從國民收入中減去公司未分配利潤、公司所得稅和社會保險稅，加上政府轉移支付，就得到個人收入。

個人可支配收入（DPI），是指繳納了個人所得稅以後留下的可以為個人所支配的收入。

下面用美國 2002 年國民收入核算指標來說明 GDP 至 PDI 的計算過程，如表 8-1 所示。

表 8－1　　　　　　美國 2002 年 GDP 到個人可支配收入

國內生產總值		10,446.2
＋本國居民來自國外的要素收入	278.1	
－本國支付給外國居民的要素收入	287.6	
＝國民生產總值（GNP）		10,436.7
－固定資本消耗	1393.5	
＝國民生產淨值（NNP）		9043.2
－企業間接稅及非稅收支付 －企業轉移支付 －統計誤差	800.4 44.1 −116.7	
＋政府補助金	32.5	
＝國民收入（NI）		8347.9
－包含存貨價值和資本消耗調整的公司利潤 －淨利息 －社會保險稅 －工資淨增加額	787.4 684.2 384.5 363.0	
＋個人利息收入 ＋個人紅利收入 ＋政府和企業對個人的轉移支付	1078.5 433.8 1288.0	
＝個人收入（PI）		8929.1
－個人所得稅及非稅收支付	1113.6	
＝個人可支配收入（DPI）		7815.5

二、實際國內生產總值與名義國內生產總值

　　由於 GDP 是用貨幣價值來衡量的，因此，一國 GDP 的變動有兩個影響因素：一個是所生產的產品和勞務數量的變動；另一個是產品和勞務價格的變動。對於一國來講，由於價格上升而導致的 GDP 的上升是沒有任何意義的，因為產品和勞務的數量沒有增加，人們的消費水準沒有得到提高。所以，有必要將國內生產總值變動中的價格因素予以清除，只研究產品和勞務的數量變化。為此需要區分名義國內生產總值和實際國內生產總值兩個概念。

　　名義國內生產總值是用生產產品和勞務那個時期的價格計算出來的國內生產總值，而實際國內生產總值（Real GDP）是用基年的價格計算出來的價值。例如，2000 年美國的

GDP有兩種核算方法,一種是用2000年的價格乘以2000年生產的全部最終產品的數量,這樣得到的是當年的名義國內生產總值;另一種是用1990年的價格(假設基年為1990年)乘以2000年生產的全部最終產品的數量,這樣得到的是當年的實際國內生產總值。

假設某國只生產兩種產品,麵包和外套,以1993年為基年,現在核算2003年的名義GDP和實際GDP。1993年和2003年最終產品的數量和價格如表8-2所示:

表8-2　　　　　　　　　名義GDP與實際GDP

	1993年名義GDP	2003年名義GDP	2003年實際GDP
麵包	15萬單位×1美元 =15萬美元	20萬單位×1.5美元 =30萬美元	20萬單位×1美元 =20萬美元
外套	5萬單位×40美元 =200萬美元	6萬單位×50美元 =300萬美元	6萬單位×40美元 =240萬美元
合計	215萬美元	330萬美元	260萬美元

從表中可以看出,1993—2003年,GDP名義上從215萬美元增加到了330萬美元,但實際只增長到了260萬美元,也就是說,扣除物價上漲因素,GDP實際上只增長了20.9%〔(260-215)÷215 = 20.9%〕,而名義上卻增長了53.5%〔(330-215)÷215 = 53.5%〕。

通過2003年名義GDP和實際GDP的值,可以得到計算期與基期年份相比價格變動的程度,即330÷260 = 126.9%,這說明從1993—2003年該國平均價格水準上升了26.9%。在這裡,126.9%稱為GDP折算指數。可見,GDP折算指數是名義的GDP和實際的GDP的比率。名義國內生產總值、實際國內生產總值和價格指數這三者的關係是:

實際GDP = 名義GDP ÷ GDP折算指數

三、國內生產總值與國民生產總值

國內生產總值是指一年中在一國國境內所生產的全部最終產品的市場價值。它是一個地域概念,強調的是一國本土的生產能力。而國民生產總值指一國國民在一年內所創造的全部最終產品的市場價值,這是一個國民概念,強調的是一國國民的生產能力。

例如,某英國公民在日本工作獲得了10萬日元的收入,從日本角度來看,該筆收入是在日本本土產生的,因而應計入日本的GDP,但這筆收入是一位在日本的英國人創造的,因而不應計入日本的GNP;從英國的角度來看,這筆收入是本國國民創造的,因而應計入英國的GNP,但這筆收入是本國國民在日本創造的,因而不能計入英國的GDP。

對於任何一個對外開放的國家來說,都可以核算出GDP和GNP,而且大多數情況下,這兩個數值並不相等。兩者的關係是:

GNP = GDP + 本國居民來自國外的要素收入 – 本國支付給外國居民的要素收入

在20世紀90年代以前,包括美國在內的多數國家採用GNP作為對經濟總產出的基本測量指標,1991年美國開始改用GDP指標,此後其他國家也逐漸開始採用GDP指標,中國目前也以GDP作為衡量社會總產出的基本測量指標。

四、國內生產總值與經濟福利

國內生產總值作為國民收入核算體系中最重要、最核心的總量指標,代表了一國國民在一定時期內可以消費的產品和勞務的數量,因而能從總體上代表一國國民的經濟福利水準,但 GDP 本身還是存在著諸多缺陷與不足。

(1) 國內生產總值不能完全反應一國的真實產出。國內生產總值的統計數據是依據市場交換獲得的,因此至少有兩個方面的產出得不到反應:一是前文所說的自給性產品和勞務的價值;二是地下經濟活動產生的價值。自給性產品和勞務由於不到市場上交換,因而無法在國內生產總值中得到反應;地下經濟活動由於各種原因無法公開化和合法化,因而也不能在國內生產總值中得到反應。可見,一國國民的總經濟福利水準有可能比國內生產總值要高。

(2) 國內生產總值不能完全反應一國居民的真實生活水準。GDP 所衡量的實質上是一個國家的產出水準,一方面,產出並不等於消費,有些產品生產出來後卻銷售不出去進而積壓,這樣的產品儘管生產出來卻不能增加人們的生活水準;另一方面,閒暇、良好的工作條件是人們生活水準的一個重要組成部分,而 GDP 卻不能反應這方面的狀況。

(3) 國內生產總值不能反應經濟增長的代價及經濟增長的效率和效益。一些國家的經濟增長帶來了巨大的環境污染和生態破壞,在這種情況下,儘管國內生產總值增長了,人們的實際生活水準卻並不一定會提高。有的國家的經濟增長是低消耗高效率的,而有的國家的經濟增長是高消耗低效率的,後一類國家往往為了發展經濟而拼命地消耗資源,對資源採用低效的、掠奪式的利用方式,這樣極有可能傷及一國的持續發展能力。

(4) GDP 指標無法反應一國產品和勞務的分配情況。如果 A 國與 B 國 GDP 總量相同,但 A 國的收入分配比較均等,而 B 國的收入差距懸殊,顯然這兩國國民的生活水準是不盡相同的。

可見,國內生產總值並不能與一國國民的經濟福利水準完全畫等號。正是由於 GDP 存在著上述不足,所以對 GDP 有一些比較偏激的看法,如有的人認為國內生產總值就是國內總污染。經濟學家正力圖對現行國民收入核算體系進行改進和完善,但至今尚未發現比國內生產總值更能說明問題的總量指標和核算方法。所以,儘管國內生產總值存在著諸多不足,它還是被用作衡量一國經濟總體發展水準和經濟福利水準的總量指標。

【本章小結】

1. 本章主要介紹了有關國民收入核算的理論與方法。國民收入核算體系是一套用來定義和計量總產出或總收入的方法,在這套方法中,最主要、最核心的指標是國內生產總值。國內生產總值是指一國或一個地區在一定時期內運用生產要素所生產的全部最終產品(產品和勞務)的市場價值。

2. 國內生產總值的核算方法有兩種,即支出法和收入法。支出法通過核算一定時期內整個社會購買最終產品的總支出即最終產品的總賣價來計量 GDP;收入法通過計算一

定時期內整個社會所有生產要素獲得的收入來核算國內生產總值。

3. 在整個國民收入核算體系中，還有國民生產總值、國內生產淨值、國民收入（狹義）、個人收入和個人可支配收入等國民經濟總量。

【思考題】

1. 什麼是 GDP？
2. 中間產品和最終產品的區別是什麼？
3. 簡述支出法和收入法如何核算國內生產總值？
4. 為什麼要同時核算名義國內生產總值和實際國內生產總值？

【綜合案例】

計算產出的難題

國內生產總值是一個估計值，它是將一個經濟體裡面數以百萬計的各種商品和勞務加起來而得出的一個總和。但是計算這一數值的同時會引起一些難題。以下就是其中的一部分難題。

1. 衡量質量的改變

今天的一個西紅柿和 50 年前沒什麼兩樣，但是一架飛機或一輛汽車卻和 20 年前有了很大區別。一些產品的質量（和價格）幾乎每年都會發生變化。考慮一下計算機的迅速發展產生的問題。假如那些計算 GDP 的人們只使用計算機的市場價格進行計算，他們可能得出計算機產出上升緩慢甚至下降的結論，因為計算機的價格迅速下降。但是人們不想單純比較計算機的數量，否則將忽視新式計算機日益強大的事實。一種計算計算機產業真實產出的方法應該同時考慮產品質量的改進。假如所作修正不夠充分，那麼結果就會顯示產出增長比實際要小得多。或者應考慮一下醫療衛生的改進產生的問題。以如今可供應用的醫療技術為例，經濟學家們應該怎樣將現在醫療保險產業的產出和幾十年前進行比較呢？GDP 統計學家們知道這些難題，想方設法基於質量變化作出某些修正。例如，20 世紀 70 年代早期，由於首次要求汽車安裝防污設備，汽車價格上升。統計學家們需要確定增加了的成本是一種單純的價格提升因而成為通貨膨脹的一個誘因，還是一種質量改進而有效提高了真實產出，因為消費者購買的是一輛更好的汽車。最後他們選擇了第二種意見。然而，統計數字的使用者應該記住，所有類型的修正肯定不時十全十美的。

2. 衡量政府的服務

標準的 GDP 的計算從銷售點的價格和數量出發。那麼應該如何處理不出售或者不直接出售的商品呢？這類商品的一個重要部分就是政府提供的服務。試想州政府官員們的工作效率提高，能夠迅速完成汽車註冊的程序，這可能意味著該州政府可以雇用較少的人手完成同樣的工作。但是車牌價格並非由競爭市場決定，納稅人交稅來支付有關政府職員的薪金。GDP 的統計數字僅僅反應了政府職員的工作時間。如果政府的工作效率提高，得出的 GDP 數值反而可能下降，即使真實的產出即註冊數量增加。

3. 衡量非經市場銷售的商品

非經市場銷售的商品和服務，例如家庭成員完成的家務勞動，向國民收入統計學家提出了相似的難題。統計數字低估了經濟產出的真實水準，因為它們忽視了類似這樣的經濟活動。舉例而言，如果一對夫婦留在家中打掃衛生和做飯，其從事家務勞動的活動將不會被列入 GDP 的統計之內。但是，假如這對夫婦外出工作，另外雇人做清潔和烹調工作，那麼這對夫婦和傭人的經濟活動都會被計入 GDP 中。

4. 統計學問題的重要性

一些經濟學家認為，即使 GDP 的計算不盡完美（而這當然是肯定的），至少這些不盡完美的問題在各個時期都相差無幾，因此經濟學家仍然可以略帶猶豫地運用這些數據，作為經濟規模的一種描述。放在幾年的短時間裡考察，這種看法確實相當正確。但是經濟結構將隨著時間推移發生變化，GDP 計算過程中的這些偏差也會發生變化，於是產出和生產力增長的計算可能出現很大的歪曲。例如，過去幾年來，隨著越來越多的婦女走出家門，接受有薪工作，相應的她們會更多地聘請管家和在飯店就餐，可能出現的情況就是以往對 GDP 的低估有所減少，於是 GDP 的部分增長比真實情況更加明顯。另外，如果政府部門增長得比其他部門快，而 GDP 的計算方法又系統地忽略了公共部門生產力的增長，那麼就會得出生產力增長放緩的結論，但實際並非如此。

資料來源：斯蒂格利茨．經濟學．劉海燕，等譯．北京：中國人民大學出版社，2005.

【討論題】

GDP 的計算方法在其他哪些情況下還存在缺陷？你認為哪些方面可予以改進？

第九章　國民收入決定理論

【學習目標與要求】

　　掌握總需求決定理論、乘數理論和總需求與總供給如何決定國內生產總值和物價水準，理解消費函數理論、IS－LM 模型，瞭解總需求曲線和短期總供給曲線的特徵及其原因，瞭解長期總供給曲線的特徵。

【學習重難點】

　　三部門和四部門經濟均衡國民收入的決定各影響因素及相互關係。
1. 消費和儲蓄
2. 兩部門經濟國民收入的決定三、國民收入的變動
3. 三部門和四部門經濟國民收入的決定

第一節　簡單的國民收入決定模型

　　一國國民收入的決定同時受到產品市場和貨幣市場運行的影響。為了便於理解，本節假定宏觀經濟中只存在產品市場而沒有貨幣市場，這樣的國民收入決定模型被稱為簡單國民收入決定模型。

一、消費函數與儲蓄函數

(一) 消費函數

　　消費是指人們為了滿足自身的各種需要而購買產品和勞務的經濟活動。影響人們消費的因素有很多，如消費者的收入水準、商品價格、消費者自身的偏好、風俗習慣等。在這些因素中，對消費具有決定性作用的是人們的收入水準。

　　消費函數(Consumption Function)是用來描述消費與收入之間依存關係的函數。在其他條件不變的情況下，消費與收入呈同向變動關係，消費隨著收入的增加而增加。不過，隨著人們收入的增加，增量收入中用於消費的比重將逐漸遞減，也就是說，隨著人們收入的增加，消費以遞減的速度增加。描述消費與收入之間依存關係的函數就是消費函數，消費函數可以用公式表示為：

$$C = C(Y) = a + bY$$

式中，C 代表消費；Y 代表收入；a 是收入為零時的消費，稱為自發消費，是指一個人的基本

生活消費；b 的經濟含義是指增加的每單位收入中用於消費部分的比率，bY 是隨著收入變化而變化的消費量，bY 被稱為引致消費。

基於消費函數，可以引入兩個表示消費與收入關係的概念，即平均消費傾向（APC）和邊際消費傾向（MPC）。平均消費傾向是指消費在收入中所占的比例，其計算公式如下：

$$APC = \frac{c}{y}$$

由於人們無論在什麼情況下都要消費，因此，平均消費傾向永遠大於零。

邊際消費傾向是指增加的每單位收入中用於消費的部分所占的比率，也就是消費函數中的系數 b。由邊際消費傾向定義可知，邊際消費傾向（b）的取值範圍在 0～1 之間。其計算公式如下：

$$MPC = \frac{\Delta c}{\Delta y}$$

當收入增量和消費增量均為極小時，邊際消費傾向的計算公式還可以寫成導數形式：

$$MPC = \frac{dc}{dy}$$

一般而言，消費增量總是小於收入增量，而且隨著人們收入的增加，增加的收入中用於消費的部分所占比例會逐漸縮小，因此，邊際消費傾向呈遞減趨勢。

(二) 儲蓄函數

儲蓄是指收入中未被消費的部分。在其他條件不變的情況下，儲蓄與收入同方向變動，它隨著人們收入的增加而增加，並且隨著收入的增加，增量收入中用於儲蓄的比重逐漸遞增，也就是說，隨著人們收入的增加，儲蓄以遞增的速度增加。用來描述儲蓄與收入之間依存關係的函數就是儲蓄函數，其表達式如下：

$$S = S(Y) = Y - C = Y - (a + bY) = -a + (1 - b)Y$$

式中，S 代表儲蓄；Y 代表收入；$-a$ 為自發儲蓄；b 的經濟含義指增加的每單位收入中用於儲蓄部分的比率，bY 是隨著收入變化而變化的儲蓄量，$(1-b)Y$ 也被稱為引致儲蓄。

基於儲蓄函數，可以引入兩個表示儲蓄與收入關係的概念，即平均儲蓄傾向（APS）和邊際儲蓄傾向（MPS）。平均儲蓄傾向是指儲蓄在收入中所占的比例，其計算公式如下：

$$APS = \frac{s}{y}$$

一般而言，隨著人們收入的增加，人們用於儲蓄的部分所占比例會增大，可見，平均儲蓄傾向是遞增的。

邊際儲蓄傾向是指增加的每單位收入中用於儲蓄的部分所占的比率，也就是儲蓄函數中的系數 b。由邊際儲蓄傾向的定義可知，邊際儲蓄傾向（b）的取值範圍在 0～1 之間。其計算公式如下：

$$MPS = \frac{\Delta s}{\Delta Y}$$

當收入增量和儲蓄增量均為極小時，邊際儲蓄傾向的計算公式還可以寫成導數

形式：

$$MPS = \frac{ds}{dy}$$

在一般情況下，隨著人們收入的增加，儲蓄增加的速度比收入增加速度要快，因此，邊際儲蓄傾向遞增。

(三) 消費函數與儲蓄函數的關係

在簡單經濟模型中，由於全部收入分為消費和儲蓄兩部分，因此，消費函數與儲蓄函數之間存在如下關係：第一，消費函數和儲蓄函數互為補數，兩者之和等於總收入，即 $C(Y) + S(Y) = Y$；第二，平均消費傾向(APC)與平均儲蓄傾向(APS)的和為 1；第三，邊際消費傾向(MPC)與邊際儲蓄傾向(MPS)的和為 1。

(四) 消費函數與儲蓄函數的圖形

由於消費函數和儲蓄函數都是線性函數，並且這兩個函數又是互補的，因此，可以在一個圖中畫出這兩個函數的圖形。下面以具體的消費函數和儲蓄函數為例加以說明。

設自發消費水準為 1000，邊際消費傾向為 0.8，由此可得消費函數和儲蓄函數分別為：$C = 100 + 0.75Y$，$S = -100 + 0.25Y$。縱軸代表消費，橫軸代表國民收入，由此可作圖如 9-1 所示。

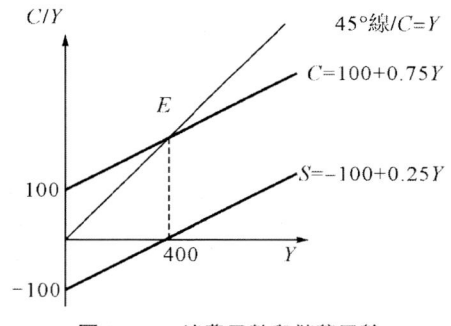

圖 9-1 消費函數與儲蓄函數

二、均衡國民收入的決定

(一) 國民收入均衡公式

1. 均衡國民收入的含義與國民收入的均衡條件

(1) 均衡國民收入的含義。產品市場中的均衡國民收入或均衡產量是指與總需求相等時的國民收入。它與核算中的國民收入不同。核算中的國民收入是已經生產出來的國民收入，它與總需求既可以相等，也可以不等。而均衡國民收入總是與總需求相等。

(2) 國民收入的均衡條件。國民收均衡條件是：總需求 = 國民收入(總供給)。如果總需求小於國民收入(總供給)，即產品供大於求，廠商就會縮減生產，國民收入將減少；如果總需求大於國民收入(總供給)，產品供不應求，廠商就會擴大生產，國民收入將增加。

只有當社會總需求恰好等於國民收入(總供給)時,社會生產才既不縮小,也不擴大,國民收入才處於均衡狀態。

2. 國民收入均衡公式

從國民收入的均衡條件:總需求 = 國民收入(總供給)來推導國民收入均衡公式。

(1) 實際支出、意願支出與非意願支出的含義及其相互關係。實際支出是指已經實現了的支出;意願支出是指當事人想要的支出或計劃支出;非意願支出是指當事人不想要的而又不得不進行的支出。

實際支出 = 意願支出 + 非意願支出。顯然,實際支出中的意願支出一定等於需求。令總需求 = 總意願支出,則國民收入均衡條件就變為:總意願支出 = 國民收入。

(2) 社會總意願支出的組成。社會總意願支出由個人意願消費、企業意願投資、政府意願購買和國際部門的意願淨出口4個部分組成。其中:

① 意願消費 = 實際消費(C);
② 意願政府購買 = 實際政府購買(G);
③ 意願淨出口 = 實際淨出口($X-M$);
④ 企業的意願投資 = 實際投資−非意願投資 = I−非計劃存貨投資。

企業投資分為固定投資和存貨投資兩部分(年末存貨與年初存貨的差額就是企業的存貨投資)。實際固定投資全部由廠商控制,一定等於意願固定投資。但實際存貨投資不一定都是意願存貨投資,有可能包含非意願存貨投資。

企業存貨包括企業庫存原材料、待銷售的產成品和半成品或在產品三項。原材料等中間產品與在產品方面的存貨投資量,廠商可以完全控制。因此,這兩方面的實際存貨投資都等於意願的存貨投資。

但產成品方面的存貨投資,廠商不能完全控制:如果市場需求減少,一部分產品賣不出去,企業自己就不得不把它「買」下來,成為非意願的或非計劃的產成品存貨投資。此時,實際的產成品存貨投資就大於意願的產成品存貨投資;如果市場需求增加,產品就供不應求。此時,非意願產成品存貨投資就小於零,即實際的產成品存貨投資小於意願的產成品存貨投資。

因此,企業的意願投資 = 實際投資−非意願投資 = I − 非計劃存貨投資。從而有:
社會總意願支出 = C + (I − 非計劃存貨投資) + G + ($X-M$)

(3) 國民收入均衡公式。

C + (I − 非計劃存貨投資) + G + ($X-M$) = GDP

C + (I − 非計劃存貨投資) + G + ($X-M$) = $C+S+T$

為了書寫方便,以後仍然用I表示企業的意願投資。這樣I就有兩種含義:實際投資與意願投資。到底是哪一種含義,可以根據上下文加以辨別;國民收入用Y表示,簡稱收入。於是,上述國民收入均衡公式就變為:

$C+I+G+(X-M) = Y$

$C+I+G+X = C+S+T-M$

(4) 國民收入均衡公式與核算恒等式的區別。

① 實際支出(投資)與意願支出(投資)的區別;
② 恒等號與等號的區別;
③ 國民收入恒等式有三個,而國民收入均衡公式只有兩個。

由於收入法核算恒等式 $GDP \equiv C + S + T$ 中,沒有表示實際支出的項目,不可能用意願支出來替代實際支出,因此,該收入核算恒等式無法轉化為相應的收入均衡式。

(二) 二部門經濟中均衡國民收入的決定

1. 兩部門經濟的總供求分析

均衡的國民收入是指總需求與總供給相等時的國民收入。在國民收入核算中,社會各部門對產品和勞務的總支出代表了整個社會的總需求水準,而參與生產的所有社會生產要素的所有者得到的收入則代表了整個社會的總供給水準。當整個社會的總支出等於總收入即總需求等於總供給時,整個國民經濟處於均衡狀態。

兩部門經濟是指一個只有企業和居民兩個部門的簡單社會。其總支出由兩個部分構成:消費支出(C)和投資支出(I);其總收入最終分解成兩個部分:儲蓄(S)和消費(C),由此,可以得到兩部門經濟中的總需求與總供給的構成:

總支出 = 總需求(AD) = 消費(C) + 投資(I)
總收入 = 總供給(AS) = 消費(C) + 儲蓄(S)

由此可見,國民收入均衡的條件是:$C + I = C + S$。

該均衡條件可以簡化為:$I = S$。

2. 消費函數與均衡國民收入的決定

在兩部門經濟社會中,總需求由消費與投資構成,即 $Y = C + I$,其中消費 $C = a + bY$,此時如果知道投資即可求出國民收入。為了使分析簡化,在國民收入決定的簡單模型中,投資被看成一個外生變量,是一個不隨著利率和國民收入水準變化而變化的常量。根據這個假定,可設 $I = I_0$(I_0 為一個常量),此時,均衡國民收入決定模型如下:

$$\begin{cases} Y = AD \\ AD = C + I \\ C = a + bY \\ I = I_0 \end{cases}$$

解聯立方程組,可得均衡國民收入:

$$Y = \frac{a + I_0}{1 - b}$$

可見,如果知道了消費函數和投資水準,就可以根據上述公式求出均衡的國民收入。假設消費函數 $C = 800 + 0.8Y$,投資為 400 億美元,則均衡收入為 6000 億美元,即:

$$Y = \frac{800 + 400}{1 - 0.8} = 6000$$

下面再用列表和圖形說明均衡收入的決定。下表顯示了消費函數為 $C = 800 + 0.8Y$ 和自發投資為 400 億美元時均衡收入決定的情況。

從表 9－1 中看出：

第一，當收入為 6000 億美元時，總需求 $Y = C + I = 5600 + 400 = 6000$ 億美元，總供給 $Y = C + S = 5600 + 400 = 6000$ 億美元。此時，總需求等於總供給，說明 6000 億美元是均衡的國民收入。

第二，當收入為 5000 億美元時，總需求 $Y = C + I = 4800 + 400 = 5200$ 億美元，總供給 $Y = C + S = 4800 + 200 = 5000$ 億美元。在這種情況下，總需求大於總供給，廠商擴大生產有利可圖，廠商會增雇工人、擴大產量，從而使收入增加，向均衡的國民收入靠攏。

表 9－1　　　　　　均衡國民收入的決定（單位：億美元）

收入	消費	儲蓄	投資
3000	3200	−200	400
4000	4000	0	400
5000	4800	200	400
6000	5600	400	400
7000	6400	600	400

第三，當收入 7000 億美元時，總需求 $Y = C + I = 6400 + 400 = 6800$ 億美元，總供給 $Y = C + S = 6400 + 400 = 7000$ 億美元。在這種情況下，總供給大於總需求，廠商只有減少產量才能銷出其滯銷的存貨，於是廠商會減雇工人、降低產量，這樣收入減少，使向均衡的國民收入（6000 億美元）靠攏。

均衡國民收入的決定也可以用圖形表示。圖 9－2 表示了如何用消費加投資曲線與 45° 線的交點決定均衡國民收入（所用數據來自上表）。

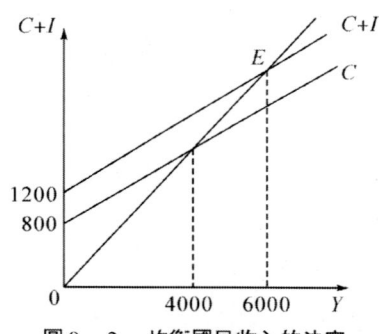

圖 9－2　均衡國民收入的決定

圖中橫軸表示收入，縱軸表示消費加投資，在消費曲線（C）上加投資（I）得到消費投資曲線 $C + I$，這條曲線即是總支出（總需求）曲線。由於假定投資為 400 億美元，因此，總需求曲線與消費曲線總是平行的，兩條線之間的垂直距離即為 400 億美元，總需求曲線與 45° 線相交於 E 點，E 點的收入水準是 6000 億美元，此時，總需求與總供給相等，這說明均衡國民收入是 6000 億美元。

3. 儲蓄函數與均衡國民收入的決定

由上述分析可知,當國民收入處於均衡狀態時,投資等儲蓄,即 $I = S = Y - C$,同時儲蓄函數 $S = -a + (1-b)Y$,將這兩式聯立,即可得由儲蓄函數決定的均衡國民收入。

$$\begin{cases} I = Y - C = S \\ S = -a + (1-b)Y \\ I = I_0 \end{cases} \Rightarrow Y = \frac{a + I_0}{1 - b}$$

可見,通過儲蓄函數求出來的均衡國民收入決定模型與根據消費函數求出來的均衡國民收入決定模型完全相同。

仍以上例來說明,消費函數 $C = 800 + 0.8Y$,則儲蓄函數 $S = -800 + 0.2Y$,投資為400億美元,當國民收入處於均衡狀態時,投資等於儲蓄,也即是儲蓄等400億美元,則均衡收入為6000億美元($400 = -800 + 0.2Y \Rightarrow Y = 6000$)。可見,通過儲蓄函數求得的均衡國民收入與通過消費函數求得的均衡國民收入完全相同,這也不奇怪,因為儲蓄函數與消費函數本是一對互補的函數。

同理,也可以表格和圖形來說儲蓄函數是如何決定均衡國民收入的,其原理和方法與消費函數的完全相同,這裡不再重複。

4. 節約悖論

這裡的節約是指減少消費或增加儲蓄。由於儲蓄可以獲得利息,故一個家庭越是節約,就越富有。然而,如果所有家庭都節約(增加儲蓄)的話,國民收入不僅不增加,而且會減少,引起社會經濟蕭條。

因此,節約對個人來說是件好事,對整個社會來說卻是件壞事。引起個人收入增加的節約卻導致了國民收入的減少,這種現象就是所謂的「節約悖論」。

節約悖論的產生是由於投資沒有隨著儲蓄的增加而增加。節約悖論僅僅是短期內儲蓄無法轉化為投資時產生的一種現象。在長期,儲蓄終將轉化為投資,節約悖論也就不存在了。

【專欄知識】

從《蜜蜂的寓言》看「節約悖論」

18世紀,荷蘭的曼德維爾博士在《蜜蜂的寓言》一書中講過一個有趣的故事。一群蜜蜂為了追求豪華的生活,大肆揮霍,結果這個蜂群很快興旺發達起來。而後來,由於這群蜜蜂改變了習慣,放棄了奢侈的生活,崇尚節儉,結果卻導致了整個蜜蜂社會的衰敗。

蜜蜂的故事說的是「節儉的邏輯」,在經濟學上叫「節儉悖論」。眾所周知,節儉是一種美德,既然是美德,為什麼還會產生這個悖論呢?

宏觀經濟學的創始人凱恩斯對此給出了讓人們信服的經濟學解釋。他認為從微觀上分析,某個家庭勤儉持家,減少浪費,增加儲蓄,往往可以致富;但從宏觀上分析,節儉對於經濟增長並沒有什麼好處:公眾節儉 → 社會總消費支出下降 → 社會商品總銷量下降 → 廠商生產規模縮小,失業人口上升 → 國民收入下降、居民個人可支配收入下降 → 社會總消費支出下降……1931年1月他在廣播中斷言,節儉將促成貧困的「惡性循環」,他還

說「如果你們儲蓄五先令，將會使一個人失業一天」。凱恩斯的解釋後來發展成為凱恩斯定理，即需求會創造自己的供給。一個國家在一定條件下，可以通過刺激消費、拉動總需求來達到促進經濟發展和提高國民收入的目的。

由於東南亞金融危機等因素的影響，中國經濟發展從1997年開始步入困難時期，而與此同時，據全國商業信息中心對中國市場主要商品供求情況的分析結果顯示，1997年下半年供過於求的商品占31.8%，2001年下半年則升至83%，2002年下半年達到88%，幾乎沒有供不應求的商品。在這種情況下，中國政府依據凱恩斯理論原理，通過各種途徑來拉動和刺激內需，如增發國債以大興基礎設施建設，實施「黃金周」的節假日政策以刺激旅遊業的發展等，事實證明，這些政策對於幫助中國走出困境和提高收入水準起到了很大的推動作用。

當然，我們必須要科學地看待「節儉悖論」。「節儉悖論」的產生是有其特定的時空條件的，只有在大量資源閒置、商品供過於求、社會有效需求不足或存在嚴重失業時，才有可能出現這種悖論所呈現的矛盾現象。2003年以來，中國頻頻發生油荒、電荒、煤荒等現象，在這種情況下，節儉不但不會產生悖論，反而是給我們帶來更多的好處。

經濟學中的有一個基本規律叫合成謬誤，即當所有的局部都是正確的時候，全局往往會陷入錯誤。「節儉悖論」即是一個證明，當社會上每個人都節儉的時候，國民收入往往會下降，從而最終導致每個人生活水準都會下降。明白「節儉悖論」的內涵對於中國這樣一個崇尚節儉的社會具有積極的意義，我們應該根據自身的收入水準適當消費，而不是一味地去節儉，這樣對自身、對社會都具有積極作用。但是，「節儉悖論」並不是要求我們要選擇一種奢侈的生活方式，中國是一個人口眾多的國家，自然資源尤其是能源非常緊缺，非常可能成為制約中國未來經濟發展的主要因素，所以理性的選擇是「有選擇的節儉」，而不是一味的、不分場合的節儉。

(三) 三部門經濟中均衡國民收入的決定

    1. 三部門經濟的總供求分析

三部門經濟由企業、居民和政府三個經濟部門組成。與兩部門經濟相比，其總支出除了消費和投資外，多了一個政府的購買支出G；其總收入除了消費和投資外，還包括政府的稅收收入T，因此，三部門經濟的總供求構成如下：

總支出 = 總需求(AD) = 消費(C) + 投資(I) + 政府購買(G)

總收入 = 總供給(AS) = 消費(C) + 儲蓄(S) + 稅收(T)

由此可得國民收入均衡的條件，即：$C + I + G = C + S + T$。

該均衡條件可以簡化為：$I + G = S + T$。

    2. 三部門經濟中均衡國民收入的決定

在三部門經濟中，政府是一個重要的經濟部門，其行為對於均衡國民收入的決定具有重要影響。政府的行為包括徵稅、購買支出和轉移支出，在這種情況下，決定人們消費支出的收入不再是總收入，而是可支配收入。可支配收入是人們的稅後收入再加上政府的轉移支付。令Y_D為可支配收入，T為稅收，G為政府購買，TR為轉移支付，則：

$Y_D = Y - T + TR$

由此消費函數可以表示為下式：
$C = a + bY_D = a + b(Y - T + TR)$

再假定政府稅收是固定稅收，投資、政府購買支出和轉移支付均為外生變量，是常量，此時由總需求和消費函數可求得均衡國民收入：

$$\begin{cases} Y = AD \\ AD = C + I + G \\ C = a + bY_D \\ Y_D = Y - T + TR \\ I = I_0 \\ G = G_0 \\ T = T_0 \\ TR = TR_0 \end{cases} \Rightarrow Y = \frac{1}{1-b}(a - bT_0 + bTR_0 + I_0 + G_0)$$

可見，在三部門經濟中，除了消費、投資以外，政府行為也對均衡國民收入的決定產生重大影響。下面用一個具體例子來說明三部門經濟中均衡國民收入的決定。假定某社會的消費函數是 $C = 100 + 0.8YD$，投資支出50億美元，政府購買支出200億美元，政府稅收收入250億美元，政府轉移支付62.5億美元，求該三部門經濟中的均衡國民收入。

根據已知條件，可列如下方程組：

$$\begin{cases} Y = AD = C + I + G \\ C = 100 + 0.8Y_D \\ \quad = 100 + 0.8(Y - T + TR) \\ I = 50 \\ T = 250 \\ G = 200 \\ TR = 62.5 \end{cases}$$

$\Rightarrow Y = \frac{1}{1 - 0.8}(100 - 0.8 \times 250 + 0.8 \times 62.5 + 50 + 200) = 1000$

可見，該三部門經濟的均衡國民收入為1000億美元。

(四) 四部門經濟中均衡國民收入的決定

在一個對外開放的經濟體系中，除了企業、居民、政府等經濟部門外，還增加了外國的企業、居民和政府，宏觀經濟學中統稱為國外部門。與三部門經濟相比，四部門經濟中的總需求中增加了出口(X)，總供給中則增加了進口(M)。其中出口是國外對本國商品的需求，一般視作外生變量，進口則是本國對國外商品的需求，它隨著收入的變動而變動，一般表示為 $M = M_0 + mY$，其中 M_0 是自發進口，與國民收入變動無關，m 為進口率($0 < m < 1$)，Y是國民收入，M是進口。

由此可以得出四部門經濟中總需求與總供給的構成：

總支出 = 總需求(AD) = 消費(C) + 投資(I) + 政府購買(G) + 出口(X)

總收入 = 總供給(AS) = 消費(C) + 儲蓄(S) + 稅收(T) + 進口(M)

因此，國民收入均衡的條件是：$C + I + G + X = C + S + T + M$，也可寫成：$C + I + G + (X - M) = C + S + T$。

該均衡條件可以簡化為：$I + G + X = S + T + M$

四部門經濟中均衡國民收入的決定模型為：

$$\begin{cases} Y = AD \\ AD = C + I + G + X - M \\ C = a + bY_D \\ Y_D = Y - T + TR \\ I = I_0 \\ G = G_0 \\ X = X_0 \\ M = M + mY \\ T = T_0 \\ TR = TR_0 \end{cases}$$

$$\Rightarrow Y = \frac{1}{1 - b + m}(a - bT_0 + bTR_0 + I_0 + G_0 + X_0 - M_0)$$

這是四部門經濟中完整的國民收入決定模型。通過這個模型可以看出，消費、投資、政府行為和進出口都通過不同的方式對均衡國民收入產生著不同的影響。

第二節　擴大的國民收入決定理論

前文的簡單國民收入模型是在假設宏觀經濟中只存在產品市場而沒有貨幣市場的前提條件下得到的。如前文所述，現實經濟中，產品市場和貨幣市場同時對國民收入決定產生影響，本節要介紹的即是一個將產品市場和貨幣市場聯繫起來討論國民收入決定的模型，簡稱 IS - LM 模型。

IS - LM 模型(IS - LM Model)考察的是一個沒有對外開放的三部門經濟體系，其核心思想是產品市場與貨幣市場互相影響，兩個市場共同決定均衡國民收入。在 IS - LM 模型中，IS 曲線描述了產品市場的均衡，LM 曲線描述了貨幣市場的均衡。在一個包括產品市場和貨幣市場的宏觀經濟體系中，只要有一個市場沒有實現均衡，國民收入就不會穩定，只有產品市場和貨幣市場同時實現均衡時的國民收入才是均衡的國民收入。這一原理可以通過下面的循環過程加以表達：

產品市場中收入變化→貨幣市場中貨幣需求變化→利率變化→私人部門的投資支出變化→產品市場總需求變化→國民收入變化→貨幣市場中貨幣需求變化……

一、產品市場的均衡與 IS 曲線

(一) IS 曲線的概念與推導

前面分析兩部門經濟的消費與均衡國民收入的決定時，曾得到均衡收入公式：

$$Y = \frac{a + I}{1 - b}$$

又因為：$I = e - dr$（r 為利率）

將 $I = e - dr$（d 是投資對利率變動的反應程度）代入 $Y = \frac{a + I}{1 - b}$ 中，均衡收入公式變為：

$$Y = \frac{a + e - dr}{1 - b}$$

上式表明，均衡國民收入與利率之間存在反方向變動關係。下面用例子說明均衡國民收入與利率之間的反向變動關係。本例中的單位為億美元。

假設投資函數 $I = 1250 - 250r$，消費函數 $C = 500 + 0.5y$，相應的儲蓄函數 $S = -a + (1-b)y = -500 + (1-0.5)y = -500 + 0.5y$，根據 $Y = \frac{a + e - dr}{1 - b}$ 可得：

$$y = \frac{a + e - dr}{1 - b} = \frac{500 + 1250 - 250r}{1 - 0.5} = 3500 - 500r$$

當 $r = 1$ 時，$Y = 3000$

當 $r = 2$ 時，$Y = 2500$

當 $r = 3$ 時，$Y = 2000$

當 $r = 4$ 時，$Y = 1500$

當 $r = 5$ 時，$Y = 1000$

……

由此得到一條 IS 曲線。如圖 9-3 所示，橫軸代表收入，縱軸代表利率，向右下方傾斜的曲線就是 IS 曲線。IS 曲線表示在投資與儲蓄相等的產品市場均衡條件下，利率與收入組合點的軌跡。IS 曲線上任何一點都代表一定的利率與收入的組合，在任何一個組合點上，投資與儲蓄都相等，即產品市場是均衡的，故把這條曲線稱為 IS 曲線。

IS 曲線是從表示投資與利率關係的投資函數、儲蓄與收入關係的儲蓄函數以及使投資與儲蓄相等的關係中推導出來的。IS 曲線的推導還可以用圖 9-4 來描述。

圖 9-3(a) 中，橫軸表示投資，縱軸表示利率，投資曲線表示投資是利率的減函數，該曲線是根據上例中的投資函數 $i = 1250 - 250r$ 畫出來的。

圖 9-3(b) 圖中，橫軸表示投資，縱軸表示儲蓄，從原點出發的傾角為 45° 的直線上任何一點，都表示投資與儲蓄相等。

圖 9-3(c) 圖中，橫軸表示收入，縱軸表示儲蓄，儲蓄曲線表示儲蓄是國民收入的增函數，該曲線是根據上例中的儲蓄函數 $s = -500 + 0.5y$ 畫出來的。如圖 9-3(a) 中的

圖 9－3　IS 曲線

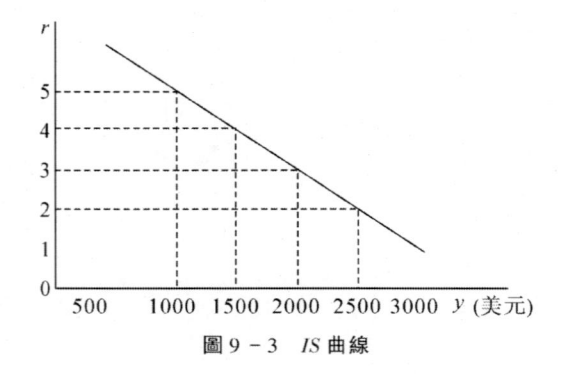

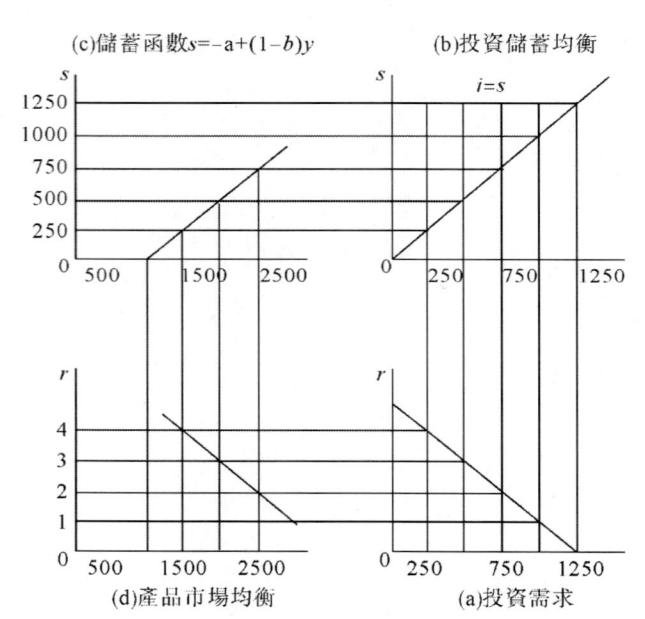

(c)儲蓄函數 s=-a+(1-b)y　　　(b)投資儲蓄均衡

(d)產品市場均衡　　　(a)投資需求

圖 9－4　IS 曲線的推導

$r = 3$ 時，$i = 500$；圖 9－3(b) 中由於 $s = i$，儲蓄 s 也就等於 500；在圖 9－3(c) 中，由儲蓄函數 $s = -500 + 0.5y$ 可知，與 500 儲蓄相對應的收入應當是 2000。當然，如果利率 r 上升到 4，投資就減少到 250，儲蓄也是 250，均衡收入就減少到 1500。

圖 9－3(d) 中，橫軸表示收入，縱軸表示利率。當利率為 3 時，收入為 2000；利率為 4 時，收入為 1500；利率為 5 時，收入為 1000，等等。每一利率下的收入，都是通過投資函數 $s = i$ 和儲蓄函數之間的關係得到的。將均衡利率與均衡收入的眾多數量組合點連接起來，就得到 IS 曲線。由於 IS 曲線代數式 $Y = \dfrac{a + I}{1 - b}$ 表明收入是利率的減函數，IS 曲線也就向右下方傾斜。

(二) IS 曲線的斜率

將 $Y = \dfrac{a+I}{1-b}$ 式改寫成：$r = \dfrac{a+e}{d} - \dfrac{1-b}{d}y$。式中，$y$ 前面的系數 $-\dfrac{1-b}{d}$ 就是 IS 曲線的斜率。由於收入是利率的減函數，故 IS 曲線的斜率為負。為了更方便地比較 IS 曲線斜率的大小，取斜率 $-\dfrac{1-b}{d}$ 的絕對值，顯然，IS 曲線的斜率既取決於 b，也取決於 d。

b 是邊際消費傾向。b 的值越大，意味著投資乘數越大，即較小的投資變動會引起收入的較大增加，因而 IS 曲線就較平緩，IS 曲線的斜率就小。反之，b 的值較小，IS 曲線的斜率就大。所以，IS 曲線的斜率 d 大小與邊際消費傾向 b 成反比。

d 是投資對利率變動的反應程度，表示利率變動一定幅度時投資的變動程度。如果 d 較大，表示投資對利率變動反應比較敏感，即利率的較小變動引起投資的較大變動，進而引起收入的更多增加，IS 曲線就較平緩，IS 曲線的斜率就小。反之，d 較小，IS 曲線的斜率就大。所以，IS 曲線的斜率與 d 成反比。

另外，在三部門經濟中，由於存在政府購買支出與稅收，消費是個人可支配收入的函數，即 $c = a + b(1-t)y$，則 IS 曲線的斜率就變為：$\dfrac{1-b(1-t)}{d}$。在 b 和 d 既定時，t 越小，投資乘數越大，收入增加越多，IS 曲線就越平緩，IS 曲線的斜率就越小；反之，t 越大，IS 曲線的斜率就大。因此，IS 曲線的斜率與 t 成正比。

(三) IS 曲線的移動

不論從公式推導還是從幾何推導的過程都可以看出，投資與儲蓄的變動都會使 IS 曲線發生移動。

1. 投資變動的影響

無論自發投資的變動，還是引致投資的變動，都會使投資需求發生變化。投資需求增加，會使收入增多，IS 曲線就會向右移動，IS 曲線向右移動的幅度等於投資乘數與投資增量之積；相反，如果投資需求減少，收入會減少，IS 曲線就向左移動，移動幅度為投資乘數與投資減少量之積。

2. 儲蓄變動的影響

儲蓄增加，表明消費減少，會使收入減少，IS 曲線就向左移動，移動幅度為投資乘數與儲蓄增量之積；反之，儲蓄減少，IS 曲線就向右移動。

3. 政府購買支出變動的影響

政府購買支出最終是要轉化為消費與投資的。政府購買支出增加，會使消費與投資增加，進而國民收入增加，因此，IS 曲線就向右移動，移動幅度為政府購買支出乘數與政府購買支出增量之積，即移動幅度 $\Delta y = k_g \cdot \Delta g$；反之，政府購買支出減少，IS 曲線就向左移動。

4. 稅收變動的影響

政府增加稅收，會使消費與投資減少，從而使收入減少，IS 曲線向左移動，移動幅度為稅收乘數與稅收增量之積，即移動幅度 $\Delta y = -k_T \cdot \Delta T$；反之，稅收減少，IS 曲線則向右移動。

二、貨幣市場的均衡：LM 曲線

(一) 貨幣的需求

LM 曲線是描述貨幣市場達到均衡時利率與收入之間關係的曲線。LM 曲線描述的是貨幣市場的均衡，而貨幣市場均衡與否，關鍵在於貨幣的供給與需求之間的對比。一般來說，貨幣的實際供給量(用 M 表示)由國家加以控制，可以看成是一個外生變量，因此，貨幣需求是 LM 曲線分析的重點。

人們需要貨幣不是因為貨幣本身，而是因為用貨幣能夠購買到所需求的產品和勞務。貨幣與其他非貨幣形態的金融資產(如股票、債券、商業票據)的區別在於其具有使用上的靈活性，即可以直接購買到產品和勞務。非貨幣形態的金融資產與現金相比有利有弊，有利的一面是憑藉金融資產可以獲取收益(如股票可以獲得股息、債券可以獲得利息等)，不利的一面是非貨幣形態的金融資產不能直接和產品、勞務相交換，要實現交換則先要將其變成現金(即通常所說的金融資產的流動性)，變現時可能會面臨時間的拖延和實際購買力上的損失。由於非貨幣形態的金融資產的局限性，因此，凱恩斯認為人們對貨幣有「流動性偏好」，即人們具有寧願犧牲利息、股息等收入而持有一定量不生息貨幣來保持財富的心理傾向。一般來說，人們持有貨幣的動機有三種，即交易性動機、預防性動機和投機性動機，貨幣需求也就相應的分為交易性需求、預防性需求和投機性需求。

1. 交易性需求

貨幣的交易性需求是指人們為了進行日常交易而持有的貨幣數量。由於收入和支出在時間上不是同步的，因而個人和企業必須有足夠的貨幣資金來滿足日常交易需求的開支。個人和企業出於這種交易性動機所需要的貨幣量，取決於收入水準、慣例、商業制度等因素，而慣例和商業制度在短期內一般不會有太大變化，所以出於交易動機的貨幣需求量主要取決於收入，收入越高，交易數量越大，所交換的產品和勞務數量越多，從而為應付日常開支所需的貨幣量就越大。

2. 預防性需求

貨幣的預防性需求產生於預防性動機。預防性動機又稱謹慎動機，是指人們為預防意外支出而持有一部分貨幣的動機，如個人或企業為應付突發事故、失業、疾病等意外事件而需要事先持有一定數量的貨幣。因此，如果說貨幣的交易需求產生於收入和支出間缺乏同步性，貨幣的預防性需求則產生於未來收入和支出的不確定性。從整個社會的角度來看，預防性需求大體上也和收入成正比，是收入的函數。

如果用 L_1 表示交易動機和預防性動機所產生的全部實際貨幣需求量，用 Y 表示實際收入，則這兩種貨幣需求量與收入的關係可以表示為 $L_1 = L_1(Y)$ 或者 $L_1 = kY$。其中，k 為出於上述兩種動機所需要的貨幣量與實際收入的比例，Y 為具有不變購買力的實際收入。

3. 投機性需求

貨幣的投機性需求產生於投機動機。投機動機是指人們為了抓住有利的購買有價證券的機會而持有一部分貨幣的動機。人們的金融資產有兩種形式，即貨幣和非貨幣金融資產，持有貨幣沒有收益，而持有非貨幣金融資產如債券可以獲得一定收益。一般來說，

非貨幣金融資產(如債券、股票)的價格會隨著利率的變化而變化,如債券價格與利率一般呈反向變動關係,利率上升,債券價格下降;反之相反。投機者就是利用利率與非貨幣金融資產價格之間的變化關係進行投機活動,預計債券價格將上漲(即預計利率將下降)的人,會用貨幣買進債券以備日後以更高價格賣出;反之,預計債券價格下跌的人會賣出債券。這種基於投機目的而產生的貨幣需求就是貨幣的投機性需求。可見,貨幣的投機性需求主要取決於利率,如果用 L_2 來表示貨幣的投機性需求,用 r 表示利率,則投機性貨幣需求量和利率的關係可表示為:$L_2 = L_2(r)$。

(二) 流動性偏好陷阱

上面的分析說明這樣一個問題,即對利率的預期是人們調節貨幣需求和非貨幣金融資產比例的重要依據。利率越高,貨幣需求量越小,當利率極高時,這一需求量等於零,因為人們認為這時利率不大可能再上升,或者說非貨幣金融資產的價格不大可能再下降,因而將所持有的貨幣全部換成有非貨幣性金融資產;反之,當利率極低,人們會認為這時利率不大可能再下降,或者說非貨幣金融資產的價格不大可能再上升而只會跌落,因而會將所持有的非貨幣金融資產全部換成貨幣;人們有了貨幣也決不肯再去購買非貨幣性金融資產,以免非貨幣性金融資產價格下跌時遭受損失,這時人們不管有多少貨幣都願意持有手中,這種情況稱為「凱恩斯陷阱」或「流動性偏好陷阱」。

前面曾提到,流動性偏好是凱恩斯提出的概念,是指人們持有貨幣的偏好。人們之所以產生對貨幣的偏好,是由於貨幣是流動性或者說靈活性最大的資產,隨時可以用於交易,隨時可以用於應付不測之需,隨時可作投機之用,因而人們對貨幣的偏好就稱為流動性偏好。貨幣需求關於利率的系數也稱為流動性偏好的利率系數。當利率極低時,人們手中無論增加多少貨幣,都不會再去購買有價證券,都要留在手中,因而流動性偏好趨向無限大,這時即使銀行增加貨幣供給,也不會再使利率下降。

(三) 貨幣需求函數

對貨幣的總需求是人們對貨幣的交易需求、預防需求和投機需求的總和,貨幣的交易需求和預防需求取決於收入水準,而貨幣的投機需求取決於利率,因此,對貨幣的總需求函數可以描述為下面這個函數:

$$L = L_1 + L_2 = L_1(Y) + L_2(r) = kY - hr$$

式中,L、L_1 和 L_2 都代表對貨幣的實際需求,即具有不變購買力的實際貨幣需求量。名義貨幣量和實際貨幣量是有區別的。名義貨幣量是不管貨幣購買力如何,僅計算貨幣票面金額的貨幣量。把名義貨幣折算成具有不變購買力的實際貨幣量,需用價格指數加以調整。如用 M、m 和 P 依次表示名義貨幣量、實際貨幣量和價格指數,則有 $M = P \times m$。

由於 $L = kY - hr$ 僅代表對貨幣的實際需求量或者說需要的實際貨幣量,因此,名義貨幣需求函數應是實際貨幣函數乘以價格指數,即 $L = (kY - hr)P$。貨幣需求函數可以用圖 9 – 5 表示。

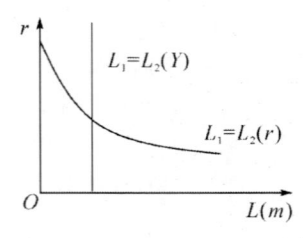

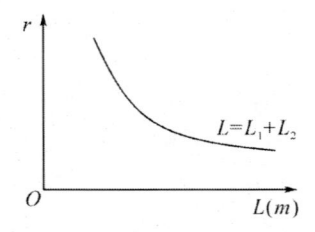

圖9－5　貨幣需求函數

圖9－5(a)中的垂線L_1表示為滿足交易動機和預防動機的貨幣需求曲線,它和利率無關,因而垂直於橫軸。L_2表示滿足投機需要的貨幣需求曲線,它起初向右下方傾斜,表示貨幣的投機需求量隨利率下降而增加,最後為水準狀,表示「流動性偏好陷阱」。圖9－5(b)中的L線則是包括L_1、L_2在內的全部貨幣需求曲線,其縱軸表示利率,橫軸表示貨幣需求量,由於具有不變購買力的貨幣一般用m表示,因此橫軸也用m表示。這條貨幣需求曲線表示在一定收入水準上貨幣需求量和利率的關係,利率上升時,貨幣需求量減少,利率下降時,貨幣需求量增加。

(四) 貨幣的供給

貨幣供給是一個存量概念,它是一個國家在某一時點上所保持的不屬於政府和銀行所有的硬幣、紙幣和銀行存款的總和。一般說來,貨幣供給量是由政府用貨幣政策來調節的,因而是一個外生變量,其大小與利率高低無關,因此貨幣供給曲線是一條垂直於橫軸的直線,如圖9－6中的m線。貨幣供給曲線和貨幣需求曲線L的交點E決定的利率為均衡利率(r_0)。當貨幣供給等於貨幣需求時,貨幣市場達到均衡狀態。如果市場利率水準低於均衡利率,則說明貨幣需求超過供給,這時人們感到手中持有的貨幣太少,會賣出有價證券,證券價格將會下降,利率水準會上升,對貨幣需求的減少一直要持續到貨幣供求相等時為止。相反,當利率高於均衡利率時,說明貨幣供給超過貨幣需求,這時人們感到手中持有的貨幣太多,就會用手中多餘的貨幣買進有價證券,於是有價證券價格上升,利率水準下降,這種情況一直要持續到貨幣供求相等時為止。只有當貨幣供求相等時,利率才不再變動,貨幣市場實現均衡。

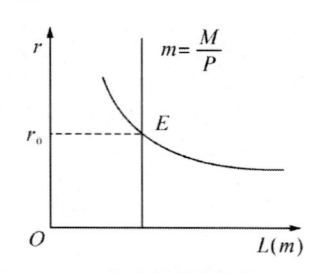

圖9－6　貨幣的供給函數的函數

(五)LM 曲線的推導

利率是由貨幣的供給與需求共同決定的,而貨幣的供給量由一國貨幣當局控制,因而可以看成是一個外生變量。在貨幣供給量既定的情況下,貨幣市場的均衡只能通過調節貨幣的需求來實現。假定 m 代表實際貨幣供給量,則貨幣市場的均衡式 $m = L = L_1(Y) + L_2(r) = kY - hr$。從這個等式可知,當 m 為一定時,L_1 增加時,L_2 必須減少;否則,不能保持貨幣市場的均衡。L_1 是貨幣的交易需求(由交易動機和預防動機引起),它隨著收入增加而增加。L_2 是貨幣的投機需求,它隨著利率上升而減少。因此,國民收入增加使貨幣交易需求增加,利率必須相應提高,從而使貨幣投機需求減少,才能維持貨幣市場的均衡。反之,收入減少時,利率必須相應下降;否則,貨幣市場不能保持均衡。

也就是說,當 m 為既定時,$m = kY - hr$ 的公式可以表示為滿足貨幣市場均衡條件下的收入 Y 與利率 r 的關係,表示這一關係的圖形被稱為 LM 曲線。由於貨幣市場均衡時 $m = kY - hr$,因此,國民收入與利率的關係可以寫成:

$$Y = \frac{hr}{k} + \frac{m}{k}$$

或 $r = \frac{kY}{h} - \frac{m}{h}$

這兩個公式都可以作為 LM 曲線的代數表達式。由於該曲線圖縱坐標表示的是利率,橫坐標表示的是收入,因此一般用後一式子作為 LM 曲線的表達式。下面用一個例子來說明這個問題:假定貨幣的交易需求函數為 $m_1 = L_1(Y) = 0.5Y$,貨幣的投機需求函數為 $m_2 = L_2(Y) = 1000 - 250r$,實際貨幣供給量 $m = 1250$(億美元),則貨幣市場均衡時,$1250 = 0.5Y + 1000 - 250r$,由此可得 $r = 0.002Y - 1$,這樣,國民收入和利率之間的關係可以用表 9 - 2 來描述。

表 9 - 2　　　　　　LM 曲線中的國民收入與利率的對應關係

Y	1000	1500	2000	2500	…
r	1	2	3	4	…

註:$r = 1、2、3\cdots$ 是指 $R = 1\%、2\%、3\%\cdots$

根據這些數據,可以作出圖 9 - 7,圖中向右上方傾斜的曲線就是 LM 曲線。該曲線之所以稱為 LM 曲線,是因為線上任一點都代表一定的利率和收入組合,在每一利率、收入組合下,貨幣需求和貨幣供給都是相等的,也就是說貨幣市場是均衡的。LM 曲線的經濟含義是:在其他條件不變的情況下,隨著國民收入的上升,貨幣需求將會增加,為使貨幣市場保持均衡,市場利率相應上升;反之,國民收入下降,貨幣需求減少,為使貨幣市場保持均衡,市場利率相應下降。

由上面的分析可知,LM 曲線上的點所對應的國民收入和利率的組合都是貨幣市場均衡時的組合。換言之,不在 LM 曲線上的點所對應的國民收入和利率的組合都不能使貨幣市場實現均衡。如圖 9 - 8 中的 A 點所表示的國民收入和利率的組合,反應了貨幣市場存在著過度需求(DEM)的情況。從圖中可以看出,與 A 點對應的均衡收入是 YA,顯然 A 點

的利率水準偏低,從而導致了貨幣需求偏高。同理,B 點所表示的國民收入和利率的組合,反應了貨幣市場存在著過度供給(ESM) 的情況,從圖中可以看出,與 B 點對應的均衡國民收入是 YB,顯然 B 點的利率水準偏高,從而導致了貨幣供給偏高。

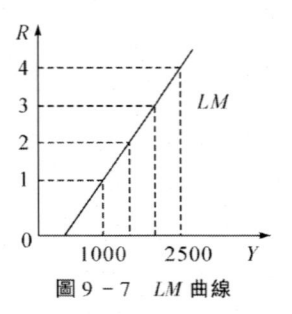

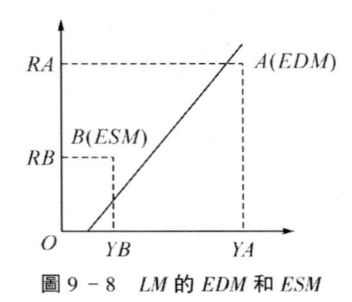

圖 9-7　LM 曲線

圖 9-8　LM 的 EDM 和 ESM

三、產品市場和貨幣市場的一般均衡:IS－LM 模型

(一) 產品市場與貨幣市場同時均衡的利率與收入

　　IS 曲線表明產品市場均衡條件下,存在著一系列利率與收入的組合;LM 曲線表明貨幣市場均衡條件下,也存在著一系列利率與收入的組合。產品市場均衡時,貨幣市場不一定處於均衡狀態;貨幣市場均衡時,產品市場不一定處於均衡狀態。產品市場與貨幣市場的同時均衡,出現在 IS 曲線與 LM 曲線相交的交點上。在這個交點上,產品市場與貨幣市場同時實現了均衡。也就是說,表示兩個市場同時均衡的利率和收入僅有一個。產品市場與貨幣市場同時均衡的利率與收入可以通過聯立 IS 曲線方程和 LM 曲線方程求解得出。

　　產品市場與貨幣市場同時均衡還可用圖 9-9 表示。

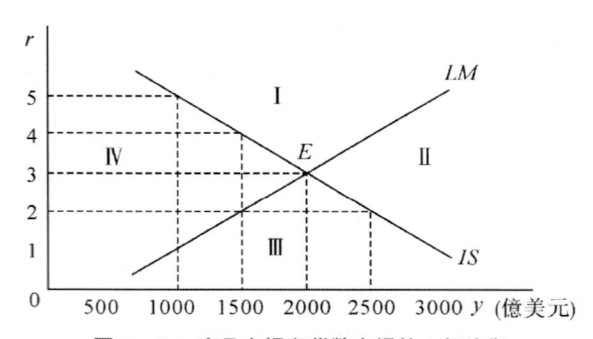

圖 9-9　產品市場與貨幣市場的一般均衡

　　圖中,IS 曲線與 LM 曲線相交於 E 點,E 點代表的利率 3% 和收入 2000 億美元是產品市場與貨幣市場同時實現均衡時的利率和收入。此時,產品市場上,投資 $i = 1250 - 250 \times 3 = 500$(億美元),儲蓄 $s = -500 + 0.5y = -500 + 0.5 \times 2000 = 500$(億美元),投資與儲蓄相等,產品市場實現均衡。同時,在貨幣市場上,貨幣的需求 $L = L_1 + L_2 = 0.5y + 1000 - 250r = 0.5 \times 2000 + 1000 - 250 \times 3 = 1250$(億美元),貨幣市場也實現了均衡。所以,在 E

點上，產品市場與貨幣市場同時實現了均衡。

圖中 E 點之外的任何地方都沒有同時實現兩個市場的均衡。在 IS 曲線和 LM 曲線的交點處，$i = s$，同時，$L = M$；IS 曲線與 LM 曲線之外的點，i 與 s、L 與 M 都不相等。相交的 IS 曲線與 LM 曲線，把坐標平面分成了四個區域：Ⅰ 區域、Ⅱ 區域、Ⅲ 區域、Ⅳ 區域，每個區域中，產品市場與貨幣市場都處於非均衡狀態。四個區域的非均衡狀態可用表 9－3 表示。

表 9－3　　　　　　　　　　產品市場與貨幣市場的非均衡

區域	產品市場的非均衡	貨幣市場的非均衡
Ⅰ	$i < s$ 有超額產品供給	$L < M$ 有超額貨幣供給
Ⅱ	$i < s$ 有超額產品供給	$L > M$ 有超額貨幣需求
Ⅲ	$i > s$ 有超額產品需求	$L > M$ 有超額貨幣需求
Ⅳ	$i > s$ 有超額產品需求	$L < M$ 有超額貨幣供給

四個區域中存在著不同的非均衡狀態，經過調整，非均衡狀態會逐步地趨向均衡。IS 的不均衡會導致收入變動：$i > s$ 會導致收入增加，$i < s$ 會導致收入減少；LM 的不均衡會導致利率變動：$L > M$ 會導致利率上升，$L < M$ 會導致利率下降。這種調整最終使經濟趨向於均衡利率和均衡收入。

（二）均衡收入與均衡利率的變動

IS 曲線與 LM 曲線的交點表示產品市場與貨幣市場同時實現均衡，但這一均衡並不一定是充分就業的均衡。比如，圖 9－10 中，IS 曲線與 LM 曲線相交於 E 點，均衡利率與均衡收入分別是 r_e、y_e，但充分就業的收入是 y_f，均衡收入低於充分就業的收入，即 $y_e < y_f$。此時，需要政府運用財政政策、貨幣政策進行調整，以實現充分就業。如果政府運用增支或減稅、或增支減稅雙管齊下的擴張性財政政策，IS 曲線會向右移動至 IS′ 的位置，與 LM 曲線相交於 E′ 點，均衡收入就增至 y_f，從而實現充分就業的收入水準。政府也可以運用擴張性貨幣政策，即增加貨幣供給量，LM 曲線會向右移動至 LM′ 的位置，與 IS 曲線相交於 E″ 點，均衡收入也能增至 y_f，同樣可以達到充分就業的收入水準。

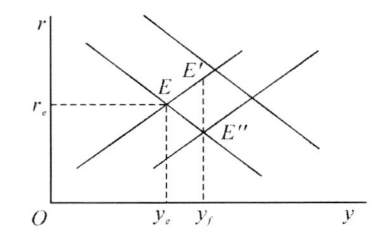

圖 9－10　均衡收入與均衡利率的決定

從圖中也可以看到，IS 曲線和 LM 曲線的移動，會改變利率與收入水準。比如，在 LM 曲線不變的情況下，IS 曲線向右移動，會使利率上升、收入增加。是因為 IS 曲線右移是或

消費或投資、政府支出增加的結果，即總支出或總需求增加，這會使生產擴大、收入增加，從而增加對貨幣的交易需求。在貨幣供給不變的情況下，人們只能通過出售有價證券獲取貨幣，以用於交易所需，這樣，在有價證券供給增多的情況下，有價證券價格下降，利率上升。用同樣的道理可以說明 LM 曲線不變而 IS 曲線向左移動時，收入減少、利率下降的情況。

在 IS 曲線不變時，LM 曲線的移動也會引起利率與收入變化。例如，假定在 IS 曲線不變的情況下，LM 曲線向右移動，則利率會下降、收入會增加。這是因為 LM 曲線向右移動，是貨幣需求不變而貨幣供給增加或貨幣供給不變而貨幣需求減少的結果。在 IS 曲線不變即產品市場供求不變的情況下，LM 曲線向右移動，意味著貨幣供給大於貨幣需求，利率必然下降。利率下降會刺激消費與投資的增加，從而使收入增加。相反，IS 曲線不變、LM 曲線向左移動後，收入會減少、利率會上升。

此外，IS 曲線與 LM 曲線同時移動時，收入與利率也會發生變化，其變化取決於兩條曲線的最終交點。

【本章小結】

1. 國民收入決定理論是宏觀經濟學的核心，它為分析各種宏觀經濟問題提供了一種重要的分析工具。宏觀經濟學中的失業、通貨膨脹、經濟週期和經濟增長等問題均可以運用國民收入決定理論進行分析。

2. 在一個只有產品市場而沒有貨幣市場的宏觀經濟中，均衡國民收入受消費、投資、政府行為和進出口等諸多因素影響，並且由於乘數原理的存在，上述這些因素的變動會導致均衡國民收入的數倍變動。

3. 在現實經濟中，貨幣是經濟中最重要的潤滑劑，也就是說現實世界中既有產品市場，也存在著貨幣市場。IS 曲線是用來描述產品市場均衡的曲線，是一條向右下方傾斜的曲線；LM 曲線是用來描述貨幣市場均衡的曲線，是一條向右上方傾斜的曲線。IS－LM 模型說明在均衡國民收入決定中，產品市場與貨幣市場是互相影響的，兩者共同決定均衡國民收入水準，這是 IS－LM 模型的核心思想。

【思考題】

1. 什麼是乘數？
2. 什麼是 IS 曲線和 LM 曲線？
3. 什麼是總供給曲線，它有哪三種不同的形態？
4. 均衡國民收入和均衡利率變動的關係如何？

【綜合案例】

IS－LM 模型與中國宏觀經濟政策選擇

人們通常運用 IS－LM 模型來分析宏觀經濟政策的效力,並以該模型所體現的經濟思想作為政府宏觀經濟政策選擇的理論依據。但中國宏觀經濟的實踐表明,以 IS－LM 模型為依據的擴張性宏觀經濟政策尤其是擴張性貨幣政策並沒有取得預期的效果。

IS－LM 模型的形狀取決於 IS 曲線和 LM 曲線的斜率。以中國投資的利率彈性對 IS 曲線斜率的影響看,由於市場經濟體制在中國還沒有完全確立,政府在企業投資中還起著一定的作用,企業自身還不能自覺地按市場經濟原則辦事,這必然導致企業投資對利率的反應沒有一般市場經濟國家敏感,從而導致中國的 IS 曲線比一般市場經濟國家的 IS 曲線陡峭。從邊際消費傾向變化對 IS 曲線的影響看,儲蓄的超常增長表明,中國的邊際消費傾向已經遠遠低於目前收入水準下應具有的水準,收入與消費之間已出現嚴重的失衡,這種失衡必然導致中國的 IS 曲線比在正常情況下陡峭。

那麼,中國的 LM 曲線的斜率如何呢?首先,中國正處於新舊體制交替過程中,中國居民對貨幣的預防性需求急遽膨脹,從而打破了收入與消費之間的穩定關係,使中國的貨幣交易需求的收入彈性不再穩定,由此導致 LM 曲線不斷趨向平坦。其次,從貨幣投機需求的利率彈性對中國 LM 曲線斜率的影響看,在目前的中國,由於金融市場、資本市場尚不十分完善,居民缺乏多種投資渠道,利率變化對人們的投機性貨幣需求影響並不大,投機需求的利率彈性較小,其對 LM 曲線的影響是使 LM 曲線比較陡峭。

由以上分析,我們可以得出以下結論:

其一,在進行政策選擇時,必須考慮政策的有效性和確定性。在一定的經濟形勢下,一些政策比另一些政策更加有效,一些政策的影響比另一些政策的影響具有更大的確定性。在中國目前的狀況下,IS 曲線陡峭,LM 曲線平坦,這時,財政政策效果十分有效,貨幣政策效果有限。近些年來,利率連續下調對消費和投資的刺激十分有限已經告訴我們,目前條件下,貨幣政策充分發揮作用的環境並不存在,繼續下調利率很難取得預期的效果。因此,在運用擴張性經濟政策刺激需求時,應把重點放在財政政策上。

在運用擴張性財政政策時,必須注意不同措施的效果。由於經濟不景氣情況下悲觀預期的存在,居民的預防性貨幣需求無限膨脹,企業對未來利潤率的預期也比較悲觀,試圖通過增加居民(尤其是收入較高階層居民)收入以擴大消費需求、通過降低利率以擴大投資需求的願望在實踐中具有很大的不確定性,很可能由於公眾的不配合使這些政策的作用受到限制。而政府購買和直接投資的效果則十分確定。因此,在政策措施選擇上,應加大政府開支和用於失業、養老等方面的轉移支付和直接投資。基於此,我們認為政府通過舉辦公共工程以刺激需求的政策是明智的,而在通過增加居民收入以刺激消費上,應把重點放在增加邊際消費傾向較高的低收入階層身上。

其二,在進行政策選擇時,應考慮政策的效力與市場完善程度的關係。宏觀經濟政策作用的充分發揮,取決於市場經濟制度的完善程度。在制度尚不完善的情況下,貨幣政策

的作用自然受到限制;而財政政策是通過稅收和政府支出的變化直接影響經濟運行,尤其是政府支出的變化帶有強烈的行政色彩,對市場制度的要求沒有貨幣政策那麼高,因此,在市場制度尚不十分完善的情況下,擴張性政策的作用應主要通過財政政策來實現。

財政政策之所以比貨幣政策更容易發揮作用,是由中國現階段經濟體制和財政政策本身的特點決定的。我們在強調本身帶有行政色彩的財政政策作用時,應該警防片面誇大行政手段作用的傾向,注意防止舊體制、舊管理方法的復歸,更不能因為一些經濟手段的暫時失靈而否認其作用,為倒退尋找理論依據。

其三,貨幣政策的重點應放在為其充分發揮作用創造制度環境上。目前中國 LM 曲線的形狀表明,希望通過降低利率以刺激投資和消費的貨幣政策注定不會有多大作用。在這種情況下,人們很容易回到老路上去,即希望通過直接增加或減少貨幣供給量來達到一定的宏觀經濟目標,這種帶有明顯行政色彩的貨幣政策是我們以前常用的。如果說在經濟「軟著陸」時期行政性貨幣政策曾經起過很大作用的話,那麼,在經濟蕭條時期,行政性的擴張貨幣政策很可能是一副毒藥,這樣做的後果是非常嚴重的,極易釀成嚴重的金融危機。中國金融機構存在的嚴重問題和東南亞金融危機已經使我們清醒地認識到了這一點。目前,中國貨幣政策的重點不在於擴張本身(因為間接的擴張效果有限,直接的擴張可能釀成災難性後果),而在於完善金融市場、資本市場及需要銀行介入的再分配制度和消費制度,以便為貨幣政策充分發揮作用創造良好的制度環境。

在市場機制發育不完善的條件下,宏觀經濟政策的實行不僅要服務於宏觀經濟管理的目標,而且要肩負起塑造市場體系的重任,以減少政策實施的制約因素。在目前以至未來相當長的時期內,重建並完善宏觀經濟運行環境比宏觀經濟政策實施更為重要。只有建立起完善的市場體系,才能找到漸進地實現宏觀調控目標的途徑。

資料來源:根據韋海鳴整理資料編寫. http://www.gxtc.edu.cn.

【討論題】

怎樣運用 IS – LM 模型來分析中國宏觀經濟政策選擇?其現實意義何在?

第十章　總需求—總供給模型

【學習目標與要求】

瞭解引起總需求、總供給變動的原因，掌握 AD－AS 模型關於總需求和總供給決定均衡收入和均衡價格水準的基本原理以及總需求、總供給變動對均衡國民收入和價格水準的影響。

【學習重難點】

AD－AS 模型關於總需求和總供給決定均衡收入和均衡價格水準的基本原理以及總需求、總供給變動。
1. 總需求曲線的概念及其形狀
2. 總需求曲線的斜率
3. 均衡國民收入水準的決定
4. 總供給變化對對宏觀經濟均衡的影響及其政策效應

第一節　總需求曲線

一、總需求的概念及其構成

總需求是指在一定時間內、一定價格水準下社會上所有經濟單位願意而且能夠購買的總的產出數量，簡單說就是在其他條件不變的情況下整個社會對產品和勞務需求的總和。

在現實的四部門經濟中，總需求由四部分構成，即消費需求、投資需求、政府購買和國外需求。其中，消費需求是指居民戶對產品或勞務的需求，在西方經濟學中一般用字母 C 表示；投資需求是指企業（即廠商）對投資品的需求，一般用字母 I 表示；政府購買是指政府對各種產品和勞務的需求，用字母 G 表示；國外需求是指國外對本國產品和勞務的需求，具體計算時用淨出口即出口額與進口額之差表示，一般用字母 E 表示，$E = X - M$。若用 AD 代表總需求，總需求的構成可用公式表示為：

$$AD = C + I + G + E$$

在一個經濟社會中，總需求的大小取決於價格水準、政府的經濟政策以及其他因素。反應總需求與影響總需求因素之間關係的函數就是總需求函數。總需求受多種因素影響，如果只考慮總需求與價格水準之間的關係，用 P 表示價格水準，則總需求函數為：

$AD = f(P)$。

總需求是決定國民收入水準的重要因素。一國國民收入水準的高低取決於總需求和總供給。在不考慮總供給即假定總供給可以隨總需求大小隨意增減的情況下,均衡國民收入水準取決於總需求。

二、總需求曲線的概念及其形狀

總需求曲線是反應總需求與價格水準之間關係的曲線。它反應的是產品市場和貨幣市場同時達到均衡時總需求與價格水準之間的關係,具體說就是表示其他條件不變的情況下,所有經濟單位在不同價格水準下願意而且能夠購買的產品和勞務數量的總和。在其他條件不變的情況下,總需求與價格水準成反比變化,因此,總需求曲線由左上方向右下方傾斜。

總需求曲線可以根據總需求函數直接得出,也可以由 IS-LM 模型推導而來,推導過程如圖 10-1 所示。

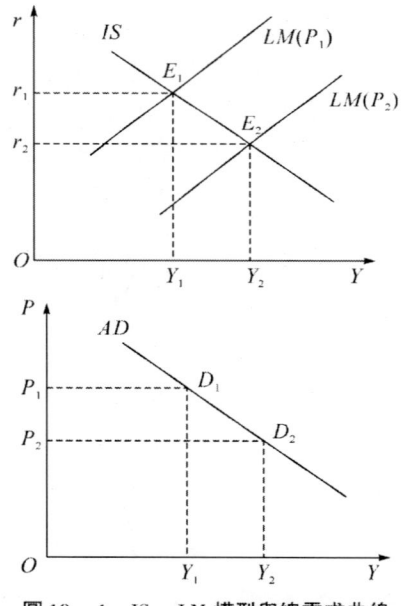

圖 10-1 IS-LM 模型與總需求曲線

在圖 10-1 上圖的 IS-LM 模型中,當價格為 P_1 時,LM 曲線為 $LM(P_1)$,$LM(P_1)$ 曲線與 IS 曲線相交於 E_1,E_1 對應的均衡收入為 Y_1、均衡利率為 r_1,把 E_1 點對應的價格水準 P_1 和收入水準 Y_1 標在圖 10-1 的下圖中,即得到總需求曲線上的 D_1 點;在上圖的 IS-LM 模型中,如果價格由 P_1 下降為 P_2,價格下降引起實際貨幣供給量增加,LM 曲線由 $LM(P_1)$ 向右下方移動為 $LM(P_2)$,$LM(P_2)$ 曲線與 IS 曲線的交點為 E_2,E_2 點對應的均衡收入和價格分別為 Y_2、P_2,將 Y_2 和 P_2 的值標在圖 10-1 的下圖中,即得到與 IS-LM 模型中 E_2 點對應的總需求曲線上的另一點即 D_2 點;按照同樣的方法,隨著價格 P 的變

化，LM曲線與IS曲線會有許多交點，將每一個交點對應的均衡收入Y和價格P的組合反應在圖10－1的下圖中，得到一系列反應均衡收入隨價格水準變化而變化的點，連接這些點得到的曲線就是總需求曲線。從形狀看，總需求曲線AD由左上方向右下方傾斜。

圖10－1的下圖中，橫軸OY代表國民收入，縱軸OP代表價格水準。由圖可知，總需求曲線AD由左上方向右下方傾斜，均衡收入與價格水準呈反比變化。由於均衡國民收入即均衡產出包含著總需求的概念，因此，在宏觀經濟學中，均衡收入與價格水準成反比變化也被看著是總需求與價格水準呈反方向變化。在其他條件不變的情況下，價格水準上升，總需求縮小；價格水準下降，總需求增加。

在微觀經濟分析中，需求曲線簡單地反應商品價格變化引起商品需求量變化的關係。在宏觀經濟分析中，總需求曲線則反應全社會總需求量與物價水準的關係，反應了「價格水準變化→實際貨幣供給變化→利息率變化→投資水準變化→均衡收入水準變化」的曲折而複雜的傳導過程。

總需求與價格水準呈反方向變化的原因可用IS－LM模型原理加以解釋。在IS－LM模型中，貨幣供給量是指實際貨幣供給量，實際貨幣供給量的多少取決於名義貨幣供給量和價格水準。若以M'代表實際貨幣供給量，M代表名義貨幣供給量，P代表價格水準，則$M' = M/P$。在名義貨幣供給量不變的情況下，實際貨幣供給量M'與價格水準呈反向變動關係，價格水準上漲，意味著實際貨幣供給量減少，價格水準下降，意味著實際貨幣供給量增加。在貨幣需求不變的情況下，價格水準上漲意味著實際貨幣供給量減少，實際貨幣供給量減少引起利息率上升，進而引起投資需求減少，總需求減少，在乘數效應作用下，最後總需求多倍減少；反之，價格水準下降意味著實際貨幣供給量增加，進而導致利息率降低，利率下降引起投資需求增加，總需求擴大，在乘數效應作用下，最後總需求多倍增加。可見，總需求與價格水準呈反方向變動關係，由此也就決定了總需求曲線向右下方傾斜，斜率為負。

三、總需求曲線的斜率

（一）總需求曲線的斜率及其經濟含義

向右下方傾斜的總需求曲線說明了總需求與價格水準呈反方向變動，價格水準上漲會引起總需求減少，價格水準下降會導致總需求增加。至於價格水準變化引起總需求變動幅度的大小，則取決於總需求曲線的斜率。總需求曲線的斜率反應收入或產出對價格變動的敏感程度。總需求曲線的斜率越大，意味著總需求曲線越陡峭，一定的價格水準變動引起的國民收入變動幅度越小；反之，總需求曲線斜率越小，意味著總需求曲線越平緩，一定的價格水準變動引起的國民收入變動幅度越大。

（二）影響總需求曲線斜率的因素

影響和決定總需求曲線斜率的因素，也就是影響貨幣政策效果的各種因素。影響和決定總需求曲線斜率的因素較多，其中主要的影響因素有四個。

1. 貨幣需求的利息率敏感度(h)

貨幣需求的利息率敏感度(h)反應利息率變化引起貨幣需求變動的幅度,貨幣需求的利息率敏感度不同,總需求曲線斜率不同。在其他條件不變的情況下,貨幣需求的利息率敏感度與總需求曲線的斜率呈正比變化。在 IS－LM 模型中,貨幣需求的利息率敏感度越小,意味著 LM 曲線越陡峭,對於同一價格水準變動而言,利息率要有較大幅度變化才會引起貨幣需求量變化以使貨幣市場恢復均衡,這時,既定的價格水準變化將導致 LM 曲線的較大幅度移動,進而引起利息率、投資需求的較大變化,從而導致均衡收入水準的較大幅度變動,這時總需求曲線斜率較小,總需求曲線較為平坦。相反,貨幣需求的利息率敏感度越大,則 LM 曲線越平坦,對於同一價格水準變動而言,利息率只需有較小變化就能引起貨幣需求量變化,從而使貨幣市場恢復均衡,這時,既定價格水準變化只引起 LM 曲線的較小移動,利息率變化小,相應的,投資需求、均衡收入水準變動就小,這時總需求曲線斜率較大,總需求曲線比較陡峭。

2. 貨幣需求的收入敏感度(k)

貨幣需求的收入敏感度(k)反應貨幣需求變化對收入變化的敏感程度,它會影響總需求曲線的斜率。在其他條件不變的情況下,貨幣需求的收入敏感度與總需求曲線斜率呈正比變化。貨幣需求的收入敏感度小,意味著對於給定的價格水準變化而言,均衡收入水準要有較大幅度變化、利息率要有較大程度提高,才能使因物價水準變化造成的貨幣市場失衡恢復均衡,因此,既定的物價水準變化會引起 LM 曲線的較大移動,均衡收入水準(總需求)變動幅度較大,總需求曲線斜率較小,總需求曲線較為平坦。反之,貨幣需求的收入敏感度較高,對於給定的價格水準變化,均衡收入水準和利息率只需有較小幅度變化就能使因物價水準變化引起的貨幣市場失衡恢復均衡,因此,既定的物價水準變化只引起 LM 曲線的較小移動,均衡收入水準(總需求)變動幅度較小,總需求曲線斜率較大,總需求曲線較為陡峭。

3. 支出的利息率敏感度(b)

支出的利息率敏感度主要是指投資對利息率變化的敏感程度。在其他條件不變的情況下,支出的利息率敏感度與總需求曲線的斜率大小呈反比變化。對於給定的物價水準變化引起的利息率變化,支出的利息率敏感度(b)較大,意味著產品市場上投資需求變化較大,從而均衡收入水準變化幅度較大,總需求曲線斜率越小,AD 曲線越平坦。相反,支出的利息率敏感度(b)越小,物價水準變化引起利息率變化而導致的投資需求變化越小,從而均衡收入水準變化越小,即總需求曲線斜率越大,AD 曲線越陡峭。

4. 支出的收入敏感度[$b(1-t)$]

在這裡,支出的收入敏感度[$b(1-t)$]是指對於可支配收入而言的邊際消費傾向。其他條件不變的情況下,支出的收入敏感度與總需求曲線的斜率大小呈反比變化。對於給定的收入變化,支出的收入敏感度[$b(1-t)$]越大,既定的收入變化引起的消費需求變動幅度越大,給定的收入變化因乘數較大而更多地放大,因此,總需求曲線斜率越小,AD 曲線越平坦。相反,支出的收入敏感度越小,給定的收入變化會因乘數較小而變化不大,即總需求曲線斜率較大,AD 曲線越陡峭。

總之,貨幣需求的利息率敏感度(h)和貨幣需求的收入敏感度(k)較小、支出的利息

率敏感度(b)和支出的收入敏感度[$b(1-t)$]較大,則 LM 曲線較為陡峭,IS 曲線較為平坦,相應的,總需求曲線斜率較小,AD 曲線較為平坦;反之,則總需求曲線斜率較大,AD 曲線較為陡峭。

四、總需求曲線的移動

總需求曲線反應均衡收入即總需求隨價格水準變化而相應變化的關係,價格水準變化使總需求量在總需求曲線上移動。如圖 10-1 的下圖中,當價格水準由 P_1 下降為 P_2 時,總需求由 D_1 點對應的 Y_1 增加為 D_2 點對應的 Y_2。

除價格水準外,其他因素變化也會引起總需求變化。價格以外的其他因素變化引起總需求變化,表現在總需求曲線上就是總需求曲線的移動。如圖 10-2 所示,在價格水準不變的情況下,其他因素變化引起總需求增加,則總需求曲線向右上方移動,如由圖中的 AD_1 右移到 AD_2;當其他因素變化引起總需求減少時,總需求曲線向左下方移動,如由 AD_2 移動為 AD_1。

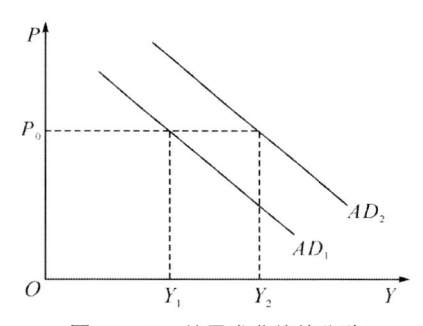

圖 10-2 總需求曲線的移動

引起總需求變動、總需求曲線移動的因素很多。總需求的四個構成部分消費、投資、政府支出和淨出口中,任何部分支出的變動都會使總需求發生變化,從而引起總需求曲線移動。具體說,利率、對未來通貨膨脹率的預期、匯率、預期的未來利潤狀況、貨幣供應量、總財產量、政府支出和收入、對外貿易狀況、人口數量等都是影響總需求的因素,這些因素發生變化,總需求會相應變化。一般而言,利率下降、預期通貨膨脹率上升、匯率下降、預期未來利潤增加、貨幣供應量增加、總財產增加、政府採購商品勞務的支出增加、轉移支付增加或稅收減少、淨出口額增加以及人口數量增加,會使總需求增加、總需求曲線向右上方移動;反之,則會導致總需求下降,使總需求曲線向左下方移動。

在影響總需求的各種因素中,政府支出和名義貨幣供給量是影響總需求的兩個重要因素。

1. 政府支出變化對總需求的影響

在各種可能價格水準下,政府支出增加會使總需求曲線右移,如由圖 10-2 中的 AD_1 移動到 AD_2,相應的,均衡國民收入由 Y_1 增加為 Y_2;反之,政府支出減少,總需求曲線左移,如由圖 10-2 中的 AD_2 移動到 AD_1,均衡國民收入則由 Y_2 減少為 Y_1。可見,政府財政政策特別是財政支出政策對總需求、從而對國民收入水準有著重要影響。政府實行擴張

性財政政策增加財政支出,會使總需求擴大,國民收入增加;相反,政府實行緊縮性財政政策,減少財政支出,會導致總需求縮小,國民收入水準下降。

2. 名義貨幣供給量變化對總需求的影響

名義貨幣供給量變化對總需求的影響表現在:在各種可能的價格水準下,名義貨幣供給量增加將導致總需求增加,總需求曲線右移,均衡國民收入水準提高;反之,名義貨幣供給量減少,將導致總需求減少,總需求曲線左移,均衡國民收入水準降低。可見,貨幣政策對總需求從而對國民收入水準具有重大影響,擴張性貨幣政策會使總需求擴大,國民收入水準提高;緊縮性貨幣政策會導致總需求縮小,國民收入水準下降。

第二節　　總供給的一般說明

一、總供給的概念及其構成

總供給是指在一定時間內、一定價格水準下社會上所有經濟單位願意而且能夠提供的商品和勞務的總量,簡單說就是在其他條件不變的情況下整個社會對產品和勞務供給的總和。

在現實的四部門經濟中,總供給由消費、儲蓄、政府稅收和進口四部分構成。其中,消費是指經濟社會中所有經濟單位生產和出售的用於居民個人消費的商品和勞務,一般用字母 C 表示;儲蓄是指生產和出售的產品和勞務中用於儲蓄的部分,在西方經濟學中一般用字母 S 表示;政府稅收是指生產和出售的商品和勞務中由政府以稅收形式徵收、供政府支配使用的部分,一般用字母 T 表示;進口是指本國對國外商品和勞務的購買,它意味著國外經濟單位對本國商品或勞務的供給,一般用字母 M 表示。若用 AS 代表總供給,則總供給的構成可用公式表示為:

$$AS = C + S + T + M$$

二、影響總供給的因素

在經濟社會中,總供給大小取決於資源利用情況,影響資源利用情況的因素也就是影響總供給的因素。影響資源利用情況的因素很多,因此,影響總供給的因素多種多樣。影響總供給的因素可以分為潛在產出和生產成本兩類基本因素。

(一) 潛在產出水準

在其他條件相同的情況下,總供給與潛在產出水準成正比變化。在長期,總供給大小主要取決於潛在生產能力。潛在產出水準越高,總供給可以增加得越多,潛在產出水準越低,總供給增加得越少。影響和決定潛在產出的因素主要有兩個:

1. 投入品的數量

生產中的投入品包括勞動、資本、土地以及其他資源。在其他因素不變的情況下,投入品數量越多,潛在產出水準越高。

2. 生產技術水準和管理水準

在其他條件相同的情況下,生產技術水準和管理水準越高,生產效率越高,從而總供給會增加;相反,生產技術水準和管理水準越低,生產效率越低,總供給就會減少。

(二) 生產成本

在其他條件相同的情況下,總供給與生產成本高低呈反比變化。在短期,生產成本是影響和決定總供給的主要因素。在價格水準不變的情況下,生產成本越低,廠商生產經營的利潤越高,越願意多生產和出售產品,這樣總供給就會增加;反之,生產成本越高,總供給則會減少。構成生產成本的因素主要有兩類:

1. 工資

工資是勞動的價格,是生產成本的重要組成部分。工資水準的高低直接影響和決定生產成本高低,兩者成正比變化,工資水準越高,生產成本越高,反之相反。

2. 投入品價格

投入品包括土地、原材料、能源以及其他各種資源。投入品價格高低直接決定生產成本,投入品價格越高,生產成本越高,反之相反。

在生產成本提高的情況下,若價格水準不變,廠商會因為利潤水準降低而減少生產,從而總供給減少。在這種情況下,要保持總供給不變或使總供給增加,則要求價格水準相應提高。可見,在短期,價格水準的高低影響和決定著總供給大小,因此價格水準也是影響總供給的重要因素。

三、總供給函數

在一個經濟社會中,總供給的大小取決於經濟資源。經濟資源有很多,勞動、資本、土地、生產技術、管理水準等都是經濟資源的構成內容。經濟資源的數量及其利用狀況決定著總供給的多少,因此,總供給與經濟資源之間存在一定的函數關係,總供給是各種經濟資源的函數。這種表示總供給與經濟資源之間數量關係的函數關係式就是生產函數。用算術式可以表示為:

$$Y = f(L, K, N \cdots)$$

式中,Y 為總產量,L 為勞動投入量即社會的總就業量,K 為資本投入量,N 代表自然資源數量,此外,生產技術、管理水準等經濟資源以及投入品價格等因素也是影響和決定總供給即總產出的因素。

(一) 長期總供給和長期總供給函數

在長期,總供給主要取決於由投入品數量和技術、管理水準決定的潛在產出水準,因此,長期總供給是投入品數量和技術水準、管理水準等影響長期總供給的各種因素的函數。用公式可表示為:

$$Y = f(K, N \cdots)$$

這種表示長期總供給與影響長期總供給的因素之間數量關係的函數關係式就是長期總供給函數。式中,Y 代表總產量,K 為資本投入量,N 為自然資源數量。資本投入量的多少決定著生產技術水準的高低,生產技術水準、管理水準高低決定著生產效率,從而影響

和決定總供給。此外，價格水準也會對總供給產生影響，價格水準通過對實際工資、勞動供求關係和就業量的影響而影響總供給。

長期生產函數表明，長期總供給與包括資本和自然資源在內的投入品數量呈正比變化，與生產技術水準、管理水準高低也呈正比變化。投入品數量增加、生產技術水準和管理水準提高，都可以使總供給增加。總供給受勞動投入、資本投入、技術水準、管理水準、價格水準等因素影響，如果僅僅分析總供給與價格水準之間的關係，則總供給函數為：

$$AS = f(P)。$$

(二) 短期總供給和短期總供給函數

在短期，資本、土地投入和生產技術水準、管理水準等相對穩定，變化不大，在這種情況下，勞動投入量的多少和物價水準高低成為影響和決定總供給的主要因素。這時，總供給與影響總供給的因素之間的關係可用函數關係式表示為：

$$Y = f(L,P)$$

這種表示短期總供給與影響短期總供給的因素之間數量關係的函數關係式就是短期總供給函數。式中，Y代表總產量，L代表勞動投入量，P代表物價水準。短期總供給函數說明，短期總供給的大小與勞動投入量呈正比變化；在生產成本不變的情況下，短期總供給與物價水準呈正比變化。

在短期，勞動投入量是影響和決定總供給的重要因素。勞動的價格是工資，工資水準是影響勞動投入量的主要因素之一。一般而言，工資水準高低與勞動投入量成正比變化，工資水準提高，社會就業量增加，勞動投入量會增大。但是，實際經濟生活中，工資水準變化對勞動投入量的影響具有不確定性，工資水準提高既可能使勞動供給量增加，也可能使之保持不變，還可能使勞動供給量減少。當勞動市場上勞動的供給和需求相等時，勞動市場達到均衡，這時的工資水準為均衡工資。如果工資水準維持在均衡工資水準，勞動市場實現均衡，達到充分就業水準，勞動資源得到充分利用。

在短期，如果勞動供給量保持不變，總供給大小則主要取決於物價水準。在其他條件不變的情況下，總供給與物價水準呈正比變化。物價水準越高，總供給越多，反之相反。總供給與物價水準之間的關係可以從向右下方傾斜的總供給曲線得到反應。

第三節　　總供給曲線

一、總供給曲線的概念及其形狀

總供給曲線是反應總供給與價格水準之間關係的曲線。它反應的是在產品市場和貨幣市場同時達到均衡時總供給與價格水準之間的關係，具體說，就是表明在其他條件不變的情況下，所有經濟單位在不同價格水準下願意而且能夠提供的產品和勞務數量的總和。

總供給的多少取決於資源利用情況。資源利用情況不同，總供給與價格水準之間的關係就不相同，從而總供給曲線的斜率、形狀也就不同。資源利用越不充分、閒置越多，總

供給曲線的斜率越小，總供給曲線越平坦，極端的情況是總供給曲線為平行於橫軸的水準線；隨著資源利用率的提高，總供給曲線的斜率會逐漸增大，相應的，總供給曲線會越來越陡峭；當資源得到充分利用時，總供給曲線會變成垂直於橫軸的垂線，這時，總供給曲線完全無彈性，價格水準變化不會對總產出產生影響。

二、總供給曲線的斜率

總供給曲線的斜率反應總供給量對價格變動的反應程度。總供給曲線斜率較大，總供給曲線比較陡峭，說明總供給量對價格變動反應程度較小，一定程度的價格變動引起的總供給量變化幅度較小；相反，總供給曲線斜率較小，總供給曲線比較平坦，意味著總供給量對價格變動反應程度較大，一定程度的價格變動引起的總供給量變動幅度較大。

總供給曲線的斜率有三種情況。隨著資源利用由不充分到逐漸充分再到充分的漸進過程，總供給曲線的斜率會分別出現無限大、正斜率和斜率為零三種情況，在這三種斜率下，總供給曲線分別是與橫軸平行的水準線、由向右上方傾斜的曲線和與橫軸垂直的垂線。這三種形狀的總供給曲線被分別稱為凱恩斯主義總供給曲線、短期總供給曲線和長期總供給曲線，它們分別反應著凱恩斯主義、修正的凱恩斯主義和古典經濟學對總供給與價格水準關係的不同看法。

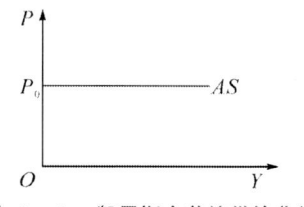

(一) 凱恩斯主義總供給曲線

凱恩斯主義總供給曲線是一條平行於橫軸的水準線。凱恩斯認為，在資源還未得到充分利用的情況下，即使價格水準不變，總供給也可以增加。這時的總供給曲線是一條平行於橫軸的水準線，它近乎於有無限彈性，如圖 10－3 所示。

圖 10－3　凱恩斯主義總供給曲線

圖 10－3 中的 AS 曲線就是資源沒有得到充分利用時的總供給曲線。這種水準的總供給曲線是由凱恩斯提出來的，所以被稱為凱恩斯主義總供給曲線。這種形狀的總供給曲線意味著，只要有需求，在現行價格水準下，企業就願意生產和銷售任何有需求的產品數量，總供給就會增加。

(二) 短期總供給曲線

短期總供給曲線是一條向右上方傾斜的曲線。這種形狀的總供給曲線意味著，總供給與價格水準呈同向變動關係，價格水準上升，總供給增加，反之相反，如圖 10－4 所示。

圖 10－4 中的 AS 曲線就是短期總供給曲線。在短期，閒置的資源逐漸得到充分利用但又沒有達到充分利用水準，在這種的情況下，價格水準提高，產出會增加，價格水準下

降,產出會減少。從另一角度看,在資源接近充分利用的情況下,產出增加會使生產要素價格上升,從而導致成本增加,價格水準上漲;反之,產出減少會使生產要素價格下降,成本降低,從而價格水準下降。因此,短期內產出水準即總供給與價格水準呈正比變化。隨著價格水準的上升,產出的不斷增加,資源利用越來越充分,產出越來越接近充分就業產出水準,這樣,總供給隨價格上漲而增加的幅度越來越小,即總供給曲線的斜率越來越大,總供給曲線變得越來越陡峭。這種情況存在於短期,因此這種向右上方傾斜的總供給曲線被稱為短期總供給曲線,也稱為修正的凱恩斯主義總供給曲線。

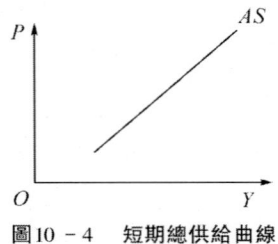

圖10－4　短期總供給曲線

　　按照凱恩斯主義的觀點,在短期,價格水準和名義工資具有剛性,工資不會隨勞動市場上勞動供求關係的變化而立即變動。工人一般會與企業簽訂比較長時期的勞動合同,因此,在較短時期內,在勞動供求發生變化的情況下,名義工資不能隨勞動供求關係變化及時得到調整,這樣,市場機制就不能使經濟自動實現充分就業,經濟生活中就會存在失業,勞動資源以及其他經濟資源利用不充分,在這種情況下,價格水準變動會引起產出水準變化,價格提高總產出增加,價格水準下降,總產出減少,於是就出現了一條開頭比較平緩而後越來越陡峭的向右上方傾斜的總供給曲線。

　　在一個經濟社會中,短期總供給主要受工資、原材料價格的影響。工資和原材料價格上漲會導致企業生產成本上升,從而引起短期總供給減少;相反,工資水準和原材料價格下降,會使企業生產成本降低,從而使短期總供給增加。

（三）長期總供給曲線

　　長期總供給曲線是一條垂直於橫軸的垂線。這種形狀的總供給曲線意味著,無論價格水準怎樣變化,總供給都保持不變,始終保持在潛在產出水準即充分就業產出水準。這時的總供給曲線完全無彈性,成為一條垂直於橫軸的垂線,如圖10－5所示。

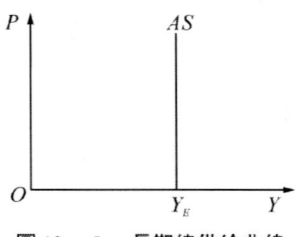

圖10－5　長期總供給曲線

　　圖10－5中的AS曲線就是長期總供給曲線。在長期,資源已得到充分利用,總供給已

達到充分就業產出水準。在這種情況下，受經濟資源的制約，無論價格水準怎樣變化，總供給量都不發生變化，總是維持在充分就業產出水準，如圖中的 Y_E。這時的總供給曲線是一條始於充分就業產出水準的、與橫軸垂直的垂線。

垂直的長期總供給曲線意味著，在長期，價格水準變化對總供給不產生影響，總供給始終保持在充分就業產出水準。現代宏觀經濟學認為，古典經濟學名義工資與物價水準調整的一致性只有在時間足夠長的情況下才符合實際。在長期，由於資源已得到充分利用，價格水準變化不影響總供給，因此，長期總供給曲線是垂直的。垂直的總供給曲線意味著一個經濟社會的長期總供給不受價格水準影響。

在一個經濟社會中，長期總供給主要受人口數量、資本存量、技術水準等因素的影響。一般而言，人口增加、資本存量增加以及技術進步會使總供給增加，人口和資本存量減少、技術水準下降會使總供給減少。

在資源利用不充分、資源利用接近潛在產出水準和資源已得到充分利用三種情況下，總供給曲線分別為平行於橫軸的水準線、向右上方傾斜的曲線和與橫軸垂直的垂線。將短期、長期總供給曲線描繪在同一坐標圖中，便得到完整的總供給曲線，如圖 10 - 6 所示。

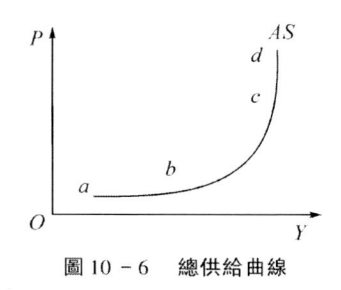

圖 10 - 6　總供給曲線

完整的總供給曲線如圖 10 - 6 所示。在圖中，總供給曲線 AD 被分成 ab、bc 和 cd 三部分。其中，ab 段平行於橫軸，這時總供給曲線斜率為無限大，這種形狀的總供給曲線反應了資源未得到充分利用時總供給與價格水準的關係。在這種情況下，總供給可以適應總需求的增加而增加。bc 段向右上方傾斜，而且隨著價格水準的上升，總供給曲線斜率越來越大，曲線越來越陡峭，這種形狀的總供給曲線反應了總供給隨著價格水準上升而增加且增加幅度越來越小的關係。cd 段垂直於橫軸，這種形狀的總供給曲線反應資源得到充分利用的情況下總供給與價格水準的關係，這時，總供給維持在充分就業產出水準，不隨價格水準變化而變化。完整的總供給曲線的三部分分別反應了凱恩斯主義總供給曲線、短期總供給曲線、長期總供給曲線所揭示的總供給與價格水準之間的關係。

三、總供給曲線的經濟含義

表面看，總供給曲線與微觀經濟分析中的供給曲線有些類似，似乎兩者都是反應供給量與價格的關係。但是，這兩者具有不同的內涵。宏觀經濟學中的總供給曲線反應的是社會整體價格水準與社會總產出的關係，它反應了一般價格水準提高影響實際工資、進而影響勞動供求關係、再通過對勞動供求關係的影響而影響就業、最終影響社會總產出

的曲折複雜過程；而微觀經濟學中的供給曲線反應的是既定生產規模和要素價格下，生產者在各種產品價格下願意而且能夠生產的產品數量。

總供給曲線反應價格水準變化對社會總產出的影響。價格水準影響總產出的過程比較複雜。價格水準變化首先影響實際工資。在名義工資不變的情況下，實際工資與價格水準呈反比變化，價格水準上漲，實際工資會下降，反之相反。實際工資水準發生變化，又影響勞動市場上勞動的供求關係。一般而言，勞動供給量與實際工資呈正比變化，勞動需求量與實際工資呈反比變化。實際工資下降，勞動供給量減少，勞動需求量會增加，實際工資上漲則變動方向相反。勞動供求關係決定著社會的實際就業量，勞動供求發生變化，實際就業量相應變化。實際就業量變化使總產出發生相應變化，兩者呈同方向變化，實際就業量增加，總產出增加，反之相反。這一過程可以簡單表示為：價格水準變化 → 實際工資變化 → 勞動供給、勞動需求變化 → 社會總就業量變化 → 社會總產出變化。經過這一系列變化，最後表現為總產出與價格水準的同向變動關係。在其他條件不變的情況下，價格水準上升，總產出增加，價格水準下降，總產出減少。

總產出與價格水準的同向變動關係只存在於短期。在長期，由於資源已得到充分利用，總產出不受價格水準影響，無論價格水準如何變化，總產出總是保持在充分就業產出水準。

四、總供給曲線的移動

總供給曲線表明，總供給會隨價格水準變化而相應變化，價格水準變化會使總供給量在總供給曲線上移動。如圖10－7所示，當價格水準由P_1上升為P_2時，總產出由S_1點對應的Y_1增加為S_2點對應的Y_2。

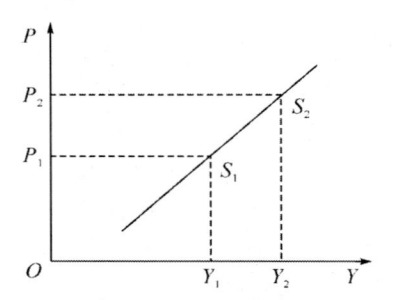

圖10－7　沿著總供給曲線的移動

除價格水準外，其他因素變化也會引起總供給變化。價格以外的其他因素變化引起總供給變化，表現在總供給曲線上就是總供給曲線的移動，如圖10－8所示。在價格水準不變的情況下，其他因素變化引起總供給增加，則總供給曲線向右下方移動，由圖中的AS_1右移到AS_2；當其他因素變化引起總供給減少時，總供給曲線向左上方移動，如由AS_2移動為AS_1。

引起總供給變動、總供給曲線移動的因素很多，除價格水準外，工資水準、勞動供給量、要素供給量、生產技術水準、經濟資源利用情況、生產能力甚至自然因素如氣候等因

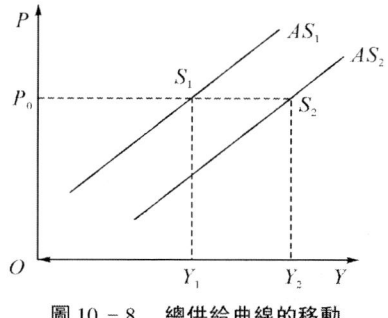

圖 10－8　總供給曲線的移動

素發生變化，也會引起總產出變化，使總供給曲線發生移動。價格水準以外的其他因素變化引起總供給增加，總供給曲線向右下方移動；相反，價格水準以外的其他因素變化引起總供給減少，總供給曲線向左上方移動。

在影響總供給的各種因素中，貨幣工資和生產技術水準是影響總供給的兩個重要因素。

1. 貨幣工資變化對總供給的影響

貨幣工資變化通過對企業生產成本的影響而影響企業產出，從而影響總供給。在其他條件不變的情況下，貨幣工資上漲會使在產出減少，總供給曲線向左上方移動；反之，貨幣工資下降會使總供給增加，總供給曲線向右下方移動。

在各種可能價格水準下，貨幣工資提高會導致企業在各種產出水準時的邊際成本提高，邊際成本提高要求價格水準相應提高，否則企業不願意提供與貨幣工資提高以前的產出水準相等的產出，若價格水準不能相應提高，企業就會縮減生產，減少供給。因此，在價格水準不變的情況下，貨幣工資提高會使總供給曲線向左上方移動，如由圖 10－8 中的 AS_2 移動到 AS_1。

相反，在價格水準不變的情況下，如果貨幣工資下降，則總供給增加，總供給曲線向右下方移動。在各種可能價格水準下，貨幣工資下降會使企業在各種產出水準時的邊際成本下降，這會使企業提供比貨幣工資下降以前更多的產出，從而使社會總供給增加。在這種情況下，總供給曲線向右下方移動，如圖 10－8 中的 AS_1 移動到 AS_2。

2. 生產技術水準變化對總供給的影響

生產技術水準是影響總供給的重要因素。總的來說，生產技術水準提高會使總供給增加，總供給曲線向右下方移動。

技術進步會使勞動生產率以及其他要素產出率提高，在技術進步推動技術水準提高的情況下，單位要素產出率提高，相同數量的生產要素可以生產出更多的產出，這樣，在價格水準不變的情況下，整個社會的支出增加，總供給增加，總供給曲線右移，如由圖 10－8 中的 AS_1 移動到 AS_2。技術水準提高不僅使各種價格水準下的總供給增加，而且會使社會潛在產出水準提高，使總供給曲線向右移動，這時，總供給曲線由圖 10－9 中的 AS_1 向右移動到 AS_2。

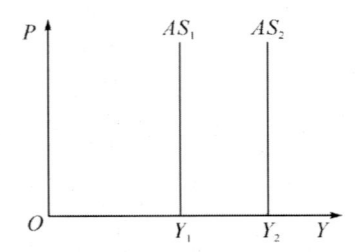

圖 10 - 9　社會潛在產出水準變化引起的總供給曲線移動

第四節　總需求與總供給的均衡

　　宏觀經濟的一般均衡需要將總需求、總供給聯繫起來進行分析,對總需求和總供給的相互作用進行分析。將總需求、總供給結合起來,把總需求曲線和總供給曲線放在同一平面坐標圖上,便構成宏觀經濟的一般均衡模型,即總需求—總供給模型,用字母表示就是 AD - AS 模型。總需求—總供給模型可以說明國民收入和價格水準的決定,說明總需求、總供給變動如何影響國民收入和價格水準。

一、均衡國民收入水準的決定

　　將總需求曲線和總供給曲線放在同一平面坐標圖上,便得到如圖 10 - 10 所示的 AD - AS 模型。從總需求—總供給模型可以看出,一個經濟社會的國民收入水準取決於總需求和總供給。總需求和總供給相等時的國民收入為均衡國民收入,這時的價格為均衡價格水準。如果國民收入和價格維持在均衡水準,則國民經濟實現均衡。在 AD - AS 模型中,總需求曲線與總供給曲線的交點意味著總需求與總供給相等,因此,兩者的交點對應的收入就是均衡國民收入,交點對應的價格就是均衡價格。

　　在圖 10 - 10 中,總需求曲線 AD 與總供給曲線 AS 相交於 E 點, E 點為宏觀經濟的均衡點。E 點所對應的國民收入水準 Y_0 為均衡收入,它所對應的價格 P_0 為均衡價格水準。

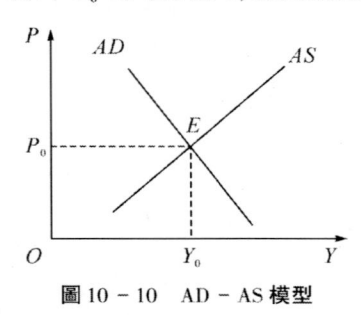

圖 10 - 10　AD - AS 模型

　　在宏觀經濟中,無論是總需求還是總供給變動,都會對宏觀經濟均衡產生影響,使均衡國民收入和均衡價格水準發生變化。

二、總需求變化對宏觀經濟均衡的影響及其政策效應

在宏觀經濟均衡模型中，總需求變動對均衡國民收入和均衡價格水準的影響視總供給曲線的斜率而定。根據總供給曲線的斜率及其形狀，總需求變動對國民收入和價格水準的影響可以分為三種情況。

1. 總供給曲線有無限彈性時總需求變動對國民收入和價格水準的影響及其政策效應

當總供給有無限彈性時，總供給曲線為水準線，即「凱恩斯主義總供給曲線」，即圖 10－11 中的 ab 線。在這種情況下，總需求變動會引起均衡收入呈同方向變動，總需求增加，均衡收入水準提高，總需求減少，均衡收入水準下降；此時總需求變動對價格水準不產生影響，無論總需求如何變化，價格水準均保持不變。

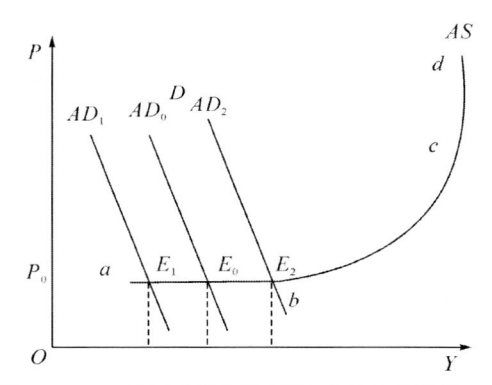

圖 10－11 總需求變化對宏觀經濟均衡的影響(1)

在圖 10－11 中，ab 段為水準的總供給曲線，此時總供給有無限彈性。當總需求曲線為 AD_0 時，均衡收入為 Y_0，均衡價格為 P_0。如果總需求減少，總需求曲線由 AD_0 向左移動到 AD_1，均衡收入由 Y_0 減少為 Y_1，均衡價格水準仍然保持在 P_0。如果總需求增加，總需求曲線由 AD_0 向右移動到 AD_2，則均衡收入由 Y_0 增加為 Y_2，此時均衡價格水準仍為 P_0。可見，當總供給曲線有無限彈性時，總需求變動只影響國民收入水準，不影響價格水準。之所以會出現這種情況，是因為在總供給曲線的水準部分，經濟資源利用不充分，閒置較多，在這種情況下，總供給會適應總需求的變化而相應變化，總需求增加則總供給增加，總需求減少，總供給相應減少；總需求變化對物價水準不產生影響。

總供給有無限彈性時，總需求變化引起均衡收入呈同方向變化、對價格水準不產生影響的情況意味著，在資源閒置較多時，刺激總需求的宏觀經濟政策只會帶來國民收入水準上升的效果，不會引起通貨膨脹。

2. 總供給曲線有正斜率時總需求變動對國民收入和價格水準的影響及其政策效應

當總供給較有彈性時，總供給曲線斜率為正、呈向右上方傾斜的形狀，這時的總供給曲線是「修正的凱恩斯主義總供給曲線」，在圖 10－12 中的就是總供給曲線的 bc 線。在總供給曲線向右上方傾斜的情況下，總需求變動既影響均衡收入，也影響物價水準。總需求

增加一方面使均衡收入水準上升,另一方面又使價格水準提高;相反,總需求減少,均衡收入水準下降,價格水準也會下降。

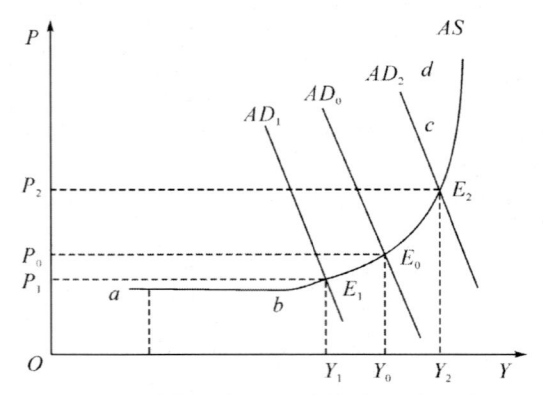

圖10-12　總需求變化對宏觀經濟均衡的影響(2)

在圖10-12中,假如經濟運行在資源利用接近充分就業水準但又沒有實現充分就業水準的階段,即運行在總供給曲線的 bc 段,此時總供給曲線具有正斜率,而且越往右上方總供給曲線斜率越大。在這種情況下,總需求變動對均衡收入、均衡價格都有影響。當總需求曲線為 AD_0 時,均衡收入為 Y_0,均衡價格為 P_0。如果總需求減少,總需求曲線向左移動到 AD_1,則均衡收入由 Y_0 減少為 Y_1,均衡價格水準由 P_0 下降為 P_1;如果總需求增加,總需求曲線向右移動到 AD_2,則均衡收入由 Y_0 增加為 Y_2,均衡價格水準由 P_0 上升為 P_2。可見,當總供給曲線具有正斜率時,總需求變動既影響國民收入,又影響價格水準,均衡收入水準和均衡價格水準與總需求均呈正比變化,總需求增加,均衡收入水準提高、均衡價格上升;反之相反。而且隨著總供給的持續增加,總供給曲線斜率的增大,一定數量的總需求增加引起的均衡收入增加幅度越來越小、物價水準上漲幅度越來越大。之所以會出現這種情況,是因為在總供給曲線向右上方傾斜的部分,隨著總供給的增加,資源利用越來越接近充分就業水準,閒置經濟資源越來越少,在這種情況下,總需求增加會引起總供給增加,同時導致物價水準上漲,而且總需求增加引起的總供給增加幅度越來越小、物價水準上漲幅度越來越大;總需求減少,則總供給相應減少,物價水準下降。

總供給較有彈性時,總需求變化引起均衡收入和物價水準同向變化的情況表明,在資源利用比較充分但又未實現充分就業的情況下,抑制總需求的宏觀經濟政策可以起到降低物價水準、抑制通貨膨脹的作用,但與此同時會導致國民收入水準下降,總供給減少;刺激總需求的宏觀經濟政策可以使總供給增加,國民收入水準上升,但同時會引起物價水準上漲,而且經濟運行越接近充分就業水準,刺激總需求的宏觀經濟政策帶來的國民收入水準上升效果越小,由此引起的物價水準上漲幅度越大,也就是說,越接近充分就業水準,宏觀經濟政策刺激國民收入增加的效果越小,由此帶來的通貨膨脹代價卻越來越大。

3. 總供給曲線完全無限彈性時總需求變動對國民收入和價格水準的影響及其政策效應

當總供給完全無限彈性時,總供給曲線為垂直於橫軸的垂線,是「古典經濟學的總供給曲線」,如圖10－13中的 cd 線。在這種情況下,總需求變動只引起價格水準變化,不影響國民收入,價格水準與總需求呈同向變動關係,總需求增加,價格水準上升,總需求減少,價格水準下降;總需求變動對價格水準則不產生影響,無論總需求如何變化,國民收入水準均保持在充分就業收入水準。

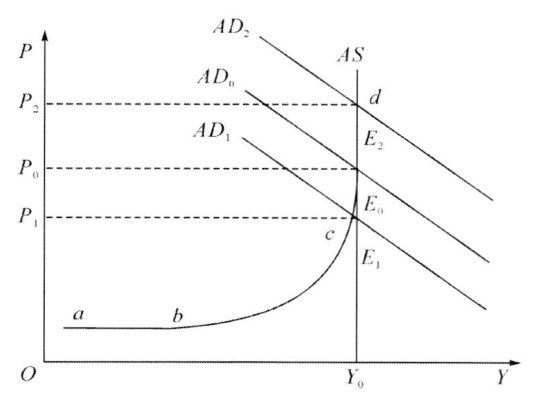

圖10－13　總需求變化對宏觀經濟均衡的影響(3)

在圖10－13中,cd 段為垂直於橫軸的總供給曲線,此時總供給完全無限彈性,總需求變動不影響國民收入水準,只引起價格水準變化,價格水準與總需求呈同向變動關係。當總需求曲線為 AD_0 時,均衡價格為 P_0,均衡收入為 Y_0。如果總需求減少,總需求曲線向左移動到 AD_1,則均衡價格水準由 P_0 下降為 P_1,均衡收入仍然保持在 Y_0;如果總需求增加,總需求曲線向右移動到 AD_2,均衡價格水準由 P_0 上升到 P_2,均衡收入水準仍為 Y_0。可見,當總供給曲線完全無限彈性時,總需求變動只影響價格水準,不影響國民收入。之所以會出現這種情況,是因為在總供給曲線的垂直部分,國民收入已達到潛在產出水準,經濟資源已得到充分利用,沒有閒置資源,在這種情況下,如果沒有技術進步,沒有要素產出率的提高,總供給就不可能適應總需求的變化而相應變化,因此,總需求變化只引起價格水準變化,不影響國民收入水準。

總供給完全無限彈性時,總需求變化引起均衡價格同方向變化、對均衡收入不產生影響的情況意味著,在經濟已實現充分就業的情況下,刺激總需求的宏觀經濟政策只會帶來物價水準上漲的效果,不會引起國民收入增加,刺激總需求以促進經濟增長的宏觀經濟政策無效。

三、總供給變化對對宏觀經濟均衡的影響及其政策效應

在宏觀經濟均衡模型中,總供給變動對均衡國民收入和均衡價格水準影響的分析一般適用於短期。從長期看,國民收入增長主要受資源狀況制約。在一個比較長的時期內,一國經濟資源在數量上基本上是一個固定不變的量,而且經濟資源的利用會越來越充分。當經濟資源得到充分利用時,一國總產出達到充分就業產出水準,在這種情況下,除非有創新導致要素產出率提高,否則總供給不可能增加。在短期,資源利用水準有高有

低,資源利用狀況決定著總供給的多少,導致總供給變動。可見,總供給變動對均衡收入和均衡價格的影響主要是短期分析。

短期總供給曲線斜率為正,由左下方向右上方傾斜,因此,在總需求不變的情況下,總供給變化既影響均衡收入,也影響價格水準。均衡收入水準與總供給同方向變化,均衡價格與總供給成反向變動關係。總供給增加會導致均衡收入水準上升、均衡價格水準下降;相反,總供給減少會導致均衡收入水準下降、均衡價格水準上升。具體情況如圖 10 – 14 所示。

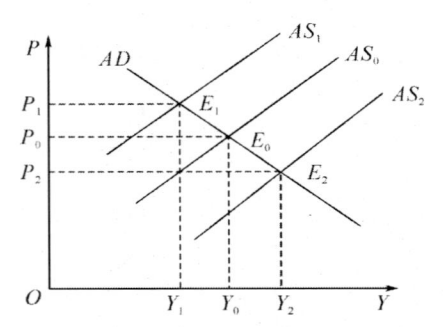

圖 10 – 14　總供給變化對宏觀經濟均衡的影響(4)

在圖 10 – 14 中,總供給曲線 AS_0 與總需求曲線 AD 的交點為 E_0,均衡收入為 Y_0,均衡價格水準為 P_0。如果總供給減少,總供給曲線向左上方移動到 AS_1,則均衡收入由 Y_0 減少為 Y_1,均衡價格由 P_0 上升到 P_1。相反,如果總供給增加,總供給曲線向右移動到 AS_2,則均衡收入水準由 Y_0 增加為 Y_2,均衡價格水準由 P_0 下降到 P_2。可見,在總需求不變的情況下,總供給變動既影響國民收入,又影響價格水準。總供給增加,國民收入水準上升,價格水準下降;反之相反。

總需求不變時總供給變動引起國民收入水準同向變動、均衡價格水準反向變動的情況表明,在短期內、在總需求不變的情況下,刺激總供給增加的宏觀經濟政策既可以帶來國民收入增加的政策效果,同時還可以帶來物價水準下降的政策效果,就是說,在經濟資源利用不充分的情況下,實行刺激供給增加的宏觀經濟政策可以達到既促進經濟增長又不引起通貨膨脹的政策效果。

【本章小結】

1. 總需求是指在一定時間內、一定價格水準下社會上所有經濟單位願意而且能夠購買的總的產出數量。總需求由四部分構成,即消費需求、投資需求、政府購買和國外需求。總需求曲線是反應總需求與價格水準之間關係的曲線,它由左上方向右下方傾斜。

2. 引起總需求變動、總需求曲線移動的因素很多,總需求的四個構成部分中,任何部分支出的變動都會使總需求發生變化。在影響總需求的各種因素中,政府支出和名義貨幣供給量是影響總需求的兩個重要因素。

3. 總供給是指在一定時間內、一定價格水準下社會上所有經濟單位願意而且能夠提供的商品和勞務的總量。總供給由消費、儲蓄、政府稅收和進口四部分構成。總供給曲線是反應總供給與價格水準之間關係的曲線。資源利用情況不同,總供給曲線的斜率、形狀就不同。

4. 影響總供給的因素可以分為潛在產出和生產成本兩類基本因素。在其他條件相同的情況下,總供給與潛在產出水準成正比變化,與生產成本高低成反比變化。

5. 引起總供給變動、總供給曲線移動的因素很多,除價格水準外,工資水準、勞動供給量、要素供給量、生產技術水準、經濟資源利用情況、生產能力甚至自然因素等因素發生變化,也會引起總產出發生變化。在影響總供給的各種因素中,貨幣工資和生產技術水準是影響總供給的兩個重要因素。

6. 總需求 — 總供給模型表明,一個經濟社會的國民收入水準取決於總需求和總供給。總需求和總供給相等時的國民收入為均衡國民收入,兩者相等時的價格為均衡價格水準。

9. 無論是總需求還是總供給變動,都會對宏觀經濟均衡產生影響,使均衡國民收入和均衡價格水準發生變化。

(1) 總需求變動對國民收入和價格水準的影響分為三種情況:

① 當總供給有無限彈性時,總需求變動引起均衡收入同方向變動,對價格水準不產生影響。

② 當總供給較有彈性時,總需求變動既影響均衡收入,也影響物價水準,兩者均與總需求同方向變化。

③ 當總供給完全無限彈性時,總需求變動只引起價格水準變動,不影響國民收入,價格水準與總需求成同向變動關係。

(2) 總供給變動對均衡國民收入和均衡價格水準的影響分析適用於短期。在短期,總供給變化既影響均衡收入,也影響價格水準。均衡收入水準與總供給同方向變化,均衡價格與總供給成反向變動關係。

【思考題】

1. 引起總需求曲線移動的原因何在?
2. 短期總供給曲線的特徵及其經濟意義何在?
4. 長期總供給曲線的特徵及其政策含義是什麼?
5. 引起總供給曲線移動的原因何在?
6. 總需求與總供給如何決定均衡收入和價格水準?

【綜合案例1】

美國宏觀經濟運行情況分析

20世紀30年代,美國處於經濟大危機時期,勞動以及其他經濟資源大量閒置,經濟運

行於 AS 曲線的水準區域。在此情況下,美國政府採納凱恩斯的政策主張,通過赤字財政政策擴大政府支出,通過貨幣政策調節利率。政府一系列刺激需求增加的政策措施成功地使總需求曲線向右移動,結果總產量提高、就業人數增加。到了 20 世紀 40 年代,政府大量採購買戰略物資等措施使總需求大大增加,經濟增長迅速,整個經濟達到充分就業水準,於是物價水準迅速上升,通貨膨脹成為嚴重問題,為抑制通貨膨脹,美國政府實行工資——價格管制。1950—1965 年,美國經濟接近充分就業水準,為刺激經濟增長,政府採取刺激總需求的政策措施,結果總產量增加,物價水準提高,而且由於價格剛性,當總需求減少時,總產量和就業人數減少,物價水準卻沒有相應下降。1965—1973 年,美國政府卷入戰爭,國防費用增加造成需求衝擊,美國經濟運行進入古典區域,在這種情況下,旺盛的需求導致價格上漲,形成通貨膨脹。1974—1980 年,農業嚴重歉收導致美國農產品價格上升,同時石油輸出國組織又大幅度提高石油價格,結果成本推動價格上漲,引起總需求曲線向左移動、總供給曲線向上移動,形成嚴重的經濟滯脹。

資料來源:根據相關資料編寫。

【討論題】

美國 20 世紀 30 ~ 80 年代的宏觀經濟運行情況說明什麼?

【綜合案例 2】

制約中國經濟增長的「瓶頸」

改革開放以來,中國創造了世界經濟發展史上經濟持續高速增長的奇跡。但是,未來中國的經濟發展道路並不平坦,經濟持續高速增長仍然面臨嚴重的「瓶頸」制約。

一是面臨「消費需求不足」的制約。改革開放初期,消費需求曾是拉動中國經濟高速增長的主要動力。20 世紀 80 年代,消費需求對 GDP 增長的貢獻率超過 60%。然而,進入 20 世紀 90 年代以後,消費需求對經濟增長的貢獻率明顯下降,2000—2004 年,消費需求對中國經濟增長的貢獻率分別只有 61%、59.1%、56.8%、53.2% 和 54.1%,遠遠落後於美國和國際經濟合作組織成員國的同比數字。消費需求低迷不僅直接導致中國經濟持續增長「後勁」不足,而且造成大量生產能力閒置和產品積壓,使中國近些年來不得不依靠「投資擴張」和「擴大出口」來維持經濟增長。這種情況將導致「產能過剩」狀況繼續惡化,並導致國際貿易摩擦和衝突加劇。

二是面臨「自然資源短缺」的制約。中國已有的經濟高速增長主要是通過「粗放」式經濟增長方式實現的。粗放的經濟增長方式導致高投入、高消耗、高污染、低效益的「三高一低」式經濟增長與資源、環境承受能力之間日益尖銳的矛盾。有限的自然資源供給和煤炭、石油、鐵礦石等基礎性生產資料價格的攀升將阻滯中國經濟增長的步伐。

三是面臨「環境污染嚴重」的制約。經濟的粗放增長和環境保護不力,使中國經濟的高速增長與嚴重的環境污染相伴,由此造成巨大經濟損失。在過去 28 年間,環境污染所造成的損失估計每年占到 GDP 總量的 10%。嚴重的環境污染將制約中國經濟持續高速增長。

四是面臨「廉價勞動力供給能力下降」以及勞動成本上升的制約。近年來,中國特別

是中國沿海地區出現「民工荒」。「民工荒」現象說明中國廉價勞動力無限供給的局面將逐漸結束,企業勞動成本逐漸上升。廉價勞動力供給不足以及由此引起的勞動成本上升,將使中國經濟逐步喪失維持高速增長的廉價勞動力優勢。

五是面臨經濟「發展不平衡」的制約。改革開放以來,中國經濟在保持總體高速增長的同時,經濟發展不平衡問題日益突出。東部地區與中、西地區的發展差距逐步擴大,城鄉間居民收入差距進一步擴大,城鄉居民實際收入差距已經從改革開放初期的 1.8:1 擴大到 2005 年的 3.22:1。中西部地區經濟發展滯後,農村居民收入增長不足,不僅使東部地區過剩的生產能力無法消化,而且造成區域經濟關係緊張、民族團結問題日益凸顯,由此將影響中國經濟持續協調發展。

資料來源:根據相關資料編寫。

【討論題】

按照「總需求—總供給模型」所揭示的宏觀經濟原理,克服中國經濟增長面臨的「瓶頸」制約應從哪些方面採取措施?

第十一章 失業與通貨膨脹理論

【學習目標與要求】

掌握通貨膨脹的含義及衡量標準、通貨膨脹的分類、通貨膨脹的經濟效應等內容;掌握失業的概念及分類;重點掌握通貨膨脹和失業之間關係的理論——菲利普斯曲線。

【學習重難點】

通貨膨脹與失業的深層次原因,探討通貨膨脹與失業的相互關係,進而尋求控制通貨膨脹和減少失業的宏觀政策,重點分析通貨膨脹與失業的成因及其相互影響的規律性。通貨膨脹與失業的相互關係,通貨膨脹與國民收入之間的關係

1. 通貨膨脹理論
2. 失業理論
3. 通貨膨脹和失業的關係
4. 對付失業和通貨膨脹的政策

第一節 失業理論

一、失業與充分就業

(一)失業的定義與衡量

西方經濟學認為,勞動是最基本、最重要的經濟資源,一國的國民收入中,很大一部分來自勞動的貢獻,因此,對勞動必須加以充分利用。而勞動的實現就是就業。就業是指勞動力被運用於生產過程並獲得相應收入的狀態。與就業相對應的概念是失業,失業是指勞動者願意接受現行工資水準和勞動條件卻沒有工作的狀態,在勞動年齡範圍內、願意工作而沒有工作並在尋找工作的人都是失業者。勞動者的失業意味著資源的浪費,失業人數增加會降低整個社會的經濟活動水準,甚至可能帶來社會的不穩定。

衡量失業情況的指標有兩個:失業人數和失業率。按國際勞工組織的規定,失業人數(Unemployed Persons)是指在一定年齡以上的有勞動能力的勞動者在一定時間內沒有職業或工作時間沒有達到規定標準,正在尋找有報酬的工作,並已在就業機構進行了登記的人員。失業率是指勞動力中沒有工作而又在尋找工作的人所占的比例,即失業人數占勞動力總數的比例。失業人數與就業人數的和就是勞動力總數,因此,失業率可用公式表示為:

$$失業率 = \frac{失業人數}{失業人數 + 就業人數} \times 100\%$$

現實中,各國對勞動年齡和失業的範圍有著不同的規定。以美國為例,其勞動年齡是16~65歲。屬於失業範圍的人包括:第一,新加入勞動力隊伍第一次尋找工作,或重新加入勞動力隊伍正在尋找工作已達4周以上的人。第二,為了尋找其他工作而離職,在找工作期間作為失業者登記註冊的人。第三,被暫時辭退並等待重返工作崗位而連續七天未得到工資的人。第四,被企業解雇而且無法回到原工作崗位的人,即非自願離職者。失業率的波動反應著就業的波動,失業率越高,意味著就業越少,就業越不充分;反之,失業率低則意味著就業率高,就業越充分。

(二) 充分就業的含義與有效需求原理

凱恩斯認為,社會經濟資源的充分利用往往以社會的充分就業量來表示。充分就業是指社會勞動力資源的利用能達到一切願意接受現行工資和勞動條件的勞動者都有工作可做的狀態,也就是達到不存在週期性失業的就業狀態。充分就業並非人人都有工作,充分就業時仍然有一定的失業。這是因為經濟中有些造成失業的原因(如勞動力的流動等)是難以克服的,勞動市場總不是十分完善的。這種失業的存在不僅是必然的,而且是必要的。因為這種失業的存在,能作為勞動後備軍隨時滿足經濟對勞動的需求,能作為一種對就業者的「威脅」而迫使就業者提高生產效率。此外,各種福利支出(失業補助、貧困補助等)的存在,使得這一失業水準的存在不會成為影響社會安定的因素,是社會可以接受的。經濟中實現了充分就業,標誌著社會經濟資源在現有條件下得到了充分利用,這時的產出為充分就業產出,也就是潛在產出。

有效需求是指商品總供給價格和總需求價格達到均衡時的總需求。凱恩斯認為,社會就業量取決於總需求和總供給的均衡狀態。如果總供給在一定時間內沒有變化,那麼,社會就業量則取決於與總供給達到均衡時的總需求,也就是取決於有效需求。但是,總供給和總需求達到均衡時的就業不一定是充分就業,兩者的均衡可以是充分就業的均衡,也可以是不充分就業的均衡,通常情況下的均衡是小於充分就業的均衡,也就是有效需求不足的均衡。在有效需求不足的情況下,會出現部分勞動力願意接受現行工資和勞動條件但仍然沒有工作的狀態,這就是有效需求不足的失業。經濟中產生失業、不能實現充分就業的原因在於有效需求不足。

為什麼會出現有效需求不足呢?凱恩斯認為,有效需求不足主要是由於以下三個基本心理定律的作用:

1. 邊際消費傾向遞減規律

消費在收入中的比重稱為消費傾向,消費增量與收入增量之比是邊際消費傾向,邊際消費傾向呈遞減趨勢。凱恩斯認為,人們的消費主要取決於收入。隨著收入的增加,消費會相應增加,但消費的增加量並不與收入增加量同步。人們一般不把所增加的收入全部用於消費,而要留下一部分作為儲蓄,這樣,人們的收入越增加,消費支出占全部收入的比例就越來越小,這就是所謂邊際消費傾向遞減規律。由於邊際消費傾向遞減規律是由人類的天性所決定的,因此這個規律被認為是一條心理定律。在這個規律的作用下,社

會增加的產量在除去個人增加的消費以後,就留下一個缺口,如果沒有相應的投資來填補這個缺口,生產出來的產品就會有一部分無法銷售出去,就會出現有效需求不足。有效需求不足的後果是引起生產緊縮和裁員,使社會出現一部分工人非自願失業,而不能實現充分就業。

2. 資本邊際效率遞減規律

資本邊際效率是指投資者預期從投資中可以獲得的利潤率,即預期利潤率。資本邊際效率越高,則越能鼓勵人們的投資熱情。然而,在現實經濟中,投資者總是對投資缺乏熱情,這是因為投資者認為資本邊際效率是遞減的,對未來經濟的發展前景總是缺乏信心。資本邊際效率之所以會遞減,這是因為:第一,投資增加後,所增添的機器設備的成本會不斷提高,投資的預期利潤率會降低;第二,投資增加以後,所生產的產品數量增加會使這些產品的市場價格下降,於是投資的預期利潤率下降。凱恩斯認為,消費傾向在短期內是比較穩定的,不會很快增加,所以投資問題顯得格外重要。投資者對投資前景往往缺乏信心,對投資前景信心不足又使得資本邊際效率不斷下降,引起有效需求不足。所以,凱恩斯認為,資本邊際效率的作用在三個基本心理因素中尤其重要,資本主義過剩危機的主要原因就在於資本邊際效率突然大幅度下降所引起的投資需求急遽減少。

3. 流動偏好規律

凱恩斯認為,投資需求取決於資本邊際效率與利息率的對比關係,如果資本邊際效率高於利息率,則有利於投資。在現實經濟中,人們總是想把一定量的貨幣保存在身邊,以便支付日常生活、業務活動的開支、應付突然事件,以及能夠不失時機地從事各種有利的投機活動。人們這種樂意保存一定量貨幣在身邊的心理狀態被凱恩斯稱為流動偏好規律(或稱靈活偏好)。凱恩斯認為,人們放棄貨幣,就犧牲了貨幣所具有的流動性,所以儲蓄必須有利息。利息就是對人們犧牲貨幣的流動性的報酬,利息率取決於貨幣需求和貨幣供給,也就是取決於流動偏好和貨幣數量。貨幣數量是由中央銀行通過政府的金融政策確定的,而流動偏好的作用則是使得利息率不能太低,否則,人們寧願把貨幣保留在手中,因此,不管中央銀行如何增加貨幣數量,利息率的降低畢竟有一個最低限度。由於利息率不能無限制降低,而資本邊際效率卻是不斷下降的,當資本邊際效率越來越接近利息率時,投資者就越來越不願意投資了,這就會引起投資不足,使有效需求不足。

凱恩斯理論認為,在市場經濟條件下,由於三個心理規律的作用,社會有效需求總是不足,由此必然導致非自願失業現象的發生。因此,為了促進經濟繁榮和社會穩定,解決就業問題不能僅靠市場機制的自發作用,還必須依靠政府的宏觀調控措施對宏觀經濟實行干預,以提高有效需求,促進就業,促進經濟繁榮。

二、失業的分類和影響

(一) 失業的分類

按照不同的分類標準,失業可以分為不同的類型。

1. 自願失業與非自願失業

根據主觀願意就業與否,失業分為兩種類型,即自願失業與非自願失業。所謂自願失

業，是指工人所要求的實際工資超過其邊際生產率，或者說不願意接受現行的工作條件和收入水準而未被雇用造成的失業。由於這種失業是勞動人口主觀不願意就業造成的，所以被稱為自願失業。自願失業無法通過經濟手段和政策加以消除，因此不是經濟學所研究的範圍。所謂非自願失業，是指有勞動能力、願意接受現行工資水準和勞動條件但仍然找不到工作的現象。這種失業是由於客觀原因所造成的，因而可以通過經濟手段和政策來消除。經濟學中的所講的失業一般是指非自願失業。

2. 摩擦性失業、結構性失業和週期性失業

按失業產生的原因，可將失業分為摩擦性失業、結構性失業和週期性失業。

（1）摩擦性失業。摩擦性失業是指在生產過程中由於正常的勞動力流動而造成的暫時性、局部性失業。這種失業通常起源於勞動供給一方，因此被看成是一種求職性失業，即勞動者離開原有工作崗位去尋找更理想的工作而造成失業。用於勞動市場信息不完備，失業者找到合適工作都需要花費一定的時間，因此摩擦性失業在任何時期都存在，而且隨著經濟結構變化呈現增大的趨勢。從經濟和社會發展的角度來看，這種失業的存在是正常的。

（2）結構性失業。結構性失業是指勞動力供給和需求不匹配所造成的失業，即由於勞動力流動不能適應勞動需求變化所引起的失業。其特點是既有失業，也有職位空缺。失業者或者沒有合適的技能，或者居住地點不當，因此無法填補現有的職位空缺，從而出現「失業與空位」並存的情況。結構性失業的存在是長期的，它通常起源於勞動需求方。結構性失業是由經濟結構變化導致的，經濟結構變化引起特定市場和區域中特定類型勞動力的需求相對小於供給，從而造成一部分勞動者失業。

造成特定市場中勞動力需求相對較低的原因主要有以下幾種：一是技術變化。技術進步使原有勞動者不能適應新技術的要求，或者是技術進步使勞動力需求下降。二是消費者偏好變化。消費者對產品和勞務偏好的改變，會使某些行業規模擴大而另一些規模行業收縮，處於規模縮小行業的勞動者因此而失去工作崗位。三是勞動力流動性不足。勞動力流動成本的存在制約著勞動者從一個地方或一個行業流動到另一個地方或另一個行業，從而使得結構性失業長期存在。

（3）週期性失業。週期性失業是指經濟週期中衰退或蕭條時，因需求下降而造成的失業，這種失業是由整個經濟需求和產出的下降造成的。當經濟發展處於一個週期中的衰退期時，社會總需求不足，因而廠商的生產規模縮小，從而導致較為普遍的失業現象。週期性失業對於不同行業的影響是不同的，一般來說，需求的收入彈性越大的行業，週期性失業的影響越嚴重。也就是說，人們收入下降引起產品需求大幅度下降的行業，週期性失業情況比較嚴重。

在經濟中，通常用緊縮性缺口來說明這種失業產生的原因。緊縮性缺口是指實際總需求小於充分就業總需求時，實際總需求與充分就業總需求之間的差額。圖 11 - 1 說明了緊縮性缺口與週期性失業之間的關係。

在圖 11 - 1 中，橫軸 OY 代表國民收入，縱軸 AD 代表總需求。當國民收入為 Y_f 時，經濟中實現了充分就業，Y_f 為充分就業的國民收入，實現這一國民收入水準所要求的充分

图 11－1　紧缩性缺口

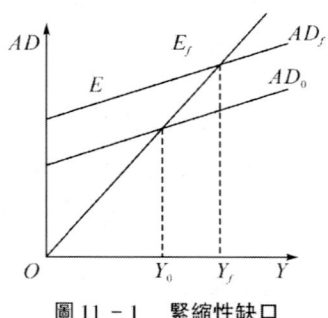

就业总需求水准为 AD_f，但实际的总需求为 AD_0，这一总需求水准决定的国民收入为 Y_0，Y_0 小于 Y_f，这必然引起失业。Y_0 小于 Y_f 是由于 AD_0 小于 AD_f 造成的，因此，实际总需求 AD_0 与充分就业总需求 AD_f 之间的差额就是造成这种失业的根源。这种失业是由于总需求不足引起的，因此也称为「需求不足的失业」。

除了这几种主要失业类型外，经济学中常说的失业类型还包括隐藏性失业。所谓隐藏性失业是指表面上有工作、但实际上对产出并没有作出贡献的人，即有「职」无「工」的人，也就是说，这些工作人员的边际生产力为零。当经济中减少就业人员而产出水准没有下降时，即存在著隐藏性失业。美国著名经济学家阿瑟·刘易斯曾指出，发展中国家的农业部门存在著严重的隐藏性失业。

(二) 失业的影响

失业会产生诸多影响，一般而言，失业的影响可以分成两种：社会影响和经济影响。

失业的社会影响虽然难以估计和衡量，但它最易为人们所感受到。失业威胁著作为社会单位和经济单位的家庭的稳定。失业者没有工作就没有收入或收入遭受损失，家庭的生活水准就会下降，家庭的要求和需要得不到满足，家庭关系将受到损害。西方有关的心理学研究表明，解雇造成的创伤不亚於亲友的去世或学业上的失败。此外，家庭之外的人际关系也会受到失业的严重影响。一个失业者在就业的人员当中失去了自尊和影响力，面临著被同事拒绝的可能性，并且可能失去自尊和自信，最终，失业者在情感上受到严重打击。

失业的经济影响可以用机会成本的概念来加以说明。当失业率上升时，经济中本可由失业工人生产出来的产品和劳务就损失了。衰退期间失业造成的产出和劳务的损失，就如同将众多的汽车、房屋、衣物和其他物品销毁掉了。从产出核算的角度看，失业者的收入总损失等於社会产出的损失，因此，损失的产量是计量週期性失业损失的主要尺度。20 世纪 60 年代，美国经济学家阿瑟·奥肯根据美国的数据，提出了经济週期中失业变动与产出变动的经验关系，该经验关系被称为奥肯定律。

奥肯定律的内容是：失业率每高於自然失业率一个百分点，实际 GDP 将低於潜在 GDP 两个百分点，换句话说，相对於潜在 GDP，实际 GDP 每下降两个百分点，失业率会比自然失业率上升一个百分点。

西方学者认为，奥肯定律揭示了产品市场与劳动市场之间极为重要的关系，它描述

了實際 GDP 的短期變動與失業率變動之間的聯繫。根據這個定律,可以通過失業率的變動推測或估計 GDP 的變動,也可以通過 GDP 的變動預測失業率的變動。例如,實際失業率為 8%,高於 6% 的自然失業率 2 個百分點,則實際 GDP 將比潛在 GDP 低 4% 左右。

中國目前面臨著較大的就業壓力,就業問題是中國政府宏觀經濟政策要解決的最主要問題之一。奧肯定律為我們解決就業問題提供了一個基本思路,即保持 GDP 的較快增長。經濟較快增長一方面能迅速提高中國人民的生活水準,同時也能較大幅度地增加就業崗位,促進就業問題的解決。

【專欄知識】

失業率居高不下危及美國經濟復甦進程

2002 年 3 月公布的失業指數表明,當年 2 月美國的失業率雖比上月有小幅度下降,但仍高達 5.5%,為 1997 年來最高。經濟學家相信,在今後半年左右的時間內,失業率可能要上升到 6% 甚至 6.25% 後才會開始下降。

美國經濟學界的普遍看法是,美國經濟衰退已經結束,但失業率尚未觸底,低迷的就業市場不大可能逆轉已走出衰退的美國經濟。高失業率的嚴重負面影響,是美國經濟界和決策層不敢掉以輕心的。設在華盛頓的經濟政策研究所甚至認為,美國的失業率在 2002 年 11 月就會攀升到 6.5%,之後雖會下降,但到 2004 年之前,都將徘徊在 6.0%～6.25% 之間,很難落回到心理警戒線 5% 以下。

根據經濟政策研究所勞倫斯·米希爾等專家的理論,要避免失業率由目前的 5.5% 繼續升高,美國經濟的增長速度不得低於 3%。其主要原因是:① 畢業生、移民等新的就業者加入勞動力大軍,使美國的整體勞動力每年以大體 1% 的速度增長。② 生產率的提高可以使 GDP 在企業不增加人力的情況下增長,而近年來美國的生產率提高速度基本保持在 2.0%～2.5% 上下。這兩種因素的存在表明,即使 2002 年美國經濟增長率能達到 3% 上下,也不足以使目前的失業率下降。而經濟學界對 2002 年美國 GDP 增長速度比較普遍和客觀的預測是 2.5%,更不用說還有相當一批人仍擔心下半年增長乏力,經濟回升還會出現反覆。

資料來源:李正信. 失業率居高不下危及美國經濟復甦進程. 經濟日報,2002 - 4 - 3.

【專欄知識】

經濟蕭條 英國六月失業人數創十六年來最高紀錄

英國經濟蕭條衝擊就業市場。英國國家統計局公布的報告指出,2008 年 6 月,英國申請失業救濟金人數增加了 15,500 人,是連續第 5 個月增加,申請失業救濟金人數的總數達到 840,100 人,創下自 1992 年 12 月以來單月最高人數。

統計局指出,2008 年 3 到 5 月,英國失業人數增加 12,000 人,達 162 萬人,並將 5 月份失業人口從 9000 人上修為 14,300 人。

2008 年第二季度英國的失業率為 5.2%,與第一季度相同。失業人數連續 5 個月增

加,是自 2006 年 6 月以來失業人數持續增加的最長時期。

受美國次級房貸引發的金融危機影響,英國企業的裁員潮從金融機構開始,然後逐步擴大到房地產商、營建商、零售商和小型企業,2008 年 7 月的前兩週來英國大型營建商宣布裁員的人數近 5000 人,後續還將有更多企業裁減員工。

經濟學家警告,2009 年失業人數將繼續增加,這對於面臨信用緊縮危機、高通貨膨脹率的英國家庭,將造成更加嚴重的經濟困難。

負責就業政策的副部長堤姆斯坦承認,申請失業救濟金人數增加的確令人關切,中央政府正積極與地方政府合作,協助失業者盡快重返就業市場。

資料來源:佚名. 經濟蕭條. 英國六月失業人數創十六年來最高紀錄. 中國新聞網, 2008－7－17.

三、解決就業問題的途徑

西方經濟學中,在關於如何實現充分就業、實現現有勞動力資源的充分利用以促進經濟的增長和社會穩定問題上,傳統的西方經濟學和現代西方經濟學有不同的看法。傳統經濟學認為,在市場經濟條件下,經濟制度中內在的治理機制或自動穩定器能夠對經濟進行自動調節,使失業控制在一定範圍內,甚至當代西方經濟學中的一些學派也反對國家干預經濟,主張市場的自發調節。

然而,現代西方經濟學認為,只靠市場機制不能保證充分就業,必須引入政府對經濟的人為干預。由於有效需求不足會引起失業,所以,要增加就業量,就必須依靠宏觀需求管理政策,通過宏觀需求管理政策刺激投資需求和消費需求,從而使總需求升到新的更高的水準,由此實現充分就業。

現代西方經濟學認為,政府解決就業問題的政策首先是財政政策和貨幣政策,其次還有收入政策和人力政策。財政政策就是政府運用稅收、預算支出等財政手段,增加居民的貨幣收入和消費需求,增加企業收入和投資需求,從而促進總需求增加,刺激經濟增長,提高就業水準。貨幣政策是宏觀經濟學極為重視的一種宏觀經濟管理措施,它是通過國家金融管理機構——中央銀行來調節貨幣供應量,從而影響利率、影響經濟中各部門的投資,最終影響總需求、影響就業。收入政策是政府以硬性規定方式並輔以懲罰和獎勵措施,限制甚至凍結工資與物價的增長,通過控制工資與物價增長,抑制工資的剛性增長,從而使投資者增加投資、促進就業。人力政策是政府有關提高勞動力素質和減少失業的政策措施,具體措施除取締和減少對就業和轉業的限制外,還包括政府採取措施甚至投入資金對勞動者進行培訓、對勞動力結構進行調整,幫助勞動力遷移他處,提供就業信息,開展求職指導等措施,通過這些措施提供勞動者素質,促進勞動力流動,達到增加就業、消除勞動力市場空位與失業並存的現象。

第二節　通貨膨脹理論

一、通貨膨脹的含義

通貨膨脹（Inflation）是指產品和勞務價格水準的普遍、持續上升。這個定義包含兩層意思：第一，通貨膨脹是指產品和勞務價格普遍上升，是價格總水準的上升，一種或幾種產品或勞務價格上漲不是通貨膨脹；第二，通貨膨脹是指價格持續上漲，是價格總水準的持續上升，產品和勞務價格的一次性或暫時上漲不是通貨膨脹。

通貨膨脹是一個動態概念，是物價水準持續、普遍物價上漲的過程。通貨膨脹程度通常以消費物價指數、批發物價指數等來表示。根據物價上漲的幅度，通貨膨脹一般被分為爬行的或溫和的通貨膨脹（通貨膨脹率在10%以下）、奔騰的通貨膨脹（通貨膨脹率在10%～100%之間）和惡性的通貨膨脹（通貨膨脹率在100%以上）等類型。

通貨膨脹最直接的表現是物價上漲、貨幣貶值，它意味著流通中的貨幣數量過度增長，以貨幣表示的總需求超過以商品和勞務表示的總供給，從而引起物價大幅上漲。因此，在瞭解通貨膨脹的成因之前，有必要先弄清西方經濟學有關貨幣的基本概念。

西方經濟學認為，在信用制度高度發達的國家，信用工具種類繁多，大多在不同程度上執行貨幣的某些職能，具有一定的貨幣性，所以，西方經濟學是以貨幣的職能來定義貨幣的。貨幣被認為是在物物交換基礎上發展起來的充當交易媒介、計價單位和價值儲存手段的物品。交易媒介是指貨幣可以充當一切交易的仲介，這是貨幣最重要、最基本的職能。貨幣的交易媒介職能使貨幣與商品勞務的交換取代了物物交換，從而便利交易，有利於擴大交易範圍和社會分工。計價單位是指可以通過貨幣來測定和表示其他所有商品和勞務的價值，貨幣執行計價單位職能，簡化了不同物品間價值比較的困難和麻煩，擴大了交易的作用。價值儲存手段指通過貨幣的儲存可以將相應的價值或購買力儲存，貨幣的價值儲存職能使貨幣成為資產的一種特有形式，擴大了資產的選擇範圍。

西方經濟學認為，一種物品只要能夠執行上述部分或全部職能，就具有相應的貨幣性，在一定程度上就被視為貨幣。貨幣包括現金、活期存款、定期存款、儲蓄存款、近似貨幣等，其中，現金和活期存款是與通貨膨脹直接關聯的貨幣。

1. 現金

現金是指硬幣和紙幣或稱法償貨幣。它是由政府法令規定的債務合法清償手段和計價單位，它強制流通，充當交易媒介和計價單位。現金本身的價值非常有限，它之所以執行貨幣職能，不僅由於它被強制流通，更重要的是由於公眾對政府的信任。

2. 活期存款

活期存款是指居民、企業等存入商業銀行的存款。活期存款人可以隨時開出支票購買商品，由銀行支付現金給支票持有者，所以活期存款即是由商業銀行保證在需要通貨時可隨時使用支票提取現金的存款帳戶，人們在商業銀行持有活期存款，相當於持有現金。

西方經濟學把能夠直接充當交易媒介的現金和在商業銀行的活期存款視為狹義貨幣,把通貨定義為包括現金和可以隨時開出支票進行支付的銀行活期存款。通貨數量過大,意味著以貨幣表示的總需求量大於以商品和勞務表示的總供給量,由此就會引起物價上漲,造成通貨膨脹。

二、通貨膨脹的原因及類型

按照通貨膨脹產生的過程和原因,通貨膨脹可以分為多種類型,主要有需求拉上型通貨膨脹、成本推進型通貨膨脹和結構性通貨膨脹等。

1. 需求拉上型通貨膨脹

需求拉上型通貨膨脹是從需求的角度來解釋通貨膨脹的原因。這種觀點認為,經濟中之所以發生通貨膨脹,是由於對產品和勞務的需求超過了現行價格條件下可能的供給,由此引起一般物價水準上升。按照凱恩斯理論的觀點,在經濟已實現充分就業的條件下,如果社會有效需求超過總供給,就會出現商品供不應求的情況,從而引起價格水準不斷上升,出現通貨膨脹。之所以如此,是因為在充分就業狀態下,資源已經得到充分利用,沒有閒置的設備、資源,如果沒有創新,供給已不可能增加,因此,過度需求並不能促進供給增加,只會引起物價上漲,形成通貨膨脹。這種因過度需求而引起的通貨膨脹被稱為需求拉上型通貨膨脹。基於需求拉上型通貨膨脹的形成原因,西方經濟學認為,抑制通貨膨脹的關鍵在於控制總需求,通過政府的經濟政策的干預,抑制總需求的過度需求增長,為此需要貨幣當局控制貨幣供給量,通過對貨幣供給量的控制調節總需求。

2. 成本推進型通貨膨脹

成本推進型通貨膨脹是從供給方面來解釋通貨膨脹的原因。這種理論把通貨膨脹的原因歸結為生產商品和勞務成本的上升,是成本上升導致價格水準上漲的。

按照西方經濟學的觀點,成本推進型通貨膨脹是由經濟中特殊集團運用市場特權造成的,也就是工會組織對勞動力市場的壟斷和壟斷企業對市場價格的壟斷造成成本上升,價格水準上漲。按照推動物價上漲的具體成本因素的不同,成本推進型通貨膨脹可以分為以下兩種形式:

(1) 工資推進的通貨膨脹。工資推進的通貨膨脹是指由於工資上漲而引起物價水準上漲。工資提高引起勞動成本增加,由此導致物價上漲。物價上漲後,工人會進一步提高工資要求,由此引起物價進一步上漲,如此循環往復,形成工資——物價的螺旋式上升。西方經濟學認為,工人之所以能迫使工資提高,原因在於工會組織對勞動供給的壟斷。在完全競爭市場上,勞動供求關係的變化決定著工資水準的變化,在勞動供給和產品價格不變的情況下,工資率由勞動的邊際生產率決定。但在存在工會的壟斷時,工會會利用其強大的權力,使工資剛性上漲,在勞動的邊際生產率沒有提高的情況下,工資上漲意味著企業利潤的下降,為防止利潤下降,企業主必然提高價格以避免損失,這樣就會導致工資推進的通貨膨脹。

(2) 利潤推進的通貨膨脹。利潤推進的通貨膨脹是指由於壟斷企業為謀求更多利潤,通過「操縱價格」使產品價格以超過成本增長的幅度上升而形成的通貨膨脹。西方經濟學認為,利潤是成本的一個組成部分,因此,為追求更多利潤而導致的價格水準上漲,屬於

成本推進的通貨膨脹。

企業之所以能提高價格以增加利潤，是由於企業在一定程度上具有壟斷市場的權力，因此，利潤推進的通貨膨脹一般首先產生於壟斷或寡頭壟斷市場，這些市場上的壟斷企業為追求更多利潤，使其產品價格上漲超過成本增長幅度，最終形成整體物價水準上漲。

3. 結構性通貨膨脹

結構性通貨膨脹是指由於個別關鍵性商品供求比例失調或由於經濟部門發展不平衡而引起的通貨膨脹。西方經濟學認為，在總需求與總供給沒有顯著變化的情況下，如果經濟中個別關鍵性商品(如能源、糧食、金屬材料等)供不應求，這種緊缺的關鍵性商品價格就會上漲，由此帶動其他商品價格相應上漲，形成通貨膨脹。另外，經濟結構的調整、變化也可能引起通貨膨脹。經濟結構調整、變化會引起新興部門和衰退部門之間的利益矛盾，新興部門勞動生產率高，工人的貨幣工資率相應較高，衰退部門勞動生產率低，其貨幣工資率本應降低，但由於工會的作用，衰退部門工人的貨幣工資率往往向新興部門看齊，其貨幣工資率高於本部門勞動生產率，結果導致其產品價格提高，最終引發通貨膨脹。

三、通貨膨脹的後果

通貨膨脹表現為物價上漲、貨幣貶值、單位貨幣購買力不穩定等，由此會帶來一系列不良後果。

首先，通貨膨脹導致不公平的和專斷的實際所得與財富再分配。通貨膨脹最直接的結果，是造成實際收入和實際財產的再分配，導致不公平的和專斷的實際所得與財富再分配。通貨膨脹對財產價值的影響取決於財產的形式。

在通貨膨脹中，持有固定貨幣面額資產(如活期存款、現金、政府和公司債券)的所有者會遭受損失，通貨膨脹將使其資產貶值或購買力下降，從而使其蒙受損失；相反，物質資產如房地產、貴金屬等的所有者在通貨膨脹中不但不會遭受損失，甚至還可能獲得額外收益，因此，物質資產的所有者是通貨膨脹的受益者。

在政府與社會公眾之間，政府是通貨膨脹的受益者，公眾則是受害者。當政府通過增發紙幣以滿足財政開支需要而造成通貨膨脹時，政府就以低廉的貨幣發行成本取得了巨額的購買和支付手段，或獲得大量商品及資產，與此同時卻使公眾手中的貨幣購買力下降，這實質上是政府從公眾手中竊取了一部分價值；同時，在通貨膨脹情況下，人們的名義收入會有所增加，由此又使所得稅的納稅基礎擴大，使政府稅收增加，政府佔有更大部分的國民收入。

在債務人和債權人之間，通貨膨脹有利於債務人而不利於債權人。債務人和債權人之間的債務合同一般是根據簽約時的物價水準來確定名義利率，當通貨膨脹發生時，債務契約往往無法更改，這樣，債務人按契約約定的名義利率向債權人支付利息，實際上會使實際利息率下降，從而使債權人遭受損失。

可見，通貨膨脹造成會造成不公平收入和財產再分配，結果是工薪收入者、養老金和退休金領取者、債權人、現金持有者等遭受損失。這些人因其貨幣收入是固定的或其名義

收入的增長速度慢於物價水準上漲幅度而蒙受損失，而從利潤中獲得收入的集團或個人，則是通貨膨脹的受益者，由此導致收入從工薪收入集團向利潤收入集團轉移、從公眾收入向政府收入轉移，形成不公正的收入再分配效應。

其次，通貨膨脹造成生產和就業的下降。在通貨膨脹率較高存在的情況下，企業一般會盡量減少手持現金，增加存貨，這樣就會導致企業資金週轉不靈，從而使生產縮減、就業減少。同時，在通貨膨脹情況下，居民往往超前購買、過度消費，這種情況最終會造成耐用消費品需求的減弱，從而導致經濟衰退，生產縮減，就業水準下降。

再次，通貨膨脹對長期經濟增長具有負效應。由於通貨膨脹會造成國民收入的再分配，使更大部分財產、收入轉移到非工資收入者等高收入者手中，高收入者邊際消費傾向較低，收入增加了，其消費並不以同等幅度增加，由此導致整個社會邊際消費傾向降低。消費不能正常增長，必然影響經濟增長。同時，在通貨膨脹過程中，居民提前消費，投資者預期產品需求減少、資本邊際效率降低，生產性投資效應減弱，於是投資者會轉向購買房地產、貴金屬、收藏品之類的可變價格財產，而不會將資金用於社會投資，投資減少自然阻礙長期經濟增長。再者，在通貨膨脹情況下，個人和家庭為防止遭受損失，一般不願積蓄大量貨幣，由此就導致整個社會儲蓄減少，進而影響投資增長，影響經濟長期增長。

最後，通貨膨脹可能引發經濟鬥爭和社會動亂。通貨膨脹超過一定限度後，人們對物價繼續上漲的預期會使得工資與成本不斷交替上升，難以控制，從而使通貨膨脹日趨嚴重。嚴重的通貨膨脹會觸發國內各階層的經濟鬥爭和社會動亂，甚至會導致政治和社會制度的震盪、崩潰。

【專欄知識】

金圓券的發行與崩潰

金圓券是民國時期國民黨政府在中國大陸發行的一種貨幣，1948年8月開始發行，至1949年7月停止流通，只使用了10個月左右，貶值卻超過兩萬倍。金圓券發行之初，政府以行政手段強迫民間以黃金、外幣兌換金圓券，由於沒有嚴守發行限額，致使金圓券發行量劇增，最終造成嚴重的惡性通貨膨脹，令國民經濟陷入混亂。

1948年8月19日，蔣介石以總統名義發布「財政經濟緊急令」，並公布「金圓券發行法」。其主要內容為：金圓券每元法定含金量為0.222,17克，由中央銀行發行，發行總額定為20億元；金圓券1元折合法幣300萬元、東北流通券30萬元；禁止私人持有黃金、白銀、外匯，凡私人持有者，限於9月30日前兌換成金圓券，違者沒收；全國物價凍結在8月19日水準。

與此同時，蔣介石派出經濟督導員到各大城市監督金圓券的發行。其中上海作為全國金融中樞，由蔣經國為副督導，實際上由其掌握上海的經濟命脈。金圓券發行初期，在沒收法令的威脅下，大部分城市小資產階級民眾皆服從政令，將積蓄之金銀、外幣兌換成金圓券。國民黨政府為凍結物價，以法令強迫商人按8月19日以前的物價供應貨物，禁止抬價或囤積物資。資本家在政府的壓力下，雖然不願，亦被迫將部分資產兌成金圓券。在上海，蔣經國將部分不從政令的資本家收押入獄以至槍斃，以殺一儆百，甚至杜月笙之子杜維屏亦因囤積商品罪入獄。蔣經國在上海嚴厲「打老虎」，曾稍微得到民眾對金圓券的

信心。

　　金圓券的最致命缺點是發行限額沒有得到嚴守。國民黨政府在1948年戰時的財政赤字每月達到數億元至數十億元，財政赤字主要通過發行鈔票加以彌補，而國民黨希望得到的美國貸款援助卻從來沒有落實。金圓券發行一個月後，至9月底已發行12億元，至11月9日，增至19億元，接近初定上限之數。11月11日，行政院修訂金圓券發行法，取消金圓券發行限額，准許民眾持有外幣，但兌換額由原來1美金兌4金圓券降至1美金兌損20金圓券，金圓券大幅貶值。

　　自此，金圓券價值江河日下，一瀉千里。當1948年底開始准許以金圓券兌換金、銀、外幣時，全國各地立即出現數以十萬計的擠兌人潮。至1948年12月底，金圓券發行量增至81億元，1949年4月增至5萬億元，至6月更增至130萬億元，比10個月前初發行時增加24萬倍。金圓券大幅貶值的結果是金圓券鈔票面額不斷升高，最終出現面值100萬元的大鈔，但仍不足以滿足交易所需。至1949年5月，一石大米的價格要4億元多金圓券，各種買賣經常要以大捆鈔票進行。由於貶值貨幣太快，物價早晚不同，市民及商人為避免損失，均不願持有鈔票，交易或發薪後所得的金圓券立即換成外幣或實物，或乾脆拒收金圓券。至1949年7月3日，當時國民黨廣州政府宣布停發金圓券，改以銀圓券替代，結束了金圓券的歷史。

第三節　　失業與通貨膨脹的關係

　　傳統西方宏觀經濟學認為，在經濟社會中，就業和通貨膨脹之間存在著此消彼長的關係。但是，20世紀60年代以後，西方各國出現經濟滯脹，在經濟增長極其緩慢、失業率居高不下的同時，物價水準不斷上漲。這種失業與通貨膨脹並發的經濟滯漲，給經濟社會帶來嚴重後果。在這種情況下，在對失業與通貨膨脹的關係問題上，現代西方經濟學存在多種解釋，多種觀點。

一、凱恩斯主義的觀點

　　按照凱恩斯的觀點，失業與通貨膨脹是不會並存的。當有失業存在時，意味著經濟為實現充分就業，這時，總需求的增長只會帶來產出增加、就業增加，不會導致物價水準大幅度上升。當失業消除、實現了充分就業後，如果需求再大量增加，則總需求過大，這時才會產生需求拉上的通貨膨脹。當存在通貨膨脹時，社會已達到充分就業狀態，沒有失業問題，這時，政府可以採取措制止通貨膨脹。

　　但是，20世紀60年代以後，西方普遍存在的通貨膨脹和失業同時並存的現實，否定了凱恩斯的上述觀點。因此，凱恩斯的繼承者——後凱恩斯主義學派對早期凱恩斯主義進行了修正，以解釋滯脹現象。他們認為，凱恩斯關於失業和通貨膨脹的需求分析是正確的，但對宏觀經濟的分析不能僅限於需求分析，還必須進行供給分析和結構分析。經濟中由於物價和工資分別被壟斷企業和工會控制，從而使物價和工資不僅不會因市場供過於求而下降，反而會相互推動而上升，造成兩者交替上升的局面；同時，由於勞動力市場結

構的特點,存在著失業與職位空缺並存的結構性失業,這樣,失業存在時工資並不下降,出現職位空缺時工資則上升,於是失業與職位空缺的並存轉化為失業與工資上升的並存。在壟斷企業和工會分別控制物價和工資,以至於工資與物價交替上升的情況下,失業與工資上升的並存就變成了通貨膨脹與失業的並存,從而形成經濟滯漲局面。可見,後凱恩斯主義認為,通貨膨脹和失業並發的原因在於工資成本的增加和勞動力供給的結構問題。

二、菲利普斯曲線

菲利普斯曲線(Phillips Curve)是表示通貨膨脹(或貨幣工資變動率)與失業相互關係的曲線。1958 年,英國經濟學家菲利普斯根據 1861—1957 年英國失業率和貨幣工資變動率的有關統計資料,得出一條說明失業率與工資增長率呈反向替代關係的經驗曲線。該曲線表明,工資增長率提高則失業率就下降;反之,失業率上升則工資增長率下降。由於工資增長率與通貨膨脹率之間存在密切相關關係,即:通貨膨脹率 = 工資增長率 - 勞動生產率增長率,例如,每年工資上漲7%,勞動生產率每年增長3%,則每年的通貨膨脹率就為4%,因此,西方經濟學把說明失業率與工資增長率關係的曲線作為說明通貨膨脹與失業關係的最重要的曲線,這就是菲利普斯曲線,如圖11-2所示。

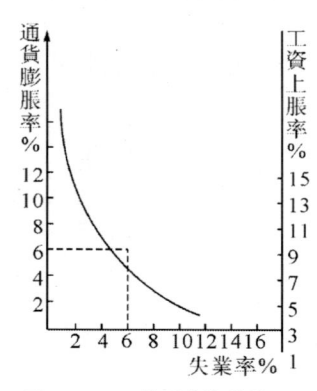

圖11-2 菲利普斯曲線(1)

在圖11-2 中,橫軸表示失業率,縱軸表示通貨膨脹率,圖中由左上方向右下方傾斜的曲線就是菲利普斯曲線。向右下方傾斜的菲利普斯曲線表明,失業率與通貨膨脹率呈反方向變化的替代關係,通脹率上升時失業率下降,通脹率下降則失業率上升。由於失業率與通貨膨脹率之間呈此起彼伏的替代關係,因此,要採取措施降低失業率就會使通貨膨脹率提高,而要降低通貨膨脹率就會造成失業率上升,這樣,政府就需要確定社會公眾對失業和通貨膨脹的容忍程度或承受能力的界限,選擇比較溫和的失業率和通貨膨脹率組合作為政府管理的目標,這個組合稱為臨界點,臨界點對應的區間稱為安全區。假如認為公眾只能承受6%的通貨膨脹率,只能容忍6%的失業率,則這組數據之內的區間為安全區(如圖11-2所示)。當通貨膨脹率超過6%時,政府就應採取緊縮性政策對通貨膨脹加以抑制,這種抑制要以失業率的上升為代價;同理,如果失業率超過6%,政府則應採取

擴張性政策促進經濟增長、增加就業，這又會造成通脹率上升。如何選擇最優組合，取決於公眾和政府，取決於決策者的社會價值判斷標準。

三、菲利普斯曲線的惡化和長期菲利普斯曲線

西方經濟學把前面提到的菲利普新曲線稱為短期菲利普斯曲線。短期菲利普斯曲線表明，通貨膨脹與失業可以替代，雖然降低通貨膨脹率會使失業率上升、降低失業率會使通貨膨脹率提高，但政府可以根據情況制定相應的政策措施，以通貨膨脹和失業中的一方為代價，求得另一方問題的相對解決。

但是，進入20世紀70年代，實際的菲利普斯曲線不斷向上移動，通貨膨脹率與失業率都逐步攀高，表現出欲降低失業率則必須以物價的進一步上漲為代價、要抑制通貨膨脹則不得不忍受更高失業率的局面，這種通貨膨脹率與失業率同時上升的趨勢，被稱為菲利普斯曲線的惡化，如圖11-3所示。

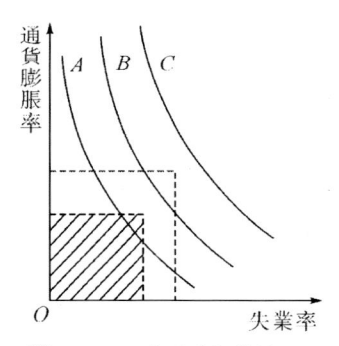

圖11-3　菲利普斯曲線(2)

在圖11-3中，A、B、C為三條不同時期的菲利普斯曲線，它們表明了菲利普斯曲線不斷向上移動的趨勢。圖中的陰影部分為臨界點之內的安全區。當菲利普斯曲線向上移動，由A變為B後，B線不通過這個陰影部分了，這表明此時無論採取什麼樣的需求管理措施都不能把通貨膨脹率和失業率降到臨界點之內，只得提高臨界點，於是安全區變為了虛線部分，這種情況意味著，此時，要降低失業率就得付出更高的通貨膨脹率上漲代價，反之，要降低通脹率，就得承受更高的失業率。當菲利普斯曲線繼續上移到C後，臨界點進一步提高，抑制通貨膨脹或降低失業的代價更大。然而，社會對通貨膨脹和失業的承受力是有限度的，菲利普斯曲線的不斷上移，會使政府在宏觀經濟調節中處於兩難境地。

對於菲利普斯曲線惡化的原因，西方經濟學有多種解釋。

貨幣主義認為，經濟中的失業率取決於勞動力市場和商品市場的實際結構。經濟中任何時候都存在著一種勞動力市場和商品市場均衡的失業率，即稱自然失業率。自然失業率是經濟中的硬核，不可能通過擴大總需求、增加產出來消除，不管產量如何增加，自然失業率都無法避免，因此，在市場經濟條件下，失業既可以與通貨膨脹並存，也可以存在於沒有通貨膨脹的情況。同時，經濟中人們對政府擴張性經濟政策帶來的通貨膨脹是有所警惕的，他們會根據自己對通貨膨脹的預期相應調整自己的經濟行為，當預期通貨

膨脹率提高時,他們要求增加貨幣工資等收入,以使實際工資不致降低,這種預期就是適應性預期。當政府實行擴張性政策導致物價上漲時,由於適應性預期的滯後作用,預期通貨膨脹率在短期內會低於實際通貨膨脹率,從而使貨幣工資增長率低於實際通貨膨脹率,於是廠商利潤增加,生產擴大,就業增加。此時,失業與通貨膨脹呈現替換關係。但是,人們會不斷地調整預期,最終使預期通貨膨脹率與實際發生的通貨膨脹率保持一致,從而使貨幣工資增長率達到甚至超過實際通貨膨脹率,這樣,企業不但不會增雇工人,反而要削減雇員,失業率又回到自然失業率的水準。這時,政府新一輪擴張又開始,由於人們適應性預期的修正和完善,新一輪政府擴張必須用更高的通貨膨脹率才能使失業率下降到一定點,菲利普斯曲線向上移動,但失業率總會回到自然失業率水準。所以,在短期,由於適應性預期的滯後調整,通貨膨脹與失業存在替代關係,菲利普斯向右下方傾斜。但是,從長期看,就會出現只有通貨膨脹率的上升而沒有失業率變化的趨勢,決策者只能改變通貨膨脹率,卻不能改變失業率,兩者沒有替代關係了,這時的菲利普斯曲線變成垂線。這種垂直的菲利普斯曲線就是長期菲利普斯曲線。長期菲利普斯曲線表明,失業率將始終保持在自然失業率水準,失業與通貨膨脹率不再有替代關係,政府持續的擴張政策不僅不會帶來失業率的下降,只會導致通貨膨脹的惡化。

理性預期學派否認貨幣主義者關於適應性預期使調整暫時滯後、菲利普斯曲線在短期具有替代關係的觀點。他們認為:對政府的擴張和通貨膨脹率,各經濟當事人能夠通過各種信息分析做出較為準確預期。工會會在物價上漲之前就提出更高的工資要求,企業主會在事前就放棄擴大生產的打算,而且合理預期能夠使工資上升一步到位,不會出現實際工資下降使利潤增加的情況,因此,無論是短期菲利普斯曲線還是長期菲利普斯曲線都是垂直,無論在短期還是長期,政府的宏觀經濟政策都無效。

供給學派也否認短期菲利普斯曲線的替代關係,不承認通貨膨脹與失業之間的互為消長。與合理預期學派不同的是,供給學派認為,嚴重的經濟滯脹是由於政府長期的擴張性經濟政策造成需求過度、供給不足帶來的,如果能夠在通貨膨脹的穩定階段使總供給相對增加,就可以在短期內實現通貨膨脹率和失業率的同時下降。

【本章小結】

1. 可用失業人數和失業率來衡量失業情況。根據主觀願意就業與否,可將失業分為自願失業與非自願失業;按失業產生的原因可將失業分為摩擦性失業、結構性失業和週期性失業。失業直接造成勞動力資源浪費和社會損失,並使失業者及其家庭生活水準降低,進而影響社會安定團結。

2. 通貨膨脹一般指物價水準在一定時期內持續、普遍上升的過程,或者說貨幣實際購買力在一定時期內持續的下降過程。衡量通貨膨脹有三種主要價格指數:消費者格指數(簡稱 CPI)、生產者價格指數(簡稱 PPI)、GDP 折算指數。其中消費者價格指數與居民日常生活最為相關,因而通常被作為衡量通貨膨脹的重要指標。造成通貨膨脹的原因主要有總需求拉動、成本推動和經濟結構變化等。

3. 從短期看,失業率與通貨膨脹率之間存在負相關關係,通貨膨脹率上升,失業率下降,通貨膨脹率下降,則失業率上升,反應通貨膨脹與失業之間這種負相關關係的是短期菲利普斯曲線。隨著通貨膨脹率預期的顯化,短期菲利普斯曲線向右上方移動,可稱為菲利普斯曲線惡化,它意味著降低同樣幅度的通貨膨脹率要靠增加更多的失業率才能實現。長期菲利普斯曲線是過自然失業率點的垂直於橫坐標的垂線,它說明通貨膨脹與失業之間不存在替換關係,因此,宏觀經濟政策無效。

【思考題】

1. 什麼是失業?失業有哪些種類?
2. 失業對經濟發展有什麼影響?
3. 什麼是通貨膨脹?通貨膨脹包括哪些類型?
4. 充分就業的含義是什麼?
5. 什麼是菲利普斯曲線,其經濟含義是什麼?
6. 菲利普斯曲線在短期內和長期內的形狀不同,這說明什麼問題?

【綜合案例】

中國今年將告別「下崗職工」

《中國新聞周刊》2005年消息:1998年,國務院提出了國企改革的目標,並決心花3年時間,也就是到2001年基本解決國企裁員的問題。國企裁員的解決辦法是「準市場化」的:並不是裁員後就不管了,而是建立再就業中心,被裁的員工檔案還保留在原企業,這部分人被稱為「下崗職工」。下崗職工可得到基本的生活費,企業有義務為其上繳各種社會保險,如果下崗者再就業或自謀出路還可以享受一些優惠政策,如稅收減免政策、工商登記優惠政策、信貸優惠政策等。

國企改革推向縱深後,下崗職工人數每年都在累加,尤其是1998—2000年,每年下崗職工人數都維持在700萬—900萬之間。2001年為600萬人,2002年為410萬人,2003年為260萬人,而2004年已經降低為153萬人了。由於各種複雜的原因,當初的3年目標未能如期實現。

雖然在再就業中心享有各項保險,但下崗職工還是要努力尋找工作,否則3年後會轉為失業,基本生活保障由失業保險來解決。失業保險也有時間限制,最長的是24個月,在此期間還找不到工作的便只能進入城鎮低保。從下崗、失業到低保,搭建了三條針對國企裁減人員的保障線。在各方的努力下,國企下崗工人的數量逐漸減少,一部分人再就業,還有一部分人從下崗職工基本生活保障向失業保險並軌。到2004年底,全國參加失業保險的人數(並不完全指並軌的下崗職工)達10,584萬人,比上年底增加211萬人,有419萬人領取了失業保險金。

在此背景下,勞動和社會保障部部長鄭斯林在接受媒體採訪時說,「下崗職工」的說法將消失。據他介紹,目前已有北京、上海、天津、遼寧等12個省市實現了國企下崗職工從

基本生活保障向失業保險制度的並軌,並軌後,就不存在「下崗職工」了,企業的再就業服務中心也將取消。

溫家寶總理在2004年政府工作報告中還提到,2005年中央財政將安排109億元資金支持再就業,比上年增加26億元。中國社會科學院人口與勞動經濟研究所研究員張車偉認為,國企裁員目前已在收尾,國家再加大投入,今年年底一定會實現基本解決下崗職工問題的目標。國企原有職工5000萬人,根據政府的統計,從1998年至今,裁員累加已近3000萬,7年時間裁掉十分之六的人員,張車偉認為「這個速度在世界上都是少有的,這麼大的裁員能夠平穩過渡到現在是個了不起的成果」,張車偉感慨道。

資料來源:劉英麗. 中國今年將告別「下崗職工」. 中國新聞周刊,2005－3－25.

【討論題】

1. 下崗與本章所說的失業是一回事嗎?
2. 為什麼中國國有企業要「裁員」?

第十二章　經濟週期與經濟增長理論

【學習目標與要求】

本章主要講述經濟增長、經濟發展與經濟週期理論，是現代宏觀經濟學的重要理論。它涉及到的主要問題有：什麼是經濟增長，經濟增長的源泉；什麼是經濟發展，如何使經濟發展；經濟週期的含義及原因等。要求學生通過信息搜索工具，查閱有關世界各國和中國有關經濟增長、經濟發展和經濟週期的資料。

【學習重難點】

經濟增長理論、經濟發展論、經濟週期論。經濟增長理論中的現代經濟增長模型、經濟週期論中的乘數與加速數原理。

1. 經濟週期理論
2. 現代經濟增長理論概述

第一節　經濟增長與經濟週期概論

一、經濟增長的含義

一般說來，經濟增長(Economic Growth)是指一個國家或一個地區生產產品和勞務能力的增長。如果考慮到人口增加和價格變動情況，經濟增長應當包括人均福利的增長。庫茲涅茨給經濟增長下了這樣一個定義：一個國家的增長，可以定義為給居民提供日益繁多的經濟產品能力的長期上升，這種不斷增長的能力是建立在先進技術以及所需要的制度和思想意識之相應的調整的基礎上的。這個定義有三層含義：第一，提供產品和勞務的能力長期上升，因而國民生活水準不斷提高。這既是經濟增長的結果，也是經濟增長的標誌。經濟增長首先是存量產品和勞務的增長，但更重要的是生產產品和勞務的能力增長，類似於中國古人所說的「授人以魚，不如授之與漁」，也就是說財富的生產能力比財富本身更重要。第二，先進技術是經濟增長的基礎或者說必要條件。第三，制度與意識的調整是技術得以發揮作用的充分條件。

【專欄知識】

地震「震低」中國經濟增長

中國有經濟學者初步估計，四川汶川大地震將拉低中國全年國內生產總值即 GDP 增

速 0.2 個百分點。

汶川大地震將拉低中國全年 GDP 增速 0.2 個百分點的初步估計,是中國中信證券首席宏觀分析師諸建芳提出的。對此,中國經濟學者劉正山博士表示不贊同:「對全年,我覺得不會減速,應該是增加的。因為,對災區來講,可能在一個季度之內會減少很多,但是,如果放在全年的話,那就只會增加不會減少。因為,這個階段過去之後,馬上就面臨一個災後重建。有很多城市 80% ~ 90% 的房屋完全毀損了,那麼,一個城市的重建等於說所有的基礎設施、所有房屋、包括工廠,要完全重建。這樣的話,中央財政、各地捐款、銀行貸款會投入大量的資金去重建。這些資金投資本來就會計入 GDP 增長,再加上產品的產出,在這個過程中,又新增很多消費,哪怕是貸款消費也會計入發展階段的。所以,從全年來看的話,整個 GDP 的增長速度也許比去年還高。」

中國有財經媒體星期一援引劉正山的初步估算,四川地震帶來的直接經濟損失大約為 5252 億元,遠超年初雪災造成的 1516.5 億元的經濟損失。儘管劉正山認為地震不僅沒有可能「震低」中國全年的 GDP 增速,而且還可能「震高」中國當年的經濟增長,但中銀國際的估計顯示,地震可能使中國 2008 年 GDP 增長率下降 0.4 ~ 0.7 個百分點。劉正山估計,雖然面對目前不斷攀升的消費者物價指數,中國一直實施貨幣緊縮政策,但地震可能會「震鬆」對地震災區的貨幣政策,從而惡化中國已經讓人擔憂的通貨膨脹狀況:「中央從緊貨幣政策是一個趨勢,但是,它沒法改變災後重建需要大量資金、需求。我們不可能通過緊縮把災區重建耽誤。實際上,從昨天到今天,中央銀行包括銀監會下發的通知裡也明確提出來,22 號以後再次提高存款準備金率,但是,災區是例外。所以,他這個政策是有所區別的。」

中國央行宣布從星期二開始再度上調銀行準備金率,這是中國 2008 年內第四次、去年以來第十四次上調銀行準備金率,由此使這一金融指標達到 20 年來最高;不過央行同時規定,貨幣政策將向災區傾斜,對成都、綿陽、阿壩等受災嚴重的六個市州不但不調高銀行準備金率,反而將加大信貸投入,增加支農貸款和再貼現。地震對中國經濟的影響究竟有多大,迄今還都是初步的估計。

二、經濟週期的概念與階段

1. 經濟週期的概念

所謂經濟波動,是指國民經濟中的許多重要變量(如國民收入、投資和儲蓄、物價水準、利潤率、利息率、就業量等)每年均不是按相同的幅度增長,而是在一定時期內呈現出波浪式的上升與下降。國民經濟表現出的有規律的擴張與收縮相互交替的運動過程,就是經濟週期。

2. 經濟週期的四個階段

一個經濟週期通常分為蕭條、復甦、繁榮、衰退四個階段。假定一個經濟週期從繁榮階段開始,此時的經濟處於高水準時期,消費旺盛,就業增加,產量擴大,社會總產出逐漸達到最高水準。但繁榮階段不可能長期保持下去,當消費趨緩、投資下降時,經濟就開始下滑,走向衰退階段。在衰退階段初期,由於消費需求的減少,投資也逐步減少,進而生產下降、失業增多。隨著消費的不斷減少,產品滯銷,價格下降,企業利潤減少,致使企業投

資進一步減少,相應的,社會收入也不斷減少,最終經濟跌落到蕭條階段。在蕭條階段,經濟活動處於最低水準,這一階段存在著大量的失業,大批生產能力閒置,工廠虧損甚至倒閉。隨著時間的推移,現有設備不斷損耗,消費引起庫存減少,企業開始增加投資,於是就業開始增加,產量逐漸擴大,經濟便進入復甦階段。復甦階段是經濟走出蕭條並走向上升的階段,在這一階段,生產和銷售逐漸回升,就業增加,價格有所上漲,整個經濟呈現上升勢頭。隨著就業與生產的繼續擴大,價格上升,經濟又走向繁榮階段,開始了又一輪經濟循環。

【專欄知識】

中國新一輪經濟週期的特徵

2000年中國經濟增長走出1999年的低谷,逐步復甦和回升,由此開始了新的一輪經濟週期。這一輪經濟週期從2000年開始至今(也有觀點認為,新一輪經濟週期始於2002年)已近7年,2000—2005年的GDP增長率分別為8%、7.5%、8.3%、9.5%、9.5%、9.9%,2006年上半年的GDP增長率高達10.9%。從這組數據來看,這一輪經濟週期呈現出兩個明顯特徵:平穩和快速增長。平穩表現為波動幅度小,這期間GDP增長率的最高點與最低點之間落差僅為2.4個百分點;快速增長表現為GDP增長率相當高,2000—2005年間平均增長率達8.8%。注意這裡所說的是快速增長而不是高速增長。高速增長一般是指增長速度高達10%以上乃至15%以上的超高速度,往往超出一國人力、物力、財力的承受能力,計劃經濟體制時期中國經濟曾多次出現高速增長。而快速增長是指增長速度已足夠快,但又低於高速增長。就增長質量而言,快速增長優於高速增長。平穩和快速增長這兩個特徵在以前的各輪經濟週期中很難出現。

20世紀50年代初以來的50多年中,按照「谷—谷」法劃分,中國經濟增長已呈現出10輪週期,目前正處於第10輪週期中。這10輪週期可以以1981年為界區分為改革前時期和改革以來時期。改革前歷次經濟週期的基本特徵是波動幅度大,多次「大起大落」,從未出現過平穩特徵,儘管也多次出現高速度,但往往持續一兩年,高速度就迅速下跌。1980年代以來的改革後時期,經濟週期的波動幅度由劇烈轉向平緩,週期也呈現出一些新特徵,但是整個時期並未出現平穩和快速增長的特徵。如1987—1990年這一輪週期,1987、1988年經濟高速增長,但1989、1990年增長率就迅速下降。1991—1999年這一輪週期,1992年的GDP增長率高達14.2%,但從1993年開始經濟增長率就持續7年下滑。真正首次出現平穩和快速增長特徵的時期是1982—1986年這一輪週期。就速度而言,1982—1986年週期的增長速度還高於2000年以來的時期,這一輪週期的擴張階段1982—1985年的GDP增長率平均高達12.2%,明顯高於2000—2005年時期。但是就平穩程度而言,1982—1986年週期低於2000年以來的時期,1982—1985年GDP增長率最高點與最低點的落差為6.1%(還不考慮1986年的低谷),因此,1982—1986年週期的特徵準確說來應該是較平穩和高速增長。可以這麼說,20世紀50年代以來的10輪週期,經濟增長質量最好的是1982—1986年這一輪經濟週期和2000年以來的新一輪經濟週期。但是新一輪週期與前者相比,增長質量更高,因為增長速度更加平穩,並且實現了高速增長向快速增長的轉變。

三、經濟週期的類型

根據一個經濟週期時間的長短,可以將經濟週期分為長週期、中週期和短週期。

長週期又叫長波,是指長度平均為 50 年左右的經濟週期。這一劃分是蘇聯經濟學家康德拉季耶夫於 1926 年發表的《經濟生活中的長波》一文中提出的,故長週期也稱為康德拉季耶夫週期。

中週期又叫中波,是指長度平均為 8 ~ 10 年的經濟週期。關於中週期的研究較早。1860 年,法國經濟學家朱格拉在《論法國、英國和美國的商業危機及其發生週期》一書中系統地分析了這種週期,故中週期又叫朱格拉週期。

短週期又叫短波,是指長度平均約 40 個月的經濟週期。短週期由美國經濟學家基欽於 1923 年提出,所以,短週期也叫基欽週期。

四、經濟週期性波動的原因

對導致經濟週期性波動的原因,西方經濟學家進行了不少探討。早期的馬爾薩斯與西斯蒙第等人,近代以霍布森為代表的學者持消費不足的觀點。他們認為,由於收入分配不均,導致富人儲蓄過度,致使消費品需求無法趕上消費品供給的增長,從而引起經濟蕭條,最終導致經濟波動。

以哈耶克、密塞斯和卡塞爾為代表的經濟學家們認為,經濟週期性波動的原因在於投資過度。投資過度造成資本品生產過剩、消費品生產不足,從而導致產業結構失衡,引起經濟的週期性波動。

以庇古、凱恩斯為代表的經濟學家則持心理預期論的觀點。他們認為,由於生產者對經濟繁榮、衰退、蕭條、復甦階段的不同心理預期,引發了經濟的週期性波動。

經濟學家杰文斯認為,由於太陽黑子活動的變化,導致了農業減產,進而波及互有聯繫的工業、商業等產業,對購買力、投資等方面產生消極影響,從而引起整個社會經濟的蕭條。太陽黑子的週期性頻繁活動,導致一個國家經濟的週期性波動。

以霍特里為首的經濟學家認為,銀行交替地擴張與收縮信用,導致流通中貨幣數量的增加與減少,由此引發了經濟的週期性波動。

經濟學家熊彼特、漢森等人認為,創新引發了舊的均衡的破壞和向新的均衡的過渡。持續不斷的創新,會產生持續不斷的新的平衡,從而引發一次又一次經濟週期的產生。

蓋拉斯基、杜夫特以後的諾德豪斯等經濟學家持政治說觀點。他們中有的人認為,由於政府為阻止週期性的通貨膨脹而採取了相應的緊縮措施,人為地製造了一次停滯和衰退,從而引起經濟的週期波動。有的人認為,每屆到期的政府為了樹立良好的政府業績以爭取選民的選票而採取擴張性經濟政策,以謀求連任;新一屆政府上臺後要採取緊縮性經濟政策,以消除經濟擴張政策所帶來的經濟問題,由於政府的選舉與產生具有週期性,因此經濟也出現相應的週期性波動。

以薩繆爾森、希克斯等為代表的經濟學家,運用乘數和加速係數的交互作用,來解釋經濟週期運動的產生。

綜合以上各種不同的經濟週期理論,經濟週期性波動的原因大致可以分為外部因素

和內部因素兩大類，諸如太陽黑子、科技創新、政府行為等屬外部因素；心理預期、消費投資以及乘數──加速數作用等屬於內部因素。

五、加速原理

加速原理是關於收入水準或消費需求的變動會引起投資量變動的經濟理論。其基本內容是：收入或消費變動，要求生產部門增加商品供給量，如果生產部門的生產能力已經得到充分利用，增加生產就要相應的增加資本存量，就要有新的投資追加到生產中去。可見，加速原理分析的是收入變化與追加投資之間的關係。

(一) 自發投資和引致投資

自發投資又稱自動投資，是指與國民收入或消費變動無關的投資，即指由人口增長、技術進步、資源開發以及政府政策等外在因素的變化而引起的投資。

引致投資又稱誘發投資，是指由收入或消費變動而引起的投資。這種投資取決於收入水準或消費需求。加速原理就是研究引致投資與收入變化之間的關係。

(二) 資本──產量比率和加速系數

1. 資本──產量比率

資本──產量比率是指生產 1 單位產品所需要的資本數量，即：

$$資本──產量比率 = \frac{資本數量}{產量} = \frac{K}{Y}$$

式中，K 為資本數量，Y 表示產量或收入。

2. 加速系數

從資本──產量比率的計算公式可以看出，在技術不變的條件下，如果要使收入增加，就必須按資本──產量比率相應的增加資本存量。資本──產量比率決定了資本增量與產量增量的比率。通常資本增量等於投資，所以，把投資增量與收入增量之比叫做加速系數，即：

$$加速系數 = \frac{資本增量}{產量增量} = \frac{投資}{收入增量}$$

若以 a 代表加速系數，ΔK 表示資本增量 ($K_t - K_{t-1}$)，ΔY 表示收入增量 ($Y_t - Y_{t-1}$)，I_Y 表示引致投資，則上述公式可表示如下：

$$\alpha = \frac{\Delta K}{\Delta Y} = \frac{I_y}{\Delta_y}$$

(三) 淨投資、重置投資與總投資

$\alpha = \frac{\Delta K}{\Delta Y} = \frac{I_y}{\Delta_y}$ 中的引致投資 I_y 是因收入增加而引發的投資，稱為淨投資。除了淨投資外，每年還會有一筆為彌補設備、廠房等資本設備磨損的投資，這類投資稱為重置投資，重置投資的數量取決於原有資本設備的數量、構成和使用年限。淨投資和重置投資之和為總投資，即：

總投資 = 重置投資 + 淨投資

該等式也可用字母表示為：$I = I_a + I_Y = I_a + a \cdot (Y_t - Y_{t-1})$

式中，I 為總投資，I_a 為重置投資。

一般來說，總投資大於零或等於零，即最低的總投資為零。如果淨投資為負數，意味著企業將把一部分設備賣掉。但在正常情況下，如果出現暫時的產量下降，企業不會立即賣掉設備，而是讓其暫時閒置。所以，可以將產量下降時的淨投資看成零。

（四）加速原理的基本特徵

加速原理具有如下四個基本特徵：

（1）投資的變動取決於產量的變動率，而不是產量變動的絕對量。因此，投資是產量變動率或收入變動率的函數。

（2）投資變動的幅度要大於產量或收入變動的幅度。就是說，產量的微小變化會引起投資的巨大波動。

（3）產量增長率如果放慢，則投資的增長就會停止或下降。因此，產量增長的速度相對放慢也會引起經濟衰退。

（4）「加速」有兩個方面的含義：如果產量增長，投資的增長是加速的；相反，如果產量增長率下降或停止增長，投資的減少也是加速的。

（五）加速原理作用的條件

加速原理作用的發揮以下述假設條件為前提：

1. 假設技術水準不變，資本 — 產量比率不變

從歷史發展的觀點來看，技術的進步從來沒有停止過，因此，資本與產量的比率亦是不斷變化的。但是，加速原理的分析必須以技術水準不變為前提，即假定產量增加同資本存量的增加保持同步增長。

2. 假設企業沒有閒置的生產設備

加速原理的主要參數加速係數是以固定的資本 — 產量比率為假定條件，要增加產量，必須增加資本存量，所以，一定要假設企業的設備已達到充分利用，在這種情況下，增加產量就要添置新的設備。如果企業有閒置生產設備，需要增加產量時就不必添置新設備，只要動用閒置設備就行了，這樣產量增加就不會引起淨投資增加。

3. 假設社會上還有可利用而尚未利用的資源

當社會上還有尚未利用的資源時，這樣為增加產出而增加的淨投資就能購買到新的設備。

第二節　經濟增長模型

一、哈羅德 — 多馬經濟增長模型

（一）哈羅德 — 多馬經濟增長模型的假定

哈羅德 — 多馬經濟增長模型在分析經濟增長問題時有如下假定：① 經濟社會生產

單一產品；② 只有勞動和資本兩種生產要素；③ 在一定時期內技術水準不變，故資本 — 產量比率不變，規模報酬也不變；④ 在邊際消費傾向不變的條件下，儲蓄率不變。

在這些假定基礎上，哈羅德 — 多馬經濟增長模型集中考察了社會再生產過程中的幾個變量以及它們之間的相互關係，提出了一個國家在長期內實現經濟穩定、均衡增長所需具備的條件。

(二) 哈羅德經濟增長模型

哈羅德經濟增長模型是以凱恩斯收入理論為基礎的一種動態經濟分析。它從國民收入、資本 — 產量比率和儲蓄率三個經濟變量及其相互關係的分析中來考察決定經濟增長的因素。用 G 表示經濟增長率，Y 表示國民收入，ΔY 表示國民收入的增量，則有：

$$G = \frac{\Delta Y}{Y}$$

用 v 表示資本 — 產量比率，即前面提到的加速系數 a，則有：$v = \frac{K}{Y} = \frac{\Delta K}{\Delta Y} = \frac{I}{\Delta Y}$。

用 s 表示儲蓄 — 收入比率（儲蓄率），則有：$s = \frac{S}{Y}$。

把 $v = \frac{K}{Y} = \frac{\Delta K}{\Delta Y} = \frac{I}{\Delta Y}$ 式和 $s = \frac{S}{Y}$ 式做些變化，分別變成 $I = \Delta Y \cdot v$、$S = s \cdot Y$ 的形式，假定 $I = S$，經整理，並用 G 表示 $\Delta Y / Y$，於是得到 G、v、s 三者之間的如下關係：$G = \frac{s}{v}$。

$G = \frac{s}{v}$ 式就是哈羅德模型的基本公式。該公式說明：第一，經濟增長率與儲蓄率成正比，儲蓄率越高，經濟增長率越高；第二，經濟增長率與資本 — 產量比率成反比，即資本 — 產量比率越高，經濟增長率越低。

(三) 多馬經濟增長模型

多馬經濟增長模型研究的是經濟中的三個變量及其相互關係。三個變量分別是收入增長率(G)、儲蓄在收入中的比例(s)、資本生產率又稱投資效率，即每單位資本的產出或收入，由 σ 代表。前兩個變量與哈羅德公式中的兩個變量是一致的，後一個變量即資本生產率 σ 實際上是哈羅德模型中資本 — 產量比率的倒數。

多馬經濟增長模型的基本公式是：$G = s\sigma$。

將 $G = \frac{\Delta Y}{Y}$、$s = \frac{S}{Y}$、$\sigma = \frac{\Delta Y}{I}$ 代入 $G = s\sigma$ 中，則：

$$\frac{\Delta Y}{Y} = \frac{S}{Y} \cdot \frac{\Delta Y}{I}$$

由此可得恒等關係式：$S = I$。

由於多馬模型的基本公式 $G = s\sigma$ 與哈羅德的基本公式 $Gv = s$ 是完全一致的，因此，西方經濟學家一般把兩個模型相提並論，稱為「哈羅德 — 多馬模型」。

從以上分析可以看出，哈羅德 — 多馬經濟增長模型是建立在凱恩斯儲蓄 — 投資理論基礎之上的，是凱恩斯理論的發展。但是，哈羅德 — 多馬經濟增長模型與凱恩斯理論又

有明顯的區別。首先,凱恩斯理論是從短期的角度、用靜態分析的方法來說明投資和儲蓄的均衡以及由此實現的國民收入均衡。哈羅德—多馬經濟增長理論則將凱恩斯的儲蓄—投資分析加以長期化、動態化。所謂長期化,就是將人口、資本和技術等關係經濟增長的因素看成是隨著時間的推移而變動的變量;所謂動態化,就是闡述長期內投資和儲蓄的均衡及其對均衡國民收入的影響。其次,凱恩斯短期靜態的投資—儲蓄分析理論,只注意增加投資對刺激收入增長的重要作用,而哈羅德—多馬經濟增長理論則強調投資既增加需求又增加供給的雙重作用。

(四)均衡增長率、實際增長率和自然增長率

1. 均衡增長率

均衡增長率是指經濟在實現充分就業條件下均衡的、穩定的增長所需要的增長率。在經濟穩定增長條件下,只有保證增加的儲蓄能全部轉化為投資,才能使總供給和總需求相等,實現均衡增長。假設在充分就業條件下人們願意的儲蓄率為 s_w(稱為合意的儲蓄率),用 v_w 表示合意的資本—產出比率(用投資—收入增量比率 $I/\Delta Y$ 表示),在這種情況下,為了使投資者在保證實現最大利潤條件下願意按資本—產出比率增加投資,則實現充分就業的有保證的均衡增長率(G_w)是:

$$G_w = \frac{s_w}{v_w}$$

當實際的資本存量等於合意的資本存量、實際的與合意的資本存量增長率等於投資增長率亦等於儲蓄增長率、總供給等於總需求(儲蓄 = 投資)時,經濟就能在保持充分就業條件下獲得均衡增長。

2. 實際增長率及其與均衡增長率之間的關係

實際增長率就是在事後統計的實際達到的經濟增長率。$G = s/v$ 中的數字 s、v 如果是實際的統計數字,則 G 就是實際增長率,此時的 G 可表達為 G_A。實際增長率可能大於均衡增長率,亦可能低於均衡增長率。

在均衡增長率高於實際增長率的情況下,實際資本存量超過合意的資本存量(企業家所需要的資本存量),表示有過剩的資本存量。這是因為,較低的經濟增長率下的商品滯銷,必然導致庫存增加、生產能力過剩。在這種情況下,企業家就要用削減投資的辦法來減少庫存,使實際資本存量降低到與合意資本存量相當的水準,由此造成的實際投資下降,會通過乘數和加速系數作用而引起經濟過程的累積性收縮,其結果是經濟的衰退與蕭條。

反之,如果實際增長率大於均衡增長率,就會有實際資本存量小於合意資本存量的情況出現。在資本不足的情況下,企業家會通過增加投資使實際資本存量與合意資本存量相當。這就意味著實際的儲蓄率或實際的投資率會大於合意的儲蓄率或合意的投資率,從而使實際的需求大於合意的供給,這樣就會形成經濟的累積性擴張,可能導致通貨膨脹。

以上兩種情況都會導致經濟發生短期性波動,經濟處於收縮與擴張的不斷交替中。只有當實際增長率等於合意的增長率時,經濟才能在保持充分就業的條件下實現長期、

穩定增長。

　　3. 自然增長率與均衡增長率的關係

　　自然增長率是指與人口增長率相對應的經濟增長率。從長期的經濟發展來看，人口增長和技術進步對經濟增長的影響是極其重要的。哈羅德的增長模型中引進了這兩種因素，把人口增長歸納為勞動力增長，把技術進步歸結為勞動生產率增長。用 n 代表勞動力增長率，ε 代表勞動生產率增長率，則經濟的自然增長率 (G_n) 等於兩者之和，即：$G_n = n + \varepsilon$。

　　如果勞動力增長率 $n = 1\%$，勞動生產率增長率 $\varepsilon = 5\%$，則經濟的自然增長率為 6%，這樣，保證實現長期充分就業的均衡增長率就是 6%。如果均衡增長率偏離自然增長率，就會使經濟增長過程出現波動。

　　均衡增長率大於自然增長率，說明儲蓄和投資的增長率超過了人口增長與技術進步所能允許的程度，這時的生產增長受到勞動力不足和技術水準的限制，將會出現儲蓄與投資過度現象，也就是社會總供給大於社會總需求，從而使經濟呈現長期停滯的趨勢。反之，均衡的增長率小於自然增長率，說明儲蓄和投資的增長率還沒有達到與人口增長同步所允許的程度，這時，生產的增加不會受勞動力不足和技術水準的限制，企業將增加雇傭工人以擴大再生產，從而使經濟出現長期的繁榮、擴張趨勢。

　　哈羅德認為，只有實際增長率、合意增長率、自然增長率這三個增長率相等，即：$G_A = G_w = G_n$，經濟社會才能實現理想的長期的均衡增長，因此，$G_A = G_w = G_n$ 也就是理想的、長期的均衡增長的條件。但是，要達到實際增長率、合意增長率、自然增長率三者一致是極其困難的，因為三個增長率相等取決於其他六個要素。事實上，三個增長率常常不一致，由此導致了經濟的長期波動。

　　由哈羅德—多馬經濟增長模型得出的結論是：儘管在長期中經濟均衡增長的可能性是存在的，但經濟長期均衡增長的可能性極小；一般情況下，資本主義經濟很難穩定在一個不變的增長速度上，表現出的是或者連續上升或者連續下降的劇烈波動狀態。

二、新古典經濟增長模型

(一) 新古典經濟增長理論的假定

　　在分析經濟增長問題時，新古典增長模型有如下幾個假定：① 社會儲蓄函數為 $S = sY$，其中 s 為儲蓄率；② 勞動力按照一個不變的比率 n 增長；③ 技術水準不變；④ 生產的規模報酬不變；⑤ 在完全競爭的市場條件下，勞動和資本可以通過市場調節而充分地相互替代。

　　根據以上四個假定，生產函數可以表示為人均形式：$y = f(k)$。

　　式中，y 為人均產量，k 為人均資本量。$y = f(k)$ 意味著，人均產量取決於人均資本量，人均資本量的增加會使人均產量增加。但是，由於報酬遞減規律，人均資本量會以遞減的速度增長。其生產函數如圖 12-1 所示。

圖 12－1　人均生產函數曲線

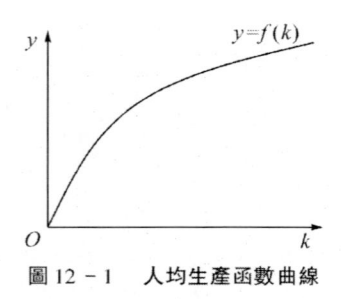

(二) 新古典經濟增長模型的基本方程

新古典增長模型的基本方程是：$sy = \Delta k + (n + \delta)k$。

式中，sy 為人均儲蓄，Δk 為人均資本增量。$(n + \delta)k$ 由兩部分組成，一部分是 nk——人均儲蓄中用於裝備新增勞動力的花費，另一部分是 δk——人均儲蓄中用於替換舊資本的花費，即人均折舊量，$(n + \delta)k$ 被稱為資本的廣化。人均儲蓄中超過資本廣化的部分會使得人均資本增多，即 $\Delta k > 0$，這時的 Δk 就是資本的深化。因此，新古典增長模型的基本方程可以表述為：人均儲蓄是資本深化與資本廣化之和，或者說，人均儲蓄用於資本深化與資本廣化兩個方面。

(三) 穩態分析

穩態是指一種長期穩定、均衡的狀態，是人均資本與人均產量達到均衡數值並維持在均衡水準不變的狀態。在穩態下，k 和 y 達到一個持久的水準，就是說，要實現穩態，資本的深化應該為零，即人均儲蓄全部用於資本的廣化。因此，穩態條件是：$sy = (n + \delta)k$，這時，$\Delta k = 0$。

雖然在穩態時 y 和 k 的數值不變，但總產量 Y 與總資本存量 K 仍然在增長。由於 $y = \frac{Y}{N}$，$k = \frac{K}{N}$，所以，總產量 Y 與總資本存量 K 的增長率必須與勞動力數量 N 的增長率 n 相等。這就是說，在穩態時，總產量與總資本存量的增長率相等，且都與勞動力的增長率 n 相等，即：

$$\frac{\Delta Y}{Y} = \frac{\Delta K}{K} = \frac{\Delta N}{N} = n$$

也可以用圖形來分析穩態，如圖 12－2 所示。

圖 12－2 中，由於 $0 < s < 1$，故儲蓄曲線 sy 與人均生產函數曲線 y 的形狀相同；又由於 $sy < y$，所以儲蓄曲線 sy 位於人均生產函數曲線 y 下方。資本廣化曲線 $(n + \delta)k$ 是通過原點、向右上方傾斜的直線。

由於 $sy = (n + \delta)k$ 是穩態條件，所以，達到穩態時，sy 曲線與 $(n + \delta)k$ 曲線一定相交，交點是 E 點。穩態時的人均資本為 k_E，人均產量為 y_E，人均儲蓄量為 sy_E，此時，$sy_E = (n + \delta)k_E$，即人均儲蓄正好全部用來為增加的勞動力購買資本品(花費為 nk_E) 和替換舊的資本品(花費為 δk_E)，人均資本量沒有變化(即 $\Delta k = 0$)。

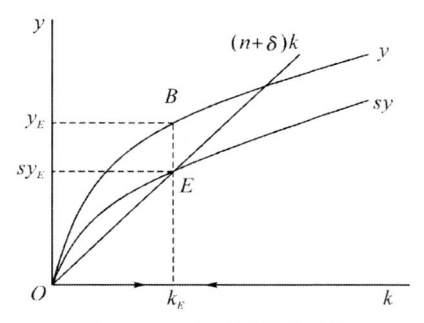

圖 12－2　經濟增長的穩態

從圖 12－2 中可以看到，在 E 點之左，sy 曲線高於 $(n+\delta)k$ 曲線，表明人均儲蓄大於資本廣化，存在著資本深化即 $\Delta k > 0$。這時，人均資本 k 有增多的趨勢，人均資本 k 會逐步增加，逐漸接近於 k_E。當 k 的數量為 k_E 即 $k = k_E$ 時，經濟實現穩定狀態。反之，在 E 點之右，人均儲蓄小於資本廣化，即 $sy < (n+\delta)k$，此時 $\Delta k < 0$，人均資本 k 有下降趨勢，人均資本 k 的下降會一直持續到 k_E 的數量上才達到穩態。

以上分析表明，當經濟偏離穩定狀態時，無論是人均資本過多還是過少，經濟都會在市場力量的作用下恢復到長期、穩定、均衡狀態。顯然，新古典增長模型「穩定、均衡」的結論與哈羅德──多馬經濟增長模型「穩定、均衡的極小可能性及經濟的劇烈波動」的結論存在著重大差別。

(四) 穩態的變化

新古典增長理論認為，如果儲蓄率和人口增長率發生了變化，穩態也會相應變化。

先看儲蓄率提高對穩態的影響。如圖 12－3 所示，由於人均儲蓄曲線 s_0y_0 與 $(n+\delta)k$ 曲線相交，所以經濟處於穩態均衡。E_0 點表示最初的經濟穩態均衡，此時的人均儲蓄為 E_0k_0，人均資本量為 k_0。當儲蓄率由 s_0 提高到 s' 以後，人均儲蓄曲線 s_0y_0 上升到 $s'y'$ 的位置。由於人均儲蓄曲線 $s'y'$ 與 $(n+\delta)k$ 曲線相交，所以經濟仍然處於穩態均衡，新的穩態均衡狀態由 E' 點表示。新的穩態下，人均儲蓄為 $E'k'$，多於舊均衡狀態下的 E_0k_0；人均資本量為 k'，也多於原先均衡時的人均資本量 k_0。顯然，儲蓄率的提高增加了穩態的人均資本量，新的穩態均衡時的人均收入大於舊穩態均衡時的人均收入，可見，儲蓄率提高還增加了人均收入。

由於 E_0 點與 E' 點都表示穩態，所以，這裡所提到的穩態變化不是指由穩態到非穩態，而是指由舊的穩態變化為新的穩態，變化前後都是穩態。也就是說，儲蓄率的提高不會影響穩態增長率 n，但會提高穩態的人均資本與人均收入水準。

以上分析的是經濟按照不變的勞動力增長率 n 來增長。現在把 n 作為參數，分析人口增長率提高對穩態的影響。人口增長率提高對穩態的影響如圖 12－4 所示。

圖 12－4 中，最初的經濟位於 N_1 點所表示的穩態均衡，此時的人口增長率為 n_1、人均資本量為 k_1。當勞動力的增長率由 n_1 提高到 n_2 以後，$(n_1+\delta)k$ 曲線上升到 $(n_2+\delta)k$ 的位置，$(n_2+\delta)k$ 曲線與 sy 曲線相交於 N_2 點，這時達到了新的穩態。由於 sy 曲線向右上方

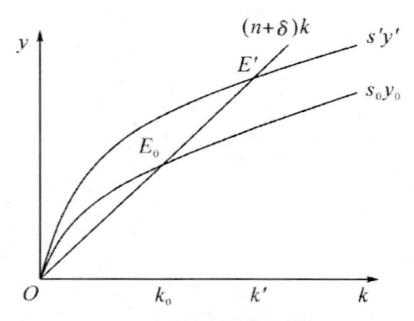

圖 12 - 3　儲蓄率提高對穩態的影響

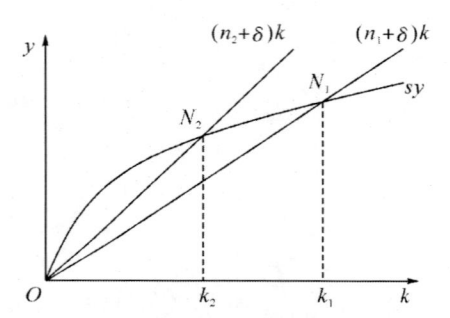

圖 12 - 4　人口增長率提高對穩態的影響

傾斜，$(n_1+\delta)k$ 曲線上升後的新的均衡點 N_2 點一定低於 N_1 點。從圖中可以看到，人口增長率的提高降低了人均資本的穩態水準，人均資本由 k_1 降低到 k_2。又由於 sy 曲線的上方有一條人均收入曲線，所以，新穩態均衡時的人均收入顯然低於舊穩態均衡時的人均收入，可見，人口增長率的提高又減少了人均收入，即降低了人均產量的穩態水準。

這一原理解釋了發展中國家人口增長率上升引起人均產量下降的現象。兩個儲蓄率相同的國家，人均收入會由於人口增長率不同而不同。

(五) 黃金分割率

以上的穩態分析表明，儲蓄率會影響穩態的人均資本水準，人均資本水準又影響人均產量。由於產量要用於累積和消費，所以需要分析經濟長期增長過程中的人均消費。

假定不存在折舊，則 $(n+\delta)k$ 就變為 nk，穩態條件就變為：

$Sy = nk$

穩態時，人均消費 Ca 是人均收入與人均儲蓄之差，即：

$Ca = y - sy$

又由於 $sy = nk, y = f(k)$，因此，$Ca = f(k) - nk$。

人均消費 Ca 最大化的一階條件是：

$f'(k) - (nk)' = 0$，即：

$f'(k) = n$

上式就是黃金分割率表達式。其含義為：要想使得穩態人均消費最大化，穩態人均資本量的選擇就是使資本的邊際產品等於勞動的增長率。

也可以用圖形表示人均消費最大化。如圖12－5所示，穩態時的人均消費就是人均收入曲線 y 與直線 nk 之間的垂直距離。最大的人均消費量出現在人均資本等於 k^* 的時候。因為在人均資本等於 k^* 的時候，y 曲線切線的斜率正好等於 n，即這條切線與直線 nk 平行。在這種情況下，人均收入曲線 y 與直線 nk 之間的垂直距離 $M'M$ 最大即消費最大，$M'M$ 表示的消費量大於人均資本，分別等於 k_1、k_2 時的消費 $G'G$、$H'H$。$G'G$、$H'H$ 之所以小於 $M'M$，是因為人均資本為 k_1、k_2 時曲線 y 的切線都不與直線 nk 平行。這一結論與 $f'(k) = n$ 式的意思完全相同。

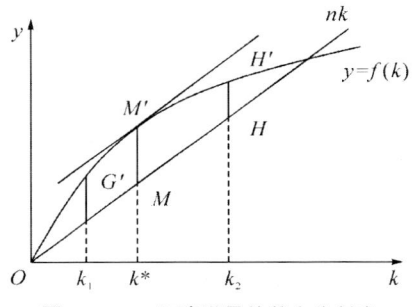

圖 12－5　經濟增長的黃金分割率

從黃金分割率可知，穩態時，如果人均資本量多於黃金分割的水準，則需要通過減少一部分資本使人均資本減少到黃金分割的水準，這樣就能夠提高人均消費水準。反之，人均資本量少於黃金分割的水準，則需要減少消費、增加儲蓄，再通過儲蓄轉化為投資，使人均資本增加到黃金分割的水準。

第三節　經濟增長因素與新經濟增長理論

作為經濟和社會現象的經濟增長會受很多因素影響。瞭解、認識影響經濟增長的因素，對於認識現實的經濟增長和制定促進經濟增長的政策措施具有重要意義，因此，需要對影響經濟增長的因素進行分析。

一、經濟增長源泉

如果宏觀生產函數表示為：$Y_t = A_t f(L_t, K_t)$（式中，Y_t、L_t、K_t 分別為 t 時期的總產出、投入的勞動量和投入的資本量，A_t 為 t 時期的技術狀況），則可以得到一個表達投入要素增長率、產出增長率與技術進步增長率之間關係的方程即經濟增長率的分解式：

$$G_Y = G_A + \alpha G_L + 6\beta G_K$$

式中，G_Y 為經濟增長率，G_A 為技術進步增長率，G_L、G_K 分別為勞動和資本的增長率，

α、β 為參數，分別是勞動和資本的產出彈性。

從經濟增長率的分解式可知，產出由勞動、資本和技術進步決定，或者說經濟增長的源泉是勞動、資本和技術進步。

二、丹尼森對經濟增長因素的分析

美國經濟學家丹尼森把經濟增長因素分為兩大類，一類是生產要素投入量，一類是生產要素生產率。經濟增長是生產要素勞動、資本、土地投入的結果，其中勞動、資本是可變的，土地是不變的。要素生產率是產量與要素投入量之比，即單位投入的產出量。要素生產率取決於資源配置狀況、規模經濟與知識進展。具體講，影響經濟增長的因素包括六個：勞動、資本存量的規模、資源配置狀況、規模經濟、知識進展和其他因素。

丹尼森分析經濟增長因素的目的在於確定各個因素對經濟增長所作的貢獻，以此來比較各個影響因素在經濟增長中的相對重要性。

丹尼森根據美國1929—1982年的歷史統計數據，對經濟增長因素進行了考察與分析。經過計算與分析，丹尼森發現，勞動力增加對經濟增長的貢獻相當大，其部分原因在於勞動的產出彈性相對較大，因此勞動增長率在經濟增長因素中佔有較大的權重。資源配置狀況對經濟增長也作出了重要貢獻，比如勞動者轉換工作、農村勞動力的流動等，都導致了產量或收入的增加。在收入的年平均增長中超過10%的部分來自於規模經濟，因為生產規模的擴大使得單位產量的投入更少，可以節約生產資源，從而帶來規模經濟效應。在所有因素中，知識進展對經濟增長的貢獻約為2/3。據此，丹尼森得出結論：知識進展是發達資本主義國家最重要的增長因素。

丹尼森所講的知識進展包括的範圍很廣，包括技術知識和管理知識的進步，由於採用新知識而在結構與設備方面產生的更有效的設計，還包括從經驗與觀察中得到的知識。丹尼森認為，技術進步對經濟增長的貢獻是很明顯的，但也不能把生產率的增長主要歸因於技術知識，因為管理知識也非常重要。管理知識更有可能降低生產資本、增加國民收入，它對國民收入增長的貢獻比改善產品物理特性產生的影響更大。因此，在經濟增長中，管理知識與技術知識都很重要，不能只重視技術知識而忽略管理知識。

三、庫茲涅茨對經濟增長因素的分析

(一) 庫茲涅茨對經濟增長因素的分析

美國經濟學家庫茲涅茨認為，經濟增長因素主要是知識存量的增加、勞動生產率的提高和經濟結構的優化。

第一，知識存量的增加。隨著社會的發展與進步，人類社會迅速增加了技術知識和社會知識的存量，當這種存量被利用的時候，它就成為推動經濟增長的重要源泉。當然，知識本身並不直接是生產力，它轉化為現實生產力需要一系列的仲介因素，諸如勞動力的訓練、對適用知識的判斷、企業家克服困難的能力等。在這些仲介因素的作用下，知識才會轉變為現實的生產力。

第二，勞動生產率的提高。現代經濟增長的重要特徵是人均產值的高增長率。通過對

勞動投入和資本投入對經濟增長貢獻的長期分析,庫茲涅茨認為,人均產值的高增長率來自於勞動生產率的提高。

第三,經濟結構的優化。發達資本主義國家的經濟增長過程中,經濟結構迅速轉變,比如,農業活動轉向工業活動,再由工業活動轉向服務性行業。與此相適應,勞動力的部門分配和社會產值比重也發生變化,第三產業勞動力數量占社會勞動力數量的比例和第三產業產值占國民收入的比重不斷上升,特別在現在的一個世紀裡,這兩個比例迅速變化,這都是經濟結構迅速變化的結果。同時,生產規模由家庭企業、獨資企業發展到全國性甚至跨國性的大公司。發達國家現在的總體增長率與經濟結構的變化速度比其現代化之前要高得多。

庫茲涅茨認為,不發達國家傳統的生產技術和組織方式、勞動力在農業部門佔有太大的比重、製造業結構不能滿足現代經濟的要求、需求結構變化緩慢、消費水準低等因素或狀況,不能形成對經濟增長的強有力刺激,影響了經濟增長。

(二)庫茲涅茨的「倒 U 字假說」

在經濟增長與收入分配的關係上,庫茲涅茨提出了所謂的「倒 U 字假說」。庫茲涅茨認為,伴隨經濟發展而來的「創造」與「破壞」改變著社會經濟結構,並影響收入分配。對於經濟增長與收入分配的關係,庫茲涅茨利用各國統計資料進行對比研究後得出如下結論:「在經濟未充分發展的階段,收入分配將隨同經濟發展而趨於不平等。其後,經歷收入分配暫時無大變化的時期,到達經濟充分發展的階段,收入分配將趨於平等。」

根據庫茲涅茨的表述,我們可以用曲線的形式,將庫茲涅茨的結論大致描述出來。如果用橫軸表示經濟發展的某些指標(通常為人均收入),縱軸表示收入分配不平等程度,則庫茲涅茨揭示所揭示的收入分配與經濟增長的關係呈現「倒 U 字」的形狀,因而被命名為庫茲涅茨「倒 U 字假說」,又稱庫茲涅茨曲線,如圖 12-6 所示。圖中的 Ku 曲線就是庫茲涅茨曲線。從 A 點到 B 點的曲線比較陡峭,表示隨著人均收入的增長,收入分配趨向於不平等;B 點與 C 點之間的曲線較為平緩,表示收入分配沒有太大的變化;從 C 點開始,曲線向右下方傾斜,故 C 點趨向於 D 點表示收入分配趨於平等。

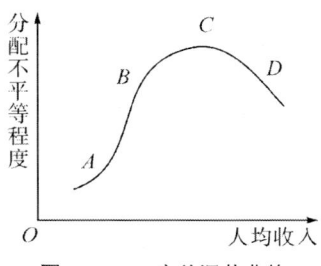

圖 12-6 庫茲涅茨曲線

庫茲涅茨在說明這一「倒 U 字假說」時,將收入部門劃分為農業與非農業兩個部門,再用三個因素即「按部門劃分的個體數的比例、部門之間收入的差別、部門內部各方收入的分配不平等程度」的變化來說明兩個部門收入分配平等程度的變化。庫茲涅茨推斷,這三個因素將隨著經濟的發展而起到如下作用:

（1）在經濟發展初期，由於不平等程度較高的非農業部門的比率加大，整個社會的分配趨於不平等；

（2）一旦經濟發展到較高水準，由於非農業部門的比率居於支配地位，比率變化所起的作用將縮小；

（3）隨著經濟的進一步發展，部門之間的收入差別將縮小；

（4）使不平等程度提高的重要因素——財產收入所占的比率將降低，收入再分配的各項政策實施等，各部門內部的分配將趨於平等，總的來說分配將趨於平等。

庫茲涅茨的「倒 U 字假說」提出後，西方學者對「倒 U 字」的形成過程、原因以及平等化進程等進行過討論。有人認為「倒 U 字假說」不符合第三世界國家的實際情況，或者說，隨著第三世界經濟發展的進程，收入分配不平等程度越來越大，而不是越來越平等。

四、新經濟增長理論概述

自 20 世紀 80 年代中期以來，隨著羅默（Paul Romer）和盧卡斯（Robert Lucas）為代表的「新增長理論」的出現，經濟增長理論在經過 20 多年的沉寂之後再次煥發生機。

新經濟增長理論（New Economic Growth Theory）的重要內容之一是把新古典增長模型中的「勞動力」的定義擴大為人力資本投資，即人力不僅包括絕對的勞動力數量和該國所處的平均技術水準，而且還包括勞動力的教育水準、生產技能訓練和相互協作能力的培養等等，這些統稱為「人力資本」。美國經濟學家保羅‧羅默 1990 年提出了技術進步內生增長模型。這是在理論上第一次提出了技術進步內生的增長模型，其基本內涵是將經濟增長建立在技術進步這一內生因素上。

技術進步增長模型的基礎包括三個方面：

（1）技術進步是經濟增長的核心；

（2）大部分技術進步是出於市場激勵而導致的有意識行為的結果；

（3）知識商品可反覆使用，無需追加成本，成本只是生產開發本身的成本。

新增長理論模型中的生產函數是一個產出量和資本、勞動、人力資本以及技術進步相關的函數形式，即 $Y = F(K, L, H, t)$。其中，Y 是總產出，K、L 和 H 分別是物質資本存量、勞動力投入量和人力資本（無形資本）存量，t 表示時間。

對此有影響的模型有阿羅提出的邊干邊學模型以及羅默提出的收益遞增增長模型。在阿羅的模型中，只是將技術進步的一部分內生化了。在這一中，產出不僅僅是有形要素的投入，而且也是學習和經驗累積的結果。按照這一模型所揭示的原理，資本的貢獻要大於傳統的貢獻，因為增加的資本不僅通過其對生產的直接貢獻來提高產量，而且通過其間接推動新思想的發展來提高產量。但在這一模型中技術仍然是外生的，它隨著內生的資本存量的變化而變化。

在羅默等人提出的新經濟增長理論中，充分的重視了知識的作用，將技術進步完全的內生化。他們認為，經濟增長的原動力是知識累積，資本的累積不是增長的關鍵。在這方面具有代表性的是所謂的研究與開發模型。另外還有人將資本這一概念的外延擴大，認為資本不僅包含物質資本，而且也包含人力資本，因而資本仍然是增長的關鍵。但這兩者在本質上是一樣的，都強調知識的累積、技術的進步對於經濟增長的決定性作用，都認

為知識或者知識的載體——人力資本具有規模報酬遞增的特性,而且存在著投資(即資本的累積)刺激知識的累積、反過來知識累積又促進投資的良性循環。這種以知識為基礎的新的經濟增長理論鼓勵新知識的累積以及知識在經濟中的廣泛運用,促進了高新技術革命的發展和知識經濟時代的到來。在高新技術革命和知識經濟發展過程中,資本對於經濟增長的關鍵性作用已讓位於知識和技術進步。

【本章小結】

1. 經濟增長是指一國或地區為居民提供日益繁多的經濟產品的能力長期上升,這種不斷增長的能力是建立在先進技術以及所需要的制度和思想意識之相應調整的基礎上的。現代經濟學認為經濟增長的主要原因在於生產要素投入(自然資源、勞動和資本等)的增加和生產技術的改進。自宏觀經濟學誕生至今,經濟學家們一直致力於解釋經濟增長現象,並先後產生了哈羅德——多馬模型、新古典經濟增長模型和內生經濟增長理論等具有代表性的理論觀點。

2. 經濟週期又稱商業週期或商業循環,是指國民收入及經濟活動的週期性波動。一個完整的經濟週期包括擴張階段和收縮階段。擴張階段可以分為復甦和繁榮兩個階段,收縮階段可以分為衰退和蕭條階段,其中繁榮和蕭條是兩個主要的階段,衰退和復甦是兩個過渡性階段。對於經濟為什麼會出週期性波動,宏觀經濟學給出了不同的解釋,即內生經濟週期理論和外生經濟週期理論的解釋。內生經濟週期理論認為是經濟體系內部的因素導致了經濟活動的週期性波動,外生經濟週期理論認為是經濟體系外部的因素導致了經濟活動的週期性波動。

3. 乘數——加速數模型是一種具有代表性的內生經濟週期理論。該理論認為經濟週期中的不同階段是乘數與加速數交互作用而形成的:投資影響收入和消費(乘數作用),反過來,收入和消費又影響投資(加速數作用)。這兩種作用相互影響,形成累積的經濟擴張或收縮局面。

【思考題】

1. 什麼是經濟增長?
2. 什麼是經濟週期?
3. 經濟週期不同階段的特徵是什麼?

【綜合案例】

誰在 2050 年能過上好日子?

經濟學家最不擅長的工作就是做預測,經濟學家最熱衷於做的事情也是做預測。Casti 在《尋找確定性》一書中認為,經濟學的預測力在各個學科中排名倒數第二,僅僅比

進化生物學強一些。或許是因為經濟學家自己也明白這一點，所以在公布預測結果的時候總是多少有些含糊其辭。而且由於要預測的未來越遙遠，預測力就越弱，膽小的經濟學家很少做長期預測，如果讓他們預測未來5年的走勢，經濟學家就會戰戰兢兢；如果要他們預測10年，大多數經濟學家都會乖乖閉嘴、噤若寒蟬。

不過，也有膽子特別大的。記得1999年《財富》雜誌在上海的年會主題就是《中國未來50年》。最近，高盛公司的經濟學家推出了他們的研究成果，他們預測的是50年後的世界經濟。凱恩斯說，長期我們都要死去。儘管這話說得有點意氣用事，但用到高盛的這份報告卻非常貼切。50年後，有多少正在讀這篇文章的讀者會仍然健在？不知道是不是高盛也想到了這一點，所以在公布他們的報告時底氣格外地足。

據高盛預測，在未來50年裡，巴西、俄羅斯、印度和中國（高盛把它們稱為BRICs）將會超過現在的發達國家G6（美、日、德、法、意、英），成為世界經濟體系中一支強大的力量。以美元計，中國可能在未來四年超過德國，在2015年超過日本，在2039年超過美國。印度的經濟規模可能在30年內超過全世界除美國和中國以外的國家。俄羅斯可能在2050年超過德國、法國、義大利和英國。相信很多中國人讀到這個報告都會怦然心動。那麼，高盛是如何得到這一結論的呢？

根據經典的增長理論，高盛將GDP增長率分為三個組成部分：就業增長率、資本存量增長率、技術進步（或者總要素生產率增長率，TFP）。然後，高盛提出了幾個假設：首先，發展中國家的人口結構相對年輕，所以它們的就業增長率較高；其次，發展中國家的人均資本低於發達國家，稀缺帶來價值，所以發展中國家的資本收益更高，投資率相應更高，並導致更高的資本存量的增長率；再次，發展中國家可以利用其他國家的技術來「迎頭趕上」，所以發展中國家的技術進步速度也更快。最後，由於是用美元來計算GDP，就需要討論匯率問題。高盛認為，目前BRICs國家的匯率都遠遠低於購買力平價匯率水準。根據他們的模型計算，在未來50年內，BRICs以美元計算的GDP增長，大約1/3將來自貨幣價值的上升，2/3則來自較高的經濟增長率。

說到這裡，高盛的預測其實並不稀奇，他們只不過假定，只要BRICs能夠保持穩定增長的勢頭，總有一天能夠成長為大國。這倒是讓我想起了一個童話故事：國王總是嫌10歲的公主長得太慢，於是遍求名醫，想找到一種讓公主長得更快的藥。有個醫師稟告國王，藥是有的，不過需要時間來煉，他請求國王讓他把公主帶走。過了8年，醫師帶著公主回來，告訴國王大功告成，仙丹已經煉成，公主也已服用。國王一看，公主果然已經長成了18歲的大姑娘。

問題是，國民經濟的成長要比孩子的成長複雜得多，遇到的風險也複雜得多：國內經濟結構的調整會對經濟發展產生巨大的影響，比如20世紀80年代前後，中國的資源稟賦並沒有發生實質性的改變，但是改革開放政策卻呼喚出前所未有的創造力；在一段較長的時間裡，政治因素如政治動盪、戰爭等會對經濟發展產生衝擊；隨著經濟全球化的程度越來越高，外部環境是一國經濟發展的重要制約因素，比如東亞四小龍的成功經驗一直為其他發展中國家所羨慕，但是，有學者指出，這一發展模式源於冷戰期間美國的特殊扶植，是一種「邀請的發展」。想參加晚會的人很多，但是收到門票的卻寥寥無幾。如果不對這些更複雜的因素進行分析，那麼長期預測並不會比算命高明到哪裡去。早在20世紀末，

人們也像看待現在的東亞經濟一樣非常看好拉美經濟,像看待現在的中國一樣看好阿根廷,結果呢,阿根廷至今仍然是一個缺乏增長動力的國家。

不過,就算高盛的預測只是做了道平淡無奇的練習題,但是他們的研究仍然給我們以啟發:首先,如果到2050年BRICs果然超過了G6,世界經濟格局就會發生很大的改變。中國將成為世界第一經濟大國,但卻不是最富有(以人均收入計)的國家。到2030年,中國的人均收入可能達到韓國目前的水準;到2050年,中國的人均收入可能會接近發達經濟現在的水準(人均30,000美元),美國2050年的人均收入可能達到80,000美元。大國並不是富國,大國並不是強國,這會對2050年的世界經濟體系帶來嶄新的挑戰。展望未來,必須在現有的國際經濟秩序中加強發展中大國的影響力。當前,人們經常聽到的是發達國家的聲音,代表發展中國家的聲音主要是那些最不發達的小國和窮國,像BRICs這樣的發展中大國,在國際經濟舞臺上的影響力與其經濟實力和增長潛力都是極不相稱的。

其次,到了2050年,東亞將成為世界上最重要的經濟大陸,因為這裡既有印度、中國,也有日本,那時世界上最大的四個經濟體亞洲便有其中兩個,俄羅斯經濟重心可能也會隨之東移。相比之下,歐洲可能落為世界經濟的邊緣。地緣政治和地緣經濟都會發生板塊的裂變。中國的經濟增長已經對亞洲其他國家的增長造成巨大影響。這使得中國在亞洲的影響日盛,今後,進一步推動東亞區域合作、東亞和南亞的對話和融合,對於中國和亞洲的繁榮都有重要意義。

最後,BRICs的高速增長會帶動全球生產格局的調整和國際資本流動的調整。跨國公司在產業結構調整的壓力下將加速向發展中大國轉移,BRICs將在全球生產鏈條中佔有更重要的位置,這對於國際貿易、國際間的工資水準和收入分配都會帶來影響。由於較高增長率會導致較高的收益率和對投資需求的增加,全球資本將加速向BRICs流動,那麼,國際貨幣體系是否需要因此而重新排序呢?

2050年,那些能夠健康長大的孩子將過上好日子。

資料來源:何帆. 誰在2050年能過上好日子. 經濟周刊,2004-5-14(20).

【討論題】
1. 你認為「金磚四國」經濟持續增長的主要原因何在?
2. 你認為「金磚四國」經濟增長的源泉主要差異何在?

第十三章　宏觀經濟政策

【學習目標與要求】

　　本章主要分析西方宏觀經濟政策的構成、內容和運用，分析研究西方國家如何運用宏觀經濟政策對國民經濟進行干預和調控。通過對本章內容的學習，主要是要瞭解宏觀財政政策、宏觀貨幣政策和宏觀供給管理政策的內容及其對宏觀經濟的作用原理，瞭解各種宏觀經濟政策的局限性以及它們之間的配合使用，從而對西方市場經濟條件下的宏觀經濟政策及其運用有一個基本瞭解，為正確制定和實施宏觀經濟政策、促進國民經濟持續穩定協調發展提供必要的理論支撐。

【學習重難點】

　　宏觀財政政策、宏觀貨幣政策和宏觀供給管理政策的內容及其對宏觀經濟的作用原理，以及各種宏觀經濟政策的局限性以及它們之間的配合使用。

1. 赤字財政政策
2. 補償性財政政策和平衡預算政策
3. 貨幣政策的局限性與實施困難
4. 宏觀貨幣政策和宏觀財政政策的結合運用
5. 指數政策
6. 人力政策

第一節　宏觀財政政策

　　宏觀財政政策是政府調節社會經濟的一項重要宏觀經濟政策，是進行宏觀經濟管理的重要手段。所謂宏觀財政政策，是指政府所採取的財政收入和財政支出政策。其中財政收入政策主要是指稅收政策，財政支出政策主要包括政府購買、政府公共工程支出和政府轉移支付等政策。

一、宏觀財政政策的內容與運用

　　宏觀財政政策包括政府稅收和政府支出兩大內容。政府稅收對於國民經濟的影響在於：增加稅收可以使總需求收縮，從而減少國民收入；減少稅收可以擴大社會總需求，增加國民收入。政府支出對於國民經濟的影響是：增加政府支出可以擴大總需求，使國民收入增加；減少政府支出則會收縮總需求，減少國民收入。政府根據不同經濟情況，靈活採

取擴張性或緊縮性的財政政策，可以調節社會總需求水準，實現總需求和總供給平衡。

（一）擴張性財政政策

擴張性財政政策又叫「鬆」的財政政策，它具有擴大社總需求的作用。在經濟處於蕭條時期、存在通貨緊縮缺口的情況下，政府實施擴張性財政政策，可以刺激總需求增加，使之增加一個等同於緊縮缺口的數量，從而實現充分就業水準上的總需求和總供給均衡。

擴張性財政政策包括兩個方面的內容，即減免稅收和擴大政府支出。經濟蕭條時期，政府實行減免稅收的財政收入政策，可以擴大居民可支配收入和企業留利，從而刺激消費和投資增加，使總需求水準上升。擴大政府支出也有類似效果。擴大政府財政支出，包括增加公共工程開支、政府購買和政府轉移支付，首先是總需求中的支付支出增加，同時可以直接或間接地增加居民消費，刺激企業投資增長，提高總需求水準，從而有助於克服經濟蕭條，促進經濟增長，實現充分就業均衡。實際經濟生活中具體採取哪一種或哪幾種擴張性財政政策，取決於一個國家的經濟、政治、社會、軍事等多種因素。

（二）緊縮性財政政策

緊縮性財政政策又叫「緊」的財政政策，它具有抑制總需求、限制經濟過度膨脹的作用。在經濟過熱、發生通貨膨脹的時期，政府實施緊縮性財政政策，可以抑制總需求的過度增加，使總需求水準下降一定幅度，達到消除通貨膨脹、實現總需求與總供給平衡的目的。

緊縮性財政政策包括增加財政稅收、減少財政支出等內容。在通貨膨脹時期，增加稅收會使居民可支配收入和企業留利減少，這樣私人經濟部門的消費和投資將隨之減少，從而引起總需求水準下降；同理，減少政府財政支出，即減少政府公共工程開支、減少政府對商品和勞務的購買、減少政府轉移支付數量，會直接減少總需求四個構成部分中的政府支出，同時會減少居民戶的消費，抑制企業投資增加，從而起到降低總需求水準、抑制通貨膨脹的作用。

上述宏觀財政政策，主要是政府為實現預期經濟目標，對政府收入和支出所進行的主動調節，是依據具體經濟情況斟酌使用的財政政策，被稱為「斟酌處置」的財政政策。在斟酌處置的財政政策中，政府購買通常是預先計劃的，不容易變更，要實現迅速調整更為困難，所以，實際運用中常常通過調節稅率和政府轉移支付的辦法來調節總需求，實現對國民收入水準的調節。斟酌使用的財政政策在經濟中不是自動起作用，而是由政府根據具體經濟情況以及所要達到的政策目標而作出的一種財政政策選擇，它通常用於消除較大的、持久的宏觀經濟缺口。其政策效果的充分發揮依賴於政府及時審慎的決策行動。

斟酌使用的財政政策對總支出的調節直接而猛烈，運用得當可以獲得顯著的政策效應。但是，斟酌使用的財政政策也存在很大的局限性，這些局限性使其現實效果遠遠低於理論效果。其局限性主要表現在四個方面：

1. 政策效應滯後

斟酌使用的財政政策從對現實經濟活動狀況的觀察、分析、預測、提出政策方案到方案得到政府批准並付諸實施，往往需要一定的時間，而且政策輸入經濟後還需要一定時

問才能產生效果。由於存在政策效應時間滯後的問題,根據特定經濟形勢所採取的財政政策往往會因經濟形勢變化而效果欠佳或失效,甚至可能產生與預期效果相反的作用而成為加劇經濟波動的原因。例如,在經濟處於通貨膨脹情況下制定的用以抑制總需求、抑制通貨膨脹的財政政策,由於時間的拖延滯後,到方案批准實施時,通貨膨脹已經得到控制,經濟已恢復正常,這樣,抑制總需求的財政政策的實施在事實上就可能成為正常狀況下加速經濟蕭條、引發新的經濟波動的因素,從而對經濟穩定起破壞作用。

2. 有效性欠佳

在現實經濟生活中,人們會根據自己對經濟形勢和政府政策的預期,預先作出符合各自利益的行為調整,從而抵消或降低財政政策的作用效果。當經濟面臨通貨膨脹壓力時,政府試圖通過增加稅收或減少財政支出以抑制總需求,抑制物價上漲,但此時居民可能因預期物價上漲而超前購買,企業可能因預期收益增加而擴大投資,這樣就會降低增稅減支的財政政策效能。當經濟面臨衰退壓力時,居民可能因預期物價水準下降而持幣待購,企業會因預期收益流量下降而不願增加投資,這樣,即使政府實行減稅政策以刺激總需求增長,社會總需求往往也難以因減稅而擴大,從而起到抵消或降低減稅財政政策的作用效果。

3. 利益集團阻撓

斟酌使用的財政政策對宏觀經濟的調節是通過財政收支的變動實現的。財政收支變動必然會產生再分配效應,從而使財政政策的出抬、實施受到特定利益集團的反對和阻撓。如減少政府對商品和勞務的購買會受到有關利益集團的反對;增加政府公共工程支出會被一些相關企業認為是政府與民爭利而遭到反對;政府增加稅收、削減轉移支付、壓縮公共福利開支等財政政策措施,會遭到要求維持既定收入和福利水準的選民的反對。各利益集團或通過直接向政府施加壓力,或通過對立法機構施加影響,阻撓相關財政政策出抬和實施,使財政政策的實際運用面臨重重困難。

4. 具有擠出效應

實施財政政策是為調節社會總需求以達到既定經濟目標。然而財政政策在發揮預期增加或減少總需求作用的同時,卻又產生與預期作用方向相悖的效果,具有減少或增加部分社會需求的作用,這種情況叫做財政政策的擠出效應。由於一定時期內社會經濟資源是一定的,擴大政府支出往往會與私人企業爭資源,在政府支出增加的同時,私人企業的投資需求受到抑制。同時,從資金來源看,政府擴大財政支出的資金無論是來自借款或是其他形式的資金籌集,都會相應減少一部分私人部門的消費需求和投資需求,形成財政支出對私人支出的「擠出」,使財政政策刺激總需求增加的效果大打折扣。財政政策的擠出效應增加了財政政策的實施難度。

宏觀財政政策具有一定局限性,運用起來困難不少。儘管如此,稅收和財政支出政策作為調節總需求、維持宏觀經濟穩定的重要手段,在宏觀經濟調節中不可缺少,它對調節社會總需求、促進宏觀經濟穩定運行具有重要作用。

二、經濟的自動穩定器

在宏觀財政政策中,除政府根據具體經濟情況為實現一定的經濟目標而斟酌使用的

財政政策外，還有一些在經濟中自動發揮作用的財政政策，這類財政政策被稱為經濟的內在穩定器。財政政策的內在穩定器作用，是指財政制度本身所具有的自動減輕經濟中總產量和價格水準波動的作用。財政政策對宏觀經濟的調節作用既包括斟酌使用的財政政策的作用，也包括財政政策內在的自動調節經濟的自動穩定作用。

財政政策中的自動穩定器在經濟作用過程中，具有自動地趨於抵消總需求變動、穩定經濟活動水準的作用。在經濟蕭條、國民收入水準下降時，它會自動使財政稅收量減少、財政支出量增加，使收入水準的下降受到一定程度抑制，對總需求水準起穩定作用，阻止經濟進一步收縮。經濟繁榮、國民收入水準上升時，它會自動使財政稅收量增加、財政支出量減少，使國民收入水準的上升受到一定程度限制，從而穩定總需求水準，對經濟的過度膨脹起緩衝作用。

宏觀財政政策中，自動穩定器主要由政府稅收和政府轉移支付兩部分構成。

(一) 政府稅收

政府稅收體系的構造特點，決定了政府稅收會隨著國民收入水準的提高而自動增加，隨著國民收入水準的下降而自動減少，使個人可支配收入和企業留利具有相對穩定性，從而起到穩定消費支出和企業投資、穩定總需求和國民收入水準的作用。

西方國家對收入徵收的賦稅是所得稅，包括公司所得稅和個人所得稅。所得稅的徵收方式分為比例稅和累進稅兩種。稅率不隨收入增減而變動的所得稅稱為比例稅，稅率隨收入增減而相應遞增或遞減的所得稅稱為累進稅。西方國家普遍以累進稅方式計徵所得稅。

1. 個人所得稅

在西方，個人所得稅往往是有一定起徵點的累進稅。在經濟蕭條時期，個人收入減少，符合納稅起徵點規定的人數自動減少，符合高比例累進稅繳納條件的人數自動減少，於是政府稅收量自動減少。儘管這時政府往往還未開始實施減稅的擴張性財政政策，但累進的所得稅制度本身已自動使稅收額減少。這是符合政府宏觀調控意圖的經濟動向，它可以使個人可支配收入的下降慢於收入水準的下降幅度，這樣，個人所得稅制度就可以起到自動穩定消費水準、穩定經濟活動水準的作用。相反，在經濟高漲時期，個人收入水準提高，達到納稅起徵點的人數相應增加，進入高比例稅率範圍的人數自動增加，於是政府稅收量自動增加。儘管這時政府往往還未開始實施增稅的緊縮性政策，但現行稅收制度已使稅收額自動增加。這種稅收動向也是符合政府宏觀調控意圖的，它使個人可支配收入水準的增長慢於收入水準的增長，從而對總需求的過度增加起到緩衝作用，使經濟活動水準趨於穩定。

2. 公司所得稅

公司所得稅對收入及社會總需求水準具有自動調節作用。經濟蕭條時，政府本應採取減稅政策以增加總需求，而此時國民收入下降，公司收入減少，在累進的公司所得稅制度下，公司所繳稅額自動減少，由此自動達到減稅目的。公司稅收減少使企業投資水準的下降受到一定程度控制，對投資需求起到一定的穩定作用。反之，在經濟繁榮時期，政府本應採取增加稅收的財政政策以抑制總需求過度增長，而此時由於國民收入增長，公司

收入增加,公司應交稅額自動增加。公司稅收增加使企業投資水準受到一定程度抑制,使總需求水準趨於穩定。可見,累進的公司所得稅對企業稅收量的自動調節趨勢與政府的宏觀需求管理意圖是吻合的。

(二) 政府轉移支付

政府轉移支付包括各種社會福利支出、社會保險支出以及農產品價格維持支出。經濟蕭條時政府應該增加轉移支付,經濟繁榮時政府應該減少轉移支付,而政府轉移支付制度本身就具有類似作用,能夠在一定程度上起到穩定居民可支配收入、穩定需求水準的作用。

1. 失業救濟金和各種福利支出

經濟蕭條時,失業人數增加,社會保險基金中的失業救濟金和其他福利支出會在政府決定增加轉移支付之前自動增加。這些政府支出的增加意味著個人可支配收入增加,在一定程度上可以抵消個人收入的減少,起到穩定個人收入水準、減緩消費水準下降趨勢的作用。在經濟繁榮和高漲時,就業人數增加,居民個人收入增加,失業救濟金和各種福利支出自動減少,從而在一定程度上抑制了個人收入水準的上升幅度,起到穩定消費水準、穩定總需求的作用。

2. 農產品價格維持

西方國家普遍實行維持農產品價格的農業保護制度。按照農產品價格維持方案,為維持一定的農產品價格水準,在經濟蕭條、農產品價格下跌時,政府出資收購剩餘農產品,使農產品價格維持在既定水準,從而增加農場主收入,維持他們的既定收入和消費水準。經濟繁榮時,農產品價格上升,根據農產品價格維持方案,政府向市場拋售農產品,以回籠貨幣,平抑農產品價格,起到抑制農場主收入過度增加的作用。政府用於維持農產品價格的轉移支付隨著收入的變動自動增減,可以起到穩定經濟活動水準的作用。

財政政策中的自動穩定器是自動的、無政府的決策,其中沒有政府的有意識行動;同時,它是通過減少邊際國民收入支出傾向、減少乘數值來消除通貨緊縮或通貨膨脹缺口的。由於具有這樣的特點,因此,與斟酌使用的財政政策相比,自動穩定器具有反應及時、無須事先進行全面周密計劃而自動起作用的優點。不過,自動穩定器的作用也存在局限性。

首先,自動穩定器是一把「雙刃劍」,它既可以減緩經濟波動,同時又會限制經濟從不穩定狀態向穩定狀態回復。當經濟從非穩定狀態向穩定狀態回復時,自動穩定器對經濟的自動穩定作用會成為經濟回復穩定狀態的抑制力量,使經濟體系對於總需求變化的反應變得遲鈍、不敏感,同時通過它也降低了乘數效應,減弱了斟酌使用的財政政策對於經濟的主動調節作用,從而延緩經濟回復到穩定狀態的進程。

其次,自動穩定器對於經濟波動的自動緩衝作用具有一定局限性。自動穩定器減輕經濟波動的自動緩衝作用是事後的,當收入發生波動時,自動穩定器對經濟具有穩定作用,而在實際收入偏離充分就業水準之前,這種穩定器並不能起作用,更不可能把波動減少為零。可見,自動穩定器只能減緩但不能完全消除經濟波動,要實現理想的宏觀經濟調節,還必須借助於斟酌使用的財政政策。

再次,自動穩定器難以精確定位制約著內在穩定器作用的充分發揮。財政政策的自動穩定器中,政府稅收政策的有效作用取決於稅收的構成及稅收水準的高低,要求自動穩定器定位於預期均衡收入水準。而自動穩定器的精確定位並非易事,它需要很好地進行政府收支規劃設計。一個設計不好的自動穩定器會妨礙預期均衡收入水準的實現,甚至可以減緩經濟從膨脹中收縮、從衰退中復甦的進程。

三、赤字財政政策

為克服經濟蕭條、消除失業,政府必須採取削減稅收或增加政府支出的宏觀財政政策,或雙管齊下,同時採用這兩種政策。這種政策實施的結果會出現政府支出大於收入的情況,出現財政赤字。在西方經濟學家看來,政府財政收支不能拘泥於財政預算平衡,應服從於維持經濟穩定尤其是實現充分就業的需要。在有效需求不足導致經濟蕭條時,政府必須放棄維持財政收支平衡的財政政策,實行赤字財政政策。

西方經濟學家認為,經濟蕭條時期的赤字財政政策是促進經濟增長、實現充分就業的必要手段。在實行赤字財政政策的情況下,儘管年度財政收支可能不平衡,出現赤字,但從較長時期看,財政收支既有蕭條年份的赤字,也有繁榮年份的盈餘,財政赤字和盈餘年份的交替和補償,可以保持一個國家長時期內的財政收支平衡。實行赤字財政政策時,不能把財政盈餘用於繁榮時增加政府支出,否則會進一步刺激總需求,引發或加劇通貨膨脹。財政盈餘應用於蕭條時期增加財政支出,以起到在蕭條時增加社會總需求、減少失業的作用。

赤字財政政策的施行以發行政府公債作保證,用政府發行公債籌集的資金來彌補赤字財政政策造成的財政赤字。為實行赤字財政政策而發行的公債不能直接賣給居民戶、廠商和商業銀行,只能賣給中央銀行。如果政府把公債直接賣給廠商或居民戶,等於收入從私人部門轉到政府部門,這樣表面上看可以擴大政府開支,但私人部門的支出卻相應減少,實際上不能起到應有的擴大總需求的作用;如果公債由商業銀行購買,則會減少商業銀行的放款,使信用規模收縮,同樣起不到預期的經濟擴張作用。政府向中央銀行舉債,把公債賣給中央銀行,以公債券換取中央銀行支票,就可以把支票作為貨幣使用,將其用於增加政府購買、政府轉移支付或政府公共工程支出,這實際上等於政府通過中央銀行擴大了貨幣供給,從而使政府公債的發行能夠彌補社會有效需求的不足,起到有效擴大總需求的作用。

四、補償性財政政策和平衡預算政策

(一) 補償性財政政策

西方經濟學家認為,現代社會既無必要也不可能實行以量入為出、收支平衡為指導思想的「健全財政」政策,應該實行補償性財政政策。所謂補償性財政政策,是指政府以繁榮年份的財政盈餘彌補蕭條年份的財政赤字,使財政收支實現豐歉交替、以豐補歉,實現週期性平衡的財政政策。

補償性財政政策的基本指導思想在於:經濟繁榮時,為抑制、避免通貨膨脹,政府實

行增加稅收、減少政府支出的財政政策,以抑制有效需求過度膨脹,由此將出現財政盈餘;經濟蕭條時,政府實行減少稅收、增加財政支出的政策,以增加社會有效需求,刺激經濟增長,這種政策將導致財政赤字。這樣一來,雖然不可能保持每年財政預算的平衡,但政府可以把繁榮時期的財政盈餘用來彌補蕭條時期的財政赤字,求得繁榮和蕭條時期財政收支的相互補償,因此從整個經濟週期看,財政收支呈現出豐歉交替狀況,可以實現以豐補歉、以盈餘彌補赤字,從而避免經濟大起大落,維持宏觀經濟穩定。

(二) 平衡預算政策

在西方財政預算政策中,除赤字財政政策、補償性財政政策外,還有平衡預算政策。所謂平衡預算政策,就是在一定時期內保持財政預算收入和預算支出平衡的財政預算政策。

平衡預算財政政策的基本指導思想是實現財政收支平衡。平衡預算政策的平衡預算目標可以有幾種不同的選擇。

1. 年度平衡預算政策

年度平衡預算政策是傳統經濟理論的產物。它主張政府保持年度預算收支平衡。這種財政預算政策主張財政不以賺錢為目的,財政收支每年都應保持平衡,財政預算不應出現赤字。為實現平衡預算,政府應堅持三個方面的原則:第一,嚴格控制財政支出。政府應盡量減少預算支出,財政支出要節儉,並嚴格控制財政支出的用途。第二,少徵稅。私人企業是國民經濟的基礎,賦稅過重會壓抑私人經濟部門的積極性,不利於經濟總水準的提高。第三,少發公債。年度平衡預算理論認為,一切債務都是罪惡,公債尤其如此,它是留給子孫後代的一種負擔,應盡量減少公債的發行。

年度平衡預算理論認為,財政收支預算中,政府支出計劃一般不易變動,應主要通過財政稅收政策來調節總需求。經濟膨脹時期應該降低稅率,以抵消由於收入水準上升造成的稅收自動上升,經濟蕭條時期應提高稅率,以補償由於收入水準下降造成的稅收自然減少。這種平衡預算政策與旨在穩定經濟活動水準的斟酌使用的財政政策所要求的調節方向正好相反,實施結果會加劇經濟波動。

2. 經濟週期平衡預算政策

經濟週期平衡預算理論認為,政府用不著保持年度預算平衡,財政預算只需在整個經濟週期中保持平衡。經濟週期平衡預算思想不利於政府確定特定年度的財政政策,可能使政府在制定年度財政政策時舉棋不定,從而難以對經濟進行積極調節。

3. 高就業平衡預算政策

這種觀點認為,只要經濟實現了預期的高就業水準,財政預算就會處於平衡狀態。高就業平衡預算政策是以在高就業水準下投資需求足以吸收全部儲蓄的隱含假設為前提的,在該假設不能成立的情況下,經濟就不可能均衡於預期的高就業水準。同時,根據估計的就業水準確定財政收支計劃後,如果該計劃年復一年地執行下去,則可能由於自動穩定器對經濟的自動緩衝作用,限制經濟實現更高就業水準的可能性,出現經濟增長中「財政拖累」現象。

第二節　宏觀貨幣政策

　　宏觀貨幣政策是指為達到一定經濟目標，政府通過中央銀行控制貨幣供應量、影響利息率及信貸規模，從而實現對總需求的調節，以影響社會經濟活動水準的政策。它是政府干預調節經濟、進行需求管理經常採用的另一大宏觀經濟政策。宏觀貨幣政策主要包括公開市場業務、調整貼現率、調整法定準備金率等內容。政府在不同時期依據不同經濟情況，分別採取不同貨幣政策，對總需求特別是投資需求進行調節，以達到預期經濟目標。

一、貨幣政策的內容與運用

　　運用宏觀貨幣政策進行需求管理，可以針對不同的經濟情況和所要達到的政策目標，採取擴張性貨幣政策（「鬆」的貨幣政策）或緊縮性貨幣政策（「緊」的貨幣政策），對貨幣供應量進行調節和控制，從而實現對經濟總水準的調節。

（一）擴張性貨幣政策

　　擴張性貨幣政策是政府在經濟蕭條和失業期間經常採用的貨幣政策。這種貨幣政策具有擴大貨幣供應量、降低利息率、刺激投資需求增長的作用。擴張性貨幣政策主要包括在公開市場買進政府債券、降低貼現率、降低法定準備金率等內容。

　　1. 中央銀行在公開市場買進政府債券

　　公開市場業務是中央銀行在貨幣市場上出售或購買政府債券以調整和控制貨幣供應量的一種貨幣政策措施。它是目前許多國家調控貨幣供給量、調節利率水準的重要措施。在經濟蕭條、存在通貨緊縮缺口的情況下，中央銀行在公開市場上購買政府債券，相應的也就把貨幣投入市場。這樣，一方面出售債券的廠商和居民戶得到貨幣，把這些貨幣存入商業銀行，銀行存款增加，在貨幣乘數作用下，銀行系統內的貨幣供應量成倍增加。在其他條件不變的情況下，貨幣供應量增加使市場利息率降低，利率降低刺激需求尤其是投資需求增加，從而起到擴大總產量、提高就業水準的作用。另一方面，中央銀行在公開市場大量買進政府債券，會使債券價格上升，債券價格上升引起利息率下降，也可以起到刺激總需求、促進經濟增長的作用。

　　2. 降低貼現率

　　貼現率是商業銀行向中央銀行借款的利息率，貼現率政策就是中央銀行調整貼現率以調節貨幣供應量和利息率的政策。

　　經濟蕭條時期，中央銀行一般採取降低貼現率的政策。中央銀行降低貼現率，會使商業銀行向中央銀行融資的成本降低，這樣商業銀行就會增加向中央銀行的借款。商業銀行得到中央銀行借款後，除留足法定準備金外，其餘借款都可以用於增加放款，這樣，在貨幣乘數作用下，流通中貨幣供應量會成倍增加，由此導致利息率下降、投資需求增加。同時，中央銀行降低貼現率，會使商業銀行的利息率發生相應變化，使之隨貼現率下降而

降低，從而利息率普遍下降，這就有利於刺激投資需求增加，促進經濟增長。

3. 降低法定準備金率

商業銀行創造貨幣的多少與法定準備金率呈反比變化，法定準備金率越高，銀行能創造的貨幣就少；反之，法定準備金率越低，銀行能創造的貨幣就多。因此，中央銀行可以通過調整法定準備金率來調節貨幣供應量，實現對總需求的調節。

經濟蕭條和失業時期，政府需要採取擴張性經濟政策。在其他條件不變的情況下，中央銀行降低法定準備金率，在既定的存款規模下，商業銀行需上交中央銀行的法定準備金減少，可用於放款的貨幣數額增多，於是貨幣供給量通過貨幣乘數作用成倍增加。貨幣供應量增加促使利息率下降，總需求尤其是投資需求增加。

在經濟蕭條時期，政府通過上述擴張性貨幣政策可以使貨幣供給量增加，利息率降低，從而刺激總需求尤其是投資需求增長，達到增加總產出、提高就業水準、消除經濟蕭條和失業的目的。

(二) 緊縮性貨幣政策

緊縮性貨幣政策包括中央銀行在公開市場出售政府債券、提高貼現率和提高法定準備金率。這些「緊」的貨幣政策的實施，可以起到減少貨幣供給量、提高利息率的作用，達到抑制總需求特別是投資需求的目的。通貨膨脹時期政府通常採用緊縮性貨幣政策。

1. 中央銀行在公開市場上出售政府債券

中央銀行賣出政府債券，相應的使得貨幣回籠，這樣，一方面購買債券的廠商和居民戶會從銀行提取存款，使銀行減少放款或收回貸款，在貨幣乘數作用下，銀行系統的貨幣供給量成倍減少，進而引起利息率上升，總需求縮小。另一方面，中央銀行在貨幣市場大量出售政府債券，會導致債券價格下跌，由此引起利息率上升，使總需求得到抑制，總需求減少有利於控制通貨膨脹。

2. 中央銀行提高貼現率

中央銀行提高貼現率，一方面通過融資成本上升使商業銀行減少向中央銀行的借款，從而降低商業銀行放款能力，在貨幣乘數作用下，信貸規模收縮，經濟中的貨幣供給量會成倍減少，從而引起利息率上升，總需求縮小。另一方面，提高貼現率會帶動商業銀行利息率上升，利息率水準提高會對總需求尤其是投資需求起到抑製作用。

3. 中央銀行提高法定準備金率

中央銀行提高法定準備金率，在存款規模一定的情況下，商業銀行需上交的法定準備金增加，可用於放款的貨幣數量相應減少，這樣，在貨幣乘數作用下，流通中的貨幣供應量成倍減少，從而利息率上升，總需求受到控制。

通貨膨脹時期，政府通過這樣幾項緊縮性貨幣政策，可以起到減少貨幣供應量、提高利息率的作用，從而收縮總需求，消除通貨膨脹。

除公開市場業務、調整貼現率、調整法定準備金率三項主要貨幣政策外，西方各國有時還採取一些輔助性貨幣政策對經濟活動水準進行調節。輔助性貨幣政策主要有以下幾種：

1. 道義上勸告

道義上勸告又稱為「打招呼」,是指中央銀行把對商業銀行在放款、投資、利息率等方面的要求和希望以一定方式告知商業銀行,對商業銀行的行動給以指導或勸告。這種勸告雖然沒有法律效力,但由於商業銀行與中央銀行有著密切的業務聯繫,一般情況下商業銀行會考慮和採納中央銀行的意見。因此,這種措施對商業銀行的行為具有一定約束作用。

2. 控制抵押貸款條件

在西方國家,抵押貸款主要是對住宅建築的貸款。控制抵押貸款條件是控制住宅建築的一項有效措施。經濟蕭條時期,中央銀行降低購買住宅應立即支付的現金額即首付金比例並延長貸款償還期限,可以刺激人們通過抵押貸款方式購買住宅,從而刺激住宅建築需求,擴大總需求。相反,在經濟繁榮時期,中央銀行提高購買購買住宅的首付金比例、縮短貸款償還期限,可以限制抵押貸款的發放,限制通過抵押貸款購買住宅,從而抑制住宅建築需求,縮小總需求。

3. 控制分期付款條件

西方國家購買耐用消費品的分期付款條件往往由中央銀行規定。其條件主要包括應付現金比例和分期付款年限。通過對分期付款條件的控制,調節信貸在消費信貸和其他信貸形式之間的分配,以鼓勵或限制消費。需要擴大消費需求時,中央銀行放寬分期付款條件,減少購買耐用消費品所需繳付的現金,延長付款年限;需要抑制消費需求時,則嚴格分期付款條件,提高購買耐用消費品的現金繳付比例,縮短付款年限,以限制人們對耐用消費品的購買,抑制需求過度增長。

4. 調整保證金比率

調整保證金比率又叫「墊頭規定」,是貨幣政策的內容之一。降低保證金比率,利用信用購買有價證券的比重就會增大,這意味著信用放鬆,貨幣供給量增加,總需求相應增加;提高保證金比率,利用信用購買有價證券的比重相應縮小,這意味著信用收縮,貨幣供給量將隨之減少,總需求相應減少。

5. 控制利息率上限

控制商業銀行定期存款最高利息率,可以減少定期存款,使存款更多地轉向易於控制的債券和短期存款。這是一種間接調節貨幣量的措施。

二、貨幣政策的局限性與實施困難

與財政政策相比,貨幣政策具有一定優越性。其一,貨幣政策的時滯問題不如財政政策嚴重。貨幣政策一般由中央銀行直接控制,可以根據經濟情況隨時調整,從制定政策到政策起作用的時間相對要短一些,與財政政策相比,它具有決策迅速、行動敏捷的特點。其二,貨幣政策的實施不像財政政策那樣會遭到特定利益集團的反對和阻撓。貨幣政策是一種中性政策,它通過貨幣市場供求機制間接發揮作用,一般不具體針對某些人或某些集團直接施加影響,比財政政策容易得到貫徹實施。其三,就貨幣政策的效力而言,只要政策行動充分有力,一般能夠使利率、貨幣供應量等經濟指標達到預期控制程度。

然而,貨幣政策也有局限性,它的實施同樣存在一些困難和問題。

(一) 貨幣政策的局限性

無論是公開市場業務還是調整貼現率、調整法定準備金率,這些貨幣政策本身都有一定局限性。

1. 公開市場業務的局限性

公開市場業務被西方經濟學家稱為最靈活、最常用、最重要的貨幣政策工具。在公開市場上,中央銀行的行動是主動的,可以根據需要隨時改變買賣政府債券的數量,從而比較靈活、及時地控制貨幣供應量。但是,這一政策措施也有一定局限性:它不一定能得到公眾的配合。例如通貨膨脹時期政府大量出售債券,公眾則不一定願意在公開市場購買政府債券;蕭條時期政府大量購買債券,公眾卻不一定願意出售手中握有的政府債券。

2. 調整貼現率政策的局限性

調整貼現率可以影響商業銀行向中央銀行的借款數額,但中央銀行並不一定能通過這一政策實現既定放款數額。其原因在於:第一,實施調整貼現率的政策時,中央銀行的行動是被動的。調整貼現率的政策效果取決於商業銀行的行動,商業銀行如果不按中央銀行的意圖採取行動,調整貼現率的政策效果就會受到影響。第二,可能產生政府所不希望的心理效應,影響政策效果。如蕭條時期中央銀行降低貼現率以期商業銀行增加借款,但中央銀行不能強迫商業銀行借款,只能被動地等待商業銀行前來借款,而這時商業銀行可能因經濟蕭條、信用風險增大不願多借款,或者潛在貸款者因貼現率降低、預期貼現率將進一步降低而不願增加目前借款,這樣中央銀行就難以達到希望的貼現數額。

3. 調整改變法定準備金率政策的局限性

改變法定準備金率是一種強有力而猛烈的政策工具,即使很小的準備金率變化也可能引起貨幣供給量的劇烈波動,因此這種貨幣政策被稱為「猛烈而不常用的武器」。中央銀行改變法定準備金率可以迅速改變貨幣供應量,但由於其作用過於迅猛,商業銀行往往難以迅速適應,蕭條時期還可能造成商業銀行虧損,並引起連鎖反應,造成信用急遽收縮,給經濟帶來一些不穩定因素。另外,實際運用方面的問題也限制了這一政策措施的經常使用。首先,改變法定準備金率是通過法律一次性完成的,這使它不像公開市場業務那樣具有靈活可變性;其次,提高法定準備金率的政策可能會因銀行資產的流動性限制而難於施行。

4. 預期影響貨幣政策的作用效果

貨幣政策除本身具有局限性外,其作用機制的不完善有時也使它難以達到預期政策效果。通貨膨脹時期,中央銀行實施緊縮性貨幣政策以抑制總需求,但此時廠商利潤率高,對投資預期持樂觀態度,所以儘管利息率提高,廠商仍願意增加借款、擴大投資;商業銀行認為貸款條件有保證,也願意擴大放款,這樣就可能使緊縮性貨幣政策達不到預期效果。經濟蕭條時期,中央銀行實施擴張性貨幣政策以刺激社會需求增加,但這時廠商預期利潤率低,對投資前景缺乏信心,所以儘管利息率降低,廠商也不一定增加借款用於投資;同時,商業銀行因放款風險增大,不一定大膽增加放款,從而影響擴張性貨幣政策的作用效果。

（二）貨幣政策的實施困難

宏觀貨幣政策除本身具有局限性外，在實施過程中也存在一定困難和問題，使其作用效果受到影響。

第一，恰當貨幣政策和恰當實施時機的選擇是實施貨幣政策的一個難題。儘管貨幣政策的時滯從總體上看不如財政政策嚴重，但其政策效應仍然存在時滯問題。在實施過程中，人們很難預期貨幣政策發揮作用的準確時間，加之經濟的週期性波動和發展本身就具有很大不確定性，由此使得如何在適當時機執行恰當的貨幣政策成為實施貨幣政策的一個棘手問題。

第二，緊縮性貨幣政策往往受到財政目標的一定限制。為消除通貨膨脹，中央銀行往往採取高利率的緊縮性貨幣政策，這種政策常常與政府財政目標發生衝突。利息率的任何微小上升都會使財政部門支付的債券利息額增加一個很大的量，因此作為政府債券發行部門的財政部門總希望利息率低一些，傾向於對貨幣當局施加降低利率的壓力，這會在一定程度上妨礙中央銀行高利率政策的有效實施。

儘管貨幣政策具有一定局限性，存在一定實施困難和問題，但在西方宏觀經濟政策中，貨幣政策仍不失為一項非常重要的宏觀經濟政策工具。對於西方國家的經濟穩定來說，貨幣政策起著非常重要的調控作用。

三、宏觀貨幣政策和宏觀財政政策的結合運用

（一）貨幣政策和財政政策各具特點，應將兩者結合運用

宏觀財政政策和宏觀貨幣政策各具特點，在作用範圍大小、作用猛烈程度、政策效應時滯長短、政策實施所遇阻力大小等方面都各有不同。

首先，從作用範圍看，財政支出政策影響面大，公開市場業務影響的範圍要小一些。其次，就作用猛烈程度而言，宏觀財政政策中，財政支出政策作用比較猛烈，財政收入政策作用比較緩和；貨幣政策中，調整法定準備金率作用比較猛烈，公開市場業務作用比較和緩。再次，從政策效應時滯性看，財政政策從提出方案到政策實施，需要經過比較長的時間，貨幣政策由中央銀行直接決定，從政策決定到實施所需時間較短，就這點來說，財政政策起作用的時間間隔長，貨幣政策起作用的時間間隔短。但是，從政策發揮作用的時間看，財政政策是直接影響消費總量和投資總量，貨幣政策是通過貨幣供應量和利息率的變動間接影響消費總量和投資總量，從這一角度看，貨幣政策起作用所需的時間間隔又比財政政策長。就是同一類政策中，不同政策措施起作用的時間間隔也不一樣，如宏觀貨幣政策中，調整法定準備金率在經濟中作用較快，調整貼現率的作用則較慢。最後，就政策實施所遇阻力看，儘管財政政策和貨幣政策中任何一種緊縮措施的實施都可能遇到阻力，但阻力大小不一樣。財政政策特別是其中增稅和減少政府支出的政策遇到的阻力比較大，貨幣政策遇到的阻力比較小。總體來說，貨幣政策遇到的阻力小於財政政策，而財政政策中增加稅收的阻力會更大一些。

由於財政政策和貨幣政策各具特點，其作用各有優劣，因此，在運用這些政策對經濟進行調節時，就要根據不同政策的不同特點和具體經濟情況，靈活地決定和選擇宏觀經

濟政策,並很好地將多項政策結合起來加以運用,使之能夠揚長避短,更好地發揮調節經濟總水準的作用。

(二)財政政策和貨幣政策的結合運用

宏觀財政政策和宏觀貨幣政策的結合運用,重要的是根據不同經濟形勢採取不同的政策,經濟形勢變化了,經濟政策也要及時變更和調整;同時,要將財政政策和貨幣政策很好地配合使用,根據具體經濟狀況和所要達到的經濟目標,靈活採用不同的政策結合形式,以便既能達到預期政策效果,又能避免某項政策可能產生的負效應。

財政政策和貨幣政策的結合運用大體有如下幾種形式:

1. 擴張性財政政策與擴張性貨幣政策配合使用

這是一種財政貨幣「雙鬆」的政策組合,即增加政府支出、減少政府稅收的財政政策與增加貨幣供應量、降低利息率的貨幣政策配合使用。在有效需求嚴重不足、經濟極度蕭條、需要強有力地刺激總需求時,可以採用這種政策搭配,以使收入擴張作用得到充分體現,盡快實現充分就業條件下的均衡。

2. 緊縮性財政政策與緊縮性貨幣政策配合使用

這是一種財政貨幣「雙緊」的政策,是減少政府支出、增加政府稅收的財政政策與減少貨幣供應量、提高利息率的貨幣政策的結合運用。當需求過度擴張、面臨嚴重通貨膨脹時,可以實行這樣的政策搭配,以使需求收縮作用得到充分體現,迅速抑制通貨膨脹。

3. 擴張性財政政策與緊縮性貨幣政策配合使用

這是「鬆」財政與「緊」貨幣的結合。增加政府支出、減少政府稅收的財政政策同減少貨幣供應量、提高利息率的貨幣政策相結合,目的在於在刺激總需求的同時又不致引起太嚴重的通貨膨脹。經濟滯脹時期常採用這樣的政策搭配。

4. 緊縮性財政政策與擴張性貨幣政策配合使用

這是「緊」財政與「鬆」貨幣的結合運用。將增加政府稅收、減少政府支出的財政政策同增加貨幣供應量、促使利息率降低的貨幣政策結合使用,可以在通過利息率降低促進投資增加的同時,又通過減少政府支出抑制需求過度增長,從而達到在促進經濟增長的同時保持物價相對穩定的目的。這也是經濟滯脹時期常採用的財政政策和貨幣政策搭配。

第三節　宏觀供給管理政策

宏觀財政政策和宏觀貨幣政策都是宏觀需求管理政策。在第二次世界大戰以後的近30間,這些需求管理政策對西方國家經濟發展起了一定促進作用。然而,20世紀70年代中期以來,西方國家普遍出現經濟增長緩慢、失業人數增多同時物價持續上漲的局面。面對經濟滯脹,需求管理政策常常顧此失彼,進退兩難,不能兼顧提高就業水準和消除通貨膨脹的政策目標:刺激需求會使通貨膨脹惡化,抑制通貨膨脹又會使經濟更加蕭條。於是宏觀經濟政策開始從需求管理轉向供給管理,主張從生產要素的投入方面進行宏觀管

理,試圖以宏觀供給管理政策彌補宏觀需求管理政策的不足,達到既提高就業水準、促進經濟增長,又消除通貨膨脹、維持物價穩定的目的。

宏觀供給管理政策是指通過增加要素供給、控制工資和物價上漲以促進經濟增長、避免通貨膨脹的政策。西方經濟學家提出宏觀供給管理政策的初衷是解決經濟滯漲問題。宏觀供給管理政策主要包括收入政策、指數政策和人力政策。

一、收入政策

收入政策又稱為工資－物價管制政策。這是一種為抑制工資或利潤過度增長、避免成本推進使總供給下降的抑制經濟滯脹的政策手段。其基本指導思想是控制工資增長,防止工資增長過快導致生產成本過快增長,以抑制因成本推進、利潤降低、總供給下降而引起的通貨膨脹。收入政策主要包括兩個方面的內容。

1. 實行工資－價格管制

政府以硬性規定方式限制甚至凍結工資與物價,以防止工資增長率過高引起通貨膨脹。這是一種在特殊情況下使用的收入政策。

2. 制定工資－價格指導線對工資和物價增長進行干預調節

政府根據具體經濟情況確定物價和工資的增長限度,以此作為對企業調整工資和產品價格的指導,工會和企業則自願議定,共同遵守控制工資增長率的規定。為保證工資和物價水準不突破政府確定的工資－價格指導線,政府以稅收或其他獎懲措施促使企業接受工資－價格指導線的控制;為保證接受指導線的工人和企業的實際收入不受損害,政府還實行相應的工資保險和基礎收入稅。對遵從工資－價格指導線規範給工人支付工資的企業主,政府給予減稅、免稅或其他獎勵,對違反規定提高工資的企業則課以重稅或罰款,以保證工資－價格指導線不被突破,使工資增長符合宏觀管理要求。除稅收方式外,政府也可以運用勸說方式約束工資增加。

工資－價格管制和工資－價格指導線管理中,政府調控的主要對象是工資。實行這樣的收入政策,目的在於消除勞動力市場的壟斷性質,制止工資的剛性增長,抑制勞動成本過快增長,使企業主增加投資和增雇工人有利可圖,最終達到抑制成本推進的通貨膨脹、促進經濟增長的目的。

二、指數政策

指數政策又叫做收入指數化政策。這是一種把各種收入加以「指數化」,並將收入指數與物價指數掛勾,按照物價指數變動情況調整收入指數的供給管理政策。實行指數政策是為了對付通貨膨脹,減輕通貨膨脹的副作用。

實行指數政策,要求按照物價指數變動情況,對包括工資、債券收益、政府稅收、利息、養老金、保險金以及其他收入在內的總收入指數進行相應調整。物價指數上升,收入指數相應提高,物價指數下降,相應降低收入指數。實行這樣的收入指數政策有助於穩定人們的實際收入,從而保持實際購買力和社會需求穩定。

西方經濟學家認為,將收入指數和物價指數掛勾並按照物價指數對收入指數進行相應調整,可以抵消物價波動對收入的影響,降低非預期通貨膨脹對於收入和財富的再分

配效應,消除通貨膨脹帶來的收入不平等現象,剝奪各級政府從通貨膨脹中撈取非法利益的機會,從而杜絕政府搞人為通貨膨脹的動機。然而在實際經濟生活中,指數政策效應並不如預期的那樣理想。由於這種政策旨在與通貨膨脹共處,只為緩解通貨膨脹壓力和減輕其副作用,因此,對於消除通貨膨脹來說,指數政策效果有限,它只能在一定程度上限制而不能消除通貨膨脹。

此外,指數政策也存在實際應用方面的困難。其一,經濟從現存系統轉換到指數化系統,有一個轉換時機的選擇和以什麼樣的物價指數為標準的問題;其二,實行指數政策需要制定相應的措施對指數化體系進行管理,這樣會增加管理費用支出,只有在通貨膨脹率較高時實行指數政策管理才比較合算。

三、人力政策

人力政策又叫就業政策或勞動市場政策。這是一種通過一系列政策措施為失業工人提供就業機會以增加勞動要素投入的供給管理政策。實施人力政策,旨在增強勞動力的流動性和就業能力,消除由勞動市場不完全性引起的非自願失業,減輕政府擴張總需求導致通貨膨脹的壓力。

人力政策具體包括四個方面的內容:

(1)取締或減少對就業和轉業的限制,為勞動者充分就業提供寬鬆的政策環境。

(2)開展職業培訓,提高勞動者就業能力。政府採取措施甚至撥出專款,對素質差或技術結構不良的工人進行培訓和再培訓,使其勞動能力增強,適應就業需要。

(3)開展求職指導,為勞動者就業提供服務。這包括向勞動者提供就業信息、給予求職指導、幫助勞動者遷移他處謀求新的就業機會等內容。

(4)鼓勵發展勞動密集型行業,為勞動者提供更多機會。

實施人力政策,將使不適應雇主要求的工人和失業者有機會重新受到職業培訓,或遷移到適合他們就業的地點去就業,所以人力政策被認為是可以解決結構性失業的政策,被當成宏觀供給管理的一種政策加以使用。

【本章小結】

1. 宏觀經濟政策主要由宏觀需求管理政策和宏觀供給管理政策構成。宏觀需求管理政策主要包括宏觀財政政策和宏觀貨幣政策。

2. 宏觀財政政策是指政府所採取的財政收入和財政支出政策。其中財政收入政策主要是指稅收政策,財政支出政策主要包括政府購買、政府公共工程支出和政府轉移支付等政策。經濟蕭條時期可實行擴張性財政政策,經濟過熱、通貨膨脹時期可實行緊縮性財政政策。政府根據具體經濟情況實行的財政政策是斟酌使用的財政政策,在經濟中自動發揮穩定經濟活動水準作用的財政政策是經濟的自動穩定器。斟酌使用的財政政策運用得當可以獲得顯著的政策效應。但是,斟酌使用的財政政策也存在局限性。

3. 宏觀貨幣政策是為達到一定經濟目標,政府通過中央銀行控制貨幣供應量、影響

利息率及信貸規模，從而實現對總需求的調節、以影響社會經濟活動水準的政策。宏觀貨幣政策主要包括公開市場業務、調整貼現率、調整法定準備金率三項內容。此外，西方國家還實行一些輔助性貨幣政策以促進貨幣政策目標的實現。經濟蕭條時期政府可實行擴張性貨幣政策，通貨膨脹時期可實行緊縮性貨幣政策。

4. 財政政策和貨幣政策各具特點，其作用各有優劣。在運用這些政策對經濟進行調節時，最好是將財政政策和貨幣政策配合使用，使兩者能揚長避短，更好地實現宏觀經濟目標。

5. 宏觀供給管理政策是從生產要素的投入方面進行宏觀管理，通過增加要素供給促進經濟增長、避免通貨膨脹的宏觀經濟管理政策。宏觀供給管理政策主要包括收入政策、指數政策和人力政策三項內容。經濟滯漲時期可採用供給管理政策。

【思考題】

1. 宏觀財政政策的內容及其運用情況如何？
2. 經濟的自動穩定器作用及其構成情況如何？
3. 說明貨幣政策工具及其作用原理。
4. 擴張性貨幣政策與緊縮性貨幣政策的區別何在？
5. 為什麼要將財政政策和貨幣政策配合使用？
6. 財政政策和貨幣政策配合使用的方式及其運用情況如何？
7. 宏觀供給管理政策主要包括哪些內容？

【綜合案例1】

白宮的經濟政策

凱恩斯主義在當代美國各個階段的經濟政策制定方面都具有重要的影響和作用。凱恩斯主義經濟學的核心是就業理論。凱恩斯認為，資本主義之所以存在非自願失業，原因在於有效需求不足。要實現充分就業，促進經濟增長，政府必須對經濟進行干預和調節。這種主張政府干預經濟的凱恩斯主義經濟理論在美國的經濟政策中得到了很好體現。

1. 20世紀30年代的羅斯福新政

凱恩斯主義是20世紀30年代羅斯福新政的理論基礎。凱恩斯的《通論》出版後，羅斯福新政幾乎全面採納了凱恩斯的政策主張，如通過赤字財政政策擴大政府消費，政府舉債救濟失業，修建大型公共工程，通過貨幣政策調節利率。隨著赤字財政政策的貫徹實施，美國經濟逐漸復甦，但與此同時財政赤字卻越來越大。

2. 20世紀40～60年代的美國經濟政策

第二次世界大戰以後，在擴展凱恩斯主義和融合新古典經濟學的基礎上，美國形成了以薩繆爾森為代表的新古典綜合派。新古典綜合派的經濟理論成為戰後美國政府干預經濟的理論基礎。在總需求方面，新古典綜合派採用凱恩斯主義的觀點，主張在市場經濟無法實現充分就業時，國家要運用宏觀需求管理政策對社會總需求進行調節，同時輔之以貨幣政策，通過貨幣供給量的增減影響利率和投資，進而影響總需求；在總供給方面，

新古典綜合派在短期採取凱恩斯主義的觀點,長期則採取新古典經濟學的觀點。新古典綜合派的代表人物漢森、薩繆爾森、托賓、莫迪里安尼、奧肯等先後在戰後歷屆美國政府中擔任過總統經濟顧問委員會委員,因此在第二次世界大戰結束後的20年時間裡,美國經濟政策主要採用新古典綜合派的主張,如1946—1961年間實施「補償性財政政策」,肯尼迪執政時曾實行以刺激經濟連續增長為目標的長期預算赤字財政政策。

3. 20世紀70～80年代的經濟政策

20世紀70年代,西方國家出現嚴重經濟「滯脹」。在這種情況下,美國的經濟政策由宏觀需求管理轉向宏觀供給管理。里根政府實行了一系列宏觀供給管理政策,包括大幅度降低個人所得稅和企業稅,實行「稅制改革」,刺激消費和投資的增加,以增加供給;減少聯邦政府支出,減少財政赤字;放鬆對企業的管制,提高企業自由化程度以促進投資。這些來自於新自由主義經濟學派的政策主張實施的結果,卻出現連供給學派也無法解釋的巨額財政赤字。

4. 20世紀90年代美國「新經濟」中克林頓的經濟政策

在里根和布什當政的12年裡,美國財政赤字不斷增加,1992年高達2390億美元。在這種情況下,克林頓實施以削減財政赤字為核心內容的經濟政策。克林頓經濟政策包容了凱恩斯主義和供給學派的經濟政策主張,具體包括四個方面內容:① 將公共支出和私人開支的重點從消費轉向投資,在短期內啟動經濟,並對未來美國人的就業和收入進行投資;② 尊重工作與家庭;③ 大幅度減少聯邦財政赤字;④ 減少政府開支,減少浪費,提高效率。克林頓政府依靠增收節支的手段減少聯邦財政赤字,同時配合擴張性貨幣政策,最終促成美國經濟在「20世紀90年代高增長、高就業和低通脹」。

資料來源:根據相關資料編寫。

【討論題】

20世紀30年代以來美國的經濟政策歷程說明什麼?

【綜合案例2】

中國經濟中財政政策和貨幣政策的配合使用

1988—1996年,中國宏觀經濟運行經歷了由經濟過熱、通貨膨脹到經濟增長率下降、經濟不景氣的幾度起伏。根據各個時期經濟運行的具體情況,中國在宏觀經濟政策選擇上採用了不同的財政政策與貨幣政策組合。①1988年9月～1990年9月,實行緊財政緊貨幣的「雙緊」政策搭配;②1990年9月～1991年12月,採用緊財政與鬆貨幣的政策組合;③1992年1月～1993年6月,採用鬆財政鬆貨幣的「雙鬆」政策搭配;④1993年7月～1996年底,實行適度從緊的財政和貨幣政策。這些政策的實行,有效地促進了中國經濟的持續高速增長。

【討論題】

1. 中國不同時期採用不同的財政貨幣政策組合說明什麼道理?
2. 對中國目前面臨的內需不足但同時又存在通貨膨脹的情況應採取什麼措施?

第十四章　開放經濟中的宏觀經濟

【學習目標與要求】

瞭解國際貿易的相關理論及其對一國經濟發展的啟示，瞭解進出口貿易對一國宏觀經濟的影響原理；掌握匯率和國際收支的基本原理以及匯率變得對國際收支、進而對一國宏觀經濟的影響；掌握開放經濟條件下的 IS－LM 模型以及宏觀經濟的調節機制。

【學習重難點】

進出口貿易對一國宏觀經濟的影響原理，匯率和國際收支的基本原理以及匯率變得對國際收支、進而對一國宏觀經濟的影響。
1. 國際貿易的相關理論
2. 貿易條件和自由貿易的障礙
3. 國際收支和國際收支不平衡的調節
4. 國際收支函數的推導（BP 線）

第一節　國際貿易與一國經濟

隨著資本主義世界市場的形成和日益擴大，國際經濟關係日益密切。在這種情況下，一國經濟運行不僅受本國經濟因素、經濟政策的影響，而且要受國際經濟活動的影響。因此研究一國的宏觀經濟運行，不能忽視國際經濟對本國的影響，需要研究國際貿易、國際金融對一國經濟的影響。

一、國際貿易的相關理論

對於國際貿易的基礎，資產階級經濟學家曾經提出了多種理論和學說進行解釋。其中影響較大的有絕對利益論、比較利益論和資源賦予論。這些理論具有共同點，它們都是從考察物與物的交換關係來說明國際分工——國際貿易能給貿易雙方帶來貿易利益，以此作為論證國際貿易的基礎。同時，這些理論具有共同的假定條件：① 進行貿易的兩個國家的進出口及國際收支是平衡的；② 兩個國家國內的生產要素都處於「充分利用」的狀態；③ 商品在兩國間自由流動，但生產要素在國與國之間不能流動。

(一) 亞當·斯密的絕對利益論

1. 斯密經濟學說的基本思想

亞當·斯密是英國古典經濟學的創始人。在其代表作《國民財富的性質和原因的研究》一書中，斯密強調：人們追求個人利益的強大動力將使資源得到最有效的使用，從而促使分工發展；他主張對內實行自由放任政策，對外實行自由貿易政策。斯密的這一主張建立在其「地域分工論」或「絕對成本論」基礎之上。

所謂絕對成本論，是指在某一商品的生產上，一國所耗費的勞動成本絕對低於另一國，在生產效率上佔有絕對優勢。斯密絕對成本說的建立是以對重商主義經濟學說的批評開始的。在對重商主義經濟學說的批評中，斯密闡述了他關於國民財富性質和原因的三個基本觀點：第一，一國真實財富以生產的商品和勞務來衡量。貨幣除了購買商品以外，沒有其他用途，因此，一個真正繁榮昌盛的國家是通過貿易擴大生產的國家，而非限制貿易守住金銀財富的國家。第二，必須減少政府的作用。只有減少政府的作用，國民經濟才有可能迅速發展。因為在自由放任政策下，個人尋求自己的經濟利益的結果，是不自覺地符合於社會的最大利益。第三，企圖通過持續順差為本國累積金銀的做法是徒勞的。斯密認為，如果一國長期保持貿易順差，金銀會源源不斷地流回本國，但是，在商品供應量一定的情況下，商品與貨幣的比例關係將受到破壞，從而使價格趨於上漲。價格上漲一方面會導致本國商品成本增加，使本國貨物在國外的吸引力降低，出口減少；另一方面，本國商品價格上漲導致外國貨在本國的價格相對便宜，因而進口增加，這將使本國貿易順差減少，甚至出現逆差，此時必須用金銀償付差額，於是金銀外流。因此，通過持續順差實際上無法為本國累積金銀。

2. 斯密的國際貿易理論

基於上述理論觀點，斯密提出了他的國際貿易理論。其國際貿易理論主要包含以下三方面內容：

(1) 人類的天然傾向產生分工。斯密認為，分工是提高勞動生產率、增加國民財富的重要途徑。而分工的產生，是由「人類的本性」所體現的一種互通有無、互相交易的交換傾向決定的。人類的交換傾向產生分工，分工會增進社會勞動生產力。對此他以制針為例加以說明。制針共有 18 種操作，進行分工生產，一人一天可制針 4800 枚。若「他們各自獨立工作，不專習一種特殊業務，那麼，他們不論是誰，絕對不能一日製造 20 枚針，說不定一天一枚針也製造不出來。」可見分工使效率提高了。

(2) 國際分工應該建立在一個國家所擁有的先天性的自然優勢或者是後天的技術優勢基礎之上。斯密認為，超乎人力範圍的先天性的自然優勢是一些相對固定狀態的優勢，在生產某種特定產品時，其作用巨大，缺乏該優勢的國家應該向其進口而非製造某種特定產品。各國應根據自然資源最有利的條件，形成對本國最有利的生產的「自然分工」。在這種地域分工的基礎之上，國際貿易便會發生。

(3) 主張自由貿易。斯密認為自由貿易能夠促進生產的發展和產量的增加。他認為，一切限制貿易自由的措施都會影響分工發展，不利於社會利益的增長。通過自由放任政策和自由貿易，依靠市場這只「看不見的手」的自發調節，能夠實現最大的貿易收益。

3. 斯密理論的意義

斯密的絕對成本說表明，一國應生產和出口那些在本國進行生產比較有效率的商品，進口在國外進行生產較之各自在閉關自守時交換更多的商品量的商品。該理論為擴大世界貿易奠定了理論基礎。然而，絕對成本論只說明了國際貿易中的一種特殊情形，即在生產上各具絕對優勢地位的國家參加國際分工和國際貿易能獲得利益，卻不能解釋國際貿易的普遍規律。

(二) 大衛・李嘉圖的比較利益論

大衛・李嘉圖是英國古典政治經濟學的完成者。他於 1817 年出版了著名的《政治經濟學及賦稅原理》。在該書中，李嘉圖發展了斯密的國際分工學說，提出了比較成本理論。其比較成本理論成為西方發達國家主流派貿易理論的「基石」。

1. 李嘉圖的自由貿易學說

李嘉圖繼承和發展了斯密的自由貿易學說。李嘉圖認為，在貿易自由的制度下，追求個人利益可以和客觀上帶動社會利益發展一致。他在其他代表作中寫道：「在商業完全自由的制度下，各國都必然把它的資本和勞動用在最有利於本國的用途上。這種個體利益的追求很好地和整體的普遍幸福結合在一起。」

2. 比較成本理論

為了論證自由貿易的優越性，李嘉圖提出了著名的比較成本論。所謂比較成本理論，就是由兩國間產品的勞動成本來決定一個國家應該生產和交換哪種產品的理論。

按照斯密的絕對成本學說，貿易雙方輸出的商品一定是生產上具有絕對優勢的商品。問題是，在現實生活中，假如一個國家生產落後，缺乏有成本優勢的產品，該國能否參加國際分工與貿易？對此，李嘉圖做出了肯定的答復。他舉例說：「如果兩人都制鞋和帽，其中一人在兩種職業上都比另一個人強一些，不過制帽子時只強 1/5 或 20%，而制鞋時則強 1/3 或 33%，那麼這個較強的人專門制鞋，而那個較差的人專門制帽，豈不是對雙方都有利麼？」他以英國和葡萄牙生產兩種產品的能力來論證其比較成本學說。

從成本的比較可以看出，葡萄牙生產兩種產品的成本都比英國的低，毛呢成本僅為英國的 0.9，酒的成本僅為英國的 0.67，在兩種產品的生產上均處於優勢。但進一步比較可以發現，葡萄牙生產酒的成本最低，優勢最大，所以葡萄牙應該專門生產酒。相反，英國在這兩種產品的生產中都處於劣勢，但是，比較而言，生產毛呢的不利程度較輕，因此英國可以專門生產毛呢，然後用毛呢交換葡萄牙的酒。這就是「兩利取其重，兩劣取其輕」的分工和貿易原則。作了這種分工並進行交換後，兩國都比同時生產兩種產品獲得更大利益，這就是「比較利益」。分工後，英國共生產 100 + 120/100 = 2.2 單位毛呢，比分工前世界 2 單位的毛呢總產量增加了 0.2 單位；葡萄牙酒產量為 80 + 90/80 = 2.125 單位，比分工前的產量 2 單位增加了 0.125 單位。

上述例子告訴我們，在總勞動量未變的情況下，兩國產量由於國際分工而增加，從而兩國消費量也會增加。

比較成本理論向人們揭示了這樣一個道理：每一個國家都有自己的相對優勢或劣勢，各國揚長避短，集中生產自己具有比較優勢的產品並將其用於國際貿易，就能從中獲

得更多利益。

(三) 俄林的資源賦予論

俄林在 1933 年出版的代表作《區際貿易與國際貿易》中，完成與發展了老師赫克歇爾設想，提出了完整的國際貿易理論。

俄林的國際貿易理論體系宏大，結構嚴謹。就基本內容而言，其國際貿易理論包括以下兩方面內容。

1. 國際貿易產生的原因(資源賦予說)

俄林國際貿易理論的價值論基礎是一般均衡論。按照「相互依存的定價原理」，俄林認為，在一個區域或一個國家內，決定商品需求的因素有兩個，一是消費者的慾望、要求、愛好；二是生產要素所有權的分配狀況引起的個人收入的差異。決定供給的因素也是兩個：一是生產要素擁有量的情況，即資源賦予量；二是生產的物質條件，即技術水準。決定供給的兩種因素與決定需求的兩種因素共同作用，在一段時間內決定著一個地區或一個國家所有商品價格和生產要素的價格。而區域或國際貿易發生的直接原因是商品價格的國際絕對差異。

商品價格的國際絕對差異是指同種商品價格用相同貨幣表示時仍存在的差異。而商品價格的國際絕對差異又是因為商品的地區或國家間的價格相對差異產生的。這種商品價格的相對差異則由上述決定商品供求的四種基本因素構成。

俄林根據其「定價原理」分析引起各國勞動成本差異的原因。他首先假定各國四個因素中的生產物質條件一樣，即生產同類商品所用的要素一樣，這樣，兩國同種商品價格存在差異的原因就在於兩國的商品需求情況和生產要素供應量方面的差異；接著，俄林又假定各國的需求一樣，這樣，各國之所以還發生貿易往來，就是因為生產要素的擁有量即資源賦予的不同，這時，各國生產同種商品勞動生產率的差異就來源於資源賦予的不同。

在各國資源賦予不同，即各國擁有各種基本生產要素的數量、比例不同的情況下，一國使用擁有量豐富的生產要素生產某種產品，該產品的成本就會比較低。國際貿易的發生是以各國生產要素賦予的多少不同為基礎的。經過論證俄林得出結論：「貿易的首要條件是某些商品在某一地區生產要比別一地區便宜。在每一個地區，出口品中包含著該地區比在其他地區擁有的較便宜的相對大量的生產要素，而進口別的地區能較便宜地生產的產品。簡言之，進口那些含有較大比例生產要素的便宜的商品。」也就是說，俄林認為，各國應集中生產自己擁有較豐富資源的，從而成本、價格比價低的商品，並將這種商品與他國生產的要素量多、價格較低的商品進行交換，即將自己的產品用於參與國際貿易。

2. 國際貿易的影響(生產要素價格均等化定理)

俄林不僅論證了國際貿易產生的原因，還分析了國際貿易對貿易參加國的經濟影響。俄林認為：「貿易最直接的後果是各地商品的價格趨於一致。」

俄林認為，商品的流動在一定程度上可以代替生產要素的流動，拉平各國間的要素價格。如擁有豐富勞動力要素的甲國，主要生產和出口密集使用該要素的產品，這將使市場上對勞動力需求增大，勞動力的價格 — 工資上升，相對而言，對稀缺的資本需求量減少，資本的價格 — 利率略降；而擁有豐富的資本要素的乙國，也因為主要生產和出口密集

使用資本要素的商品而使市場對資本的需求增加,從而引起利率上升,勞動力價格——工資下降,於是,貿易的結果就使兩國勞動和資本這兩種要素的國內價格趨於相等。

國際貿易帶來的要素價格均等化將給貿易參加國帶來如下影響:第一,使生產要素得到更有效的利用,從而提高生產效率,增加產品數量。第二,將使各國收入分配均等化。要素價格均等化會引起生產要素相對報酬的變動,從而使要素所有者的收入發生趨向於均等化的變化。

資源賦予理論是現代國際貿易理論中最重要的基礎理論之一,是國際貿易的重要理論基礎。

(四)第二次世界大戰後國際貿易理論的發展

第二次世界大戰後,西方國際貿易理論的發展與里昂惕夫對赫——俄模式進行驗證而引起的「里昂惕夫之謎」具有密切聯繫。

根據資源賦予論,資本資源比較豐富的國家應該出口使用較多資本生產的資本密集型商品,勞動力資源比較豐富的國家應該出口勞動密集型商品。美國是一個資本比較豐富、勞動資源比較缺乏國家,按照資源賦予論的判斷,美國應出口資本密集型商品、進口勞動密集型產品。美國經濟學家里昂惕夫研究了美國200個行業特別是其中直接進行對外貿易的行業之後發現,美國進口替代商品的資本密集程度高於出口商品的資本密集程度,而出口商品的勞動密集程度反而高於進口替代商品。這一結果顯然是與資源賦予論的判斷相矛盾,這個矛盾就是著名的「里昂惕夫之謎」。

里昂惕夫認為,之所以出現「里昂惕夫之謎」,可能是同由於美國企業管理水準較高,工人所受教育訓練較好,因而美國工人的效率和技能比其他國家工人高人約3倍的結果。因為如果勞動力數量以效率中位來衡量,把美國的勞動力乘以3,則美國是勞動力相對豐富、資本相對缺乏的國家,因而出口勞動密集型產品、進口資本密集型產品也是合理的。

根據里昂惕夫的解釋,有的經濟學家提出人力技能理論來解釋「里昂惕夫之謎」。他們認為,根據勞動技能的不同,可以把勞動分為熟練勞動和非熟練勞動。從生產商品所使用的勞動來看,美國生產出口商品使用的熟練勞動比進口替代品所使用的熟練勞動的多,這說明美國出口的是技能密集程度較高的商品。由於人的勞動技能也是一種資本——人力資本,使用較多勞動生產的商品也是資本密集型商品,因而美國出口商出口仍然是資本密集型商品,這與資源賦予論的判斷並不矛盾。

第二次世界大戰後西方國際貿易理論是對赫——俄模式的進一步發展。它說明資源賦予論把生產要素歸結為兩類——資本和勞動的同時,還應該考慮勞動質量的差別,即勞動的熟練程度和技術水準等因素的差別,才能更好地分析和說明貿易的流向。

二、貿易條件和自由貿易的障礙

(一)貿易條件

上述國際貿易理論說明,如果每個國家都按自己的比較利益條件參與國際分工——國際貿易,必將增加商品總量並給貿易雙方帶來貿易利益。但它並未說明由實行國際分工而增加的商品量(即總的貿易利益)在貿易國之間是如何分配的。為此,西方經

濟學通過對貿易條件的分析來說明貿易利益的分配問題。

所謂貿易條件，是指兩種商品的交換比率。從一個國家來看，這種交換比率就是為了得到一單位的進口商品必須輸出的出口商品量，其計算公式為：

貿易條件 ＝ 出口商品量／進口商品量

貿易條件反應的是用出口商品量來衡量的進口商品的機會成本。例如，A 國國內生產一單位布匹的機會成本是 1.67 單位的小麥，如果 A 國根據貿易條件向 B 國出口小於 1.67 單位的小麥即可換回一單位布匹（也就是 $\frac{出口小麥量}{進口布匹量}$ ＜ 1.67）時就願意出口小麥；反之，如果 A 國必須出口大於 1.67 單位的小麥才能從 B 國換回一單位布匹（即 $\frac{出口小麥量}{進口布匹量}$ ＞ 1.67），就不願意出口小麥，因為它在國內也可以用 1.67 單位的小麥成本生產一單位布匹。如果 B 國在國內生產一單位布匹的機會成本是 0.5 單位小麥，則 B 國只有在出口一單位布匹能換回大於 0.5 單位小麥的情況下才願意同 A 國交換。總之，A 國和 B 國都只有在它們所進口商品的機會成本小於該種商品在國內生產時的機會成本時，才願意互相交換，並從中獲得貿易利益。

在國際貿易的實際交換中，由於涉及的商品很多，不可能按實物量來分析其貿易條件，因此貿易條件以價格指數來表示。用公式可以表示為：

貿易條件 ＝ $\frac{出口商品的平均價格指數}{進口商品的平均價格指數}$ ×100

如果由於出口商品價格指數上升或進口商品價格指數下降，使貿易條件的指數增大，這說明貿易條件改善。因為這意味著同以前相比，只需要出口較少的商品就可以換回同量的進口商品，或者說出口同樣的商品可以換回更多的進口商品。反之，如果出口商品價格指數下降或進口商品價格指數上升使貿易條件指數下降，說明貿易條件惡化或向不利方向發展。

至於兩國間實際的貿易條件即兩種商品的交換比率，則取決於商品的供求關係。在對布的需求不變情況下，如果兩國對小麥的需求都增加，小麥的價格將上升，這意味著用價格指數表示的貿易條件對 A 國將改善。這時出口同量的小麥將換回更多的布匹，小麥和布匹的實物交換比率將向下限靠近（即進口一單位的布只需要出口更少的小麥）。如果小麥的需求不變，布匹的需求增加，布匹價格上升，這意味著 A 國貿易條件將「惡化」。這時，A 國進口一單位布需要出口更多的小麥，小麥和布匹的實物交換比率將向上限靠近。當 A 國的貿易條件發生上述變化時，B 國的貿易條件則向反方向變化。隨著兩國間貿易的不斷進行，當貿易條件有利於 A 國出口小麥時，A 國將擴大向 B 國的出口，在 B 國，小麥的相對價格就會下降；反之，當貿易條件有利於 B 國出口布匹時，B 國將擴大向 A 國出口，布匹的相對價格在 A 國將下降。如果不考慮運輸費用又沒有關稅，最終小麥和布匹的比價在兩國會趨於相等。但具體的比價為多少，則取決於實際的供求關係。

具體來說，影響貿易條件的供求因素主要有以下兩個方面：

1. 需求條件的變化

技術發展、人口增長等因素引起對某種商品需求增加，工業生產變化引起對原料需

求變化等等，將引起相應商品價格上升，從而改善出口該商品國家的貿易條件。總之，某種商品需求條件變化將導致商品出口國貿易條件與需求條件同方向變化，而進口商品國的貿易條件則與之呈反方向變化。

2. 供給條件的變化

技術改進引起產量的增加，政治動盪和戰爭等引起商品供給量減少等等，都會對一國貿易條件產生影響。某種商品給條件將導致該商品出口國貿易條件與供給條件的反方向變化，而進口國貿易條件則與之呈同方向變化。

(二) 自由貿易的障礙

比較利益理論所闡述的國際分工——國際貿易必然帶來貿易利益的結論是以自由貿易為前提的。但實際上所有國家都不同程度地實行了一些妨礙商品自由流動的保護性政策和措施。阻礙自由貿易的因素主要有幾下幾方面：

1. 關稅政策

關稅政策是指對進口商品徵稅。對進口商品徵收關稅具有阻礙進口商品自由進入和保護本國同類商品免遭進口商品競爭的作用。自由貿易論者認為，徵收關稅不利於國際分工和國際貿易利益的實現，同時會加重國內消費者的負擔，不利於國內生產效率提高。

2. 規定進口限額

實行進口限額制會導致被限額商品價格上升，影響進口國公眾的實際消費水準，並使國內的資源不能真正用於最有效率的部門。

3. 外匯管制

外匯管制是指對外匯收入、指出進行嚴格管理，規定外匯的收入和支付必須交由給政府或政府指定的代理機構辦理，同時這種管制還規定一切商品只有在獲得政府發給的許可證之後才能進口。這樣一來，哪些商品能進口完全由政府決定，而不是由自由貿易的市場來決定。實行外匯管制不利於合理國際分工——國際貿易格局的形成和發展。

4. 對某些商品實行禁運

禁運是指政府規定完全不準某些商品進口或出口。這種措施會妨礙商品在國與國之間自由流動，影響國際分工——國際貿易發展，影響貿易利益的實現。

一個國家究竟應該實行自由貿易，還是應該對國際貿易進行阻礙、控制，一直是經濟理論和經濟實踐中爭論不休的問題，自由貿易與貿易保護之爭至今沒有停歇。

第二節　　國際金融與一國經濟

一、匯率與國際收支

(一) 匯率的決定與變動

1. 匯率(Foreign－Exchange Rate) 的決定

以上對於國際貿易問題的分析，都是以物物交換為基礎的，即使在談到貿易條件時

涉及的交換比價,也是假定以同一種貨幣(如美元)來表示的。實際上,當代國際貿易一般都是通過貨幣媒介進行交換的。但是,每個國家都有自己的貨幣,而且每個國家的出口企業在出口商品時,最終是要求得到按本國貨幣計價的支付。在這種情況下,國際貿易必然涉及不同貨幣之間的兌換問題,一個國家的貨幣與其他國家貨幣之間的兌換比率就是匯率。一般來講,匯率是指用本國貨幣數量來表示單位外國貨幣的價格,例如對美國來講,1英鎊 = 4.8665 美元就是用本國貨幣美元的數量來表示 1 英鎊的價格,這一兌換比率就是美元與英鎊的匯率。

不同情況下,匯率的決定方式不同。在金本位制制度下,各國貨幣之間的兌換比率由貨幣的含金量決定,兩種貨幣的含金量之比就是這兩種貨幣的基準。在金本位制條件下,各國貨幣具有固定的匯率。

在貨幣與黃金脫鈎後,貨幣匯率的決定方式發生變化。一些西方經濟學家認為,這種情況下兩國貨幣間的匯率是由兩國貨幣的購買力決定,而一國貨幣購買力取決於其物價水準,因此,兩國貨幣的匯率有兩國物價水準的比率決定。例如,一組有代表性的貨物在美國值兩美元,而在英國值一英鎊,那麼,美元和英鎊的匯率就是 £ 1 = $2。

貨幣購買力是決定匯率的基本因素,此外,一國的外匯供求關係也是決定匯率的重要因素。假設外匯市場是完全競爭市場,下面以英鎊市場上英國和美國商品進出口引起的英鎊供求關係變化為例來說明英鎊匯率的決定。

在英鎊市場上,英鎊的需求者是美國進口商,他們為了從英國進口商品必須購買英鎊支付給英國的出口商;英鎊的供給者則是英國進口商,他們必須出售英鎊換取美元才能從美國購買商品。在英國進口商進出商品所形成的英鎊供給量一定的情況下,美國進口商對英鎊的需求,將導致英鎊匯率上升,反之則會使英鎊匯率下降。從供給方面看,英鎊的供給量與英鎊的匯率呈反方向的變化。在美國進口商對英鎊的需求不變的情況下,英國進口商進出美國商品所形成的英鎊供給量增加,會導致英鎊匯率下跌,反之則引起英鎊匯率上升。當對英鎊的需求和供給相等時,英鎊供給曲線和需求曲線的交點決定的匯率就是均衡匯率,如圖 14 - 1 所示。

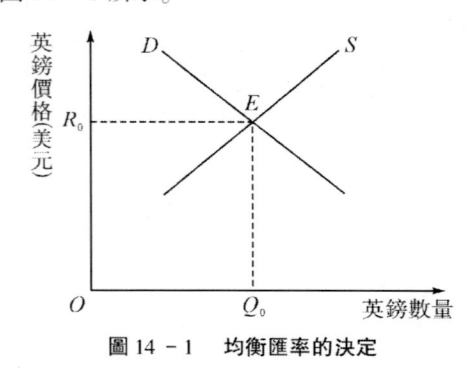

圖 14 - 1　均衡匯率的決定

圖 14 - 1 中,橫軸計量英鎊的需求量和供給量,縱軸計量購買一英鎊的美元數,也就是英鎊的匯率,D 為英鎊的需求曲線,S 為英鎊的供給曲線。D 和 S 的交點 E 所決定的匯率 R_0 就是均衡匯率。在不等於 R_0 的其他任何匯率水準,都將因 $D \neq S$ 而導致匯率變動。可

見，外匯的供求關係是決定匯率的重要因素。

外匯供求會影響和決定匯率，而決定外匯供求的因素多種多樣。一種外匯的需求和供給，受包括進出口貿易在內的多種因素決定。對一個國家來說，外匯（Foreign Exchange），是指一個國家對另一個國家擁有資金要求權的所有貨幣憑證，它包括外國貨幣和以外國貨幣表示的支付憑證（如支票、匯票、期票等）。在外匯市場上，任何需要本國人（包括私人、企業和政府）向外國支付外匯的行為，都意味著對外匯的需求；任何需要外國人（包括私人、企業和政府）向本國人支付本國貨幣的行為，都意味著對外匯的供給（外國人必須提供外幣兌換本國貨幣），因此，決定一個國家對某種外匯需求的因素主要有（以美國對英鎊的需求為例）：①本國從外國進口商品和勞務的數量；②本國給持有本國證券的外國人支付利息或股息的多少；③本國對外國的貸款和投資數額。相應的，決定一個國家外匯供給的因素主要有：①外國從本國進口商品和勞務的數量；②外國給持有外國證券的本國人支付利息或股息的數額；③外國對本國貸款和投資的數額。上述因素發生變化，會引起一國外匯供求關係的變化，從而引起外匯匯率變化。

2. 匯率的變動

任何貨幣匯率都是可以變動的。影響和決定匯率的因素發生變化，匯率就會發生變動。具體說，引起匯率變動的因素主要有以下幾個方面：

(1) 外匯供求關係。外匯供求關係是引起匯率變動的重要原因。在其他條件不變的情況下，外匯需求增加將使外匯匯率上升，反之則外匯匯率下降；外匯供給減少將使外匯匯率上升，反之則會使外匯匯率下降。

(2) 物價水準。在兩國之間，如果一國價格水準或通貨膨脹率比另一國高，則該國貨幣匯率就會下降，相應的則是外國貨幣匯率上升；相反，如果一國物價水準較大幅度下降即發生通貨緊縮，則該國貨幣升值，這樣，本幣匯率將上升，外匯匯率則下降。

(3) 國際資本流動。國際資本流動將使資本輸入國的貨幣升值，使資本輸出國的貨幣貶值，由此引起資本輸入國貨幣匯率上升，資本輸出國貨幣匯率下跌。

3. 匯率變動對一國經濟的影響

一國貨幣匯率變動會對該國對外經濟、國內經濟產生方方面面的影響。匯率變動首先影響一國對外貿易。外匯匯率上漲有利於本國商品出口，不利於外國商品進口，從而有利於擴大本國總需求；反之，外匯匯率下降則會抑制本國商品出口，刺激外國商品進口，因此會使本國總需求收縮。其次，從國際資本流動看，外匯匯率上漲會促進外國在本國的實物投資，有利於外國資本輸入；相反，外匯匯率下跌則不利於實物形式的外國資本的流入。再次，從對國內經濟的影響看，外匯匯率上漲會促使國內物價水準降低，同時有利於國內生產發展，就業水準提高，國民收入增加；反之則相反。

(二) 國際收支和國際收支不平衡的調節

1. 國際收支

國際收支（Balance of Payments）是指一個國家與其他國家之間在一年內發生的貿易和非貿易的收入總額和支出總額。它全面地反應在一年內流進和流出一個國家的一切項目的貨幣價值。一個國家的國際收支項目通常分為以下三大類：

（1）經常項目（或往來帳戶）。其包括一個國家在商品、運輸、利息、股息等方面的流入和流出。

（2）資本流動。其包括私人、企業和政府的資本流入和流出。

（3）黃金和儲備資產的流動。這是一國國際收支均衡狀況的集中標誌。如果國際收支出現盈餘，則黃金和儲備資產增加；如果國際收支出現赤字，則黃金和儲備資產減少。

在國際收支平衡表上，收入和支出額總是相等的。因為當經常項目和資本項目的收支出現不平衡時，政府將通過增加或減少黃金和儲備資產來抵消前兩個項目出現的盈餘或赤字，或通過借外債來保持國際收支平衡。但是，一國國際收支常常是不平衡的。經常項目和資本項目的收入總額小於支出總額稱為國際收支逆差，相反，經常項目和資本項目的收入總額大於支出總額稱為國際收支順差。

2. 國際收支不平衡對一國經濟的影響

國際收支不管是出現大量而持續的順差還是逆差，對一個國家經濟發展都是不利的。

（1）國際收支順差的影響。當一國國際收支出現大量而持續的順差時，將導致外匯匯率下跌、本幣匯率上漲，從而不利於本國商品的出口而有利於外國商品的進口；同時，國際收支大量順差帶來的外匯儲備過多會使本國貨幣數量增加，導致國內通貨膨脹；此外，本國大量而持續的國際收支順差將給相關國家造成國際收支赤字，從而引起本國與其他國家之間的貿易摩擦，不利於本國對外經濟關係順利發展。

（2）國際收支逆差的影響。如果一國出現大量而持續的國際收支逆差，由於進口是國民收入的漏出和收縮力量，因此，大量而持續的國際收支順差勢必降低一國的國民收入水準，影響充分就業的實現；同時，大量而持續的國際收支逆差將使本國的黃金和儲備資產大量外流或對外大量負債，這對一個國家金融和經濟的穩定都是不利的。因此，西方國家把實現國際收支平衡作為政府宏觀經濟政策的目標之一。

3. 國際收支不平衡的調節

西方經濟學認為，當國際收支逆差是由於購買進口原料和資本設備引起的時候，對此可不必憂慮。因為這種逆差可以通過國內利用進口原料和資本設備增加生產和出口來解決。只有當國際收支大量而持續的逆差是由於一般商品的進口大於出口造成的時候，政府才應該進行干預，以維持國際收支的平衡。

由於解決國際收支順差對一個國家來說不如解決國際收支逆差問題那樣緊迫，所以當代西方經濟學把注意力集中研究解決國際收支逆差的對策上。其對策如下：

（1）增加出口或減少進口，以減少對外匯的需求和增加外匯的供給。

（2）調整利息率。提高利息率可以減少資本的流出和吸引外資的流入，從而減少對外匯的需求和增加外匯的供給。

（3）允許匯率自由浮動。通過匯率的自由浮動可以調節外匯的供求。一國國際收支逆差意味著對外匯的需求大於外匯的供給，如果允許匯率自由浮動，這時外匯匯率會上升，本幣匯率會下跌，在這種情況下，本國出口會增加，進口會減少，從而有助於本國國際收支逆差減少直至消失，國際收支恢復平衡。

不過，維持國際收支平衡的目標往往與國內經濟政策目標相矛盾。例如，政府為了解

決國際收支逆差問題，就應該採取減少對進口商品需求的措施，即實行緊縮性的、旨在壓縮國內需求的財政、貨幣政策，但這樣的宏觀經濟政策又很可能使國內總需求降到充分就業水準之下，從而影響充分就業目標的實現。政府為了實現充分就業目標，就應該實行旨在擴大國內總需求的擴張性財政、貨幣政策，但這種政策又可能導致國際收支狀況惡化。如果政府通過匯率自由浮動來解決國際收支逆差，將會引起外匯匯率上升，這時，如果本國對進口商品的需求缺乏彈性，隨著外匯匯率上漲帶來的出口增加，進口商品價格將會上升，出口大量增加還可能導致國內市場上商品供不應求，從而導致或加劇國內通貨膨脹。因此，在制定和實行宏觀經濟政策時，應綜合考慮國際收支平衡與國內宏觀經濟目標，使對國際收支的調節不過多地影響國內宏觀經濟目標的實現。

二、國際貨幣體系

國際貨幣體系是指各國對貨幣的兌換、國際收支的調節、國際儲備資產的構成等問題所做出的安排、確定的規則、採取的措施及相應的組織機構的總和。有效且穩定的國際貨幣體系是國際貿易、世界經濟穩定發展的重要保證。迄今為止，國際貨幣體系經歷了三個階段，即國際金本位制、布雷頓體系和當前的國際貨幣體系。

(一) 金本位制

金本位制是以黃金為本位幣的貨幣制度。在金本位制下，每單位的貨幣價值等同於若干重量的黃金(即貨幣含金量)，國與國之間的貨幣匯率由各自貨幣的含金量之比——鑄幣平價(Mint Parity)決定。

金本位制於 19 世紀中期開始盛行。歷史上曾有過三種形式的金本位制，即金幣本位制、金塊本位制和金匯兌本位制。其中金幣本位制是金本位制最典型的形式，狹義的金本位制就是指該金幣本位制。

1. 金幣本位制(Gold Specie Standard)

金幣本位制是金本位貨幣制度的最早形式，亦稱為古典的或純粹的金本位制，盛行於1880—1914年間。金幣本位制具有三大特點：① 自由鑄造；② 自由兌換；③ 黃金自由輸出入。

在金幣本位制下，各國政府以法律形式規定貨幣的含金量，兩國貨幣含金量的對比即鑄幣平價為決定匯率的基礎。由於黃金可以自由輸出或輸入國境，並在輸出、輸入過程中形成鑄幣—物價流動機制，對匯率起到自動調節作用，因此，匯率波動受黃金輸送點限制，波動幅度較小。在這種情況下，匯率比較穩定，各國幣值以及物價也比較穩定，從而有利於國際貿易發展，有利於各國經濟發展。

1914年第一次世界大戰爆發後，各國紛紛發行不兌現的紙幣，禁止黃金自由輸出，金本幣位制隨之告終。

2. 金塊本位制(Gold Bullion Standard)

金塊本位制是一種以金塊辦理國際結算的變相金本位制，亦稱金條本位制。在這種貨幣制度下，由國家儲存金塊作為儲備；流通中各種貨幣與黃金不再自由兌換，兌換受到限制，在需要時可按規定的數量以紙幣向本國中央銀行兌換金塊。可見，這種貨幣制度實

際上是一種有限制條件的金本位制。

3. 金匯兌本位制（Gold Exchange Standard）

金匯兌本位制是一種在實行金塊本位制或金幣本位制的國家保持外匯、准許本國貨幣無限制地兌換外匯的金本位制。在這種貨幣制度下，國內只流通銀行券，銀行券不能兌換黃金，只能兌換實行金塊或金本位制國家的貨幣，國際儲備除黃金外，還有一定的外匯，外匯在國外才可兌換黃金，黃金是最後的支付手段。實行金匯兌本位制國家的貨幣與另一實行金塊或金幣本位制國家的貨幣保持固定比率，通過無限制地買賣外匯來維持本國貨幣價值的穩定。

金塊本位制和金匯兌本位制這兩種貨幣制度在20世紀30年代崩潰。金本位制崩潰後，資本主義國家普遍實行紙幣流通制度。紙幣流通制度為政府過度發行紙幣提供了方便，從而進一步加深了貨幣信用危機，不利於國際貿易和各國經濟發展。

(二) 布雷頓森林體系

經過20世紀30年代世界經濟危機和第二次世界大戰，各國經濟政治實力發生了重大變化，美國登上了資本主義世界盟主地位，美元的國際地位因其國際黃金儲備的巨大實力而空前穩固，這就使建立一個以美元為支柱的有利於美國對外經濟擴張的國際貨幣體系成為可能。在這種情況下，1944年7月，建立了以《布雷頓森林協定》為標誌的布雷頓森林貨幣體系

1. 布雷頓森林體系的內容

布雷頓森林體系又稱美元—黃金本位制，它實際上是一種以美元和黃金為基礎的國際金匯兌本位制。在這種國際貨幣體系中，美元處於中心地位，成了黃金的「等價物」，起著世界貨幣的作用，美元從此成為國際清算的支付手段和各國的主要儲備貨幣。布雷頓森林體系確立了黃金外匯本位制，其基本內容是美元與黃金掛鈎，其他國家的貨幣與美元掛鈎，實行固定匯率制度。布雷頓森林體系的主要內容包括：

（1）美元與黃金掛鈎。各國確認1934年1月美國規定的35美元一盎司的黃金官價，每一美元的含金量為0.888671克黃金。各國政府或中央銀行可按官價用美元向美國兌換黃金。

（2）其他國家貨幣與美元掛鈎。其他國家政府規定各自貨幣的含金量，通過各自貨幣含金量確定同美元的匯率。

（3）實行可調整的固定匯率。《國際貨幣基金協定》規定，各國貨幣對美元的匯率一般只能在法定匯率上下各1%的幅度內波動。若市場匯率波動幅度超過法定匯率的1%，各國政府有義務對外匯市場進行干預，以維持匯率穩定。

2. 布雷頓森林體系的作用

布雷頓森林體系下實行固定匯率制，這種國際貨幣制度對第二次世界大戰後國際貿易的發展、世界經濟的回復和發展具有積極作用。布雷頓森林體系的建立，基本上消除了原來國際貨幣金融領域分裂混亂、匯率急遽波動的狀態。匯率的相對穩定，一方面促進了國際貿易發展，另一方面，有利於國際資本流動，有利於銀行和國際金融市場發展，因此，對各國國際貿易和經濟發展具有積極的推動作用。

儘管布雷頓森林體系對第二次世界大戰後國際貿易、世界經濟的恢復和發展發揮了積極作用，但是，由於其不可克服的內在矛盾，布雷頓森林體系於20世紀70年代初徹底崩潰。

(三) 當前的國際貨幣體系

1. 當前國際貨幣體系的內容

當前的國際貨幣體系是一種不成熟、不完善的貨幣體系，其內容、特點還不穩定。不過，布雷頓森林體系崩潰後國際貨幣金融領域出現了一些新變化、新特點，這些變化和特點在牙買加會議上得到確認，因此，有的人把現行國際貨幣體系稱為「牙買加體系」。它主要包括三個方面內容：

(1) 實行以浮動匯率為主的匯率制度。按照「牙買加協定」的規定，在當前的國際貨幣體系下，成員國可以自由選擇匯率制度，這樣，以浮動匯率為主的匯率制度逐步形成並發展起來。

(2) 國際儲備資產多元化。在現行國際貨幣體系下，國際儲備資產的構成是多元化的，黃金、外匯、特別提款權等都可以作為儲備資產。

(3) 國際收支調節手段多樣化。現行國際貨幣體系下，一國國際收支的調節可以通過多種手段、多種方式進行，匯率機制、利率機制、基金組織的干預和貸款、商業銀行的活動以及有關國家外匯儲備的變動、債務、投資等都是可以選擇的調節手段和機制，國際收支調節可以將這些手段、因素結合起來進行。

2. 當前的國際貨幣體系的作用

當前的國際貨幣體系對一國對外貿易和國內經濟發展既有積極作用，也有不利影響。其積極作用主要表現在：首先，浮動匯率制的實行有利於一國國際收支的自動調節。一國國際收支失衡時，隨著外匯供求關係的變動，匯率會相應變化，從而使國際收支不平衡得到一定程度調節和緩解。其次，國際儲備資產多元化有利於一國國際儲備資產的保值。在現行國際貨幣體系下，國際儲備資產由黃金、外匯、特別提款權等構成，儲備資產多元化可以抵消或減少匯率波動造成的外匯儲備價值的損失。再次，國際收支調節手段多樣化有利於一國國際收支的調節。現行國際貨幣體系下，多樣化的國際收支調節手段和機制為一國國際收支的調節提供了更大的選擇餘地，有利於國際收支失衡的國家有效調節國際收支，維持國際收支基本平衡，從而促進本國國際貿易、國內經濟順利發展。

不過，現行國際貨幣體系對一國對外貿易、經濟發展又具有不利影響。主要表現在：其一，匯率變動過大不利於一國國際貿易、國內經濟發展。在現行的浮動匯率制度下，匯率波動頻繁而且劇烈。匯率波動過大會增大企業在國際貿易中的風險，同時會刺激國際金融市場上的投機行為，還會影響政府的宏觀經濟政策。其二，國際儲備資產多元化會加大一國國際儲備資產的管理難度。在多元化的國際儲備制度下，一國外匯儲備中的儲備貨幣多種多樣，而多種儲備貨幣的匯率經常變動，由此增加了一國貨幣管理國際儲備資產的難度。國際儲備資產管理難度加大，不利於一國適度儲備量的確定和國際儲備資產的有效運用，最終不利於國際經濟關係順利發展。其三，多樣化的國際收支調節機制增大國際收支調節難度。現行國際貨幣體系，一國國際收支的調節可以通過多種手段進行，但

各種調節手段、調節機制之間很難協調，因此，一國國際收支的調節實際上難度較大，由此導致全球性的國際收支問題日趨嚴重。一國國際收支不平衡不僅影響本國國際貿易、國內經濟發展，而且會影響相關國家國際貿易和國內經濟發展，最終影響世界經濟發展。

第三節 開放經濟中一國經濟的調節

與封閉經濟相比，開放經濟（四部門經濟）中一國國民收入的均衡模型和乘數公式都會發生變化，這些變化在本書的前面章節已分別作了介紹，這裡不再贅述。這裡主要介紹西方經濟學對開放經濟中協調國內均衡與國外均衡的宏觀經濟調節的分析。

一、包括進口、出口的 IS－LM 模型

在西方經濟學中，國內均衡用包括進、出口的 IS－LM 模型加以說明。在兩部門經濟中，IS 線表示使 $I=S$ 的利息率和國民收入的各種可能組合。在三部門經濟中，IS 線表示使 $I+G=S+T$ 的利息率和國民收入的各種可能組合。以此類推，在四部門經濟中，IS 線表示 $I+G+X=S+T+M$ 的利息率和國民收入的各種可能組合。其推導過程如圖 14－2 所示。

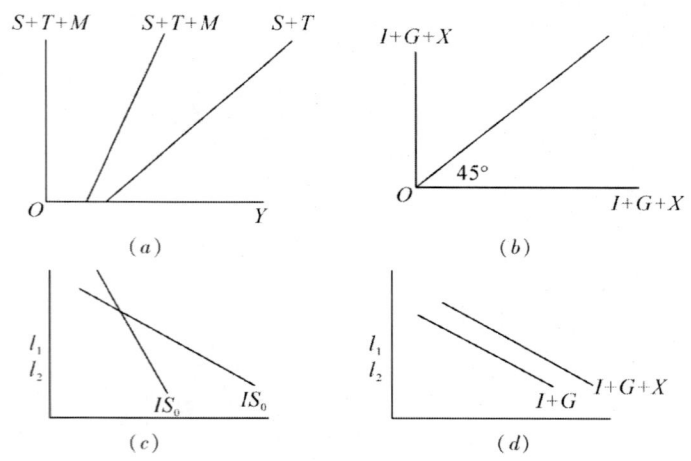

圖 14－2 開放經濟 IS 線的推導

為了說明四部門經濟中 IS 線的由來，可以從三部門經濟的 IS 線來推導。三部門經濟中的 IS 線，即圖中的 IS_c 線，其推導方法同兩部門經濟中 IS 線的推導相同。在圖 14－2 中，I、G、X 分別表示投資、政府支出和出口。假設政府支出和出口都作為自發支出處理，這時，利息率變動對 G 和 X 沒有影響，因此，當在三部門經濟中的 $I+G$ 線上再加上出口量時，圖 14－2 中 (a) 圖的 $I+G$ 線即向右平移相當於 X 的量，變成 $I+G+X$。但由於 I 是利息率的函數，所以當利息率分別為 i_1 和 i_2 時，整個 $I+G+X$ 線與 i 的高低呈反向變化並向下傾斜。圖 14－2 中的 (b) 圖是 45°線轉換圖，其作用在於由此引出與 (a) 圖中既定的 $I+$

$G+X$ 量相等的 $S+T+M$ 的量及由此引出與其相對應的國民收入水準 Y。

如以前所假設,進口是國民收入的函數,即 $M=M+mY$,由此可知,M 同 S、T 一樣,與國民收入(Y)水準同方向變化,$S+T$ 線和 $S+T+M$ 線在(c)圖中都向上傾斜。$S+T$ 與 $S+T+M$ 的距離取決於 Y 的水準和邊際進口傾向(m)的大小。一旦得出(c)圖中的 $S+T+M$ 線,即可把(a)圖和(c)圖結合起來,得出使 $S+T+M=I+G+X$ 的國民收入和利息率的各種組合,從而推導出(d)圖中開放經濟中的 IS_o 線。IS_o 曲線與三部門經濟的 IS_c 線一樣,都是向下傾斜,但 IS_o 線的斜率大於 IS_c 線的斜率,之所以如此,是因為假定邊際進口率大於邊際儲蓄率和邊際稅率。

圖中 IS_o 線和 IS_c 線相交,並不是必然的情況。如果(a)圖中 $I+G$ 線和 $I+G+X$ 線之間的固定距離大於(c)圖中 $S+T$ 線和 $S+T+M$ 線之間的最大距離,則 IS_o 線位於 IS_c 線的右側;反之,則位於 IS_c 線的左側。

從圖 14-2 可以看出,增加出口和減少進口可以使 IS_o 線向右移動;減少出口和增加進口可使 IS_o 線向左移動,或者說,淨出口($X-M$)增加使 IS_o 線向右移動,淨出口減少使 IS_o 線向左移動。進一步講,如果匯率不發生變化,國內商品相對價格上升,將抑制出口刺激進口,使 IS_o 線向左移動;反之,國內商品相對價格下降,將產生相反的影響。如果商品價格不變,本幣匯率上漲將引起進口增加、出口減少,從而使 IS_o 線向左移動;反之,則會使 IS_o 線向右移動。

當代西方經濟學用 $IS-LM$ 模型來分析開放經濟的國內均衡時,通常假設 LM 線不用修正。因此在開放經濟條件下,IS_o 線的移動將直接引起國民收入水準和利息率變動。也就是說,在國內貨幣國際、需求不變的情況下,匯率、國內外物價水準等因素變化會影響一國進出口、投資,通過對進出口和投資的影響,影響一國的總供給、總需求,從而影響一國國民收入水準、就業水準。

二、國際收支函數的推導(BP 線)

國際收支函數是表示國際收支均衡與所要求的國民收入和利息率組合的函數關係。這種函數用圖形表示時,稱為國際收支曲線或 BP 線。其經濟含義在於以此表示國外均衡所要求的國民收入和利息率組合軌跡。

如前所述,國際收支包括經常項目和資本項目的流進和流出。作為經常項目的進出口可以是順差(出口大於進口)、逆差(出口小於進口)和平衡三種情況。資本項目的流進和流出也可能出現順差、逆差和平衡三種情況。資本流出減資本流入的差額叫做淨資本流出。作為經常項目差額的淨出口和作為資本項目差額的淨資本流出之間的差額叫做國際收支差額,即:

國際收支差額 = 淨出口-淨資本流出

如用 BP 表示國際收支差額,用 NX 表示淨出口,H 表示淨資本流出,則 $BP=NX-H$。由於 NX 是國民收入的函數,H 是利息率的函數,因而國際支出差額可表示為如下函數關係:

$BP=NX(Y)-H(I)$

$BP=0$ 意味著國際收支平衡；$BP>0$ 意味著國際收支順差；$BP<0$ 則意味著國際收支逆差。

當 $BP=0$ 時，$NX(Y)=H(i)$，這時 Y 和 i 的組合就是表示能使國際收支均衡的國民收入和利息率組合。而反應這種組合的曲線，就是國際收支曲線或 BP 線。其推導過程如圖 14-3 所示。

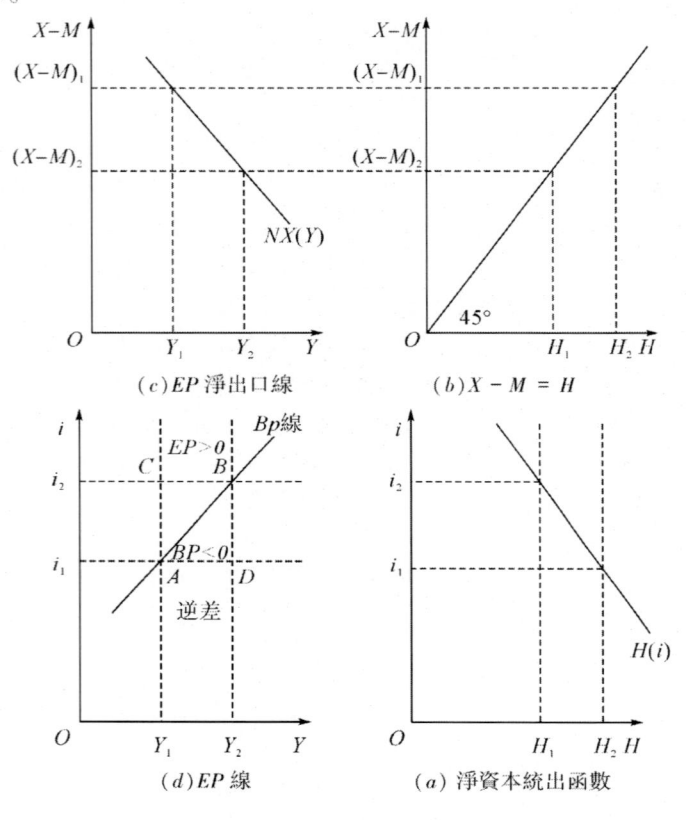

圖 14-3　BP 曲線的推導

圖 14-3 的 (a) 圖中，橫軸表示淨資本流出量 (H)，縱軸表示利息率。由於利息率與淨資本流出量呈反向變化，利息率高，淨資本流出少，反之則淨資本流出多，所以淨資本流出線向下傾斜。(b) 圖是 $H=X-M$ 圖，它是通過 45°線推導出來的。

45°線上的每一點都表示 $BP=0$，它表示當 (a) 中既定的利息率（如 i_1）決定的淨資本流出量為某一數量時（如 H_1），為了保證國際收支平衡（$BP=0$），要求淨出口量為 $(X-M)_1$。為了滿足 $BP=0$，淨出口量應和淨資本流出量同方向變化。如果淨資本流出量因利息率上升（如 i_2）而減少，淨出口量應相應下降到 $(X-M)_2$。(c) 圖為淨出口線圖，它表示適應一定的淨出口量所要求的國民收入水準 (Y)。假設出口 (X) 為自發支出，進口 (M) 是國民收入的函數，這樣，(c) 圖中的 $NX(Y)$ 線實際上反應了與一定的淨出口量相適應的國民收入水準。在出口既定的情況下，淨出口量較小，意味著進口量較大，這樣，為滿足進

口需要所要求的國民收入水準也較高,反之則相反,因此,淨出口線為向下傾斜的曲線。圖中當淨出口量為$(X-M)_1$時,所要求的國民收入水準為Y_1,當淨出口量降低為$(X-M)_2$即進口量增加時,所要求的國民收入水準增加為Y_2。把圖15－3中的(a)、(c)圖結合起來,找出使$BP=0$的相對應的Y和i,即可推導出一條向上傾斜的國際收支曲線BP線。國際收支曲線表示使國際收支均衡$(BP=0)$的國民收入水準和利息率的各種可能組合,BP線上任何一點都表示國際收支處於均衡狀態。

三、國內均衡與國外均衡的協調

把開放經濟的IS－LM模型和BP線結合起來進行分析,可以瞭解一國國內均衡和國外均衡的協調。對此可用下述圖形加以說明。

當國內充分就業均衡和國外均衡都得以實現時,IS_0線、LM線和BP線將相交於一點,如圖14－4所示。

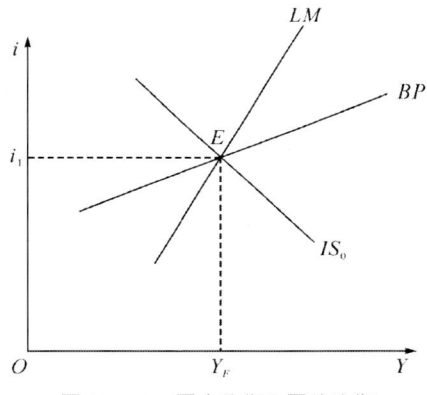

圖14－4　國內均衡和國外均衡

在圖14－4中,IS_0線、LM線和BP線相交於E點,同時,設與E點相對應的國民收入水準為充分就業國民收入水準Y_e,可見,E點是開放經濟中國民收入的均衡點。在這裡,$I+G+X=S+T+M$,同時實現了國內均衡和國外均衡,國民收入達到均衡,因而是一種理想的經濟狀態。如果宏觀經濟處於這種狀態,政府自然無需對經濟進行干預。但在現實生活中,國內均衡和國外均衡並不總是在充分就業水準同時處於均衡的,當國內均衡和國外均衡為同時實現時,則需要政府根據造成不均衡的原因,運用適當的宏觀經濟政策對國內經濟或進出口、資本輸出輸入進行調節,以促進國內均衡和國外均衡的實現,促進宏觀經濟良好運行。

【本章小結】

1. 國際貿易的理論基礎是比較利益理論、資源稟賦論等。按照比較利益理論、資源稟

賦論等，一個國家集中生產自己具有豐富資源、相對成本較低的產品，並用這類產品與其他國家的優勢產品進行交換，貿易各方都能從中獲得利益。

2. 一國參與國際貿易，會通過商品進出口對本國總供給、總需求產生影響，從而影響一國國民收入。出口 > 進口，會使一國總需求擴大，國民收入水準上升；反之，出口 < 進口，則使一國總需求縮小，國民收入水準下降。商品價格、政府貿易政策等發生變化，會影響一國進出口貿易，從而影響一國宏觀經濟活動水準。

3. 國際金融情況會對一國經濟產生影響。匯率變化、國際收支情況、國際貨幣體系對一國對外貿易以至整個宏觀經濟運行都會產生影響。

4. 一國國家的國民收入水準不僅取決於國內的總供給、總需求，而且要受國際貿易、國際資本流動的影響。因此，要實現宏觀經濟均衡，必須同時實現國內均衡和國外均衡，兩者同時達到均衡時的國民收入就是開放經濟條件下的均衡國民收入。

【思考題】

1. 試述匯率的決定和變動。
2. 一國國際收支情況對一國經濟有何影響？

【綜合案例】

利率上調是遏制經濟過熱的最好工具

中國人民銀行決定，從 2006 年 4 月 28 日起上調金融機構貸款基準利率。金融機構一年期貸款基準利率上調 0.27 個百分點，由現行的 5.58% 提高到 5.85%。對於央行上調貸款利率的決定，筆者拍手稱快。雖然一年期存款基準利率沒有上調是個很大的遺憾，並且有削減民眾財富於無形之嫌。如果任由中國目前的經濟趨勢持續，不僅會喪失兩年來的宏觀經濟調控成果，也會使得中國經濟持續穩定的發展難以進行。

那麼，國內宏觀經濟調控為什麼不能夠達到政府預期目標呢？為什麼宏觀調控的成效不如預期那樣順利？特別今年以來，為什麼宏觀經濟過熱又死灰復燃？筆者想最大的問題是宏觀調控的工具沒有好好利用。如果宏觀調控連最基本的工具都沒有使用，那麼其效果如何是可以想像的。

很簡單，經濟上的宏觀調控是什麼？就是對經濟總量的控制，並通過這種對經濟總量控制來撫平經濟週期的波動。那麼對經濟總量進行控制有什麼工具？一般來說，有利率政策、匯率政策、財政政策及稅收政策等。

但是，國內兩年來宏觀經濟調控更多的是中觀及微觀方面的動作，而真正的宏觀調控工具使用很少。

正因為中國前兩次加息過小過慢，不僅弱化了銀行、民眾及企業對利率風險的預期，也使得實質利率過低。對於前者，由於銀行、企業及民眾不能夠把利率風險考慮到其行為決策中，因此銀行信貸快速增長也就十分正常了。對於後者，由於無論名義利率還是實質利率都過低，從而由政府管制的方式從債權人向債務人利益轉移，即誰借到錢誰就會獲

得利益。既然企業借到錢就是利益，那麼企業不僅會拼命地去借錢，也盡力從銀行借到錢來投資，投資過熱也就自然了。因此，要改變目前中國投資過熱趨勢就得從這最基本、最核心的地方入手，從金融市場的價格機制入手，調升過低的利率。

可以說，儘管這次央行調整利率幅度不大，其調動的幅度對企業或個人信貸成本的影響不高，但是它向市場發出了一個十分強烈的信號，通過利率調整來改善中國金融市場的價格機制，通過利率調整向市場表明，企業與居民的經濟決策必須把利率的風險考慮在其未來的行為決策中。

房地產業應該是這次政府宏觀調控最為關注的第一行業。房地產業是一個資金密集型產業，資金成本的高低或利率的高低不僅決定了房地產市場發展速度，也決定了房地產炒作與投機的程度。一年來國內房地產市場沒有得到很好的調整，最大的問題也在於沒有有效地利用這個工具上。

可以說，這次利率的調整明確地向房地產市場發出了一個強烈的信號，中央政府有決心有能力對國內過快的房地產市場投資、對上升過快的房價進行調整。而且這種調整並不在於這次利率上升的幅度，而是在於市場對這次加息的反應。估計央行會通過市場反應來決定未來加息的頻率。既然利率工具啟動了，國內的投資過熱、銀行信貸過熱、房地產投資過熱、房價的快速增長等市場面臨的困難問題也就會逐漸地化解了！

資料來源：易憲容．利率上調是遏制經濟過熱的最好工具．每日經濟新聞，2006－04－29．

【討論題】

如何綜合分析和理解中國的利率政策所起的主要作用？

國家圖書館出版品預行編目（CIP）資料

經濟學基礎 / 黃方正 主編. -- 第一版.
-- 臺北市：財經錢線文化發行: 崧博出版, 2019.12
　　面； 公分
POD版

ISBN 978-957-735-960-5(平裝)

1.經濟學

550　　　　　　　　　　　　　　108018194

書　　名：經濟學基礎
作　　者：黃方正 主編
發 行 人：黃振庭
出 版 者：崧博出版事業有限公司
發 行 者：財經錢線文化事業有限公司
E - m a i l：sonbookservice@gmail.com
粉 絲 頁：　　　　　網　址：
地　　址：台北市中正區重慶南路一段六十一號八樓 815 室
8F.-815, No.61, Sec. 1, Chongqing S. Rd., Zhongzheng Dist., Taipei City 100, Taiwan (R.O.C.)
電　　話：(02)2370-3310 傳　真：(02) 2388-1990
總 經 銷：紅螞蟻圖書有限公司
地　　址：台北市內湖區舊宗路二段 121 巷 19 號
電　　話：02-2795-3656 傳真:02-2795-4100　　網址：
印　　刷：京峯彩色印刷有限公司（京峰數位）

　本書版權為西南財經大學出版社所有授權崧博出版事業股份有限公司獨家發行電子書及繁體書繁體字版。若有其他相關權利及授權需求請與本公司聯繫。

定　　價：450 元
發行日期：2019 年 12 月第一版
◎ 本書以 POD 印製發行